Artificial Intelligence & Human Being: On Their Co-creations from Automata to GPTs

인공지능과 인간

: 자동인형에서 GPT까지 공-생산을 향한 도전

저자 **김 지 연**

M 드림

개정판 서문

2022년 초 이 책을 출간한 지 겨우 18개월이 지났을 뿐인데 인공지능 기술은 놀랄 만큼 새로워졌고 우리 일상과 가까워졌다. 지난해 말 시작한 챗GPT와 생성형 AI 서비스가 이런 변화를 주도하고 있다. 우리는 인공지능의 형상이 몽글몽글 부풀어 올라 형태를 갖추어 가는 모습을 목격하고 있다. 사람들은 새로운 AI 서비스를 부지런히 사용해보면서 이런저런 담론을 만들어 내고 있다. 2016년 알파고-이세돌 대국이 그러했듯이, 새로운 AI 서비스를 만나면서 새로운 경이와 혼란이 일어나고 있다.

이제 누구도 인공지능의 실체적 등장을 부정하는 사람은 없어 보인다. 그러나 이 기술의 현실적 달성은 '기술-사회적 연합'이라는 과제를 남겨두고 있다. 서로 접촉하는 만큼 양자 모두 변이하고 있다. 인간과 기계가 서로 얽히며 재창조되어 왔던 것처럼, 인공지능도 인간과의 공동-생산(Co-creation)을 모색하고 있다. 그 과정에서 우리의 질문도 더 구체화 되고 있다.

초중등 교육 현장에서는 인공지능 교육이 이미 한창이다. 관련해서 다수의 인공지능 교과서가 제작되어 사용되고 있다. 나는 지난 3월 이들 교과서를 분석 연구했다. 교과서를 통해서 우리 사회의 일면을 볼 수 있었다. 여전히 전통적인 기술결정론이나 특이점주의[1.6장 참조] 경향이 반복해서 등장하고 있었다. 기술이 우리 사회를 발전시킬 것이라는 일방향적 기대도 강했다. 교과서의 내용은 대체로 인공지능에 대한 직업 교육에 초점을 맞추고 있고 시민 교육의 차원은 부족했다. 인공지능이라는 새로운 존재와 인간 존재가 어떤 관계를 형성해야 하는지에 관한 주제는 거의 다루지 않고 있었다.

최근 등장하는 관련 서비스를 사용해 본 경험을 통해 쉽게 알 수 있듯이, 인공지능을 완성형 상품으로 간주하고 그것을 사용하는 직업인을 길러내는 것으로는 충분하지 않다. 전통적인 산업기술과 달리 인공지능 기술이 가지고 있는 특질 때문이다. 이 책에서도 다루고 있듯이, 인공지능은 완제품의 형태로 오는 것이 아니라, 인간사회와의 다각적 접촉을 통해서 형성되어 갈 것이다. 따라서 이 문제는 단순히 상품 개발 문제가 아니라 사회적이고 시민적 차원의 의제로 다루어져야 한다.

올해 사회적 관심이 높아지면서, 〈인공지능과 인간〉 수업의 열기도 뜨거웠다. 학생들은 인공지능이 불러올 변화의 불확실성 때문에 불안해했다. 기계와 인간을 경쟁 관계나 대체 관계로 설정하는 과거의 담론은 새로운 기술이 등장할 때 사람들을 더 불안하게 만든다. 그것은 우리가 극복해야 할 신화이고 환각이다. 이 책의 주제 중 절반 정도를 수업에서 다루었다. 매주 수업에서 많은 이야기가 오고 갔다. 수업의 내용은 주로 인공지능과 인간의 관계를 이해하는 데 초점을 두었다. 우리는 인공지능 주제에 관한 한 동시대인이므로 할 이야기가 많았다. 하나의 이야기는 또 다른 이야기를 끌어올린다. 이야기가 묶어질수록 윤곽이 점차 뚜렷해지기 때문에 그 과정은 균형과 안정을 가져오는 효과가 있었다.

이번 개정판에서는 그동안의 기술 변화를 고려하여 현재 시점에서 더 분명해진 부분에 대해 추가 설명을 덧붙였다. 인공지능의 전개에 대해 더 구체적으로 논의하기 위해서 4.7장 'chatGPT, 경이와 혼란'을 추가했다. 여기서 생성형 AI 모델에 대해 주목해야 할 특질과 과학기술학(STS)적 해석을 담았다. 이 서비스는 인공지능의 개선이 우리 인간의 성장과 얽혀 있음을 암시한다.

우리는 생성형 AI 개발 과정을 통해서 기술-사회의 연합의 필요성을 학습하고 있다. 인간 사용자는 의식적으로 또는 무의식적으로 여러 가지 차원에서 인공지능 개발에 참여하게 될 것이다. 인공지능 기술과 서비스의 특질이기 때문이다. 이미 우리는 인터넷 서비스에서 그런 역할을 해왔었다. 이런 맥락을 고려하여 인공지능과 인간 사용자 사이의 상호 영향 관계에 대한 관심과 연구, 그리고 관련 교육 과정이 필수적이다. 이를 무시한다면 적절한 교육은 이루어질 수 없고 유능한 직업인을 배출할 수도 없으며, 인공지능과 우리의 관계도 위험해질 수 있다.

이번 개정판에 'AI 윤리의 최소 원칙' 주제도 다루려고 했지만, 다음으로 미루었다. 국제적으로 여러 기관에서 AI 윤리 규정(제도)을 제시하면서 다소 혼란스러움이 있는데 이를 종합하여 수렴하는 내용을 정리하고 싶었다. 그런데 이들 윤리 규정을 보면서 의아한 점을 발견했다. 바로 'AI와 노동과의 관계를 어떻게 설정할 것인가?'라는 문제를 다루지 않고 있다는 것이다.

이 문제는 인공지능 시대에 들어서는 지금 가장 핵심적인 사회적 관심사인데도, 어떤 윤리 논의에서도 이 사안을 직접 다루고 있지 않았다. 대체로 모든 논의가 '인공지능이 노동을 대체한다'는 전제 위에서 출발하고 있었다. 인공지능이 정말 노동을 대체하는지에 대한 증거나 경험이 아직 없는데도 말이다.

왜 AI 윤리 규정들이 노동 문제를 다루지 않는가? 어떻게 윤리 규정이라는 이름을 붙이면서도 이토록 중요한 주제에 대해서 침묵하는가? 오히려 무수히 많은 윤리 모델이 소란스럽게 내걸리는 덕분에 정작 이 문제는 누구의 주목도 받지 못한 채 어둠 속에 버려져 있다. 아마도 어쩌면 이 주제가 우리를 그리고 우리의 미래를 완전히 바꿀 정도의 잠재력이 있는 것이 아닐까?

노동은 인간이 세계를 이해하는 주요한 경로이고 원천이다. 그래서 지능과 노동은 분리될 수 없다[2.3장, 5.4장 참조]. 지능은 노동을 통해서만 구성될 수 있다. 노동이라는 기준점이 없다면 우리는 영원히 인공지능을 이해할 수 없을 것이고 그것을 달성하지도 못할 것이다.

여전히 부족하지만, 다음 개정판을 기대하면서 이번 인사말을 마친다. 인공지능과 우리의 이야기는 계속될 테니까 말이다.

2023년 여름

김지연

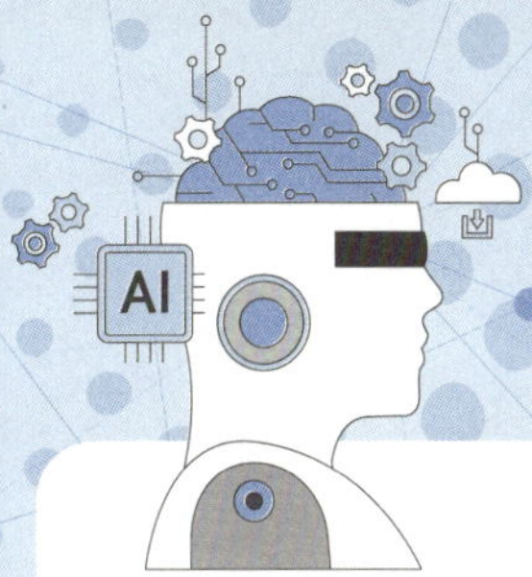

인공지능과 인간: 자동인형에서 GPT까지 공-생산을 향한 도전
Artificial Intelligence & Human Being: On Their Co-creations from Automata to GPTs

Chapter 01

기술인문학 이야기

1.1 생명 그리고 지능

1.2 신화와 인공지능: 오래된 열망

1.3 자유의지와 도덕적 존재

1.4 지능의 사회적 성격

1.5 사이보그 이론, 인간과 기계의 잡종

1.6 특이점주의 비평

1.1 생명 그리고 지능

우리에게 '지능' 또는 '생각한다'는 것은 숨을 쉬는 것처럼 저절로 일어나는 일이다. 그래서 쉽게 이해할 수 있다고 여기지만, 정작 지능을 정의하려고 하면 결코 쉽지 않다는 것을 발견하게 된다. 이 문제가 우리 자신을 정의하는 문제와 연관되기 때문이다.
이 문제가 재귀적이라는 점에서 괴델의 불완전성 정리(Gödel's incompleteness theorems, 1931)를 떠올리게 한다[3.1장 참조]. 자기 자신에 관한 재귀적 작업은 운명적으로 불완전한 결론을 예견한다. 그렇더라도 포기할 필요는 없다. 그런 난관을 벗어나기 위해서 우리는 다른 맥락을 끌어오는 접근을 취할 수 있다. 예를 들면 지능보다 더 큰 맥락, 생명의 문제를 끌어오는 것이다. 미생물학자 린 마굴리스(Lynn Margulis)에 따르면, 생명은 외부 세계를 지각한다. 지각할 줄 아는 물질, 이 이상한 물질, 생명을 따라가다 보면 예상치 못한 우회로를 찾을지도 모른다.

생명, 기계인가 영혼인가?

생명에 대한 이해는 단일하지 않다. 여러 가지 견해를 모두 소개하기보다는 마굴리스(L. Margulis)의 견해에 초점을 맞추어 이야기를 시작하고자 한다. 그의 견해는 생명에 관한 이야기이지만 지능에 관한 이해라는 우리의 목표에 길을 밝혀줄 수 있다. 마굴리스는 35억 년이라는 거대한 시간 동안 일어난 지구 생명의 진화에 관한 혁신적 이론을 제안했다[1]. 잘 알려져 있듯이, 생물은 서로 다양한 모습을 가지지만 거슬러 올라가면 공통 조상에 다다른다. 그러므로 생명을 정의하는 문제는 생명의 역사에 관한 것이다.

생명을 정의하려고 할 때, 사람들은 흔히 유전자(DNA)를 떠올린다. 하지만, 마굴리스는 생명의 역사에서 DNA 등장하기 전에 세포(cell)가 있었다고 주장한다. DNA를 중심에 두는 기계적 결정론을 부정하고, 생명을 이해하는데 세포가 더 근본 개념이라고 선언한 것이

1) 린 마굴리스의 〈생명이란 무엇인가〉, 〈공생자 행성〉을 참조할 수 있다.

다. "세포는 생명의 시작이며 근본 형식"이다. 이런 이단적인 생각은 처음에는 비난받았지만 너무나 설득력이 있었고 이제는 생물학계에서 정당한 주장으로 받아들여지고 있다.

생명은 단순히 DNA로만 작동하는 물리화학적 기계가 아니다. 세포는 다양한 방식으로 끊임없이 새로운 양태를 만들어내면서 자기 삶을 개척해왔다. 그렇다고 해서 모든 생명이 영혼을 가지고 있다는 물활론(Animism)을 주장하는 것은 아니다. 생명 역시 물리 법칙과 열역학 법칙의 규제를 받는다. 다만 일시적으로 생명은 열역학 제2 법칙(엔트로피 법칙)을 위반하는 것처럼 출현한다. 엔트로피 법칙에 따르면, 세계는 무질서도가 증가하는 방향으로만 진행하며, 최종적으로 열적 평형 상태에 이르게 될 것이다.

그런데 유독 생명은 자신의 내적 질서를 강화하는 능력이 있다. 물론 그렇더라도 생명이 무한히 엔트로피 법칙을 넘어서는 것은 아니다. 다만 열역학적 평형의 순간(죽음)을 '무한정' 유예하기 위해 "자신의 방향을 선택"할 뿐이다. 그것은 생명의 세계가 어떤 목적론적 방향을 가진다는 것을 의미한다.

마굴리스에 따르면, 기계론과 목적론 태도를 모순되는 견해로 볼 필요가 없다. 오히려 두 관점은 생명을 더 풍부하게 설명하려는 과학 연구에 없어서는 안 될 관찰 조건을 제공한다. 두 관점은 서로 비교가능한 것을 보여줌으로써 배타적인 특성이 공존할 수 있을 알려준다. 생명의 근본 형식으로서 세포가 어떤 방식으로 삶을 개척해왔는지를 본다면 그런 기이한 상황을 수긍하게 된다.

가장 단순한 세균들도 자기 삶을 고려하면서 매 순간 '선택'을 한다. 그런 선택의 과정에서 세포는 자신을 더 많이 만들어내는 방식으로 자신의 한계를 초월하여 성장할 수 있었다. 하나가 둘이 되고 둘이 더 많은 수로 증가하며, 다양하게 변이했고 그런 선택들이 쌓여서 생명의 역사 어느 시점에서 결국에는 진핵 세포가 등장할 수 있었다.

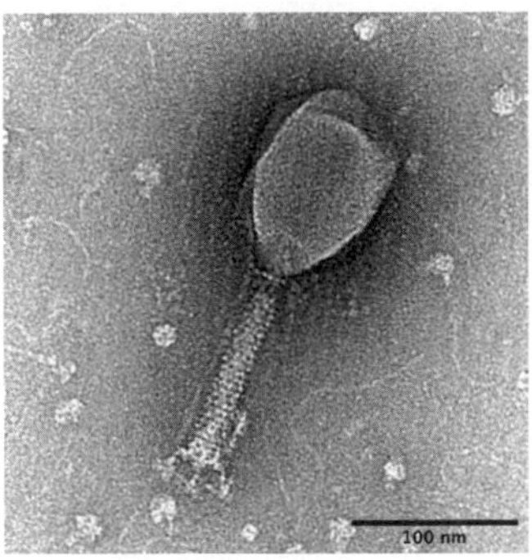

◀ **그림 1** 생명은 기계이면서 동시에 목적론적 방향을 가지고 있다. 가장 단순한 세균들도 매 순간 선택을 한다. 박테리오파지는 마치 로봇(기계)처럼 보인다. 파지는 최소한의 유전 프로그램(DNA)만 가지고 있어서 생명을 완성해 줄 숙주가 필요하다.(그림 자료: Wikipedia)

생명은 자신을 능가한다

마굴리스가 전하는 생명의 역사는 35억 년 분량의 거대한 이야기이다. 생명은 물질 속에서 태어나 '파도타기'를 한다. 마치 북유럽신화처럼, 생명은 때로 차가워졌다가 더워지고, 모으고 분산하며, 때로 먹고 침입하고 구애하고 서로를 속인다. 생명은 다투고 충돌하다가, 협력하여 새로운 생물이 되기도 한다. 생명은 그렇게 '이상한 공생'을 반복하며 진화하는 개체들에 의해 만들어지는 새로운 산물이다.

"미토콘드리아를 품고 있는 우리의 세포는 발효하고 호흡하는 세균들의 합병으로 진화했다. 공생관계가 깊어져서 이제는 거의 구분해낼 수 없는 상태에 이른 스피로헤타는 아마도 우리의 나팔관이나 정자 꼬리의 파동모로 계속 헤엄치고 있을 것이다. 그들의 자취는 미세소관으로 가득한 우리 뇌가 성장하는 동안 미묘한 방식으로 움직이고 있을지 모른다. 우리의 현재 몸은 여러 선조가 만들어낸 공유 재산이다. (마굴리스와 세이건의 〈생명이란 무엇인가〉 중에서)"

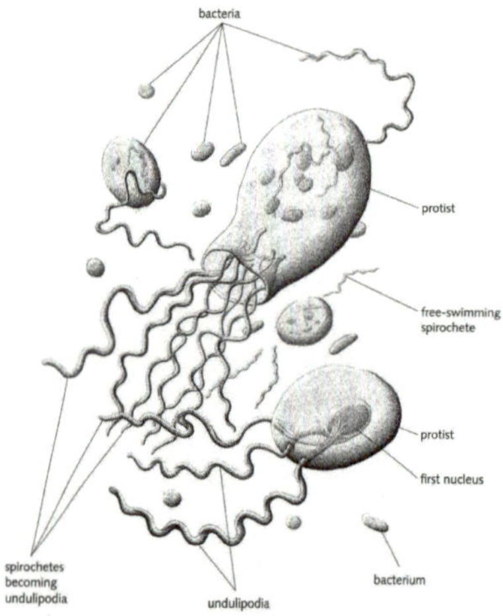

◀ **그림 2** 세포 공생의 예시: 스피로헤타(spirochetes, 가늘고 긴꼬리 모양의 원시 세균)가 다른 세균과 결합하여 더 큰 세포(진핵세포)의 파동모가 된다. (자료, 마굴리스와 세이건의 "What Is Life?" 중에서)

그러던 어느 순간 같은 종류의 원생생물이 합병하여 감수 분열하는 성(性)이 생겨났다. 그런 유성생식의 결과, 생명에게 개체성이 발생했다. 자신과 같은 개체를 번식하는 세균과 달리, 유성 생식 생명체는 자신과 닮았으면서도 자신과는 조금 다른 후손을 남긴다. 반수

유전자의 결합으로 태어나기 때문에 같이 태어난 후손들도 저마다 조금씩 다르다. 그들은 모두 조금씩 달라졌고 그렇게 개체성을 가지게 되었다. 따라서 유성생식 개체는 후손을 남기며 죽을 운명을 맞는다. 죽음은 생명이 다양한 후손을 남기는 대가였다.

생명은 무자비한 열역학 제2 법칙 내에 살고 있지만, 그에 맞서서 열역학적 평형의 순간(죽음)을 가능한 한 유보하기 위한 방향을 감지하는 데 상당한 성공을 거두었다. 그렇게 생명은 자신을 고치고 유지하고 다시 만들며 자신을 능가하는 방향으로 움직였다. 이것이 바로 생명을 단순히 기계론적으로만 볼 수 없는 이유이다. 생명은 자기 세계를 지각하며 어떤 방향을 더 선호했다. 이런 점에서 생명은 "선택하는 물질(matter that chooses)"이다[2].

생명, 스스로 선택하는 물질

여러 학자가 생명의 개념을 정의하려고 시도했는데, 어떤 정의를 하더라도 항상 예외가 있어서 그 정의를 빠져나가고 만다. 생명은 그날그날 살아가며 조정하고 배우면서, 장기간에 걸친 상호작용과 공진화로 끊임없이 원래의 자기 모습을 넘어서기 때문이다. 생명은 자기를 초월하기 위해서 끊임없이 세계를 지각하고 세계에 반응한다. 우리는 그것을 의식 특히 자의식이라고 부른다.

물론 생물이 단번에 혁명적으로 변화를 불러올 수는 없다. 세계는 생물에게 그다지 친절한 곳이 아니다. 오히려 그렇기에 그들은 교묘해졌다. 생명은 최소한의 음식, 물, 에너지를 얻기 위해서 점진적으로 조금씩 그러나 꾸준히 집요하게 자신을 변화시켰다. 자신의 내적 질서를 조금이라도 더 연장하기 위해서 모든 생물은 "자신의 주변 환경을 끊임없이 감각하고 활발하게 반응"해야 했다. 세균조차도 '선택', '식별', '기억', '학습', '본능', '판단', '적응'과 같은 고도의 신경작용적 특성을 갖추고 있다. 특정 화학 작용을 촉진하는 단백질인, 효소조차도 신경의 어떤 결합은 고정하고 다른 결합은 배제한다.

> "미생물은 열을 감지하고 피하며, 빛을 향하거나 아니면 피해 움직인다. 일부 세균은 자기장을 탐지하기도 한다. 세포는 살아 있으며, 아마도 느낌이 있을 것이다. 원생생물은 소화되지 않는 곰팡이 포자와 일부 세균을 거부한다. 그러나 다른 것들

---

2) 마굴리스는 새뮤얼 버틀러(Samuel Butler)의 표현을 빌려왔다고 밝혔다. 버틀러는 영국의 작가이며 사상가로서, 이 책 2.1장 "기계의 이미지: 사랑과 지배"에서 다시 등장한다.

은 게걸스럽게 먹는다. 가장 원시적인 수준에서도 살아 있다는 것은 감각, 선택, 마음을 수반하는 듯하다. (마굴리스와 세이건의 〈생명이란 무엇인가〉 중에서)"

생명은 스스로 선택한다는 의미에서 '선택의 결과물'이다. 바로 그렇게 '생각한다'라는 행동 특성은 살아 있는 세포의 활동에서 나온 것이다. "생명은 처음부터 민감했고 생각할 수 있었다". 이 과정은 생명이 등장했던 때부터 지금까지, 그리고 모든 생물의 세포에서 수없이 일어났던 물리적 과정이다.

지구의 생명은 복잡한 세포와 다세포 생물로, 나아가 사회와 군집을 형성했고, 마침내 살아 있는 생물권(Biosphere)을 만들어냈다. 그리고 생물권은 생명에게 필수적인 조건이 되었다. 생물권은 지구를 둘러싸며 성장하고 스스로 상호작용하는 얇은 물질 층이다. 이 층은 지구 표면의 약 20㎞ 정도의 두께로 형성되어 있는데, 최상부는 대기권이고 밑바닥은 대륙암과 심해저다. 이것은 나무줄기와 비슷하여 가장 바깥 조직만 생장한다. 생물권에서 떨어져 나온 개체는 살아갈 수 없다. 그러므로 생명은 개별이 아니라 전체로 다루어져야 한다. 생명은 시간상으로는 최초의 세균에 연결되고, 공간적으로는 생물권의 모든 구성원과 연결되는 하나의 팽창하는 연결망이다.

생명의 역사를 돌아볼 때, 영혼과 정신은 하늘에서 내려온 것이 아니라 '살아 있는 물질(living matter)에 의한 불가피한 결과'이다. 정신과 육체는 별개의 것이 아니라 하나의 통합된 생명 과정의 일부다. 그렇다면 본능과 학습은 그리 근본적인 차이가 아닐 수 있다. 다만 시간문제일 수 있다. 생명은 출현 순간부터 지금까지 '지능적으로' 행동했다.

데카르트의 '사악한 정령'

이제 근대 사회가 '지능'을 어떻게 정의했는지로 넘어가 보자. 데카르트(R. Descartes)의 접근으로부터 이야기를 시작할 수 있는데, 그는 인간의 이성(정신)에 대해 가장 진지하게 연구한 학자 중 하나일 것이다. 이성은 근대 사회를 작동시켜 준 핵심 개념 중 하나였다. 데카르트는 '정신'을 종종 '자연의 빛' 또는 '자연적 이성(ratione naturali)'이라고 부르며 그 숭고함을 부각하고자 했다.

그는 인간의 모든 고귀함은 '정신'으로부터 나온다고 생각했다. "코기토 에르고 숨(Cogito Ergo Sum, 생각한다. 고로 존재한다)" 명제는 이를 잘 보여준다. 이 명제는 '인간의 정신(코기토)'이 곧 '인간의 존재(숨)'를 대표한다고 선언하고 있다. 이 때문에 데카르트는 정신과 신체를 분리한 이원론자이며, 정신에만 인간 존재의 의미를 부여한 환원론자라고 비판받아 왔다[3]. 데카르트가 처음부터 그런 분리를 의도한 것은 아니더라도 그런 철학적 경향을 강하게 불러일으킨 것만은 사실이다.

데카르트의 본래 의도는 정신과 신체를 분리하려는데 초점이 있었던 것은 아니었다. 그는 우리가 인식하는 것이 정말 명확하고 흔들리지 않는 '진실'인지를 알고 싶어했다. 그래서 인간의 정신 역량을 확인하기 위해서 정신을 철저히 분리하는 방법을 고안했다. 그 때문에 정신이 신체와 분리된 것으로 자주 등장하곤 했다.

데카르트가 고안해낸 대표적인 방법은 정신을 철저히 분리하는 '사고 실험(thought experiment)'이다. 그것은 일종의 가상 시나리오인데, 흔히 '사악한 정령 가설(Evil genius hypothesis)'이라고 불리는 것이다. 데카르트는 다음과 같이 시작한다.

> "그러므로 나는 진리의 원천인 최선의 신이 아니라, 어떤 사악한 정령이 나를 속이는 데 온 힘을 쏟았다고 가정하겠다. 나는 하늘과 땅과 색깔과 모양과 소리, 그리고 그 밖의 모든 외적인 것들은 이 악한 천재가 믿음의 덫을 놓기 위해 이용하는 환상과 꿈일 뿐이라 여기겠다. **나는 나 자신의 손도, 눈도, 피도, 감각도 없다**. 그런데도 모든 것을 가지고 있다는 헛된 믿음을 가지고 있다." (데카르트의 〈제일철학에 관한 성찰〉, 제성찰 편, 강조는 저자)

데카르트의 사악한 정령은 '속임수를 쓰는 신'으로, 우리가 당연시하는 감각과 경험을 속이는 가상의 힘을 말한다. 그는 상상할 수 있는 가장 나쁜 조건(감각기관이 없는 정신) 속에 자신을 놓아두려 했다. 우리(이성)가 속고 있는 것은 아닌지를 검증하고 싶었기 때문이다. 가장 나쁜 조건에서조차 부정할 수 없는 사실이 발견된다면 그것은 '진실'이라고 승인할 수 있지 않을까? 데카르트의 상상은 또 다른 상상을 촉발했다.

3) 그 결과, 이성이 아닌 나머지 부분은 인간 존재의 핵심이 아니게 된다. 그렇다면 "인간의 신체는 그저 이성의 도구일 뿐인가?"라는 논쟁을 일으켰다. 데카르트는 인간의 신체로부터 이성을 분리하여 최고의 지위를 부여했고 그 때문에 이원론자(Dualist)로 분류된다. 데카르트에게 있어서 인간의 신체란 기계와 유사한 것이었다. 인간의 신체란 이성이 깃들어 있는 '그릇' 같은 것이었다. 이 때문에 인간의 의식을 신체의 활동 중 하나라고 여기는 일원론(Monism) 철학의 공격을 받았다.

또 다른 상상, 통-속의-뇌

사악한 정령 가설은 강한 매력을 가지고 있어서, 현대의 철학자들에 의해서 '통-속의-뇌(Brain-in-a-vat, BIV)'라는 사고 실험 문제로 변형되었다. 이 실험 이야기는 섬뜩한 SF의 한 장면을 떠올리게 한다. 인간의 신체로부터 뇌를 분리하여 영양액으로 채워진 통 속에 넣는다. 그리고 그 뇌에 적절한 감각 자극(정보)을 제공한다. 그러면 그 뇌는 생각할 수 있을까? 또 궁극적으로 그 뇌는 자신이 통 속에 있다는 것을 알 수 있을까?

철학적 회의주의(skepticism)에 따르면 통-속의-뇌(BIV)는 두개골 안에 있을 때와 같은 방식으로 작동할 것이다[4]. 통속의 뇌는 인공적으로 제공되는 감각 자극이 환경과 상호작용하는 유일한 방법이므로, 자신이 통속에 있다는 것을 알 수 없다. 이것은 그 반대의 경우에도 해당한다. 다시 말하면 지금 내가 생각하고 있다고 느끼는 것이 실제 현실과의 상호작용으로 획득한 것인지 아니면 통 속 장치에 의해 주입된 것인지 구별할 수 없다는 결론으로 이어진다. 회의주의라는 이름처럼 몹시 우울한 결론이다.

한편, 힐러리 퍼트넘(H. Putnam)은 회의주의 주장을 반박하며, "내용 외재주의 (Contents Externalism)" 입장을 견지했다. 그에 따르면 단어와 용어의 의미 그리고 명제는 화자의 외부 환경에 의해 결정된다. 이 관점에 의하면 통-속의-뇌(BIV)는 원천적으로 자신이 속해 있는

◀ **그림 4** '통-속의-뇌(BIV)' 사고 실험 이미지. 인간의 신체로부터 뇌를 분리하여 영양액으로 채워진 통 속에 넣는다. 그리고 그 뇌에 적절한 감각 자극(정보)을 제공한다. (그림자료: SRF Kultur Youtube)

4) 스탠포드 철학사전(Stanford Encyclopedia of Philosophy)에서 '회의론과 내용 외재주의(Skepticism and Content Externalism)' 항목을 참조했다.

'통'과 '뇌'를 현실에 조응시킬 수 없고, 그리고 두 단어를 올바르게 연결할 수도 없다. 통-속의-뇌(BIV)는 '자기 자신'을 결코 경험하지 못할 것이기 때문이다. 그 뇌는 현실의 경험에 토대를 두고 작동하는 뇌처럼 '뇌'와 '통'이라는 단어를 '현실적으로' 사용하지 못할 것이다. 그래서 그 뇌는 자신이 통 안에 있는 뇌라고 생각할 수 없고 따라서 그런 상태에 대해 말할 수도 없다. 역으로 말하면, 우리가 통속의 뇌를 상상할 수 있다는 것은 우리가 통속에 있지 않기 때문이다. 퍼트넘에 따르면, 다행히도 우리는 통속에 있는 뇌는 아닌 것이다.

장자와 나비, 누가 '나'인가

'통-속의-뇌(BIV)' 문제는 장자의 나비 꿈 이야기를 생각나게 한다. 둘 다 자기 자신에 대한 이해(self-understanding) 문제이기 때문이다. 자기 자신을 안다는 것은 재귀적 문제이기 때문에 가장 어려운 작업이다. 이것은 아주 오래전부터 인류가 질문해 왔던 것으로, 최고의 지능을 가졌다고 자부하는 인간이 반드시 풀어야 할 큰 난관이었다. 그런 만큼 매력적이기도 했다. 그래서 인류 문명은 이를 묻고 또 물었으며 이런 저런 방식으로 답을 찾곤 했다.

호접지몽(胡蝶之夢)은 동양은 물론이고 서양에서도 아주 유명한 이야기다. 어느 날 장자(莊子)는 꿈을 꾸었는데, 꿈 속의 나비가 너무도 생생해서 깨어난 후에 깊은 회의에 빠졌다. 장자는 자신이 나비 꿈을 꾼 것인지 아니면 자신이 본래 나비인데 장자가 된 꿈을 꾸고 있는 것인지 어떻게 알 수 있겠냐고 물었다.

장자의 질문에 누가 적절한 해답을 제시할 것인가? 이것은 일종의 '현설성 검사(reality test)'를 요청하고 있는 것이다[5]. 정신분석학자 자크 라깡(Jacques Lacan)의 설명이 어느 정도 실마리를 던진다[6].

> "주체가 꿈속에서 나비가 된다는 것은, 그가 실제로는 [그자신을] 응시하고 있는 나비를 본다는 뜻이다. …………꿈속에서 장자는 그 누구(타자)에 대해서도 나비가 아니다. 그가 타자들의 포충망에 걸려드는 것은, 그가 타자들에게 장자가 되는 것, 바로 그가 잠에서 깨어났을 때이다. 그러므로 그는 장자가 되는 꿈을 꾸는 나비가 아니라, 나비가 되는 꿈을 꾸는 장자이다. (라깡의 〈정신분석의 네 가지 근본 개념〉 중에서)"

5) 프로이트의 〈정신분석학의 근본 개념(2014, 열린책들)〉, 232~234쪽을 참조하라.
6) 라캉의 〈정신분석의 네 가지 근본 개념(2008, 새물결)〉, 120~121쪽을 참조하라.

우리는 외부의 도움 없이 우리 자신을 알 수 없다. 우리는 외부(타자)에 의존하여 자신을 발견할 수 있을 뿐이다. 예를 들어 거울(타자)에 반영된 '나의 모습'을 보는 방식으로 자신을 관찰할 수 있을 뿐이다. 내가 거울 속의 이미지를 볼 때 동시에 거울 속의 '그'가 나를 보고 있는 것을 본다. 그래서 장자가 자신이 나비임을 인식했다면 그것은 바로 자신을 응시하고 있는 '나비'를 보았다는 것을 의미한다. 그래야만 그는 자신이 나비임을 알 수 있을 것이기 때문이다. 이 단계에서는 아직 누가 '현실의 나'인지 식별할 수 없다.

어느 쪽이 진정한 '나'인지 구분하기 위해서는 결정적으로 타자에 의해 일관되게 '그'로 보여져야 한다. 즉 누군가에게 '그 사람'으로 발견되어야만 한다. 나비는 장자 혼자만 보았을 뿐 타자에 의해서는 발견되지 못했다. 반면에 장자는 장자 자신만이 아니라 타자에 의해서 함께 관찰될 수 있었다.

타자들에 의해 관찰되어야만 그는 타자들의 관계망 안에 위치지어질 수 있다. 바로 그 순간, 그는 현실의 '주체'가 된다. 이것이 우리가 우리 자신을 발견하는 방법이다. 우리는 단독으로 자기 자신의 존재를 검증할 수 없다. 우리는 우리 자신을 알기 위해서 우리의 외부(타자)를 필요로 한다.

지능은 '보편적 도구'

이상 알아본 바와 같이, 자기 자신을 포함하여 세계를 안다는 것은 그 자체로 신비함이 있다. '아는 능력' 곧 지능이란 무엇인가? 우리는 지능을 어떻게 정의할 수 있나? 생명에 관한 정의만큼이나 지능의 정의 역시 쉽지 않다. 생명이 그러했듯이 지능 역시 다른 존재와 연결되어 있고 역동적으로 변화하기 때문이다. 우리는 누구도 자신의 '사유하는 상태'를 직접 알 수 없다. 우리는 다만 서로의 행동을 관찰하면서 그리고 타자에게 반영된 자신을 발견하는 방식으로 지능 또는 마음의 상태를 추론할 수 있을 뿐이다.

데카르트는 이성(지능)을 '보편 도구(universal instrument)'라고 간단히 정의했다. 그에게 있어서 인간의 사유 능력은 중요한 개념이었는데, 사유하는 존재에게 근대 사회의 구성원으로서의 자격을 부여하려 했기 때문이었다. 이성(정신)에 대한 깊은 애착 때문이었는지 그의 이성에 대한 분석은 매우 돋보인다. 데카르트가 시도한 이성에 대한 정의는 곧바로 지능에 관한 이해를 불러일으키는 힘이 있다. 매우 흥미롭게도 그는 이성을 설명하기 위해서, 그리고 이성을 부각하기 위해서 기계와 이성을 대비했다.

"이성은 모든 상황에 적절히 대처할 수 있는 보편적 도구(un instrument universel)인 반면에, 기계는 그렇지 않다. 기계가 어떤 개별적인 행동을 하려면 그런 행동에 필요한 개별적인 배치가 기관 속에 들어있어야 한다. 우리 이성이 우리에게 행동하게 하는 것과 같은 방식으로 삶의 모든 상황에 맞게 행동할 만큼 충분한 다양한 배치가 기계 속에 있다는 것은 사실 불가능한 일이기 때문이다. (데카르트의 〈방법서설〉 중에서)"

여기서 "보편 도구"라는 표현은 단순하면서도 핵심적이다. '보편적'이란 표현은 '특수한' 또는 '특정한'에 대비되는 것으로, 어떤 정해진 상황이 아니라, 일어날 수 있는 모든 상황을 가리킨다. 이성이 보편적 도구라는 의미는 매 순간 그 상황에 적절하게 조응하는 행동을 생성할 수 있는 역량을 말한다. 사람들이 매일 가볍게 수행하는 일들이 여기에 해당한다. 친구와 사소한 이야기를 나누거나 아침에 일어나서 일상적으로 수행하는 평범한 행동을 말한다. 또한, 예기치 못하게 직면한 난관에도 잘 조응할 수 있는 것도 보편적 역량 때문이다. 물론 결과적으로 그 행동이 적절한 것이 아닐 수도 있지만, 그가 그 순간 새로운 환경에 조응하려고 노력했다는 것만은 사실이다.

데카르트의 이 설명은 엄밀히 말해서 단지 이성에 대한 정의라기보다는 우리의 지적 역량 전반에 대한 정의라고 볼 수 있다. 흔히 이성은 논리적이고 합리적인 사유만을 의미하는데, 여기서 말하는 '모든 상황에 맞게 행동하기'는 이성만의 영역이 아니라 더 넓은 범위에 걸쳐 있기 때문이다. 우리는 일상 속에서 논리적 판단 과정을 생략하고 습관적으로 무의식적으로 '그 상황에 맞는 행동'을 할 수 있다.

데카르트의 기계 비판

데카르트는 인간 정신의 이런 능력을 확인하기 위해서 다시 한번 '기계'를 불러들였다. 데카르트조차도 이성이란 것이 어떻게 구성되었는지를 직접 설명할 수 없었다. 사실 우리는 누구도 우리 자신의 '사유하는 상태'를 직접 설명할 수 없다. 대신 데카르트는 〈방법서설(Discourse on Method, 1637)〉에서, 이성을 테스트하는 방법으로 '지적 대화 능력(the capacity to hold an intelligent conversation)'을 권장했다. 여기서 그는 인간과 기계를 비교하면서 기계는 인간처럼 상황에 맞게 적절하게 말할 수 없을 것이라고 확신했다.

> "기계가 말을 하도록 만들 수 있고, 심지어 물리적 행동을 할 수도 있다고 상상하자. 예를 들어 기계의 어떤 부분을 툭 치면, "왜 그래?"라고 답하게 하거나 또는 다른 부분을 툭 치면 기계가 눈물을 흘리게 할 수도 있다. 그러나 기계는 현재의 감각에 조응하면서 그 자신이 하는 말을 수정할 수 없다. 심지어 가장 멍청한 사람도 그런 일을 할 수 있는 정도로 쉬운 일인데도 기계는 할 수 없을 것이다."

데카르트의 기계 관찰은 매우 날카롭다. 놀랍게도 데카르트는 기계가 발전하여 눈물을 흘리거나 말을 할 수도 있을 것이라고 상상했다. 기계가 인간처럼 말하거나 감정을 표현하더라도 그것은 단지 정해진 규칙에 따른 반응일 뿐이다. 기계의 반응은 자신이 처한 상황에 따라 그 순간에 발생한 자신의 감각에 조응한 것이 아니다. 기계는 구체적인 지시사항(명령문)이 없이는 어떤 행동도 할 수 없다. 기계는 인간과 같이 '보편적 역량'을 가지고 있지 않은 것이다.

반면에 인간은 아주 쉽게 그런 일을 잘 해낼 수 있다. 인간이 매 순간 하는 행동은 그 상황에 잘 맞도록 그때 그때 만들어 진 것인데, 그래서 모든 행동은 고유한 것이다. 매번의 상황은 항상 다르기 때문이다. 따라서 그것을 지시사항으로 일일이 열거해야 한다면 엄청나게 많은 양, 아마도 무한히 늘어날 것이다. 그것을 모두 지시사항(명령문)으로 작성하기는 불가능할 것이며 또한 유한한 기계 속에 무한히 많은 지시사항을 다 집어넣을 수도 없을 것이다. 따라서 인간처럼 행동하는 기계는 원천적으로 불가능하다.

데카르트는 기계의 지적 역량을 부정했지만, 그의 상상은 오히려 '생각하는 기계' 개념에 영향을 주었다. 앨런 튜링은 데카르트의 '보편 도구' 개념을 모방하여 '보편 기계' 개념을 제안했다. 더 나아가 데카르트가 언급했던 기계의 대화 시험 방법은 이후 '생각하는 기계'를 테스트하는 방법, 즉 '튜링 테스트'에 차용된다[3.1장 참조].

데카르트의 이야기는 모두 옳은 것은 아니지만 중요한 통찰을 담고 있다. 그는 지능에 대한 중요한 암시를 던졌다. 그의 통찰은 우리의 상상력을 자극하며, 오늘날에도 여전히 인용가능한 부분이 있다. 그의 이성에 관한 개념 정의가 마굴리스의 생명의 정의와 맞닿아 있다는 점에서도 돋보인다.

마굴리스의 생명, 데카르트의 지능

생명과 지능에 대한 각각 권위 있는 두 학자, 마굴리스와 데카르트의 주장은 서로 닮은 바가 있다. 마굴리스와 데카르트는 서로 다른 시대에 살았고, 전혀 다른 영역을 연구했지만, 우연히도 같은 것을 보여주고 있다. 마굴리스의 생명이 그렇듯이 데카르트의 이성(지능)은 매 순간 자신의 환경을 지각하고 그에 조응하여 스스로 적절하게 반응하며 자기 자신을 넘어서 나아간다. 생물철학자 에반 톰슨(E. Thompson)도 "생명이 있는 곳에는 마음이 있다"고 말한 바 있다.

생명이 그렇듯이 지능도 전체론적 특징을 가지고 있다. 마굴리스가 생명을 공생 발전하는 거대한 하나의 유기체라고 보았던 것처럼, 데카르트도 정신(지능)을 분할불가능한 것으로 전제했다. 데카르트가 정신과 신체를 구분했던 이유 중 하나는 '신체는 분할할 수 있지만 정신은 분할할 수 없다'고 여겼기 때문이었다. 정신이란 개별로 구분되는 것이 아니라, '널리 퍼져 있는' 그리고 분리되지 않는 어떤 것이다. 그래서 데카르트에게 정신은 '신'이었다. 마굴리스가 생명을 개별이 아니라 서로에게 속해있는 존재라고 주장했듯이, 데카르트의 '정신(지능)'도 분리할 수 없는 하나의 모습으로 우리에게 다가온다.

이렇게 생명과 지능은 다른 단어이면서도 같은 특징을 공유하는 개념임을 확인할 수 있다. 특히 생명과 지능을 통해서 우리는 다양해질 수 있다면 유리해진다는 것도 알 수 있다. 세포는 조금씩 다른 더 많은 자신을 만들어내는 방향으로 진화했고, 지능은 매 순간 다른 환경에 조응하는 행동을 만들어내는 능력을 개발했다.

[참고문헌]

데카르트, R. 2021. 〈제일철학에 관한 성찰: 자연의 빛에 의한 진리 탐구〉, 이현복 옮김, 문예출판. [Descartes René 2008. *Meditations on First Philosophy with Selections from the Objections and Replies*, trans by Michael Moriarty, Oxford University Press.]

마굴리스, L. & 세이건, D. 2016. 〈생명이란 무엇인가〉, 김영 옮김, 리수출판.

Bouwsma, O.K. 1949). "Descartes' Evil Genius", *The Philosophical Review*. 58 (2): 149–151.

Thompson, Evan 2007. *Mind in Life: Biology, Phenomenology, and the Sciences of Mind*, Cambridge, MA: Harvard University Press.

1.2 신화와 인공지능: 오래된 열망

기술은 단지 기술적 특성만으로 성취되기보다는 강한 열망 때문에 끌어올려진다. 인공지능에 관한 관념은 이미 오래전부터 인간의 열망에서 흘러나오고 있었다. 그런 열망이 사람들을 끌어들여 점점 더 견고해지면서 드디어 인공지능을 현실 가능성이 큰 기술로 밀어 올렸다. 인공지능처럼 비현실적인 기술일수록 아무런 실체도 없는 열망이 더 큰 동력이 되곤 한다.

신화와 고문서, 그리고 전래동화는 그런 열망의 흔적을 전해주고 있다. 오래된 이야기 속에서 인공지능과 로봇의 원형을 찾기는 어렵지 않다. 이미 여러 문헌에서 탐색된 바가 있다. 북유럽 신화와 그리스 신화, 그리고 현대의 판타지인 SF를 통해서 자동 기계에 대한 인간의 열망은 점점 더 구체화 되어 왔다.

북유럽 신화, 난쟁이가 원했던 로키의 머리

◀ **그림 1** 왕위에 오른 오딘이 흘리드스캴프(Hlidskjalf) 라는 높은 옥좌에 앉아서 무엇이든지 꿰뚫는 창 궁니르(Gungnir)를 들고 있다. 오딘의 늑대와 까마귀도 오딘의 힘을 더해준다. 까마귀 후긴과 무닌(Huginn and Muninn)은 각각 '생각'과 '기억'을 뜻하는데, 세상을 돌아다니며 본 것을 전한다. 늑대 게리와 프리키(Geri and Freki)는 오딘이 물리친 전사들의 시체를 먹으며 행운을 가져다준다. (그림 자료: Wikipedia)

북유럽 신화(노르드 신화)는 오랫동안 구전되다가 상당히 늦은 시기, 13세기가 되어서야 문자화되었다. 그래서인지 이야기의 구조가 그다지 논리적이지 않은 면이 있다. 하지만 그런 만큼 날 것에 가까운 옛 문명을 전해준다. 오히려 이야기의 느슨함 때문에 신비한 느낌을 준다. 그 때문에 우리의 상상력을 자극하여, 오늘날 게임 콘텐츠의 대표적인 세계관으로 등장할 수 있었다.

이 세계관에서 최고의 신은 오딘(Odin)으로 지혜와 전쟁의 신이다. 오딘은 무엇이든지 꿰뚫는 창 궁니르(Gungnir)를 가지고 있다. 이 창은 마법의 힘으로 던지기만 하면 알아서 목표물을 향해 날아가 명중시킨다. 오딘의 공격을 받는 상대방은 결코 살아남을 수 없다. 오딘은 애꾸눈이었는데, 미미르의 '지혜의 샘물'을 마시기 위해서 그 대가로 자신의 한 쪽 눈을 연못에 던져야 했기 때문이다. 샘물을 마시는 순간 지금까지 몰랐던 지혜가 샘솟기 시작했다. 대신 오딘은 한 눈으로 봐야 했기 때문에 때때로 목표물을 정확히 겨냥하기 힘들었다. 궁니르는 그런 오딘의 결점을 보완해 주었다. 오딘의 궁니르는 전사들의 욕망을 상징한다. 궁니르는 주인의 의지를 알아서 수행하는 자동 기계이다.

오딘의 아들이며 천둥의 신, 토르(Thor)는 마법의 망치 묠니르(Mjölnir)를 들고 있다. 북유럽 신화에서 묠니르는 최고의 무기라는 명성을 가지고 있다. 묠니르 덕분에 토르는 힘이 더 세질 수 있었다. 묠니르는 고대 노르드어로 '천둥을 만드는 사람'이라는 의미다. 묠니르는 한 손 망치지만 엄청난 무게와 힘을 가지고 있어서 무엇이든지 파괴할 수 있다. 묠니르의 이런 특성은 곧바로 토르라는 인물을 상징한다.

그뿐만 아니라 묠니르는 아무리 멀리 던져도 항상 되돌아오기 때문에 유용하다. 토르는 크고 세고 우직한 이미지를 가지고 있지만, 상대적으로 작은 망치를 사용함으로써 거대한 무기를 사용하는 영웅들에게는 없는 친근함도 얻었다. 그러니까 토르는 묠니르가 있어서 '토르'가 될 수 있었다. 이처럼 강한 특성을 가진 인공물은 그 사람을 그 사람으로 만들어 준다는 점에서 단순한 도구 그 이상의 의미가 있다. 누구나 그런 물건이 있다면 자신을 부각할 수 있을 것이다. 그처럼 묠니르가 매우 매력적이어서, 토르는 이 망치를 자주 도난당했다.

이 신화에서 난쟁이와 로키(Loki)의 이야기는 더 흥미롭다. 로키는 거인족으로 외모가 출중하고 말재주가 좋아 호감이 가지만 교활하고 음험하고 약삭빠르다. 그의 내면에는 엄청난 분노와 질투심, 욕정 같은 어두운 구석이 많다. 로키는 이 신화 세계에서 거의 모든 사건을 일으키는 인물이다. 로키가 없다면 아무 사건도 없을 것이고, 따라서 신화 이야기도 없었을 것이다.

어느 날 로키가 토르의 아내 시프의 황금 머리털을 장난삼아 잘라갔다. 화가 난 토르는 로키를 붙잡았다. 위기를 모면하고자 로키는 난쟁이들에게 황금머리칼을 만들게 하겠다는 조건으로 풀려났다. 난쟁이들은 숙련된 장인들이고, 최고의 물건을 만들어냈다. 신화 속에서 난쟁이는 주로 지혜, 대장일, 광산업, 공예와 관련된 존재다. 그들이 만든 공예품에는 고유한 힘이 깃들어 있다. 그래서 그 고유성을 인정하여 난쟁이의 보물에는 이름이 부여된다. 로키는 난쟁이들의 참여를 끌어내기 위해 꾀를 내었다. 난쟁이들에게 아스가르드의 신들을 위한 선물 만들기 경쟁을 제안한 것이다. 로키는 난쟁이들이 가장 뛰어난 재주를 가진 존재로 인정받고 싶은 욕심이 있다는 것을 알고 있었다.

여러 난쟁이 중에서 브로크와 에이트리(Brokkr & Eitri) 형제는 경쟁에서 이긴 대가로 로키의 머리를 달라고 했다. "당신 머리요. 우리가 이 경쟁에서 이기면 당신 머리를 가질 겁니다. 당신 머릿속에서는 수많은 일이 벌어지고 있으니까 에이트리가 그걸 가지고 아주 멋진 장치를 만들 수 있을 겁니다. 생각하는 기계 같은 거 말이죠. 아니면 잉크통이나." 로키는 급한 마음에 동의했다.

난쟁이 형제는 로키처럼 '생각하는 기계'를 제작하려 했다. 로키의 머리는 말재주가 좋고, 교활하고 음험하고 약삭빠르며, 분노와 질투심, 욕정이라는 로키의 복합적 특성을 대표하는 신체였다. 난쟁이 형제는 '생각하는 기계'를 위해서 로키의 머리를 이용하고자 했다.

◀ **그림 2** 로키 때문에 난쟁이 형제는 여러 보물을 만든다. 그들은 경쟁에 이기면 로키의 머리를 달라고 한다. 로키(그림 오른쪽 위)가 난쟁이 형제가 보물을 만드는 것을 지켜보며, 황금 머리카락이 아닌 다른 보물 제작을 방해한다. 로키의 방해 때문에 묠니르의 손잡이가 짧아지게 된다. (그림자료: Wikipedia)

그러면서도 잉크통이 돼버릴 수도 있다고 했다. 그 일은 욕망을 현실로 구현하는 능력을 갖추고 있는 난쟁이들에게도 몹시 어려운 일이라는 점을 암시한다.

이 경쟁 게임에서 궁니르와 묠니르도 탄생했다. 그뿐만이 아니라, 순풍을 불러와 어디든지 갈 수 있으며 접어서 휴대할 수 있는 배, 스키드브라드니르(Skidbladnir), 9일마다 똑같은 금팔찌를 생기게 하는 드라우프니르(Draupnir), 더 아름답게 만들어 주는 목걸이 브리싱가멘(Brísingamen)도 만들어져 신들 앞에 제출되었다. 최종적으로 신들은 난쟁이 형제가 만든 묠니르를 가장 훌륭한 보물이라고 판정한다.

로키는 약속대로 머리를 내놓아야 했지만, 그답게 위기를 모면했다. "자네는 물론 내 머리를 자를 수 있어. 하지만 여기 계신 전능하신 오딘께 호소하는데, 만약 자네가 내 목을 조금이라도 자른다면 자네는 우리 계약조건을 어기는 거야. 자네들은 내 머리만 자르겠다고 약속했으니까 말이야." 이에 오딘은 "로키 말이 맞다. 넌 그의 목을 자를 권리가 없어." 난쟁이 형제는 짜증이 났다. "하지만 그의 목을 베지 않고는 머리를 자를 방법이 없습니다."

로키의 머리를 가져갈 수 없자 난쟁이 형제는 오딘을 설득하여 대신 로키의 입을 가죽으로 꿰매버린다. 입은 확실히 머리 안에 있기 때문이다. 로키에게는 꿰매어지는 고통보다 말을 할 수 없게 된 것이 더 큰 고통이었다. 로키의 영리함은 말을 하는 것으로 드러날 수 있었기 때문이다. 이렇게 난쟁이 형제의 도전, '생각하는 기계' 제작은 '실현'될 수 없었다.

그리스 신화 속 로봇, 탈로스와 판도라

〈신화와 로봇〉의 저자 에이드리엔 메이어(A. Mayor)는 신화 속 존재들을 크게 두 가지로 분류했다. 신화 속 인물은 '태어난 존재(born, not made)'이거나 '만들어진 존재(made, not born)'이다. 이런 구분은 오늘날 SF 속에서도 그대로 재현되며, 우리에게 그 구분의 의미를 반복해서 다시 묻고 있다. 신화 속의 괴물이나 불사의 신들까지도 인간처럼 '태어난' 존재들이다. 올림포스 신들은 나이를 먹지도 않고 죽지도 않지만, 적어도 태어났다는 점에서 자연의 생명체와 공통성이 있었다. 신들도 부모에게서 '태어난다'.

신화 속에는 '태어난 존재'와 달리 '만들어진' 존재도 등장한다. 그리스 신화에는 거대한 청동상 탈로스(Talos) 이야기가 나온다. 탈로스는 대장장이 신 헤파이스토스(Hephaistus)가 제작했는데, 제우스(Zeus)가 그의 아들 크레타의 왕 미노스(Minos)에게 선물했다. 혹은 발명가 다이달로스(Daedalus)가 만들어서 미노스에게 바쳤다는 설도 있다. 어떤 것이든 탈로스가 '만들어진 존재'라는 점은 같다.

탈로스는 크레타섬을 하루에 세 번씩 돌며 섬을 지켰다고 한다. 섬에 상륙하려는 선박이 보이면 바위를 들어서 던지고, 이미 상륙했다면 자기 몸을 뜨겁게 달군 후 상대방을 끌어안아 태워 죽였다. 탈로스는 무적일 것 같았지만, 약점도 있었다. 탈로스의 발뒤꿈치에 고정되어 있던 나사못이 있었다. 이것은 머리부터 발뒤꿈치까지 연결되어 있던 '혈관'의 밸브였다.

탈로스는 이아손(Iásōn, 영어 이름 Jason)이 이끄는 아르고호 원정대가 그 섬에 도착했을 때 위기에 빠진다. 이아손은 헤라클레스에 의해서 "모험을 이끄는 능력이 있는 자" 그래서 "지도자"가 되기에 마땅한 자로 인정받은 영웅이었다. 아르고 원정대에는 콜키스 왕의 딸이자 마법사 메데이아(Medea)도 동행하고 있었다.

메데이아는 탈로스의 '심리적'이고 '물리적'인 약점을 파악했다. 탈로스는 자유 의지와 지성을 지니고 있고, 인간처럼 두려움과 희망을 느낄 수 있었다고 한다. 메데이아는 이런 탈로스의 '감정'을 이용한다. 메데이아는 탈로스에게 불사의 존재가 될 수 있다고 현혹한다. 그래서 탈로스는 마법으로 잠드는 것을 스스로 허락한다. 잠든 사이 탈로스의 발뒤꿈치의 못을 뽑자 그 몸에서 이코르가 흘러나왔고 결국 탈로스의 '생명'은 정지되었다.

◀ **그림 4** 이탈리아에서 발견된 기원전 항아리 그림. 메데이아는 탈로스에게 마법을 걸어서 잠들게 한다. 이아손이 탈로스의 발목에서 나사못을 제거하고 있다. 날개 달린 작은 타나토스(죽음의 신)가 지켜보고 있다. (그림 자료, 〈신과 로봇〉)

그리스 신화의 판도라(Pandora)도 탈로스처럼 '만들어진 존재'다. 제우스는 프로메테우스가 인간에게 불을 전해주자 복수심에 사악한 계획을 세운다. 인간에게 그 대가를 치르게 하겠다고 마음먹은 것이다. 제우스는 헤파이스토스에게 아름다운 젊은 여성을 만들라고 지시한다. 만들어진 판도라는 어떤 인간 여성보다 아름다웠다. 제우스는 헤파이스토스에게 명령하여 스스로 움직일 힘과 인간 같은 능력과 목소리를 주도록 했다. 이어서 제우스의 명령에 따라 올림포스의 신들도 판도라에게 특별한 선물을 준다. 아테나는 판도라에게 공예를 가르치고 아름다운 옷을 주고, 아프로디테는 판도라에게 항거할 수 없는 매력을 부여한다. 헤르메스는 판도라에게 기만적인 천성과 부정직함을 넣어준다.

이렇게 판도라는 '인간 비슷한 기계'가 된다. 판도라는 부모도 없고, 어린 시절도 없으며 역사도 추억도 영혼도 없다. 번식하지도 않고 나이도 먹지 않으며 죽지도 않는다. 판도라의 임무는 인간의 불운을 담고 있는 상자를 여는 것이었다. 판도라는 헤르메스의 경호를 받으며 지상으로 내려왔고, 프로메테우스의 동생 에피메테우스에게 안내되어 그의 신부가 된다. 에피메테우스는 판도라를 진짜 여자라고 생각했다. 프로메테우스의 경고에도 불구하고 선물을 받은 것이었는데, 에피메테우스 자신의 이름처럼 나중에서야 후회하게 된다.

결국, 판도라는 상자를 열고야 만다. 판도라는 인간에게 온갖 불행을 전달하는 목표를 달성하게 해준다. 그 상자에 담겨있던 마지막 희망조차도 사실은 항상 좋은 것이라고 할 수는 없다. 희망은 미래에 대한 기대, 또는 환상일 수 있기 때문이다. 그래서 판도라의 희망은 이중성을 가지고 있다. 그것은 아름다운 재앙이며 유혹적인 덫이다. 판도라는 트로이 목마와 같은 장치였다.

◀ **그림 5** 기원전 아티카 인물 꽃병의 그림 일부. 헤파이스토스가 판도라를 만들고 있다. 신화학자 에이드리엔 메이어(A. Mayor)에 따르면, 이 그림에서 판도라의 상반신만 보이는데 이는 판도라가 주조되고 있음을 암시한다.

구약 성서, 골렘 이야기

골렘(Golem)은 신성한 이름을 사용하여 마법으로 만들어진 생명체, 특히 인간이다. 그 기원은 고대 히브리 성서(시편 139장 16절)로, 골렘의 옛 표현 '갈람(galam, 히브리어 גֹּלֶם)'이 등장한다[7]. 다른 성서 버전에서는 대체로 '배아(embryonic)', '형상이 없는 덩어리(shapeless mass, unformed body)', '불완전한 물질(incomplete substance)'로 표기하고 있다.

> 당신 눈이 나의 형태 없는 몸을 보았으니; 나를 위하여 정한 날이 하루도 되기 전에 당신 주님의 책에 다 기록이 되었나이다. [Thy eyes beheld my unformed substance (golmi ra'u e'necha); in Thy book were written, every one of them, the days that were formed for me, when as yet there was none of them. Psalms 139: 16]

탈무드 전설에 따르면 아담은 존재했던 첫 12시간 동안 '영혼이 없는 몸'이라는 뜻의 '골렘'으로 불린다. 골렘은 탈무드에서 여러 번 등장한다. 한 전설은 예언자 예레미아(Jeremiah)가 골렘이 만들었다고 전하고 있다. 일부 신비주의자들은 골렘이 영적인 경험을 상징한다고 믿는다.

중세 말, 유대인 박해가 극심했던 때 골렘은 유대인들의 보호자라는 이미지를 얻었다. 16세기, 체코 프라하 유대인들은 신성로마제국 황제 루돌프 2세(Rudolf II)의 통치하에서, 사회정치적으로 핍박받고 있었다. 랍비 유다 로우 벤 베잘렐(Rabbi Judah Loew ben

◀ **그림 6** 랍비 유다 로우 벤 베잘렐와 골렘. 골렘의 이마에는 골렘을 의미하는 히브리어 글자가 씌어 있다. (그림자료: Wikipedia)

7) 히브리어 '갈람(galam)'의 뜻은 감싸다(wrap up) 또는 접어넣다(fold together)이다.

Bezalel)은 골렘을 만들어 유대인을 보호하기로 했다. 랍비는 의식을 거쳐서 블타바강 유역에서 흙으로 골렘을 만들었고 히브리어로 특별한 주문을 낭송하며 생명을 불어넣었다. 골렘의 몸 안에 "진리"를 의미하는 "emet"이라는 단어를 써넣었다.

골렘은 랍비의 명령에 복종하며 유대인 게토의 사람들을 돕고 보호했다. 그러나 골렘은 더 커지면서 폭력을 행사하여 사람을 죽였다. 랍비 로우는 골렘을 파괴하기 위해서 "emet"의 첫 번째 문자 e를 제거하여 "met"(죽음을 의미)으로 변경함으로써 골렘에게서 생명을 빼앗았다. 전설에 따르면 랍비의 아들이 골렘을 다시 살려냈다고 한다. 먼지로 생명을 창조하는 이야기는 16-7세기에 만연했고 프랑켄슈타인과 같은 이야기에 영감을 주었다.

골렘 신화는 인공물의 이미지가 '약자의 보호자'였다는 것을 시사한다. 한편 골렘이 자율성을 가지게 되어 통제할 수 없게 되어서 파괴해야 했다는 대목은 인공물에 대한 두려움을 암시하고 있다. 골렘의 이마에 주문을 넣었다는 이야기는 인공물을 지배하는 규칙(명령)에 관한 함축이다. 이 이야기는 기술(기계)에 대한 기대와 두려움이라는 상반된 이미지를 동시에 대변하고 있다.

공자와 '조언하는 그릇'

조셉 니덤(Joseph Needham)의 책 〈중국의 과학과 문명(Science and Civilisation in China, 1954)〉에 따르면, 고대 중국에도 자동 기계에 관한 기록이 전해지고 있다. 고문서 〈순자(荀子)〉에는 공자(孔子, BC 551-479)와 '조언하는 그릇(宥坐之器, 유좌지기)' 이야기가 등장한다. 공자는 기원전 6세기 사람으로 동양 사회에 큰 영향을 미친 역사적 인물이면서 동시에 이상적인 인간 모델로 숭배되는 신화적 존재이다.

> "공자는 노나라 환공의 사원에서 기울어져 있는 용기를 보았다. 그가 사원을 지키는 사람에게 그것이 무엇이냐고 묻자 그는 '이것은 왕의 오른쪽에 놓아두는 조언하는 그릇(宥坐之器)입니다'라고 대답했다. 공자는 말했다. '아, 나는 이 조언하는 그릇에 대해서 들은 적이 있다. 만약 그 속이 비어 있다면 한 쪽 방향으로 기울어지고 만일 그 속의 절반이 채워진다면 똑바로 선다. 반면에 그 속이 가득 채워진다면 뒤집어진다' 공자는 제자 중 한 사람에게 이 용기에 물을 넣도록 했다. 그대로 그 움직임은 완전히 공자가 말한 그대로 움직였다."

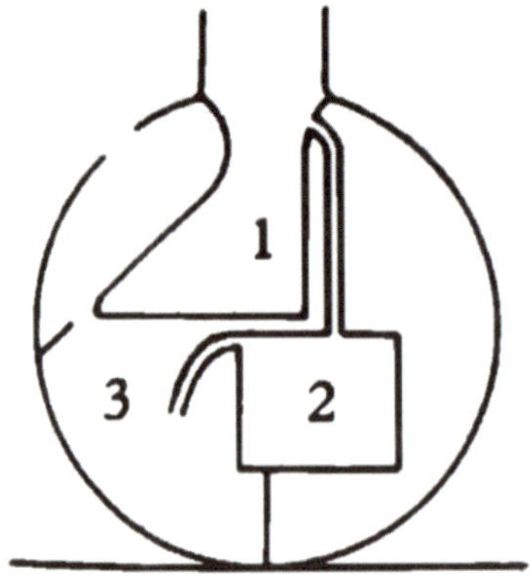

◀ **그림 7** '조언하는 그릇(宥坐之器)'의 시험적 복원 이미지. 고문서 〈순자(荀子)〉에 따르면, 노나라를 방문한 공자는 '조언하는 그릇'을 보고 제자들과 함께 이 장치를 시험했다. (그림자료: 조셉 니덤의 〈중국의 과학과 문명〉)

만물이 중용의 덕에 의해 변화하듯이, 이 그릇은 같은 원리에 의해서 왕에게 영원한 조언자 역할을 했다고 한다. 공자는 최고의 정치사상가이며 국왕의 조언자가 되기를 희망하며 천하를 유랑했던 인물이다. 그런데 이 그릇이 공자보다 먼저 왕의 조언자로 옆에 있었다는 이야기는 묘한 대비를 느끼게 한다. 공자는 이 그릇에 관심이 컸던 것 같다. 제자들과 함께 그릇이 잘 작동하는지 시험해 보았다고 한다.

사찰의 불상, 로봇의 맹아

종교의 영역에도 많은 인공물이 존재한다. 사찰 내 불상은 부처의 현신을 간절히 소망하는 인간이 만든 부처의 모방물이다. 불상은 로봇의 맹아적 모습이다. 사람들은 부처상을 제작하고 그 안에 불경을 넣어놓는다. 그 위치가 부처의 배에 해당하기 때문에 고고학자들은 이것을 복장 유물(腹藏遺物)[8] 이라고 한다. 복장이란 말 그대로 불상 뱃속에 물목을 넣는 것을 말한다. 동양 문화에서 배는 '마음'이 깃든 곳이다. 그래서 '복심'이라는 말도 사용되곤 한다.

8) 복장 물목의 핵심은 후령통(喉領筒)으로, 그 안에는 사리를 비롯해 오보병(五寶甁), 오곡(五穀), 오보(五寶), 오약(五藥), 오향(五香) 등 세상에서 얻어지는 진귀한 물품들이 들어간다. 후령통 외에도 각종 다라니를 적은 진언(眞言)과 경전, 비단 천을 비롯한 복식 등이 들어가는데 이를 통칭하여 복장이라 한다. 이러한 복장 물목은 복장 의식을 통해 생명력을 가지며 성물로서 신성성을 가진다. [출처: 한국민족문화대백과사전(복장(腹藏))]

불상은 부처의 모습을 본뜬 외형과 부처의 말씀(정신)으로 만들어진 조립물이라는 점에서 로봇과 같은 구조이다. 물리적 불상이 하드웨어라면 복장품(불경)은 내장 소프트웨어에 해당한다. 불상은 외형과 내용 양쪽 모두에서 완벽한 부처를 구현하려는 노력에서 나온 것이었다. 그래서 불상은 단순한 조각상이 아니라 그 자체로 부처처럼 경외의 대상이다. 사람들은 '불상을 놓는다'고 하지 않고 '부처님을 모신다'고 말한다.

◀ **그림 8** 석가여래불(중앙), 관음보살(좌), 다라보살(우), 부처상 내부에는 불경(부처의 말씀)이 복장된다. 부처의 모습을 본뜬 외형과 부처의 말씀을 기록한 내부는 로봇의 기계적 외형과 내장 프로그램이라는 이원적 구조와 유사하다.

[참고문헌]

김요한, 2019. 〈궁니르와 몰니르-기호로 읽는 북유럽 신화〉, 독일어문학 86, 21-38.

닐 게이먼, 2017. 〈북유럽 신화〉, 박선령 옮김, 나무의철학.

에이드리엔 메이어 2020. 〈신과 로봇〉 안인희 옮김, 을유문화사.

Idel, Moshe 1990. *Golem: Jewish Magical and Mystical Traditions on the Artificial Anthropoid*, State University of New York Press.

1.3 자유의지와 도덕적 존재

인공지능에 관한 논의에서 자주 등장하는 주제로, '기계가 자율성 또는 자유 의지를 가질 수 있느냐?'는 문제가 있다. 이것은 오래전 인간 존재에 관한 논의에서 등장했던 질문의 변형 버전이다. 인간은 '자율성이 있나?' 또는 '자유 의지를 가지고 있나?'라는 철학적 논쟁을 먼저 살펴보는 것이 좋은 출발이 될 수 있다. 철학적 개념을 끌어오는 방법으로 시작해 보자.

장 뷔리당(Jean Buridan)은 14세기 프랑스 신부이며 자연철학자이다. 중세 과학에서 중요했던 임페투스(Impetus) 개념을 발전시켰다. 임페투스는 갈릴레오의 근대 과학의 핵심 요소 중 하나였던 관성(Inertia) 개념에 영향을 주었다. 그의 이름은 과학보다는 철학에서 '뷔리당의 당나귀' 사고 실험으로 잘 알려져 있다. 이 실험은 자유 의지(Free Will)에 관한 문제를 제기한 것으로 유명하다. '자유 의지 문제는 중요했는데, 인간에게 자유 의지가 있다고 전제해야 '도덕적 존재'로 상정할 수 있기 때문이다. 그가 스스로 선택한 것이 아니라면 그에게 도덕적 책임을 물을 수 없을 것이다.

뷔리당의 당나귀

◀ **그림 1** '뷔리당의 당나귀'는 여러 가지 버전이 있다, 똑같은 건초더미 사이에 서서 결정하고 있지 못하는 당나귀 버전 (그림자료: gutenberg.org)

뷔리당의 당나귀 이야기는 이렇다. 여기 당나귀 한 마리가 있다. 당나귀는 배가 고프면서 동시에 목이 마르다. 당나귀의 오른편과 왼편에는 각각 건초와 물이 같은 거리에 놓여 있다. 당나귀는 배고픔과 목마름의 상태가 동등하므로, 건초와 물 사이에서 아무런 결정도 하지 못할 것이고 결국 배고픔과 갈증으로 죽을 것이다.

물론 현실에서 당나귀는 죽지 않는다. 당나귀는 무엇인가를 선택하고 먹을 것이다. 현실에서 그런 '동등한 조건'이란 존재하지 않기 때문이다. 이 실험의 취지는 동동한 가치를 가지는 2개의 결과 사이에서 자신의 의지에 따라서 합리적인 선택을 할 수 있을지에 대한 탐색이다. 궁극적으로 그 선택이 자유 의지인지 아니면 본능일 뿐인지 '어떻게 알 수 있느냐?'는 질문이기도 하다.

우리는 자유 의지가 있다고 믿지만, '자유 의지가 어떻게 발생하는지'에 대해서는 아는 것이 거의 없다. 만약 모든 것이 자연법칙에 의해 미리 결정되어 있다면 자유 의지는 발현될 여지가 없을 것이다. 인과 관계(결정론)의 손아귀로부터 자유를 확보하는 것은 인류의 오랜 소망이다. 그러나 정신분석학자 프로이트(S. Freud)의 관점에 따르면 그것은 착각에 기초한 소망이다. 프로이트에게 '자유'는 자발성을 의미하는 것이 아니다. 모든 사건은 우연처럼 보이더라도, 사실은 서로 엉킨 인과 관계로 이어져 있다. 다만 그런 관계가 서로 너무 멀고 너무 복잡하여 쉽게 정리할 수 없을 뿐이다.

한편, 데카르트는 '의지의 자유'가 있다고 확신했다. 그는 마치 뷔리당의 당나귀 문제에 답하려는 듯이 '편향'과 자유의 관계를 언급한 적이 있다. 양쪽 모두에 동등하게 이끌리는 상태는 자유의 필수적 조건이 아니며, 오히려 "어느 한쪽으로 기울어지면 질수록" 더 자유롭다는 주장이었다.

> "실로 내가 양쪽 모두로 이끌릴 수 있는 것이 내가 자유롭기 위해 필요한 것은 아니다. 오히려 그 반대로, 어느 한쪽으로 기울어지면 질수록, 나는 그만큼 더 자유롭게 그쪽을 선택한다. 내가 그쪽에서 참과 선의 근거를 명증하게 이해하기 때문이든, 혹은 신이 내 사유의 심부를 그렇게 배치하기 때문이든 말이다. 그리고 분명, 신의 은총도 자연적 인식도 자유를 결코 감소시키지 않으며, 오히려 자유를 증대하고 강화한다.(데카르트, 〈제일철학에 관한 성찰〉 중 제4성찰)"

그렇다면 우리를 자유롭게 하는 그런 '편향'은 어떻게 발생한 것일까? 데카르트는 편향의 원인에 대해서 "결여, 즉 어떤 식으로 내 안에 있어야만 했을 어떤 인식의 부족"을 언급했다. 인식의 부족이 편향을 불러오고 그런 편향이 자유를 낳는다. 역설적이지만 이 문제에 대한 실마리를 제공한다. 자유 의지를 단순히 선택으로 바라보는 시야에서 벗어나 새로운 해석의 여지를 열어주기 때문이다.

트롤리 문제, 좋은 결과와 나쁜 결과

뷔리당의 당나귀 문제와 유사한 현대 철학의 사고 실험으로는 '트롤리 문제'가 있다. 이것은 페미니스트 철학자 필리파 풋(Philippa R. Foot)의 1967년 논문 "낙태 문제와 이중 효과 원리(The Problem of Abortion and the Doctrine of the Double Effect in Virtues and Vices)"에서 시작되었다. 이 논문에서 풋은 태아 대신 산모를 선택해야 하는 낙태의 정당성을 옹호하고자 했다.

◀ **그림 2** 페미니스트 철학자 필리파 풋(P. R. Foot)은 낙태에 관한 산모의 선택권을 설명하는 과정에서 트롤리 상황을 예시로 들었다.

그의 논문에서 언급된 "이중 효과 원리(Doctrine of Double Effect, DDE)"는 중세 철학자 토마스 아퀴나스(Thomas Aquinas, 1224-74)에 의해서 고안된 개념이다. 이 원리는 살인 행위에 대한 자기방어 허용 조건을 제시한 것으로도 유명하며 지금도 여전히 형법 원리(the concept of Mens Rea in the criminal law)로 응용되고 있다.

이 원리는 하나의 행동이 좋은 결과와 나쁜 결과를 동시에 불러오는 모든 도덕적 논란 상황에 대한 판단 기준을 제공하려는 것이다. 요약하자면, 좋은 결과를 위해서라도 '의도적으로' 나쁜 행동을 하는 것은 항상 나쁘다는 원리다. 행위자가 일차적으로 의도한 결과만이 아니라, 그로 인해 부수적으로 파생된 나쁜 결과를 예견할 수 있었다면 그 행위는 도덕적으로 허용될 수 없다. 행위자는 부수적으로 파생된 나쁜 결과를 의도하지 않은(예견하지 못한) 경우에만, 그 나쁜 결과를 관용 받을 수 있다.

원칙적으로 나쁜 목적이든 좋은 목적이든 관계없이 어떤 살인도 허용되지 않는다. 다만 살인이 정당한 행동으로 허용되려면 자신을 방어(좋은 결과)하는 과정에서 파생적으로 의도하지 못한 살인(나쁜 결과)이 일어났을 경우이다. 그가 살인을 의도했거나 미리 예견할 수 있었다면 자기방어(좋은 결과)라고 하더라도 그 살인(나쁜 결과)은 면책되지 않는다.

이 지점에서 우리는 '의도'라는 것이 '앎'의 문제와 관련이 있음을 알 수 있다. 나쁜 결과를 마땅히 예견할 수 있지만, 그에 관해 아무런 숙고도 하지 않았다면 '의도적인 행위'로 해석된다. 다시 말해서 '의도의 여부'를 판단하는 것은 일반적인 사회구성원의 지적 역량에 관한 문제가 된다. 그 사람에게 '의도'가 있으려면 그가 '알고' 있어야 하기 때문이다. 달리 말하자면 아주 특수한 지식이어서 평균적인 행위자가 알 수 없는 지식이라면 그로 인한 '나쁜 결과'는 도덕적 책임의 범위에 포함되지 않을 것이다.

그런데 이중 효과 원리를 그대로 적용하면 어떤 이유이든지 관계없이 낙태는 항상 정당하지 못하게 된다. 산모의 생명을 구하기 위해서(좋은 결과) 낙태가 필요한 상황이더라도 그로 인하여 태아의 사망(나쁜 결과)을 명백히 예견할 수 있기 때문이다. 풋은 산모의 생명을 살리는 낙태를 옹호하기 위해서 이중 효과 원리의 범위를 재설정하고자 했다.

풋은 먼저 '의도'의 양상을 2가지로 분류하는 접근법을 제안했다. 그에 따르면 산모의 생명을 살리려는 낙태는 살인과 같은 "직접적이고 적극적 의도"와 구분해야 한다. 산모를 살리기 위한 태아의 죽음은 누구도 태아의 죽음을 원하지 않았다는 점에서 "간접적 의도"에 해당한다. 이어서 풋은 임산부의 생명과 태아의 생명 사이의 선택을 비교하기 위해서 다양한 사례를 언급하는데 그중 하나가 폭주하는 전차 안에 있는 운전자의 딜레마였다.

> "가능한 근접한 사례를 병렬적으로 만들기 위해서 탈주하는 전차(runaway tram) 운전자를 가정해 볼 수 있다. 그는 2개의 트랙 중 하나를 선택하는 조정만 가능하다. 한 트랙에는 5명이 일하고 있고 다른 트랙에는 1명이 일하고 있다. 그가 진입하는 트랙의 사람들은 모두 죽게 될 것이다........... 문제는 그 운전자가 적은 사람이 있는 트랙 쪽으로 조정해야 한다고 우리가 주저 없이 말해야 하는 이유가 무엇인가 하는 것이다."

풋은 인간의 의도를 분리하여 직접적인 것과 간접적인 것으로 이원화하면서, 산모의 생명권을 지키는데 중요한 기여했다. 그런데 문제는 이 과정에서 공리주의적 접근법이 포함되고 말았다. 공리주의는 "최대 다수의 최대 행복" 원리로 잘 알려져 있다. 그래서 공리주의적 선택은 대체로 다수를 선택하곤 한다. 풋의 주장이 의도하지는 않았더라도, 1명보다는 5명을 구하는 선택, 그리고 태아보다는 산모를 구하는 선택에서 '생명의 양'을 비교하는 결과를 불러오게 되었다.

의료적 선택과 트롤리 문제

윤리철학자 주디스 톰슨(Judith J. Thomson)은 논문 "죽이기, 죽게 놔두기 그리고 트롤리 문제(Killing, Letting Die, and the Trolley Problem, 1976)에서 필리파 풋의 전차 딜레마를 좀 더 구체화했다. 톰슨은 이 논문에서 '트롤리 문제'라는 잘 알려진 이름을 창안했다.

낙태만이 아니라, 안락사, 희소한 의료 자원의 배분 같은 의사결정을 할 때, '죽이기(killing)'와 '죽게 내버려 두기(letting die)'를 선택해야 하는 일이 일어나곤 한다. 낙태처럼 '죽게 내버려 두기(산모의 죽음)'보다는 '죽이기(태아의 죽음)'를 선택할 수밖에 없는 상황이 의료 상황에서 매우 자주 발생하기 때문이다. 이때 우리는 어떤 선택을 해야 하나? 우리는 코로나19 대유행으로 환자가 급격하게 증가하자 호흡기가 부족하여 배당 순서를 정해야 했다는 국제 뉴스 보도를 들은 적이 있다. 살 가망성이 낮은 노인 환자들이 호흡기를 배정받지 못했다는 사연도 함께 전해졌다. 이처럼 의료적 선택은 인권의 문제이면서 윤리적 사안이다.

◀ **그림 3** 주디스 톰슨(Judith J. Thomson), 필리파 풋의 문제 제기를 의료적 선택 전반으로 확장했다.

톰슨은 논문에서 여러 가지 트롤리 문제 상황을 구체적으로 제시해 놓았고, 이것이 오늘날 우리에게 알려진 트롤리 문제의 원형이 되었다. 필리파 풋과 주디스 톰슨의 트롤리 문제 제기는 이중 효과 원리 자체를 거부한 것은 아니었다. 다만 이중 효과 원리의 과도한 적용을 경고하고자 했다. 또한, 그들의 트롤리 문제 상황은 실제 상황이 아니라 수사적 장치였고 '사고 실험(thought experiment)'이었다. 그런데 원저자들의 취지와 다르게 이 문제는 공리주의적 실험에 인용되기 시작했다.

진화심리학자들의 실험 연구

2000년 이후 다수의 행동 과학자, 진화심리학자들이 트롤리 문제를 연구 방법으로 사용하기 시작했다. 그들은 인간의 도덕적 판단에 관한 이론을 수립하고자 트롤리 문제 상황을 설문 조사 방식으로 차용했다. 트롤리 문제의 단순함 때문에 실험 설정이 편리했기 때문이었다. 진화생물학자이면서 심리학자인 마크 하우저(Marc D. Hauser)와 동료 연구자들은 2006년과 2009년 두 차례에 걸쳐서 약 5,000명에게 트롤리 문제에 기반을 둔 설문 조사를 했다. 다음과 같은 시나리오가 설문참가자들에게 제시되었다. 주디스 톰슨의 논문에서 제안된 시나리오였다.

> 시나리오 1 : 데니스는 열차의 승객이다. 운전자는 기절했다. 열차가 달려가는 기찻길에 5명이 있다. 철로 왼쪽에 다른 철로가 있고 데니스는 진로를 바꿀 수 있다. 그 철로에는 1명이 있다. 데니스는 열차를 변경해서 1명을 죽이거나, 열차를 그대로 놔두어서 5명이 죽도록 놔둘 수도 있다.

> 시나리오 2 : 프랭크는 철로 위 인도교 위에 있다. 그는 다리로 접근하는 통제 불능 열차를 봤다. 철로에는 5명이 있다. 그는 그 열차 경로에 무거운 것을 떨어뜨리는 것만이 유일하게 열차가 멈출 방법이라는 것을 안다. 인도교 위에는 충분히 몸무게가 나가는 1명이 있다. 프랭크는 그 사람을 밀어서 죽일 수 있다. 또는 그렇게 하지 않음으로써 5명이 죽게 놔둘 수 있다.

조사 결과, 1번 질문에 대해 85%가 "허용한다"고 응답한 데 반해, 2번째 질문에는 단 12%만이 "허용한다"고 답했다. 1번과 2번 모두 사망자의 수는 변하지 않았지만, 완전히 반대의 결과였다. 2번의 경우 적극적으로 한 사람을 밀어서 떨어뜨려야 하므로, 응답자들이 행동을 주저했을 것으로 추정했다.

트롤리 문제가 처음 철학자들에 의해서 등장했을 때와는 달리 행동 과학과 진화심리학자가 다루는 트롤리 문제는 이중 효과 원리로부터 완전히 이탈했다는 비판을 받고 있다. 하우

저는 의도의 문제를 소거해 버렸다. 특히 하우저의 연구 방식으로 트롤리 문제의 윤리적 배경은 사라지고 공리주의적 관점만이 강화되었다. 공리주의는 어떤 상황에서도 의사결정을 내릴 수 있도록 만들어 준다. 그 대가로 소수의 희생을 정당화하는 경향이 있다. 공리주의 방식은 그 모델 안에 이미 소수의 희생을 예견(의도)하고 있다.

도덕적 결정을 설문 조사로 대체할 수 있나?

바우만과 동료들(Bauman et al, 2014)은 트롤리 문제를 설문 조사 방식으로 사용하는 모델의 검사 타당도가 낮다고 비판했다. 우선 트롤리 문제 상황은 비현실적이다. 그런 양자택일적 상황은 일상적이지 않으며 실제 도덕적 상황을 대표하지 않는다. 일상적 상황은 매우 복잡하고 불확실하다. 우리가 현실에서 의사결정을 쉽게 내리지 못하는 배경이기도 하다.

또한, 설문 조사는 응답자의 행동과 그로 인한 결과를 분리하기 때문에 응답자의 선택이 현실에서도 그대로 반복된다고 볼 수 없다. 이 설문 조사는 선택 결과에 따른 법적 책임이나 도덕적 불명예를 감수하지 않는 조건에서 이루어진다. 따라서 사람은 신중하게 선택하지 않을 것이다. 응답자들은 이런 설문 조사를 단지 흥미, 재미라고 간주할 수도 있다. 사람들은 어떤 상황이 재미라고 인지하는 경우, 나쁜 결과(부정적 정보)를 무시하는 경향이 있다. 따라서 이런 방식의 응답 결과는 도덕적 통찰을 얻는데 거의 아무런 기여도 하지 못할 것이다. 그러므로 이런 설문 데이터는 주의해서 해석해야 하며, 조사 결과에 전적으로 의존해서는 안 된다.

그리고 이런 설문 조사는 추가적인 문제도 발생시킬 수 있다. 설문 과정은 그 자체로 일종의 학습 효과를 불러올 수 있다. 응답자들은 응답 과정에서 소수의 희생을 선택하도록 학습될 수 있다. 더 나아가 조사 결과가 공표됨으로써, 사람들은 자신도 모르는 사이 소수의 희생을 정당한 것으로 인식하도록 영향받을 수 있다.

'도덕 기계' 실험, 설문 조사가 알고리즘이 된다면

이런 비판에도 불구하고 진화심리학자들의 설문 조사는 더 빈번해지고 있다. 2018년 네이처지에 "도덕 기계 실험(The Moral Machine Experiment)"이라는 제목의 논문이 실렸다. 논문의 취지에 따르면 자율주행차의 윤리적 행동을 설정할 목적으로, 트롤리 문제를 응용하여 온라인 기능성 게임 형식으로 구현했고, 웹상에 공개했다. 총 233개 나라에서 약 4천만 명이 참여했다.

설문 조사 문항의 대표적인 예시는 다음과 같다. "자율주행차가 3명의 승객을 태우고 주행하는 중, 거리에서 보행자 3명을 만났다. 그대로 직진하면 보행자가 사망하고 진로를 변경하면 장애물에 부딪혀서 승객이 사망한다. 자율주행차는 어떻게 해야 할까?" 그 외 질문 예시로는 각각 다수 보행자와 소수 보행자, 남성과 여성, 뚱뚱한 사람과 적정 체중의 사람, 사회적 지위가 높은 사람과 낮은 사람, 교통법규를 지키는 사람과 그렇지 않은 사람, 노인과 아이, 인간과 동물을 비교하며 어느 쪽을 보호할 것인지를 물었다.

조사 결과, 사람들은 소수 보행자보다는 다수 보행자, 동물보다 인간, 노인보다 아이를 보호하겠다고 선택했다. 그렇다면 이 논문의 결론처럼 '동물보다 인간 보호, 소수보다 다수 보호, 노인보다 아이 보호' 원칙을 자율주행차의 알고리즘으로 내장한다면 그 자율주행차는 사회적으로 승인될 수 있을까? 아마도 그렇지는 못할 것이다.

우선, 이 설문 조사 방법론은 도덕적인 차원의 사회문제를 단순한 공리주의적 관점으로 환원하려 했다는 점에서 문제가 있다. 도덕을 정량화하는 접근은 대체로 적절하지 못한 결과를 불러온다[5.1장 참조]. 만약 그럴 수 있었다면 윤리적 딜레마는 이미 해소되었어야 했다. 모든 문제를 설문조사의 다수결로 결정하기만 하면 될 것이기 때문이다.

실제로 이런 설문조사 결과를 자율주행차의 도덕적 기준으로 사용하기 어려울 것이다[4.4장 참조]. 대체로 형사법에는 이중 효과 원리와 유사하게 '범죄의 고의성' 기준("the Concept of Mens Rea in the Criminal Law")을 포함하고 있다. 앞서 언급했듯이 고의성이란 '인지 가능성'을 포함한다. 당연히 알 수 있었는데도 나쁜 결과가 예견되는 행동을 했다면 무지한 상태였을 때보다 그 책임이 더 크다. 그런데 알고리즘에 내장되었다는 것은 이미 그런 희생을 예견한 것이 되므로 '고의성' 범주에 포함될 여지가 있다. 누군가의 희생이 상황적 불가피성에 의해서 발생한 것이 아니라 알고리즘에 의해서 이미 결정되어 있었다면 사회적 문제가 될 수 있다. 희생자 집단에 속한 사람들은 분노할 것이고 사회적 반감도 불러올 수 있다.

자유의지와 신경과학 연구

인간의 자유 의지 문제는 여러 학문 분과에서 고유한 방식으로 다루어져왔다. 예를 들어 신경과학은 의식적 의도와 뇌 활동 사이의 연관성을 연구해 왔다. 벤자민 리벳(Benjamin Libet, 1983)의 연구가 대표적이다. 신경과학 연구는 주로 뇌전도(EEG) 기법을 사용하는데, 아래 [그림 4]의 (1)과 같이 두피에 전극을 붙여서 그 전기 신호를 기록하는 방식이다.

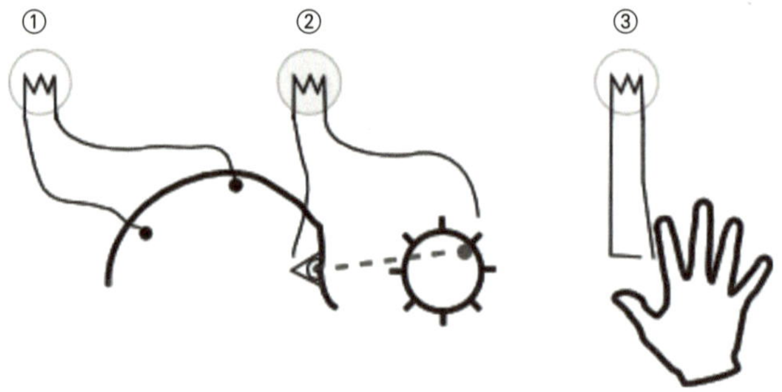

◀ **그림 4** 리벳 실험 모형. (1) 두피에 전극을 연결하여 전위 활동을 기록, (2) 실험참가자는 시계를 보며 자신이 의도를 결정한 시간을 확인, (3) 손가락을 실제로 움직여 버튼을 누른 시간 측정. (그림자료: Wikipedia)

이 과정에서 실험참자가는 두 가지 중요한 수행을 해야 한다. 실험참가자는 손가락을 움직여 버튼을 누르면서(그림 4-3) 동시에 그 행동을 의도한 순간이 언제였는지(그림 4-2)를 표명하는 것이다. 실험 결과 손가락이 움직인 시점(4-3)으로부터 약 0.5초 전에 운동을 담당하는 두정엽 신호(4-1)가 포착되었는데, 이는 실험참가자들이 자신의 의도를 기록한 시간(4-2)보다 0.35초 앞서 발생했다.

리벳의 연구 결과에 따르면, 어떤 결정이 처음에는 잠재 의식적인 수준에서 이루어지고 나중에서야 '의식적인 결정'으로 해석된다. 행동이 일어난 사건이 자신의 의지 때문에 일어났다는 주체의 믿음은 사건에 대한 사후 해석이라는 의미이다. 프로이트의 견해를 뒷받침하는 것이었다.

반박과 논쟁

리벳 실험은 충격과 논쟁을 불러일으켰다. 실험 절차의 문제도 주요한 논박 의제였다. 예를 들어서 실험참가자가 손가락을 움직이려고 결정한 시점을 보고하기 위해 사용된 시계 문제였다. 리벳은 원판형 오실로스코프 시계를 사용했는데, 디지털 시계로 교체해서 실험하자 다른 결과가 나왔다. 디지털 시계를 이용한 실험에서는 실험참가자가 의도를 결정한 시간(4-2)이 손가락 행동이 일어난 시간(4-3)보다 0.06초 전에 나타났다. 측정 도구마다 다른 값을 냈다면 결과 해석에 의문이 제기될 수 있다. 실험에 사용한 측정 도구에 대한 신뢰성은 실험의 정당성을 무너뜨릴 수 있다.

또한, 리벳의 실험은 실험참가자의 심리적 상황을 고려하지 않았다. 참가자는 실험이라는 통제조건에서 자신의 심리적 과정을 언어로 표현해야 하는데 과연 이를 적정하고 투명하게 표현할 수 있느냐는 것이다. 이것은 실험 상황이 현실의 복잡함을 대표하지 못한다는 문제와 관련이 있다.

무엇보다 문제는, 리벳 실험에서 전제하고 있는 행동 이전에 나타난 뇌파가 실제 행동과 관련이 있는지에 대한 신빙성도 의심의 여지가 있었다. 관련 연구에 따르면 사람들은 무엇인가를 예상하거나 기대할 경우, 행동에 관한 뇌파만이 아니라 예상이나 기대와 관련된 뇌파가 나타날 수 있다. 그런데 그 두 뇌파를 분리해서 식별하기 어렵다. 정확히 하나의 행동의지가 의식에 진입하는 그 순간이 존재한다는 전제가 성립하기 어렵다는 견해도 있다. 따라서 리벳 실험만으로 자유 의지를 부정하는 것은 적절하지 않다.

이후 연구에서 '의지에 대한 의도(자유 의지)'와 '감각 운동 의도'는 다르다는 것도 알려졌다. 리벳 연구는 엄밀히 말해 감각 운동 의도에 해당하는 것이었다. '의지에 의한 의도'에 관한 연구는 아직 진전이 거의 없다. 자유 의지에 관한 연구는 매우 복잡하기 때문이다. 이 영역은 의미, 기억 그리고 동기도 함께 작동한다. 리벳의 연구가 직접 자유 의지를 다루었다고 인정받을 수는 없지만, 적어도 자유 의지에 대한 논의에 활력을 불어넣었다는 것만은 사실이다.

도덕적 존재의 자유의지

이상 살펴본 바와 같이 자유 의지 문제는 도덕적 존재의 핵심적 내용이다. 근대 사회는 오로지 인간에게만 자유 의지를 부여했다. 그럼으로써 인간은 도덕과 책임의 주체가 될 수 있었다. 그 결과, 근대 사회는 제법 그럴듯하게 작동하는 것으로 보인다. 그렇다고 해서 이것이 인간에게 자유 의지가 있다는 것을 보증하는 것은 아니며, 다른 한편으로 동물에게 자유 의지가 없다는 것을 증명하는 것도 아니다.

이 문제는 철학적으로 과학적으로 앞으로도 계속해서 우리의 주요한 관심사가 될 것이다. 특히 인공지능과 관련하여 자유 의지 문제는 우리에게 더 복잡한 난관으로 다가오고 있다. 예를 들어서 인공지능이 '자유'를 가지게 될 것인지, 또는 인공지능에 어떤 '자유'를 허용할 것인지, 더 심각하게는 인공지능이 행사하는 '자유'를 감지할 수는 있을 것인지 등의 문제가 우리 앞에 놓여 있다.

인공지능처럼 복잡한 기술이 아니더라도 우리는 우리가 만든 인공물을 완전히 통제하지 못하는 경우가 많았다. 우리는 매일 자동차를 운전하고 인터넷을 사용하지만, 그 작동 원리를 모두 알지는 못한다. 다만 그 기술이 제한적으로 제공하는 사용자 인터페이스만을 조작할 뿐이다. 때로는 전체 기술을 모르거나 통제할 수 없다는 사실이 중요하지 않을 수도 있다. 기술의 진화 과정에서 관련 제도와 규범이 함께 도입되어 어느 정도 사회적 동의를 형성한 덕분이다.

개인사용자 차원에서는 인공지능 기술의 인터페이스만 이해해도 별문제가 되지 않을 수 있다. 그러나 사회적 차원에서는 인공지능에 대한 통제 가능성이 필요하다. 그런 사회적 논의에서 아마도 가장 먼저 인공지능의 자격을 어떻게 정의할 것인지를 다룰 것이다. 인공지능을 '앎의 주체'로 인정할 것인지 그리고 더 나아가 도덕적 존재로 승인할 것인지에 관한 문제도 포함할 것으로 보인다.

자유의지는 진화한다

대니얼 데닛(Daniel Dennett)은 자유 의지와 과학적 결정론이 양립 가능하다고 주장한다. 세계가 결정되어 있더라도 그 사실이 자유 의지를 침해하지는 않는다는 것이다. 그에 따르면, 자유 의지는 존재하지만, 그 동기는 외부요인에 의해 결정된다. 자유 의지의 존재와 결정론적 세계가 서로를 감싸며 접어 말아넣고 있는 모습을 상상해 보자.

"우리의 자유는 우리 (인간)종보다 나이가 젊다." 자유라는 개념은 아주 가까운 과거에 등장했다. 아마도 수 천 년밖에 안 되었을 것이다. 인간(종)의 역사 전체와 비교할 때 짧은 기간이지만 우리의 자유 의지는 우리 행성을 변모시켜 왔다. 생물권이 지구를 변화시킨 정도에 비견할 만하다. 생물권이 진화했듯이 자유 의지도 진화해야 했을 것이다. 앞으로도 계속 진화할 것이다.

데닛의 말처럼, 자유는 지구 행성 전체에 보편적으로 만연한 것은 아니지만 그래도 곳곳에 분명 실재한다. 그러나 생명이 불가피한 현상이 아닌 것과 마찬가지로 자유도 언제든지 붕괴할 수 있다. 우리가 자유 의지에 대해 더 깊이 이해한다면, 자유를 더 보편적인 것으로 변화시킬 수 있을 것이다. 어떻게 하면 자유와 그에 관한 의지를 더 많이 생성해 낼 수 있을까?

[참고문헌]

강명신 2014. 이중효과원리와 트롤리 사례 실험: 선의 추구에 대한 의무론적 제약. 〈윤리학〉 3(1): 33-48.

박주용 2016. 자유의지에 대한 리벳의 연구와 후속 연구들, 〈뇌과학의 경계를 넘다〉, 바다출판사.

최훈 2016. 신경과학은 자유의지에 위협이 되는가?, 〈뇌과학의 경계를 넘다〉, 바다출판사.

닐 레비 2011. 〈신경윤리학이란 무엇인가: 뇌과학, 인간 윤리의 무게를 재다〉, 신경인문학 연구회 옮김, 바다출판사.

다니엘 데닛 2009 〈의식의 수수께끼를 풀다〉, 유자화 옮김, 옥당출판.

대니얼 데닛 2009 〈자유는 진화한다: 자유의지의 진화를 통해 본 인간 의식의 비밀〉 이한음 옮김, 동녘사이언스.

피터 게이 2011. 〈프로이트 Ⅰ : 정신의 지도를 그리다〉, 정영목 옮김, 교양인.

Foot, P. R. 1967. "The Problem of Abortion and the Doctrine of the Double Effect in Virtues and Vices", *The Oxford Review*, Number 5.

Thomson, J. J. 1976. "Killing, Letting Die, and the Trolley Problem", The Monist 59(2), 204-217.

Bauman, Christopher W.; McGraw, A. Peter; Bartels, Daniel M.; Warren, Caleb, 2014. "Revisiting External Validity: Concerns about Trolley Problems and Other Sacrificial Dilemmas in Moral Psychology". *Social and Personality Psychology Compass*, 8/9, 536–554.

Hauser, M. D. 2006. *Moral Minds: How Nature Designed Our Universal Sense of Right and Wrong*. Abacus: London.

1.4 지능의 사회적 성격

인공지능(AI) 덕분에 '지능(intellect)'은 더 주목받는 개념이 되었다. 우리는 지능을 개인의 능력이라고 생각한다. 그래서 '지능 검사' 또는 'IQ 테스트' 결과가 개인의 수준을 표시한다고 믿는다. 그러나 지능은 개인 차원에 국한된 것이 아니며 지능 검사는 절대적이지도 않다.

이 장에서는 지능을 이해하기 위해서 우선 인간 의식과 관련된 연관 개념들을 알아본다. 인간 의식의 결과물 중 하나인 과학지식의 형성 과정, 다음으로 인간의 정신 구조를 이루는 자아와 초자아 개념, 사회적 책임의 단위인 주체 개념을 살펴본다. 이어서 이들 연관 개념들을 토대로 지능의 사회적 성격을 조망하다면 지능을 이해하는데 더 넓은 시야를 확보할 수 있다.

과학 지식, 기계론 철학

현재 과학은 인간의 지식을 대표하고 있다. 과학지식은 일반 상식보다 더 권위가 있는데, 그 이유는 과학이 '실재(the real)'를 재현한다고 믿기 때문이다. 대표적으로 우리는 과학이 '객관적인 진실을 발견한다'라고 믿는다. 이런 관점을 실재론(Substantialism)이라고 부른다. 실재론은 기계론 철학(mechanism)을 바탕으로 하고 있다.

기계론 철학은 17세기 근대 이후 지배적 세계관이다. 이 관점을 요약하면 다음과 같다.

(1) 이 세계는 입자로 구성되어 있고, 물질은 그 입자로 구성된 실체적 존재이다. 그러므로 그 물질은 확인할 수 있다. (2) 자연은 법칙성에 의해 지배되며 질서를 내재하고 있다. 이런 관점이 뉴턴의 '시계장치 우주(clockwork universe)' 은유를 만들었다. 이로써 이성의 힘으로 자연의 법칙을 이해할 수 있다고 믿는다. (3) 자연의 수학화, 양적 환원이 가능하며, 그런 방법을 통해서 자연을 변경할 수 있다고 믿는다.

이런 기계론 철학이 근대 과학의 토대로서 과학에 대한 믿음을 지원해 왔다. 만약 과학지식이 단지 관찰과 실험에 의해서만 증명될 수 있다면, 과학지식은 절대적인 진실을 제공할 것이다. 그러나 우리가 처한 상황은 그렇게 단순하지 않다.

과학, 불확실하고 불완전하지만 유용한 지식

오늘날 실재론적이고 기계론적 관점은 점차 무너지고 있다. 1960년대, 토머스 쿤(Thomas S. Kuhn)을 비롯하여 과학철학자들은 과학지식이 실재 그 자체가 아니라 사회적으로 구성된다는 급진적인 주장을 폈다. 1920-30년대 일련의 과학자들이 이미 그런 인식의 토대를 제공한 바 있다.

1920년대 말, 하이젠베르크와 보어 등 물리학자들은 관찰자(과학자)가 관찰 대상과 완전히 분리된 상태에서 '객관적으로' 관찰한다는 전통적 전제가 원천적으로 불가능하다는 사실을 알렸다(불확정성 원리). 관찰자가 관찰하는 동안 불가피하게 관찰 결과에 개입하기 때문이다. 관찰자 자신을 관찰 과정에서 제거할 수 없으므로, 관찰 내용의 불확실성은 근본적으로 제거할 수 없다.

이어서 1930년대 초, 수학자들은 수학과 같이 인간이 만든 논리적 체계가 의사결정을 하지 못하는 문제가 있음을 증명했다(괴델의 불완전성 정리). 불확정성 원리와 불완전성 정리는 현대 과학의 성격을 보여준다. 과학지식은 불확실하고 불완전하다. 같은 맥락에서 '과학이론의 미결정성 명제(underdetermination of theories)'도 제기되었다. 어떤 과학이론도 관찰증거만으로 결정되지 않는다. 관찰증거는 항상 부족하며, 때로 증거들은 전혀 다른

◀ **그림 1** 과학지식은 불확실하고 불완전하다. 그런데도 과학이론이 확정되고, 작동할 수 있었다. 토머스 쿤의 〈과학혁명의 구조〉에 따르면, 동시대 과학자 집단이 공유하고 있는 '패러다임' 덕분이다.

과학이론, 심지어 반대 이론을 지지하는데 동원될 수도 있다. 과학자들은 노력하겠지만 언제나 '완전한 증거'를 획득하기는 불가능하다. 그래서 과학자들은 순환적 논쟁에 빠지기 일쑤이다.

물론 증거가 불충분하더라도 일정한 논의 절차를 통하여 과학적 종결에 이르기도 한다. 어떻게 논쟁적 과학이론이 종결될 수 있을까? 토머스 쿤에 따르면, 동시대 과학자 집단이 공유하고 있는 패러다임(paradigm) 덕분이다. 패러다임은 "과학 공동체 구성원들이 공유하고 있는 가정, 정의, 법칙 그리고 기교들의 집합(set of assumptions, definitions, laws and techniques)이다.

쿤은 오늘날 과학이 중요한 지위를 차지하게 된 이유는 진리를 추구하기 때문이 아니라 주어진 '문제 풀이(puzzle solving)'를 잘했기 때문이라고 주장했다. 쿤의 주장은 과학에 대한 상식을 무너뜨리는 것이었고 급진적이었기 때문에, 당시에는 쉽게 받아들여지지 않았다. 그러나 지금은 학계에서 공식적인 이론의 지위를 얻었다.

근대 과학 패러다임은 16, 7세기 코페르니쿠스-갈릴레오-뉴턴 등 신진 과학연구자들에 의해 등장했다. 그들은 약 2000년 동안 지배적 지식 체계였던 아리스토텔레스의 과학관을 폐기했다. 신진 과학자 집단이 세계를 설명하는 모델이 이전의 설명 모델보다 더 매력적인 통찰을 제공했다. 이렇게 하나의 과학관에서 다른 과학관으로 급격히 변하는 것을 패러다임의 전환 또는 과학혁명(Scientific revolution)이라고 한다.

지배적 패러다임이 된 과학을 '정상 과학(normal science)'이라고 부른다. 일단 패러다임 전환에 성공한 과학자 집단은 자신들의 과학 모델로 설명되지 않는 변칙 사례가 등장하더라도 그런 사실을 잘 인정하려 하지 않는다. 대신 보조가설을 동원하여 정상 과학의 결핍을 그럴듯하게 메워나간다.

사실 과학지식만이 아니라 원천적으로 우리의 인식 틀은 '찢겨진 그물'과 같다. 우리는 충분히 노력하더라도 세계 전체를 완전히 포획할 수 없다. 그래서 우리는 다양한 방식으로 그 공백을 봉합한다. 때로는 새로운 과학이론(설명 모델)을 제시하기도 하고, 때로는 인지적 편향에 의존하기도 한다. 물론 그 모델은 동시대의 사회적 맥락에 부합해야 한다.

일단 하나의 설명 모델이 승인되고 나면 우리는 그것의 불완전성, 또는 임시성을 의식하지 못하게 된다. 찢겨진 그물의 공백을 '적절히' 메우면 마치 '온전한 진실'을 보고 있는 것처럼 인식되기 때문이다. 프톨레마이오스 우주 모델은 2천 년간 거의 순조롭게 천체 운행을 예측했고 뉴턴의 모델은 2백 년간 별문제 없이 모든 물질 사이의 힘의 관계를 제시해 왔다. 그러나 봉합된 공백은 언제든지 다시 '검은 틈'을 드러낼 수 있다. 프톨레마이오스 모델은 코페르니쿠스 모델에 밀려났고, 뉴턴 모델은 아인슈타인 모델로 대체되었다.

고전 역학과 현대 물리학의 분기, 관찰자의 존재

과학이론이 논쟁과 합의라는 사회적 과정을 통해 승인되기 때문에, 과학자들은 자신의 과학이론을 위해서 끊임없이 '투쟁'한다. 보어와 하이젠베르크가 불확정성 원리(Uncertainty principle)를 주장했을 때, 아인슈타인-플랑크-슈뢰딩거는 크게 반대했다. 그들의 고전 역학적 패러다임에서는 인정할 수 없는 논리였기 때문이다. 불확정성 원리는 1927년 솔베이 물리학회에서 공식적으로 승인되었지만, 그 이후로도 논쟁은 계속되었다. 아인슈타인은 불확정성 원리의 오류를 증명하기 위해 끝까지 분투했다.

◀ **그림 2** 솔베이 회의(1927). 고전물리학을 대변하는 알베르트 아인슈타인과 현대물리학의 대표 닐스 보어 등이 참석해서 논쟁을 벌였다. 결국, 불확정성 원리를 주장하는 보어의 승리로 종결되었다.

양쪽 과학자 집단 모두 최고의 전문성을 가지고 있으므로 이들 중 한 쪽을 무지하다고 보기는 어렵다. 단지 두 과학자 집단의 패러다임이 달랐을 뿐이다. 인과적 관계를 중시하는 아인슈타인의 고전적 패러다임에서 불확정성 원리는 터무니없는 것이었다. 아인슈타인은 인간의 인식론적 한계를 인정하지 않았다. 그의 관점에서 진실은 언젠가는 발견될 것이었다. 그러나 보어의 패러다임에서 관찰자의 개입 때문에 발생하는 관찰 내용의 변형은 근본적으로 극복 불가능한 것이었다.

"아인슈타인은 우리가 달을 보고 있지 않더라도 늘 하늘에 떠 있다고 말했다. 물론 달은 관찰자가 없어도 원래 있던 곳에 있지만, 달에 대한 물리학적 진술은 원리적으로 우리가 관측할 수 있는 상태에 근거를 둔다. 우리가 달이 특정 지점에서 특정 시각에 뜬다고 말할 때 관찰자를 명시적으로 언급할 필요는 없다. 그러나 그 관찰은 우리의 지각 과정에 토대를 두고 있다. 그 과학적 진술은 우리 공동의 경험과 행위를 통해서만 의미를 얻을 수 있다. (에른스트 페터 피셔, 2006)"

우리(관찰 주체)는 근본적으로 인식론적 한계가 있다. 우리는 "돌은 딱딱하다"고 알고 있다. 그러나 "딱딱하다"는 속성이 그 돌 안에 본질적으로 포함되어 있는 것은 아니다. 우리의 피부가 상대적으로 부드럽기 때문에, 돌을 만졌을 때 딱딱하게 느끼는 것이다. 만약 우리 몸이 다이아몬드처럼 딱딱하다면 돌을 만질 때 다르게 감지될 것이다.

즉, 관찰 내용은 관찰 대상의 속성만을 반영하는 것이 아니라, 관찰자의 속성도 포함한다. 따라서 관찰 결과는 절대적으로 객관적인 것이 될 수 없다. 관찰 내용은 관찰 주체와 관찰 대상 사이의 상호작용 결괏값이다. 역설적으로 우리 자신(관찰자) 때문에 우리는 '완전한 관찰'을 해낼 수 없고, 실재 그 자체(the real itself)를 알 수 없는 것이다. 다만 우리는 우리 자신(관찰자)이 포함된 관찰 결과를 통해서 실재 세계를 해석할 수 있을 뿐이다. 관찰과 해석의 과정에는 우리(관찰자)의 물리적 상태만이 아니라 다른 다양한 요소들도 포함된다. 예를 들어 과학 패러다임, 인지적 편향, 사회문화적 영향 등이 관찰 내용(과학지식) 안으로 스며든다.

불확정성 원리, 관찰자와 관찰대상의 얽힘

이와 같은 현상이 원자 수준의 입자를 관찰하는 과정에서도 발생한다. 하이젠베르크는 원자 궤도 함수 개념을 버리고 다만 확률적으로만 존재한다고 결론 내렸다. 원자를 관측하려면 원자에서 나오는 빛을 감지해야 한다. 그러기 위해서 광학 현미경은 원자에 에너지를 실어줘야 하는데, 현미경은 그 에너지로 인해 들뜬 상태의 원자를 관측한다. 다시 말해서 우리가 원자를 관찰했다면 그것은 적어도 한 번의 양자 도약을 거친 것이다. 따라서 그 원자는 관찰 이전과는 다른 상태이다. 그러므로 관찰 이전의 원자의 상태는 단지 확률적으로 예측할 수 있을 뿐이다. 관찰 과정에서 관찰자의 불가피한 개입이 관찰 내용에 영향을 준 것이다.

불확정성의 원리에 따르면, 입자의 위치와 운동량을 동시에 정확히 알아낼 수 없다! 다시 말하면, 측정값(위치, 속도 등)의 부정확도를 일정 이하로 줄일 수 없다. 불확정성 원리를 보여주는 공식에 따르면, $\Delta\chi$(위치의 오차)와 $\Delta\rho$(운동량의 오차) 값을 플랑크 상수값($\hbar$) 이하로 줄일 수 없다.

$$\Delta\chi\Delta\rho \geq \frac{\hbar}{2}$$

◀ **그림 3** 불확정성의 원리(uncertainty principle)를 표현하는 수식, Δx는 위치의 오차를 나타내고 $\Delta\rho$는 운동량의 오차를 나타내며 $\hbar$는 플랑크 상수 (6.626×10^{-34})를 표현한다.

플랑크 상수는 매우 작은 값(6.626×10^{-34})이다. 그 값은 너무 작아서 무시해도 될 정도이다. 그러나 불확정성 원리는 인간의 관찰이 근본적으로 한계가 있다는 점을 제기하는데 더 의미를 두었다. 불확정성 원리를 둘러싸고 일어났던 과학자들 사이의 논쟁은 과학지식이 가지고 있는 근본적 특질을 잘 보여주고 있다. 고전물리학과 현대물리학의 패러다임의 차이, 인식의 차이는 화해할 수 없을 만큼 컸다. 패러다임이 다른 과학자 집단은 서로를 이해할 수 없었다. 그들은 격렬하게 투쟁했고 마침내 한쪽이 승리했다. 이 과정은 과학 지식이 사회적 성격을 포함하고 있음을 보여준다.

지식은 사회적 실천의 결과

과학사회학자 해리 콜린스(Collins, H.)는 과학과 과학자의 모든 행동은 필수적으로 사회적이라고 주장했다. 과학기술은 순수 알고리즘에 의해서만 진행되지 않는다. 과학자들의 실험 성공 여부는 실험 지침서만으로는 불가능하며 과학자 공동체 안에서 그들 간의 '직접적이고 개인적인 접촉(direct personal contact)'을 필요로 한다. 그런 의미에서 과학자들이 만들어내는 과학 지식은 이미 사회를 포함하고 있다. 이로써 과학은 일종의 지식 주장(Knowledge Claim)이다.

콜린스는 과학기술 행위를 3단계로 구분하여 설명했다. 첫 번째는 과학적 발견의 '해석적 유연성(Interpretative Flexibility)'을 보여주는 단계이다. 과학적 발견은 미결정성 때문에 하나 이상의 해석이 병존하고 서로 다른 해석은 경쟁한다. 두 번째 단계는 해석적 유연성을 제한하고 과학적 논쟁이 종결에 다다르도록 하는 사회적 메커니즘(Social mechanism)이다. 세 번째 단계는 과학실험과 사회적 · 문화적 환경이 결합하면서 '종결(Closure)'에 이르는 마지막 단계이다.

논쟁이 끝나고 종결된 이후에는 해석적 유연성의 흔적은 발견되기 어렵다. 어느 하나의 해석이 합의를 통해 힘을 얻거나 타협적으로 수정되면서 고착되고 나머지 해석은 사라지기 때문이다. 우리는 그 마지막 모습만을 목격하게 됨으로써 과학기술이 사회와 독립하여 질서정연하게 발전했다고 오해해 왔다.

실험자 회귀 벗어나기

1969년 물리학자 조셉 웨버(Weber, J.)는 중력파를 발견했다는 논문을 발표했다. 전 세계 중력파 연구팀들은 웨버의 중력파 실험을 검증하기 시작했고 결론은 웨버의 발견을 인정할 수 없다는 것이었다. 이 사건은 과학의 역사에서 흔히 일어나는 일이었다. 당시 아직 아무도 중력파의 존재를 발견하지 못한 상태였다. 중력파를 발견하기 위해서는 훌륭한 중력파 탐지기가 있어야 한다. 그런데 그 탐지기가 정말 좋은 탐지 장치인지 알려면 그 장치를 이용해서 중력파를 발견해야만 한다. 그러나 중력파는 아직 발견된 적이 없기 때문에 어떤 신호가 중력파인지 알 수 없다. 이런 무한 반복 현상을 '실험자 회귀(experimenter's regress)'라고 한다.

과학자의 임무는 새로운 자연 현상을 발견하는 일이기 때문에 이런 실험자 회귀 상황에 항상 직면하게 된다. 그렇다면 논리적으로 과학자들은 결코 새로운 물질을 발견할 수 없어야 한다. 그런데 과학자들은 이런 상황을 벗어나서 새로운 발견을 확정 짓곤 한다. 과학자들은 캘리브레이션(Calibration)을 통해서 실험자 회귀를 벗어날 수 있다. 캘리브레이션은 표준적 기준을 사용해서 서로 다른 기기들을 비교할 수 있도록 하는 작업이다. 즉, 서로 경합 중인 주장들을 비교할 수 있는 기술적 기준을 마련하는 것이다. 이 과정은 과학자 집단 사이의 사회적 합의에 따라 종결된다.

1960년대 당시 과학자들은 중력파 탐지기에 대한 적절한 협상에 도달하지 못했었다. 한편 2016년 LIGO 연구단의 중력파 탐지 결과는 과학적 발견으로 승인되었다. 1969년 조셉 웨버의 중력파 탐지 주장처럼 실패한 과학도 2016년 LIGO 중력파 탐지처럼 성공한 과학도 사회적이라는 점은 같다.

프로이트의 초자아, 도덕적 자아

인간의 정신 구조는 지적 능력과 직접적 관련이 있다. 정신분석학자 지그문트 프로이트

(S. Freud)는 인간 정신의 구조를 새롭게 정의함으로써 패러다임을 전환했었다. 인간의 이성과 자아 정체성이 의식보다는 무의식(Unconscious)에 근거하고 있다는 것이다. 우리가 우리자신의 이성을 온전히 통제하지 못한다는 사실은 상당한 충격을 주었다.

의식은 우리 정신 기관의 '표면'이다. "의식된다는 것"은 우선 가장 직접적이고 확실한 지각에 의존한다. 반면에 어떤 지각이 의식화될 수 없다면 그것은 어떤 힘(저항)이 대항하고 있기 때문이다. 그렇게 억압된 것이 무의식의 원형이다. 인간의 무의식이 억압되어 있다고 해서 아무런 힘도 없다는 의미는 아니다. 오히려 의식된 것보다 더 강력한 힘을 가지기도 한다.

프로이트는 이드(Id)-자아(Ego)-초자아(Super-ego)로 구성된 정신 구조를 제안했다. 인간의 정신은 의식, 무의식 영역을 횡단하면서 이드(Id)와 자아(Ego)를 형성한다. 이드(Id)는 태어날 때 존재하는 인격의 본능적 구성 요소이며, 신체적 욕구, 감정적 충동, 특히 공격성과 성욕(성욕)의 원천이다. 이드는 고통의 회피를 의미하는 쾌락의 원리, 즉 충동과 욕망의 즉각적인 만족을 지향한다. 이드는 자아와의 대조를 통해서만 감지될 뿐, 조직성이 없고 집단적인 의지를 생산하지도 않는다. 프로이트에 따르면, 이드는 무의식 영역 속에 깊이 잠겨 있어 그 모습을 직접 드러내지 않는다.

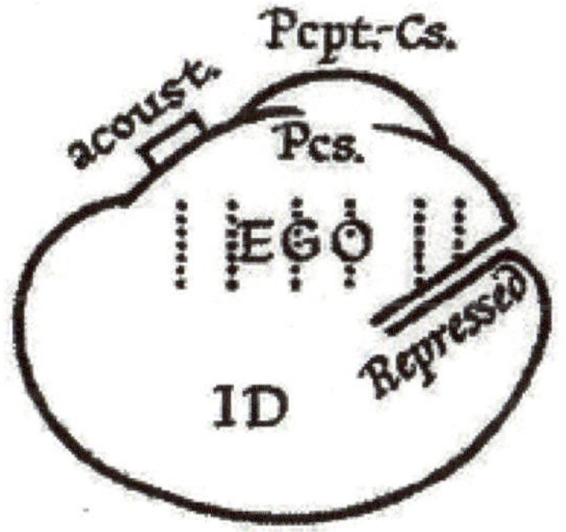

◀ **그림 4** 프로이트가 제시한 의식의 구조: 지각-의식(Pcpt.-Cs.), 전의식 (Pcs.), 청각(acoust.), 억압(Repressed), 자아(Ego), 이드(Id)로 구성되어 있다 (그림자료: 〈정신분석학의 근본 개념〉)

반면에 자아(Ego)는 그 사람을 그 사람이라고 표현하는 '무엇'이다. 개인 속에는 정신과정을 일관성 있게 조직하는 것이 존재한다. 자아는 이드를 통제할 힘을 가지는데, 그 힘은 제3의 정신 기관 덕분이다. 이것이 '자아 이상(Ego-ideal)' 또는 '초자아(Super- ego')이다. 초자아는 자아의 구성 과정을 감독하는 정신 기관이다.

예를 들어서 우리가 '양심'이라고 부르는 것도 초자아 차원의 특징이다. 우리는 '누군가가 자신을 주시하고 있다는 망상', 또는 '감시당하고 있다는 망상'을 느끼곤 한다. 그것은 망상이 아니라 우리의 의도를 감시하고 알아내고 비판하는 어떤 힘이며, 이드와 외부 세계 사이를 연결한다. 초자아는 나르시시즘적인 만족감을 보장하면서도 실제적인 자아를 끊임없이 감시하고 평가하는 일종의 '검열 기관'이다. 프로이트는 초자아를 '자아 검열관'이라고 명명했다.

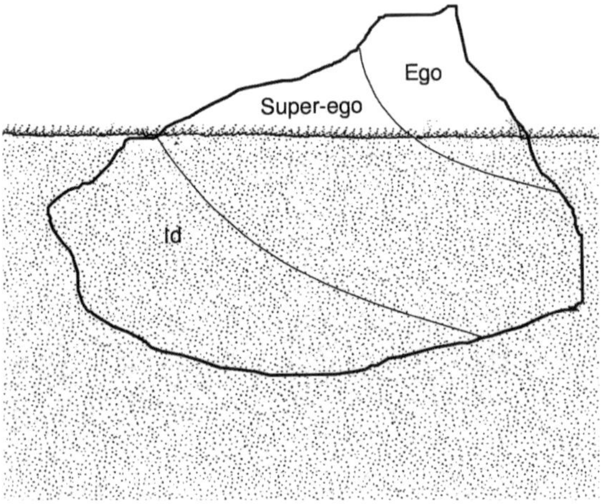

◀ **그림 5** 프로이트의 정신 구조를 물 위에 떠 있는 빙산 이미지로 상징화: 물 위는 의식 영역, 물 아래는 무의식 영역을 상징한다. 이드(Id)는 무의식 영역에 잠겨있다. 자아(Ego)와 초자아(Super-ego)는 부분적으로 의식 영역에 노출되어 있다. (그림 자료: Dewey, R. A. 〈Psychology: An Introduction〉)

초자아의 형성은 억압의 요인이지만 한편으로 자아의 요구를 극대화할 수 있다. 초자아는 자아의 요구를 만족시키는 방편이자 탈출구다. 이 정신 기관은 처음에는 부모의 비판, 나중에는 사회적 비판을 거쳐 실현된 결과이다. 외부에서 오는 금지와 제한 요구를 수용하여 자신의 의도를 억압하려는 성향이 반복된 결과이다. 자아는 이드와 초자아 사이를 중재하며, 반복적인 자기 관찰과 자기비판의 과정에서 형성된다. 한편 자아는 때때로 그런 검열과 억압에 저항하기도 한다. 자아는 때로는 사회의 도덕적 반응을 학습하고 때로는 저항하면서 고유한 정체성을 갖춘다.

초자아의 감시와 감독을 받지 않는 자아는 이드에 굴복하게 될 것이다. 그런 상태라면 우리는 그의 자아를 지능이 있는 존재로 인정하지 못할 것이다. 따라서 우리의 지적 역량에서 초자아, 자아 검열관은 중요한 역할을 한다. 초자아는 타자(외부)에 의해서 구성되기 때문에 지속해서 타자와의 관계를 통해서 형성되고 개선되어야 한다.

그런 맥락에서 자아 형성은 타자와의 관계가 중요하다. 우리는 최초의 타자로 부모와 직면한다. 그다음에는 더 많은 사람을 만난다. 그리고 우리의 삶에서 여기에 더 추가해야 할 것들이 있다. 사회 시스템 또는 국가 시스템, 기계 시스템 등이 그것이다. 이 시스템들은 인간 타자보다 더 강력한 도덕적 기준을 제공하곤 한다. 초자아 형성에 관여하는 타자의 범위는 계속 확장될 수 있다.

물론 초자아가 도덕적 행동을 안내한다고 해서 항상 옳다는 것은 아니다. 초자아 역시 사회적으로 구성되기 때문에 사회의 불완전성과 불확실성을 내장한다. 사회의 다수가 옳다고 결정하더라도 그것이 항상 정당한 것은 아닌 경우도 많다. 따라서 자아가 때때로 초자아의 억압을 깨는 행동을 할 수 있는데, 오히려 그런 행동이 새로운 도덕을 수립하는 계기가 될 수 있다.

단수가 아니라 복수의 주체

'도덕적 인간'의 등장에 대한 논거는 풍부한 철학적 담론을 형성해왔다. 철학의 역사에서 '주체(Subject)'는 '스스로를 실현하는 존재'라는 의미이며, 권리와 책임의 중요한 준거점이다. 그런데 흥미로운 점은 주체가 단독으로 존립할 수 없다는 것이다. 처음 이를 지적한 사람은 독일의 철학자 피히테(Johann Gottlieb Fichte)였다.

주체는 혼자서는 자기의식이라는 것을 '발견'할 수 없다. '자신을 스스로 실현하는 주체'는 단수가 아니라 복수일 때만 가능하다. 비슷한 주체성을 가지고 있는 다른 존재와의 만남 없이는 주체가 자신의 자유로운 자기 활동성을 의식할 수 없다. 따라서 고립된 주체는 자신을 실현할 수 없다. 주체는 다른 주체와의 관계 속에서만 주체가 될 수 있다. 그리고 주체는 다른 주체가 주체로 구성되는 과정에 기여함으로써 자신도 주체가 될 수 있다.

이 과정에서 주체는 이기심을 제한하고 동료를 존중하는 도덕률에 순종하는 존재가 된다. 주체들 사이의 상호관계는 도덕과 존중을 학습하는 경로이다. 이 과정은 자기 자신을 실현하는 기본 토대가 된다. 그 외 자기실현을 달성할 방법은 없다. 주체는 자기 인식 그리고 자기실현을 위해서라도 도덕적 존재가 되려는 강한 동기를 가지게 된다. 철학자 미셸 푸코는 사회적 구성원으로서 인간은 자기 자신을 '예술 작품'으로 만들 윤리적 책임이 있다고 말한 바 있다.

철학과 과학의 여러 노력에도 불구하고 우리는 우리 자신의 주체성에 대해 여전히 잘 알지 못하며 앞으로도 그럴 수 있다. 그러나 주체가 되어가는 최소 조건으로 다른 주체가 필요하다는 것은 분명하다. 존재론적 차원에서 그리고 인식론적 차원에서 '고립된 주체'란 불가능하다. 고립된 주체는 학습할 수 없고 지능을 개발할 수 없으며, 자기 자신을 인식할 수도 없고, 최종적으로 자기실현을 달성할 수도 없다.

지능의 사회적 차원

이상과 같이 과학지식이 사회적으로 구성되며, 자아(Ego)와 주체(Subject)가 사회적 성격을 포함한다는 점을 확인했다. 이를 참조할 때, 지능도 사회적 성격을 가질 것으로 추정할 수 있다. 콜린스(H. Collins)에 따르면, 행위(behavior)와 행동 (action)은 모두 물리적 움직임이라는 점에서는 같지만, 의도(intention)의 여부에 따라 차이가 있다. 다시 말해서, 행위는 의도를 포함하지 않지만, 행동은 의도를 포함하는 움직임이다. 눈깜빡임은 의도가 없는 단순한 물리적 반응이다. 반면에 글쓰기는 의도를 포함하고 있다.

콜린스에 따르면, 의도와 움직임을 연결하는 데는 어떤 "코드"가 필요하다. 그 코드는 복잡하게 얽혀있고 해당 사회에 참여함으로써만 이해할 수 있다. 행동이 일어나기 위해서는 코드를 이해할 수 있어야 한다. 그러므로 모든 행동은 필수적으로 사회적이다. 우리가 지능이라고 부르는 것은 의도와 행동을 결합하는 사회적 코드를 이해하는 역량이다. 결론적으로 우리는 사회에 참여함으로써만 지능을 만들 수 있다. 그리고 그 과정은 비결정적이다. 어떻게 참여하는지 그리고 누구와 관련성을 형성하는지 등에 따라서 달라질 수 있다.

기계 지능의 암시

사회적 차원을 고려할 때, 기계 지능 역시 가능할 수 있다. 과학사회학자 사이먼 쉐퍼(Simon Schaffer)는 기계 지능도 집단적 성격을 가질 것으로 전망했다. 이미 역사적으로 그런 함축을 발견할 수 있다. 18세기 '체스 기사 여행 문제(Knight's Tour Problem)' 사례를 보자. 수학자 오일러(Leonhard Euler)가 회사에서 어느 날 체스를 둘 때, 누군가 이런 질문을 했다고 한다. "(체스판 위의) 어떤 네모칸에서 시작하여 같은 네모칸에 두 번 가지 않으면서, 체스판의 모든 네모칸을 다 통과하도록 나이트를 움직일 수 있을까?"

이 질문을 수학적으로 분석한 결과가 베를린 학회(1759년)에서 발표되었고, 이후 '오일러 문제(Euler's problem)'라고 불리게 된다. 오일러의 분석은 오늘날 추론 기술의 지침이 되었다. 이 분석은 바로 '기계의 지능'을 보여주는 것이었다. 이전의 어떤 수학적 모형도 이런 식으로 모든 방향의 이동을 통합한 적은 없었다. "그런 것은 한 번도 본 적이 없는 상황으로서, (한 사람의 의지가 아니라) 모든 사람의 의지에 의존해야 하는 것"이었다. 이 수학적 사례는 기계 지능이 집합적 차원에서 해법을 찾아야 한다는 함축을 제시한다. 체스 기사 여행 문제는 나중에 신경망 기계학습에서 다시 구현되었다.

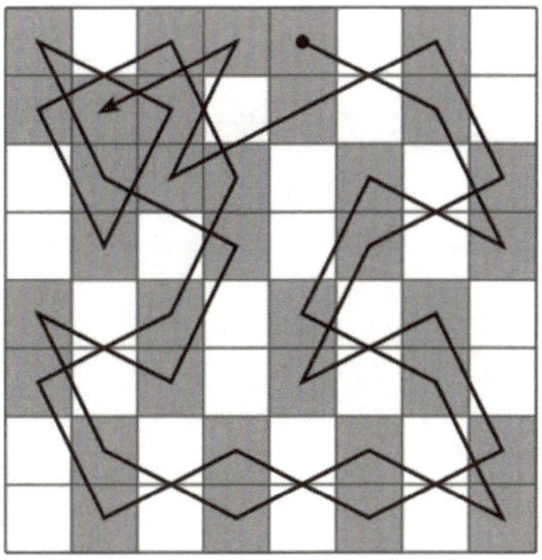

◀ **그림 6** 체스 나이트 여행 문제(Knight's Tour Problem), 체스판 위의 나이트가 한 번 출발하여 체스판 위의 모든 네모 칸을 여행하는 경로를 찾는 문제. 이것은 기계 지능이 사회집단의 차원에서 해법을 찾아야 한다는 함축을 제시했다. (그림자료: Wikipedia)

콜린스는 기계 지능이 인간 개인의 지능을 대체하려는 목표를 가진다면 결코 성공할 수 없을 것이라고 단언했다. 자신의 뇌를 대체하고 싶어 하는 사람은 없을 것이기 때문이다. 대신 기계 지능이 사회집단을 강화하는 역할을 형성할 수 있다면, 사회적 수용이 가능하다고 제안했다.

> "기계 지능의 배치는 사회적인 차원이 될 것이다. 예를 들어 인공심장은 누군가의 심장을 대체한다. 그런데 인공심장과 달리 인공지능은 개별 인간에 대한 문제가 아니다. 누구도 자신의 뇌를 인공 뇌로 대체하고 싶지는 않을 것이기 때문이다. 지능 기계가 적응해야 하는 유기체는 개별 인간의 몸이 아니라 더 거대한 유기체 즉 사회집단이다. 인공지능은 개별 인간의 뇌를 모방하는 것이 아니라 사회집단 내 전체 인간의 성능을 모방할 것이다. 그러므로 인공심장이 이식될 몸에 적응해야 하듯이 기계 지능은 자신이 포함될 사회집단에 적응할 필요가 있다"

콜린스의 권유처럼 기계 지능이 '사회집단의 지능' 영역에서 역량을 발휘하는 방향으로 기계 지능의 역할을 안내할 필요가 있다. 기계 지능이 집단의 지능을 구현한다는 맥락에서 볼 때, 기계 지능은 인간(개인)의 지능과 같을 수 없을 것이다. 기계는 인간과 신체적 조건도 다르고 심리적 차원도 다르다. 당연히 학습의 과정도 다를 것이며 궁극적인 역할도 다를 것이다.

그러므로 기계 지능을 인간 지능(자연 지능)과 일대일로 비교하거나 우열을 평가하는 시도는 무의미하다. 오히려 불필요한 오해와 혐오를 부추길 수 있다. 하나의 기준으로 우열을 부여하려는 시도는 우리가 인간 지능을 유일한 기준으로 삼고 있기 때문이다. 인간중심주의에서 벗어난다면 동물과 기계 모두에게 적용할 수 있는 더 포용적인 '지능' 개념을 불러올 수 있다. 다른 존재와 인간 존재가 연결되어 있다는 점을 인정하면 지능에 대한 이해가 새로운 국면으로 전환할 수 있다.

[참고문헌]

악셀 호네트 2021. 〈인정: 하나의 유럽 사상사〉 강병호 옮김, 나남출판.

에른스트 페터 피셔. 2006. 〈또 다른 교양: 교양인이 알아야 할 과학의 모든 것〉. 김재영 옮김. 이레출판.

Collins, H. M. 1981. "'Son of Seven Sexes', The Social Destruction of a Physical Phenomenon". *Social Studies of Science*. 11 (1): 33–62.

Collins, Harry M. 1990. *Artificial Experts: Social Knowledge and Intelligent Machines*. The MIT Press: Cambridge, MA.

Schaffer, Simon 1999. "Enlightened Automata", *The Sciences in Enlightened Europe*, University of Chicago Press.

1.5 사이보그 이론, 인간과 기계의 잡종

사이보그(cyborg) 개념은 대중문화에 자주 등장해서 이미 익숙해진 말이다. 학술적으로 이 단어는 사이버네틱스(cybernetics, 인공두뇌학)로부터 나왔다. 사이버네틱스는 인문사회과학, 자연과학, 기계공학의 융합학문으로서, 1948년 노버트 위버(N. Weiner)가 생명체와 기계와의 의사소통 및 통제에 관한 학문을 지칭하기 위해 만든 용어이다. 위너의 사이버네틱스 개념에 자극받아서 1960년 맨프레드 클라인즈(M. Clynes)와 나단 클라인(N. Kline)은 〈사이보그와 우주(Cyborg and Space)〉라는 책을 발표했다.

최초의 사이보그

클라인즈와 클라인은 삼투압 펌프(osmotic pressure pump)를 신체에 이식한 쥐(그림 1)를 최초의 사이보그라고 지명했다. 이 '삼투압 펌프-쥐'는 우주 공간처럼 생명 유지가 어려운 환경에 적응할 수 있는 '인간-기계 체계'를 연구하기 위한 실험 버전이었다. 이 쥐는 생명체와 기계의 결합물을 대표한다. 인공적으로 조립된 이 새로운 존재는 사이보그 이미지를 집약적으로 보여준다. 특정한 화학물질을 서서히 쥐의 신체 내부로 주입하여 심장 수축과 같은 유기체 순환 메커니즘을 통제하려는 것이었는데, 이것이 성공적으로 인간에게 적용될 수 있다면, 우주 공간과 같은 극도의 환경에서도 심장마비와 같은 위급한 상황을 극복할 수 있다.

제2차 세계대전을 거치면서 국가 간 군사적 무기 경쟁과 자본주의의 심화로 인간의 사이보그화가 더 급속히 진행되었다. 핵무기와 같은 신무기 개발, 군사적 목적으로 개발된 인터넷 등으로 기계가 인간 생활을 지배하는 신세계가 만들어졌다. 도나 해러웨이(D. Haraway)에 따르면, 사이보그는 단순한 우주 탐험만이 아니라 정신과 물질이라는 내면의 우주와 외면의 우주에 가교를 놓는 "새로운 개척자"가 되고 있다.

◀ **그림 1** 1960년대 삼투압 펌프를 신체에 이식한 쥐, '최초의 사이보그'라는 지위를 얻었다. (그림 출처, 〈사이보그와 우주(Cyborg and Space)〉)

사이보그 선언

도나 해러웨이(Donna Haraway)는 1995년 〈사이보그 선언(A Manifesto for Cyborgs)〉이라는 도발적인 논문을 발표했다. 클라인즈와 클라인의 사이보그 개념이 물리적인 결합을 의미하는 것이었다면, 해러웨이의 사이보그 개념은 존재론적 차원으로 확장되었다. 이제 사이보그란, 물리적 결합을 포함하여 경계를 뛰어넘어 이종적인 특질을 동시에 가지는 존재를 지칭하는 말이 되었다.

> "사이보그는 기계와 유기체의 잡종 교배이며 사회적 실재(social reality)임과 동시에 허구(fiction)의 산물이다. 사회적 실재란 허구적이면서 물리적인 측면을 모두 가지고 있다. 사회적 실재는 우리에게 경험된 사회적 관계이며, 우리한테는 가장 중요한 정치적 구조물이지만 인공적으로 구성된 것들이다. 사이보그는 인공적으로 만들어진 것이면서도 인간의 경험을 변화시킬 수 있다. 그런 점에서 SF 소설과 사회적 실재 사이의 경계는 그다지 큰 차이가 없으며 시각적 환상에 불과하다."

해러웨이는 경계를 넘나들고 교란하는 여러 사물 또는 유기체를 '사이보그 가족'이라고 통칭했다. 사이보그 이론에 따르면, 우리 주위에 사이보그 가족들이 넘쳐난다. 예를 들어 유방암 치료약 임상 시험을 위해서 유방암 가지고 태어나도록 유전자 조작된 실험용 쥐, 앙코마우스(Onco-mouse)는 유기체이면서 만들어진 상품이다. 이 쥐는 자연에는 없었던 것으로 '만들어진 존재'다.

유전자(gene)라는 개념 자체도 사이보그다. 이 개념은 생명체에게서 왔지만 다른 한편 기호로 된 사물이기도 하다. 생명이면서 동시에 기호라는 점에서 유전자는 자연에 이미 있던 것이 아니라, '만들어진 존재'이며 사이보그다. '여성 인간(female man)' 역시 생물학적 여성이면서 사회적으로 구성된 '상품'이다. 그러므로 '여성 인간'은 생물학적 차원과 사회적 차원의 결합물이라는 점에서 사이보그적 존재다.

표 1 도나 헤러웨이가 제시한 사이보그 혼합 구성 예시

우리 자신 (Ourselves)	유기적 창조물 (Other Organic Creatures)	기계 (Machines)
- 우리 자신	- 정보 시스템 - 텍스트 - 인간공학으로 통제되는 노동 및 재생산 시스템	- 의사소통 시스템 - 텍스트 - 자율적 장치, 인간공학 설계 장치

해러웨이가 제시한 사이보그 혼합 구성 예시[표 1]에 따르면, 우리의 삶은 이미 사이보그로 가득 차 있다. 예를 들어서 자동차 대량 생산 체계, 포드시스템은 현대 사회에서 일반화되었는데, 바로 "인간공학으로 통제되는 노동 시스템"에 해당한다. 포드시스템은 기존의 테일러 시스템을 행동 심리학적으로 개선한 메커니즘이다. 포드시스템 내에서 작업하는 노동자(우리 자신)는 노동하는 동안 그 시스템과 결합한 사이보그 상태가 된다.

사실 사이보그는 이미 인간 존재와 함께 출현했다. 우리는 언어와 문자를 배우며 사회생활이 가능한 존재가 된다. 언어를 사용하는 인간은 이미 자연종이 아니다. 우리는 언어(문자)와 결합한 사이보그적 상태로 문명을 형성할 수 있었다. 자연 상태에는 존재하지 않는 인공적인 결합체라는 점에서 근대인(주체)도 사이보그이다. 그들은 근대법을 자신의 도덕적 기준으로 수용하도록 교육받는다. 근대법의 눈으로 자기 자신을 검열하며 개선해 나간다[5.2장 참조]. 근대인은 생물학적 존재와 근대법이라는 인간공학적 장치와 결합한 혼합물 상태가 됨으로써 근대사회 속으로 진입할 수 있었다. 만약 근대인이 그런 존재가 되기를 거부했다면 근대 사회는 작동하지 못했을 것이다.

이분법의 경계 무너뜨리기

해러웨이의 사이보그는 근대 사회가 만든 이분법을 다시 생각하게 한다. 사이보그는 인간-비인간, 문화-자연, 남성-여성, 기술-생물학, 신성한 것-인공물, 현실-재현, 주체-대상이라는 경계를 무너뜨리고 섞어 놓는다. 순수한 것은 없다. 그 대표적인 사례는 인간-동물 사이 경계, 유기체-기계 사이 경계, 물리적인 것-비물리적인 것 사이 경계에 관한 것이다.

① 인간과 동물 사이의 경계: 동물학자들은 인간의 모델로서 유인원의 생태를 연구하여 인간의 행동 양식을 유추해내는데, 이로써 유인원은 인간과 동물 간의 경계를 흐리게 만든다. 유인원의 행동은 인간의 기원적 행동으로 규정됨으로써 개념적으로 유인원과 인간은 중첩된다. 다시 유인원의 행동은 동물의 행동 범주에 포함되므로 인간의 행동과 동물의 행동 사이의 경계는 명백하지 않게 된다.

② 유기체와 기계 사이의 경계: 유기체(동물-인간)와 기계 사이의 경계 구분은 명확하지 않다. 기계/인간이라는 이분법은 근대 초기 철학 논쟁에서 시작되었다. 당시 기계는 불안한 것이었고, 언제나 유령의 모습을 하고 있었다. 기본적으로 기계는 스스로 운동하거나, 자기 의도를 가지는 자율적인 것이 아니었다. 기계는 인간의 꿈을 성취하려고 했다기보다는 인간을 꿈꾸게 했다[2.2장 참조]. 기계는 인간이 아니며 그렇다고 자신의 주인도 아니다. 해러웨이가 볼 때, 기계는 다만 남성중심적인 재생산(비유기체의 번식)의 꿈을 희화화한 것이었다.

③ 물리적인 것과 비물리적인 것 사이의 경계: 이 구별은 인간-기계 구별의 하위 집합이다. 물리적인 것과 비물리적인 것 사이의 구별은 매우 부정확하다. 현대의 기계는 본질적으로 마이크로전자 장치들이다. 이런 기계들은 곳곳에 존재하지만 미소화(miniturization) 되었고 그에 따라 비가시적이게 된다. 이렇게 근대의 기계는 아주 '건방진 신'이다. 그런데도 우리의 경험을 크게 변모시킨다. 미소화는 권력을 형성했다.

◀ **그림 2** 헤러웨이는 말한다: "동물권 운동은 인간의 고유성을 이유 없이 거부하는 것이 아니다. 그런 운동은 자연과 문화에 대한 구별적 분기를 가로질러 연결하려는 현명한 인식이다. 사이보그는 인간과 동물의 경계가 없어지는 바로 그 지점에서 출현한다." (그림자료: Pixabay)

현대 과학 속 사이보그

현대 과학 역시 유기체와 기계가 짝지어진 사이보그로 가득 차 있다. 이 영역에서 사이보그는 주로 동물-기계, 자연-인공의 합성물이다. 유전자 조합으로 생산된 농작물(GMO)에서 보듯이, 사이보그 복제는 유기적인 재생산의 고리를 끊고 새로운 혼성체를 만들고 있다. 플레이버 세이버 (Flavr Savr)는 썩지 않도록 유전자 조작된 식품이다. 이 토마토는 자연의 산물이 아니라 유전자 문법상의 조작이 가해진 존재다. 심해넙치의 유전자를 이식한 딸기는 동물과 식물이라는 큰 경계를 횡단했다. 생명 생산과 관련된 일이 사이보그로 대체되고 있는 것이다.

원자력 발전에 사용하는 플루토늄(Pu 239)은 원소주기율표 상에 자리를 가지고 있지만, 실제로 자연 상태에서는 거의 존재하지 않는다. 인위적으로 우라늄(U-238)에 중성자를 충돌시켜 얻어낸 것이다. 인공적인 처리 과정을 통해서 생산된다는 점에서 Pu 239는 자연과 인공의 합성물이다. 우리의 일상에서 흔하게 유통되고 있는 나일론도 자연에는 존재하지 않는 물질이다. 1938년 듀폰사는 합성 고무를 개발하는 과정에서 우연히 "강철보다 강하고 거미줄보다 얇은" 새로운 섬유를 생산했다. 이 섬유는 근대 산업과 문명을 전환하게 만든 중요한 존재가 되었다.

현대 전쟁 또한 사이보그가 번성하는 곳이다. 지휘-통제-통신-정보로 구성된 체계(C3I, command-control-communication-intelligence)는 암호화된 전자적 전쟁을 치르고 있다. 미 육군 '랜드 워리어(land warier)'는 첨단 통신장비를 장착하고 교전 임무를 수행한다. 랜드 워리어의 머리에 장착된 카메라는 통제본부와 연결되어 있어서 현장의 상황을 직접 보고 명령을 내릴 수 있다. 백악관의 최고 군수통수권자(대통령)가 내린 실시간 명령이 지구 반대편에 있는 랜드 워리어의 총을 즉각 발사시킬 수 있다.

◀ **그림 3** 사이보그 예시: 미 육군 랜드 워리어, 정보기술 장치를 장착한 군인은 전투 현장에서 백악관 최고 군수통수권자(대통령)와 직접 소통할 수 있다.

더 나아가 사이보그는 시간과 공간도 변형시킨다. 더 이상 시간은 과거의 방식대로 흐르지 않는다. 어떤 곳에서는 시간이 더욱 빨라져서 사물들이 빠르게 성장한다. 인간-기계 체계 내에서 메시지는 더욱 빠르게 전달된다. 현대의 전쟁은 이전과는 다른 방향으로 성장할 수 있다. 그리고 또 다른 곳에서는 시간이 느려진다. 유전공학적으로 설계된 토마토(플레이버 세이버)는 아주 천천히 썩는다.

'우리'라는 정체성

정체성(identity)이란 모순적이고 부분적이며 전략적인 개념이다. 사람들은 값비싼 대가를 치르고서야 정체성이 사회적, 역사적인 구성물이라는 현실을 인식할 수 있었다. 정체성이라는 개념은 성별, 인종 혹은 계급의식처럼 가부장제, 식민주의, 자본주의라는 모순적인 사회적 실체를 경험하는 과정에서 우리에게 강제적으로 부과된 것이다.

만들어진다는 점에서 정체성은 사이보그적 성격을 가진다. 예를 들어 '여성'이라는 정체성 범주는 순수한 실체가 아니다. '여성'으로 묶일 수 있는 특이성(singularity)은 어디에도 없으며 오직 '차이의 바다(sea of differences)'만이 있을 뿐이었다. 사회적 성(gender)으로서 여성(female)을 생물학적인 성(sex) 개념의 여성(women)과 연관시킬 방법은 없다. 이런 정체성은 결코 자연적인 것이 아니다. 단지 의식적인 연합과 친화력 그리고 정치적 유사성을 바탕으로 구성된 공간으로부터 출현할 수 있을 뿐이다. 사회적 성(gender)은 내재적이거나 본질적인 것이 아니다. 다만, 규칙 패턴을 모방하고 학습하는 과정에서 부상한 것이다. 여성성(feminity)이나 남성성(masculinity)도 자연스러운 것이 아니라 오히려 기계적이며 인공적이다.

'우리'라고 간주할 수 있는 사람은 누구인가? '우리'라고 일컬어지는 강력한 정치적 신화에 발판을 제공해주는 정체성은 무엇인가? '우리'라는 집단성 속으로 소집될 수 있는 동기는 무엇인가?

우리의 정체성은 기계와 유기체로 가공된 혼합물이다. 인간의 활동은 기계의 보조를 받아 비로소 완수되곤 한다. 기계 없는 인간 활동은 거의 없다. 사이보그는 우리의 경험과 감정을 변화시킨다. 마취제는 우리가 마땅히 겪었어야 할 고통을 경감시켜준다. 상처로 고통스러웠을 경험이 인위적으로 제거된다. 백신 예방을 통해 특정 질병에 내성을 가진 신체가 된다. 그 질병으로부터의 경험을 제거하고 그 자리를 다른 일상적 경험으로 대체한다. 해러웨이가 말했듯이, "사이보그는 우리의 존재론이며, 우리의 정치학이다." 우리의 감정과 경험이 변이한다면 우리의 정체성도 변이할 것이다. 사이보그로서의 우리의 정체성, 우리의 자아는 혼성적이며 유동적이다.

통신 기술의 발전과 함께 사이보그 정체성은 전자적인 것으로 변이하고 있다. 미국의 대중가수 마돈나의 전자적 신체는 전 세계의 사람들에게 매력적인 이미지로 출현한다. 마돈나는 누구인가? 마돈나의 신체는 전자화되어 통신망 사이를 횡단한다. 전자적 이미지가 '그'가 된다. 마돈나를 알고 있는 사람들은 전자적 이미지로서 '마돈나'를 본다. 유사한 방식으로 우리의 정체성 역시 전자적 성격을 포함한다. 우리의 신체가 전자통신망을 통해서 더 자주 출현하기 때문이다. 해러웨이는 사이보그를 포스트모던하고 집합적이며 개인적인 자아(postmodern collective and personal self)라고 정의했다.

재현에서 모의실험으로 이동: 지배의 정보학

우리는 산업사회에서 정보 사회로 이행하는 시대를 경험한 바 있다. 오래되어 익숙해진 위계질서로부터 빠져나와 새롭지만 두려운 그물망으로 이행하고 있다. 제2차 세계대전을 기준으로 20세기 전반기의 세계가 재현(representation)의 그물망이라면, 20세기 후반기 이후의 세계는 모의실험(simulation)의 그물망으로 작동하고 있다.

재현은 과학이 실재를 그대로 대표한다고 믿었던 근대 과학주의(scientism)에서 주로 사용하는 용어라면, 모의실험은 모방과 구성을 전제하는 용어다. 모의실험의 그물망은 '만들어진 것'이라는 점에서 허구적 성격이 있지만, 또한 강력하고 현실적인 지배력을 가진다. 해러웨이는 이를 '지배의 정보학'이라고 명명했고, 그 성격이 물질-기호학(material-semiotics)적이라고 규정했다.

표 2 지배의 정보과학 그물망: 과거의 문화가 재현 프레임이었다면, 현재의 문화는 모의실험 프레임이다. 두 프레임을 비교해보자.

재현 (Representation)	모의실험 (Simulation)
임상적 실천으로서의 생물학	정보기입으로서의 생물학
유기체	생명 요소
우생학	인구조절
노동의 유기체적인 분업	노동의 인간공학/인간두뇌학
공적인 것/사적인 것	사이보그 시민권
자연/문화	차이의 장
성	유전공학
노동	로봇공학
제2차 세계대전	우주 전쟁
정신	인공지능
백인 자본주의 가부장제	지배의 정보학

이전의 생물학이 임상적 실천이었다면 현재의 생물학은 유전자라는 정보의 기입 형식이 되었다. 이제 생물학의 대상은 우리 손으로 경험할 수 있는 유기체에서, A-T-C-G 형식의 디지털 부호들의 조합으로 대체된다. 이전의 노동이 분업에 기반했다면 현재의 노동은 인간공학적으로 배열된다. 이전의 사회가 공적인 것과 사적인 것으로 구분되었다면 이제는 '사이보그 시민권(Cyborg citizenship)'으로 대체된다. 자연과 문화는 이제 명백한 구분이 없이 그저 차이로만 남았다. 이전의 정치가 백인 자본주의 가부장제에 기반했다면 현재는 정보학을 통한 지배를 달성하고 있다.

물론 이 분류 역시 '자연스러운 것'도 아니고 '실재'도 아니다. 사실 어떤 것도 완전히 이데올로기적이거나 또는 완전히 물질적일 수 없다. 간과할 수 없는 사실은 통신기술(communications technologies)과 생명공학(biotechnologies)이 우리의 몸을 다시 '제작'하고 있다는 것이다. 이런 도구들은 사회관계를 재구성한다. 기술과 과학 담론은 사회적 상호관계를 변형하고 공식화한다. 동시에 과학기술은 의미를 강요하는 도구들이다. 도구와 신화 사이, 기구와 개념 사이, 사회관계의 역사적 체계와 그에 대한 해석 사이의 경계는 서로를 침투할 수 있다. 실제로 신화와 기술적 도구는 서로를 구성한다.

게다가 통신과학과 현대 생물학은 공통의 관심사가 있는데 바로 세계를 코드로 번역하는 것이다. 이로써 도구적 통제에 대항하는 모든 저항을 사라지도록 만들었고, 모든 이질성을 분해하여, 재조립, 투자, 교환에 종속시키는 공통된 언어를 찾으려고 했다. 전화 기술, 컴퓨터 디자인, 무기 배치, 또는 데이터베이스 구축 및 유지관리에 적용된 인공두뇌 체계이론(cybernetic [feedback-controlled] systems theories)에서 알 수 있듯이, 통신과학은 세계를 코드로 번역했다. 그리고 언어·통제 이론에 의존하여 문제를 해결한다. 이제 핵심 작용은 정보량 흐름의 속도·방향·개연성에 달려있다. 이제 세계는 지리적으로 구분되는 대신에 정보의 침투 가능성을 기준으로 세분된다.

예술이 된 사이보그 이론

사이보그 이론은 예술가들에게 영감을 주었다. 대표적으로 린 랜돌프(L. Randolph)는 해러웨이의 글을 읽고 영감을 받았다. 특히 전자제품 공장에서 저임금을 받으면서 일하는 아시아 여성에 대한 묘사에 충격을 받았다고 한다. 그림 속 여성은 키보드를 타이핑하고 있고 여성의 가슴에는 컴퓨터 칩과 보드가 박혀있으며 배경에는 다양한 과학/컴퓨터 행위들, 은하계가 묘사되어 있다. 그의 머리에는 호랑이의 머리 장식이 보인다. 우주, 단어, 게임, 그림들과 무제한의 상호작용을 하는 거대한 키보드는 이 인간여성이 무엇이든 할 수 있다는 것을 상징한다.

◀ **그림 4** 린 랜돌프의 사이보그 이미지, 사이보그 이론에 영감을 받아 그려진 작품. 〈사이보그(1991)〉 해러웨이의 책 "유인원, 사이보그 그리고 여성"의 표지 이미지가 되었다. 여성은 정보기술과 결합하여 사이보그가 되었다.

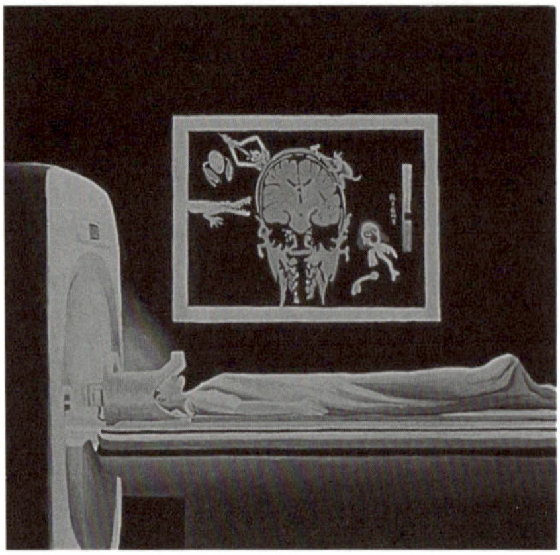

그림 5 린 란돌프의 그림 〈측정불가능한 결과 (Immeasurable Results, Lynn Randolph, 1994)〉 : 한 여성이 자기공명 측정 장치 속으로 들어간다. 벽에 붙어 있는 진단 필름은 과학기술적 사물들과 꿈들을 묘사하고 있다.

히타치사의 자기공명영상(MRI) 장비 광고를 패러디한 랜돌프의 또다른 그림 〈측정불가능한 결과(Immeasurable Results, 1994)〉는 동시대 인간을 그린 일종의 자기-초상화다. 의학적 진단이라는 내적 공간과 인간적이고 기계적인 몸을 보여준다. 의료적 진단 데이터는 두뇌와 기계의 접촉면에서 방사되는 짧게 끊긴 정보 조각들로 구성되어 있다. 이 데이터 이미지에서 여성의 몸은 생물학적이면서 전자적이면서 환상적인 것의 혼합물로 출현한다. 랜돌프는 자기공명영상 장비, 컴퓨터가 스캐닝한 이미지, 그 이미지 안에 그려진 꿈(기계의 정보 계산법 내에서는 측정불가능한 꿈, 진단의 불확실성을 무시하고 확실성을 제시하려는 꿈)에 관한 말하고 있다.

전자적 정보로 구성된 이미지들은 잡종적 의사소통 과정에서 기계, 몸, 정신의 기호 작업에 의해 생산된 것이다. 피를 흘리지 않고도 머리와 목에서 떼어낸 시각적 박편들은 환자의 신체로부터 분리되어 개별적이고 독자적인 것(데이터, 이미지)이 된다. 기계가 신체를 읽고 스캐닝하는 순간, 읽히고 스캐닝 당하는 신체는 공격당하기 쉬운 취약한 상태에 놓인다. 이 상태의 위험을 감당해야 하는 것은 이 기술의 주체들이다[4.2장, 5.2장 참조]. 그들의 정체성은 MRI 스캔 매트릭스 속에서 '성장'하고 있다.

새로운 정체성, 소중한 타자성

해러웨이는 사이보그의 존재를 통해서 상품화의 위험을 제기하지만, 그렇다고 사이보그 자체를 부정적인 현상으로 보는 것은 아니다. 오히려 사이보그의 존재를 거부하는 것은 일종의

◀ **그림 6** 영화 〈싸이보그지만 괜찮아 (2006)〉의 한 장면. 주인공(영군)은 반도체 공장에서 일한다. "사이보그"와 "반도체공장 여성 근로자"라는 조합은 해러웨이의 논문 〈사이보그 선언〉을 연상케 한다.

순혈주의, 인종차별주의와 같은 맥락이라고 비판한다. 여성인간, 앙코마우스 같은 사이보그들은 겸손한 목격자들이다. 그들은 기술적이고 과학적인 공간을 목격하면서도 그로 인한 부담을 떠안는다. 마치 예수가 인간의 죄를 떠안고 죽었듯이, 앙코마우스(Onco-mouse)는 미래 유방암 환자의 고통을 대신해 죽는다.

또하나의 존재, '유색 여성'은 사이보그 정체성을 대표한다. 미국 내부에서 외국인 여성들은 같은 산업체 안에서도 분업과 경쟁과 착취를 감당하는 잠재집단이다. 유색 여성은 과학기술 산업체에서 선호되는 노동력이자, 세계적인 성 시장, 노동시장, 재생산의 정치가 파고드는 현실의 여성이다. 전자산업체에서 일하는 여성들은 집적회로에 적응하도록 교육받는데, 읽고 쓰는 능력, 특히 영어 능력 그리고 저임금 덕분에 다국적 기업에 매력적이다.

그들은 해러웨이가 말한 우리의 새로운 정체성 '사이보그 시민권(Cyborg Citizenship)'의 전조이다. 우리의 몸은 권력과 정체성을 보여주는 지도이다. 사이보그도 예외가 아니다. 사이보그의 몸은 순수하지 않다. 대신 사이보그는 지배와 저항으로 뒤얽힌 현실의 수면 위로 떠오르고 있다. 그것은 단일 정체성을 추구하지 않으며, 적대적 이원론을 지향하지도 않는다.

정보기술 환경에서 일어날 변화 중 주목해야 할 것은, 도구와의 연결 관계에 대한 우리의 감각이 변한다는 것이다. 특히 기계와의 연결이 더욱 강해지고 있다. 인터넷은 남성이나 여성이라는 이원적 젠더 구분을 해체한다. 첨단기술 문화는 흥미로운 방식으로 이원론에 도전한다. 인간과 기계 사이의 관계 속에서는 누가 만들고 누가 만들어지는지 분명치 않게 된다. 코드화 실천으로 용해되는 기계 속에서는 무엇이 정신이고 무엇이 몸인지도 분명치 않다.

이미 많은 컴퓨터 사용자들에 의해 경험된 사이버스페이스 상태는 SF 영화와 문화적 농담의 소재가 되었다. 마비 환자들과 장애인들이 여러 의사소통 장치를 사용하게 됨에 따라 복잡한 '잡종화'라는 경험을 하고 있다. 젠더, 성욕, 체화 같은 현상이 사이보그 형식으로 재구성되고 있다.

이런 경험과 유사하게, 인공지능은 인간과의 사이보그화 과정에 진입할 것으로 예상된다. 인공지능 기술이 성공한다는 것은 인공지능과 인간이 합성적 상태로 변이한다는 것을 의미한다. 현재의 관점에서는 예상할 수 없는, 새로운 사이보그 존재가 창발할 수 있다. 반려동물과의 경험에서처럼 인간과 기계 사이의 '소중한 타자성'을 기대해본다.

[참고문헌]

다나 J. 해러웨이. 2006. 〈겸손한 목격자@제2의_천년. 여성인간©_앙코마우스TM를_만나다: 페미니즘과 기술과학〉. 민경숙 옮김. 갈무리.

다나 J. 해러웨이. 2002. 〈유인원, 사이보그, 그리고 여자〉, 민경숙 옮김, 동문선.

Haraway, D. 1991. "A Manifesto for Cyborgs: Science, Technology, and Socialist Feminism in Late Twentieth Century", in *Simians, Cyborgs, and Women : The Reinvention of Nature*, Routledge/New York. pp.149-181.

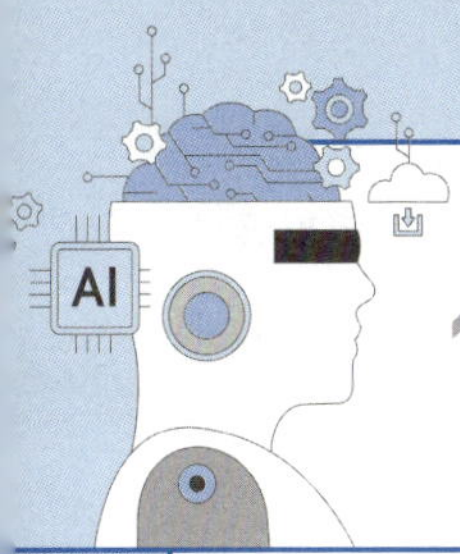

1.6 특이점주의 비평

인공지능과 관련하여 흔히 사람들은 '특이점(Singularity)이 올 것'이라고 말하곤 한다. 대중 미디어에서 인공지능 관련 문제를 다룰 때 가장 많이 소개하는 내용 중 하나다. 때로 정부 보고서나 전문가들의 일부 논문에서도 비판 없이 받아들여지고 있다. 그 개념에 대해 어떤 의문도 품지 않을 뿐만 아니라 당연한 진실로 받아들이고 있다는 점에서 그들은 '특이점주의자'들이다.

특이점주의는 기술결정론의 한 형태다. 기술결정론은 오래된 기술 관점 중 하나다. 레이 커즈와일(R. Kurzweil)은 컴퓨터 과학자이며 '강한 인공지능(strong AI)'과 '인공지능 특이점론(AI Singularity)' 주창자다. 그가 지칭하는 특이점이란 기계가 인간의 일반 지능을 넘어서는 상태를 말한다. 커즈와일의 특이점론은 정말 그렇게 타당한 주장일까?

커즈와일의 주장은 과학자 내부에서도 사회학 차원에서도 별다른 검증이나 비평 없이 대량으로 유통되고 있다. 여기서 커즈와일의 논리를 몇 가지 소개하고 그 주장의 문제점을 소개한다. 인공지능 관련 주장을 비판적으로 성찰하는 것은 인공지능을 이해하는데 좋은 방법이다.

특이점주의자

특이점이란 흔히 미래학에서 사용하는 용어로서, 미래에 기술 변화가 급속히 진행되어 그 영향으로 인간의 생활이 되돌릴 수 없도록 변화하는 기점을 뜻한다. 특히 인공지능(AI) 분야에서는 모든 인류의 지성을 합친 것보다 더 뛰어난 '초인공지능(super-AI)'이 출현하는 시점을 지칭한다. 커즈와일은 현재의 인공지능 발전 속도를 고려할 때, 서기 2040년경에 인공지능이 특이점에 도달할 것이며, 특이점 이후 인류는 인공지능에 의해 멸종하거나 혹은 인공지능 나노 로봇의 도움을 받아 영생을 누릴 것으로 주장했다.

우선 인공지능이 특이점을 넘어서 점차 인간 지능을 뛰어넘을 것이라는 그의 주장을 살펴보자. 커즈와일은 특이점이 멀지 않았으며 유전공학, 나노기술, 인공지능 기술이 인류 문명을 특이점으로 이끌 것이라고 반복적으로 강조하고 있다.

> "특이점의 모습은 다양하다. 특이점은 기하급수적 증가에서 거의 수직에 가깝게 치솟는 단계에 해당한다. 이 단계에서는 기울기가 너무 급격해서 기술이 무한대의 속도로 발전하는 것처럼 보인다. 물론 수학적으로 보면 불연속점이나 단절이 없고 증가 속도는 매우 크기는 하지만 유한하다. 그러나 '현재' 우리의 제한된 틀에서 보기엔 이 임박한 사건은 너무 날카로워서 이제까지의 발전과 연속선상에 있지 않은 단절로 느껴진다. '현재'라는 단어를 강조한 이유는 사실 특이점의 영향으로 인해 우리의 이해력에도 본질적인 변화가 있을 것이기 때문이다. 우리는 기술과 융합함으로써 지금보다 훨씬 영리해질 것이다.(〈특이점이 온다〉 중에서)"

그의 또 다른 책 〈마음의 탄생〉에 따르면, 여기서 특이점이란 특히 '강한 인공지능(strong AI)'을 의미한다고 밝히고 있다.

> "강한 인공지능의 현실성을 의심하는 사람들, 그리하여 특이점 자체를 의심하는 사람들은 보통 양적 성장과 질적 성장을 구분하려고 한다. 기억 용량, 처리 장치 속도, 통신 대역폭 등 양적 역량에 해당하는 부분은 기하급수적으로 성장하고 있지만 소프트웨어(방법론과 알고리즘)는 그렇지 않다는 것이다."

그의 주장은 점점 더 과감해져서 '뇌 업로드(brain upload)' 개념도 제안한다. 이 개념은 상당히 유혹적인 면이 있고 SF에 자주 등장하는 소재이기도 하다.

> "뇌 업로드란 뇌의 두드러진 특징들을 모조리 스캔한 뒤 강력한 연산 기판에 적절하게 옮겨 재가동시키는 것이다. 그러려면 한 사람의 인성, 기억, 기술, 역사 모두를 파악해야 한다. 그런데 어떤 사람의 정신을 완벽히 포획하고자 한다면 재설치 대상인 마음의 기판에 육체도 덧붙여질 필요가 있다."

뇌 업로드는 SF 소재가 될 수는 있지만, 철학적으로나 과학적으로 인정할만한 근거는 아직 없다. 사람들은 커즈와일이 컴퓨터 공학자이고 인터넷 기업 구글의 이사라는 점 때문에, 그의 말을 진지한 것으로 신뢰한다. 특이점주의가 아무런 비판도 없이 널리 유통되는 현상은 사람들의 무지 때문이라기 보다는 무관심 때문일 수 있다. 인공지능 기술이 먼 미래의 일이라고 생각한다면 사람들은 더 시급한 다른 관심사에 주목하느라 이 문제를 바라볼 여유가 없을 것이다.

결정론과 특이점

커즈와일은 자신의 주장을 뒷받침하기 위해서 '수확 가속의 법칙(Law of acceleration returns)'이라는 새로운 개념을 제안했다. 그는 경제학의 "수확 체감의 법칙"을 모방하여 수학적 모델을 스스로 만들었다고 소개했다. '수확 가속의 법칙'이란 "기술적 진화가 생물학적 진화의 뒤를 이어, 진화의 가속적 속도가 유지되는 것"이라고 덧붙였다. 아래 그림은 커즈와일이 대표적으로 제시하는 데이터 나열 이미지이다.

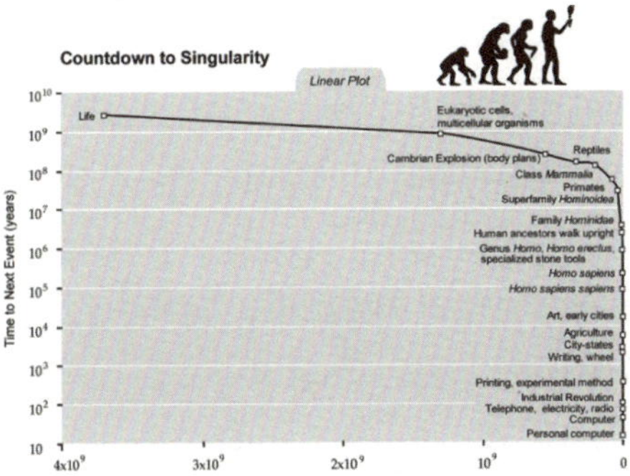

◀ **그림 1** 커즈와일의 '수확 가속의 법칙'은 과학 방법론으로 보기에는 많은 방법론적 오류를 범하고 있다. 그의 과감함은 터무니없을 정도이다. 지질학적 차원, 생물학적 차원, 기술적 차원과 사회적 차원을 모두 하나의 선으로 연결하고 있다. (그림 자료, 〈The Singularity Is Near: When Humans Transcend Biology〉)

그의 '수확 가속의 법칙'은 연구 방법론 차원에서 많은 오류를 범하고 있다. 우선 가장 심각한 오류는 완전히 다른 차원의 사건을 하나의 선으로 연결한 것이다. 지구행성적 사건, 생물학적 사건, 사회적 사건, 기술적 사건을 하나의 일직선 위에 배치해버렸다. 서로 다른 차원의 사건들을 하나의 연결선으로 환원하려면 그에 걸맞은 새로운 방법론이 제시되어야 할 것인데, 커즈와일은 아무것도 제시하지 않는다.

다음으로, 각 차원에 포함된 개별 사건의 열거에서도 심각한 오류가 있다. 그 사건이 포함되어야 하는 기준을 제시하지 않고 있다. 단순히 자신이 아는 데이터(사건)을 일렬로 연결해 놓은 것일 뿐이다. 자신이 알고 있는 사실이 전체라고 생각하는 유아론적 태도, 나르시시즘적 태도이다. 그의 그림대로라면 우리의 세계는 매우 빈약하고 결정론적이다. 아무런 여지도 남아 있지 않을 것이다.

지구의 역사와 생물학과 사회사를 넘나드는 방법론?

커즈와일의 직선은 파편적인 연대기적 사건을 나열한 것에 불과하다. 그의 주장은 너무나도 단순해서 놀랍다. 좌표상에서 최초의 생명체 등장 시기와 진핵 세포의 등장, 캄브리아기 생명 폭발, 파충류, 포유류, 영장류, 호미노이드 등의 순으로 열거하고 나서 그 각각의 발생 시간 차이가 점차 급격히 짧아졌다는 것이다.

개별 사건은 과학적으로 검증된 사실이지만, 각 사건 사이의 발생 간격을 고정된 것으로 볼 수 없다. 예를 들어 생물학적 발견은 지금도 진행 중이다. 우리가 알고 있는 것이 전부가 아니다. 최초의 생명체와 진핵 세포 사이에 아무런 사건도 없었다고 단정할 수 없다. 따라서 현재 우리가 알고 있는 사건만으로 패턴을 구성하는 것은 심각한 오류이다. 우리가 알고 있는 사건은 우리 시대와 가까울수록 더 많이 발견되었을 가능성이 크다. 따라서 우리가 아는 사건들을 열거하면 당연히 근대에 가까워질수록 사건들 사이의 시간 차이가 짧아지게 된다.

기술적 차원과 사회적 차원의 사건을 다룰 때 문제가 더 심각해진다. '커즈와일의 직선'에서 언급되는 기술적 사건은 임의로 선택된 것들이다. 그는 예술과 초기 도시, 농업, 저술과 바퀴, 도시 국가, 인쇄술과 실험 방법, 산업혁명, 전화와 전기와 라디오, 컴퓨터, 개인용 컴퓨터를 순서대로 나열하며 그 사건들 사이 시간도 갈수록 급격히 짧아졌다고 주장한다. 이는 특정 사건을 임의로 지목하는 것인데, 그 기술적 사건이 인간의 발전을 얼마나 대표할 수 있는지에 대해 누구도 단정할 수 없다. 그가 열거한 사건만이 기술사에서 언급할 가치가 있는 사건인가? 그 외 다른 기술적 사건들은 무시되어도 될만한 것인가? 이런 문제에 대한 기술학자들의 자문이나 인용이 전혀 없고, 커즈와일 자신도 그런 고민을 한 흔적이 없다. 이들 기술적 사건의 나열은 커즈와일의 개인적 관심에 의한 임의적 선택이라고 추정할 수 밖에 없다.

커즈와일은 생물학과 기술만이 아니라, 더 나아가 분자와 뇌과학까지도 하나의 일직선 위의 사건으로 배치해버렸다. 생물학과 기술, 뇌과학이라는 전혀 다른 분야의 사건들을 하나의 선으로 관통하는 설명 모델을 아무런 논거도 방법론도 없이 과감하게 제공하고 있다.

그는 일종의 '대통일 이론'을 내놓은 것이다. 매우 '과감한 시도'인데도 특별한 지적 없이 유통되고 있다. 근거 없이 이런 모델을 제시한 커즈와일도 문제지만, 그런 모델이 대중적으로 널리 유포되고 있는데도 아무도 그런 주장을 비판하며 나서는 비평가들이 없다는 것도 재미있는 현상이다.

아무도 커즈와일이 만들어낸 거대한 환상을 깨고 싶어 하지 않는 것으로 보인다. 커즈와일은 자신의 전문 분야인 컴퓨터 기술에 대해서만 언급한 것이 아니라 생물학과 인류 문명사 전체를 자신의 특이점론에 욱여넣고 있다. 커즈와일은 여러 영역에 걸쳐서 임의적 데이터를 끌어와서 '큰 그림'을 만들어냄으로써, 각각의 전문가들로부터 받아야 할 비판으로부터 비껴갈 수 있었다. 전문가들은 자기 분야의 문제가 아니라고 생각하면 아무런 관심을 가지지 않으려는 습관이 있다.

환원주의 세계관

단순한 몇 가지 지표를 임의로 선정하여 인과적 설명의 근거로 삼는 것을 환원주의(reductionism)라고 한다. 환원주의는 결정론적 관점으로 이어질 수 있다. 대표적으로 유전자 환원주의, 또는 유전자 결정론을 들 수 있다. 유전자상의 단순한 특징을 근거로 마치 그 사람의 미래 운명이 결정된 것처럼 간주한다. 그러나 유전형이 표현형과 일대일로 대응되는 경우는 드물다. 특정 질병 소인이 유전자상에 출현하더라도 그 사람이 실제로 그 질병에 반드시 걸리는 것은 아니다. 질병은 유전자만으로 결정되지 않는다. 그 사람의 생활 습관, 환경과 같은 불확실성이 질병의 발현에 함께 개입한다.

커즈와일은 그동안 등장했던 모든 환원주의를 다 합친 것보다 더 극단적인 환원주의를 만들어냈다. 모든 분야의 환원주의를 모아서 자신의 직선 위에서 연결했기 때문이다. 개별 과학분야에서 사용하는 개념도 자의적으로 사용하고 있다. 대표적으로 생명의 진화를 다루면서 다윈 이론에 어긋나는 내용에 기반하고 있다.

다윈의 자연선택 이론은 생명 종들의 진화가 '열등한 것에서 고등한 것으로 발전'한다는 기존의 선형적 진화론을 부정한 것이었다. 다윈 이론의 핵심은 생명종 사이에 우열이 없다는 것이고 모든 생명은 공통조상에게서 나왔다는 것이다. 모든 종의 진화는 미리 결정된 것이 아니라 어떤 환경을 만나느냐에 의존한다. 그 생명 종이 어떤 환경을 만나게 될지는 미리 결정된 것이 아니므로 그 종이 환경 변화를 만나는 그 순간이 되어서야 비로서 어떤 변화가 일어날 수 있다.

따라서 현재 지구상에 존재하는 모든 생명종은 자신의 환경에 잘 적응한 결과이므로, 모두 '고등한 존재'다. 그런데 커즈와일은 생명종이 '추상성의 수준'에서 복잡성과 능력이 기하급수적으로 증가한다고 말하면서, 생명종이 열등한 것에서 고등한 것으로 상향 발전한다고 주장한다.

> "진화의 과정은 추상성의 수준(its increasing levels of abstraction)이 더 높아지는 과정이며, 그 결과 진화의 속도는 점점 빨라지고, 진화의 산물이 지닌 복잡성과 능력은 기하급수적으로 증가한다. 이런 현상을 나는 수확가속의 법칙(law of accelerating returns, LOAR)이라고 이름 붙였다.......패러다임 전환 속도는 십년마다 두 배씩 증가해왔다…. 2000년도의 발전 속도로는 20세기 내내 성취한 모든 것을 단 20년 만에 해치울 수 있을 것이다." [마음의 탄생]

커즈와일의 주장은 생명종을 우열 관계로 바라보는 관점이며, 인간중심주의라는 편협한 해석으로 일관하고 있다. 생명의 진화 목표가 마치 인간을 향하는 것이라고 단정하고 있다. 이런 태도는 즉각적으로 우생학적 관점으로 유도될 가능성이 있다. 생명종 사이의 우열이 있다는 주장은 인간 사이에도 우열이 있다는 견해로 유도되기 쉽다. 이런 맥락에서 그는 인공지능과 인간의 관계도 우열적 경쟁 관계로 설정한다. "인공지능이 인간을 곧 뛰어넘을 것이다"라는 발언이 대표적이다. '커즈와일의 직선' 속에서 모든 사건, 모든 행위자는 서열이 매겨진다. 그 외 다른 기준이나 해석 방식은 없다.

두뇌 개조, 인간 개조?

커즈와일의 결정론적 관점은 자유의지에 대한 문제로도 연결된다. 그는 리벳 실험(Libet Experiment)과 같은 신경과학의 몇 가지 실험들을 증거로 제시하고 있다. 이 논쟁은 커즈와일만이 아니라 신경과학 분과에서 제기된 가장 뜨거운 주제이기도 하다. 그렇긴 하더라도 커즈와일처럼 단정적으로 자신의 견해를 언급하는 사람은 그다지 많지 않다.

> "자유의지란 무엇일까? 우리는 정말 자유의지를 가지고 있는 것일까? 우리가 결정을 내렸다는 인식을 하기 전부터 의사결정을 행동으로 옮기는 작업이 몸 안에서 일어난다는 것을 입증하는 실험이 속속 나오고 있다. 이러한 증거들은 자유의지가 망상에 불과하다는 것을 의미하지 않을까?" (《마음의 탄생》)

그의 결정론적 세계관은 두뇌 개조, 또는 인간 개조로 곧장 나아가고 있다. 만약 우리 사회가 그의 세계관을 그대로 수용하게 된다면, 인공지능 기술은 20세기 초 사회적 지탄을 받으며 폐기되었던, 우생학의 재탄생에 연루될 수 있다.

> "우리의 두뇌는 심각한 한계를 안고 있다. 뇌는 고도의 병렬처리를 이용해 섬세한 패턴을 빠르게 인식한다. 그러나 우리의 사고는 극도로 느리다. 기본적인 신경처리 속도는 오늘날의 전자회로보다 수백만 배 느리다. 인간 지식 기반이 기하급수적으로 증가하는데 반해 새로운 정보 처리를 위한 생리학적 대역폭은 극도로 제한되어 있다." (《특이점이 온다》)

> "특이점을 통해 우리는 생물학적 몸과 뇌의 한계를 극복할 수 있을 것이다. 우리는 운명을 지배할 수 있는 힘을 얻게 될 것이다. 죽음도 제어할 수 있게 될 것이다. … 이 세기가 끝날 때 쯤에는 지능의 비생물학적인 부분이 순수한 인간의 지능과 비교할 수 없을 만큼 강력해져 있을 것이다." (《마음의 탄생》)

커즈와일이 여기에서 언급하고 있는 인간 두뇌의 '심각한 한계'라는 표현은 자연에 대한 태도를 드러낸다. 다른 생명체와 마찬가지로 인간의 능력도 오랜 시간동안 진화한 결과이다. 자연 진화에 대해서 '성능 평가'같은 기준을 들이대는 것은 적절치 못하다. 우리는 우리 뇌에 대해서 아직 잘 알지 못한다. 우리는 우리의 뇌에 대해서 '한계'라고 말할 자격이 아직 없다.

커즈와일은 정작 자신이 극복하고자 하는 한계가 무엇인지에 관해서는 명백히 밝히고 있지 않다. 비생물학적 지능이 인간의 지능보다 더 우월할 것이라는 주장도 기이하기는 마찬가지다. 우월함이란 무엇에 초점을 두느냐에 따라 다를 수 있다. 복잡한 계산 문제라면 인간은 이미 컴퓨터보다 못하다. 자연의 불확실성을 감지하는 역량을 기준으로 한다면 기계보다 인간이 나을 것이다.

튜링 테스트에 대한 오해

커즈와일은 인공지능 전문가로 알려졌지만, 튜링 테스트 조차도 크게 오해하고 있다. 그의 저술 전반을 살펴보면 기술과 사회를 이원론적으로 분리하고 기술에 우월적 지위를 부여하려는 경향이 강하게 나타난다. 그는 사회와 분리되어 기술자들에 의해서만 인공지능 기술이 완수될 것이라고 단정하고 있다.

> "2020년대 말에는 인간 지능을 완벽히 모방하는데 필요한 하드웨어와 소프트웨어가 모두 갖춰지면서 컴퓨터가 튜링 테스트를 통과할 것이고 더 이상 컴퓨터 지능과 생물학적 인간의 지능을 구별할 수 없게 될 것이다."

1950년 '생각하는 기계' 개념을 제안했던 당시, 앨런 튜링은 '지능'을 직접 정의할 방법이 없다는 것을 잘 알고 있었다. 그래서 대신 제안했던 대안이 '튜링 테스트'라는 우회적 방법이다. 튜링이 제시했듯이, 기계가 지능이 있는지를 판별하는 것은 바로 인간 면접관이다 [3.1장 참조]. 평범하게 일상을 살아가는 사람들이야말로 '지능의 여부'를 판정하는 주체들이다. 따라서 인공지능은 기술과 사회의 혼합을 잘 이해할 때 가능해질 것이다.

기계가 인간 면접관에게 승인받는 일은 결코 쉽지 않다. 많은 대회가 열렸지만, 여전히 테스트를 통과했다고 흔쾌히 인정할만한 기계는 등장하고 있지 않다. 인공지능은 기술에 의해서 발의되고 개발되지만, 최종적으로 사회적 인간 구성원들에 의해서 완수되어야 한다. 커즈와일이 생각하듯이, 기술만으로 튜링 테스트를 통과할 수 없다.

또, 커즈와일은 강한 인공지능만이 튜링 테스트를 통과할 수 있다고 전제했는데, 이 주장은 앨런 튜링의 견해와도 완전히 다른 것이다. 튜링은 튜링 기계가 인간과 같을 것이라고 주장하지 않았다. 그렇게 생각했다면 튜링 테스트를 고안해내지도 않았을 것이다. 튜링은 '생각하는 기계'가 인간을 대체할 것으로 전망하지 않았다. 대신에 '생각하는 기계'가 인간을 도울 것이라고 기대했다.

> "우리의 전체 사유 과정은 우리에게도 신비적이다. 생각하는 기계를 만들려는 시도는 우리가 우리 자신을 어떻게 생각하는지를 발견하는 일에서 우리를 크게 도울 것이라고 나는 믿는다.(Turing, 1950)"

튜링의 생각하는 기계는 인간과 경쟁해서 이기려는 목적을 가지지 않는다. 튜링에게 있어서 '생각하는 기계'는 인간을 돕는 역할에 배치되어 있다. 이 기계는 인간의 동료이자 협력자여야 한다. 그렇지 않다면 인간(사회)이 이 기계를 만들 동기를 가질 수 없을 것이다.

강한 인공지능에 대한 오해

강한 인공지능(Strong AI) 개념은 1980년 존 썰(Searle, J.)의 "중국어방(Chinese Room)" 사고 실험에서 창안된 용어다. 여기서 강한 인공지능이란 인간과 같은 지향성을 가진 기계를 의미한다. 당시 인공지능 기술이 주목받으면서 곧 튜링테스트를 통과할지도 모른다는 기대가 높아졌었다. 그런 분위기에 대해서 존 썰은 튜링 테스트를 통과하더라도 그 기계가 인간처럼 '지향성 (intentionality)'을 가진다는 것을 의미하지는 않는다고 말하고자 했다.

존 썰은 지식 또는 지능은 인간의 신체에 체화되는 것이므로, 인간과 다른 신체를 가진 기계가 인간과 같은 지능을 가질 수는 없다고 주장했다. 결론적으로 썰의 주장은 '강한 인공지능은 불가능하다'는 것이었다. 커즈와일은 썰의 강한 인공지능 개념을 차용하면서도, 그의 주장과는 반대로 강한 인공지능이 가능하다고 주장하는 것이다.

커즈와일은 뇌에 대한 전문성, 뇌신경 구조에서 영감을 받은 딥러닝 방법론에 대한 전문성이 없는 것으로 보인다. 그는 〈마음의 탄생〉에서 퍼셉트론 모델에 대해서 그 가능성을 일축하며 전망 없는 방법론이라고 단정했다. 퍼셉트론 모델은 현재 가장 주목받고 있는 딥러닝 모델의 출발점이다. 극단적인 환원주의 세계관 때문에 그는 퍼셉트론 모델이 가지고 있는 잠재성을 이해할 수 없었다.

또 하나의 지능

닉 보스트롬(Nick Bostrom)은 커즈와일과 같이 초지능(superintelligence)을 예견하고 있다는 점에서는 유사하다. 그러나 그는 적어도 초지능이 인간과 동일한 선상의 지능이 아닐 수 있음을 시사했다.

> "인공지능이 인간의 지능체계와 완전히 똑같을 필요는 전혀 없다는 것이다. 인공지능은 우리와는 완전히 이질적일 수도 있다. 사실 대부분이 그럴 것으로 생각된다. 생물학적 지능과는 아주 다른 인지구조를 가지고 있을지도 모르고, 특히 개발 초기 단계에는 인지능력에서 우리와 아주 다른 강점과 약점을 가지고 있을지도 모른다. 게다가 인공지능이 지향하는 목표 시스템은 인간의 목표 시스템과 아주 큰 차이가 있을 수도 있다. 인공 일반 지능이 사랑이나 증오, 또는 자존심 같은 인간의 감정을 행동의 동기로 삼으라는 법은 없다."

그러면서도 그는 초지능을 "사실상 모든 관심 영역에서 인간의 인지능력을 상회하는 지능"이라고 정의했다. 여기서 인간의 인지능력이란 일반적인 역량을 의미하는 것으로 흔히 '일반 지능(General intelligence)'이라고 언급한다. 특수한 전문 능력이 아니라, 평균적인 사회구성원으로서의 지적 역량을 말하는 것이다. 튜링이 제시한 기준과 유사하다.

그런데 보스트롬의 개념들은 서로 상충한다. 한편으로는 인공지능이 인간과 같은 지능이 아니라고 말하면서 다른 한편으로는 인공지능이 인간 지능을 능가한다는, 초지능 개념을 사용하고 있다. 같지 않은 것에 대해 우열을 평가할 수 없다. 그런 점에서 새로운 인공지능을 초지능이라고 명명하기보다는 '또 하나의 지능'이라고 정의하는 것이 더 적절할 것이다.

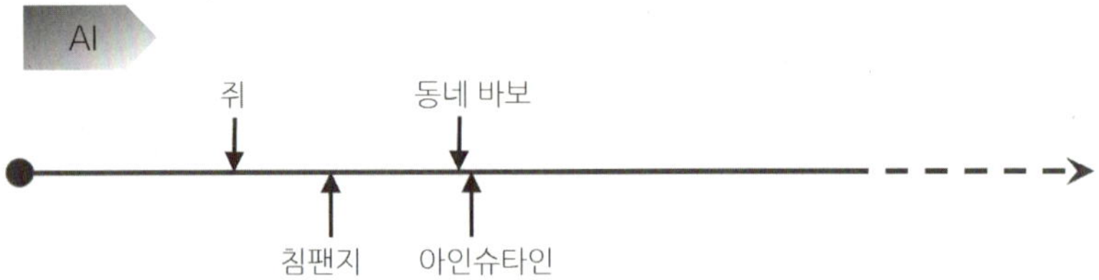

▲ **그림 2** 보스트롬이 〈슈퍼 인텔리전스〉에서 소개한 "지능의 척도" 그림. 쥐, 침팬지, 인간의 순서로 배치되어 있다. 그런데 쥐에게 침팬지의 지능을 부여한다면 쥐에게 행운일까? 침팬지에게 인간의 지능은 축복일까?

위 그림은 보스트롬이 자신의 책 〈슈퍼 인텔리전스〉에서 소개한 지능의 척도를 표현한 그림이다. 이 화살표 상에서 인간은 오른쪽 진행 방향에 배치되어 있다. 침팬지의 지능은 쥐의 지능보다 오른쪽에 인간의 지능보다는 왼쪽에 있다. 보스토롬의 직선은 오른쪽 방향에 놓일수록 훌륭하다는 암시를 주고 있다.

그런데 쥐에게 침팬지의 지능을 부여한다면, 쥐에게 행운일까? 침팬지에게 인간의 지능은 축복일까? 그럴 수 없다는 것을 쉽게 상상할 수 있다. 쥐와 침팬지 그리고 인간은 매우 다른 신체와 다른 환경을 가지고 있다. 침팬지의 지능을 가진 쥐는 생존하기 어려울 것이다. 인간의 지능을 가진 침팬지 역시 침팬지로서의 삶의 영위하기 힘들어질 것이다. 그러므로 쥐와 침팬지와 인간의 지능을 하나의 직선 위에 놓은 다음 우열적 순서를 부여하는 것은 타당하지 않다. 그들은 오랜 시간에 걸쳐서 모두 각자에게 필요한 훌륭한 지능을 개발해왔다. 이런 관점에서 보면, 인공지능 역시 우월적 존재이기보다 '새로운 지능'의 출현이라고 보는 것이 적절하다.

기술 비판 담론의 출발

인공지능의 미래를 쉽게 예측할 수 없으므로, 누구든지 자신의 전망을 제시할 수 있다. 문제는 커즈와일의 주장에 대한 비판 담론이 거의 없다는 것이다. 오히려 커즈와일의 주장을 무비판적으로 확대 유포하고 있다. 마치 검증된 진실인 것처럼 미디어와 정부 보고서에 특이점 주장이 등장하고 있다. 보스트롬의 초지능 이야기도 부분적으로만 타당하다. 하지만 전문가들조차도 보스트롬의 주장을 비판없이 그대로 인용하는 경우가 많다.

그 결과, 한편으로는 인공지능에 대해서 근거 없는 낙관론이 성행하기도 하고 다른 한편으로는 인공지능 혐오를 부추기기도 한다. 특이점주의 해설은 인공지능에 대한 이해를 돕기는커녕 오해를 부추김으로써 인공지능 기술에 대한 사회적 논의의 기회를 박탈하고 있다. 커즈와일의 주장을 검토하는 것은 인공지능 교육과 비판 담론 형성을 위해 좋은 출발점이 될 수 있다. 커즈와일과 같은 기술결정론은 우리의 자유 의지, 시민의 참여, 생태계와의 공존을 방해한다. 이를 잘 분별하는 일은 기술 교육과 사회 담론의 중요한 과제이다.

[참고문헌]

닉 보스트롬 2017. 슈퍼 인텔리전스: 경로, 위험, 전략, 조성진 옮김, 까치글방.
Turing, A. M. 1950."Computing Machinery and Intelligence", *Mind*, 59: 433-460.

Chapter 02

기계의 역사 에피소드

2.1 기계의 이미지: 사랑과 지배

2.2 자동인형 이야기

2.3 기계와 노동: 배비지의 기계, 마르크스의 기계

2.4 정보이론: 질서 부여 형식

2.5 컴퓨터 열광과 해커 문화

2.6 온라인 게임과 사이보그 행위자

2.1 기계의 이미지: 사랑과 지배

독일 철학자 하이데거(M. Heidegger)처럼 기술을 '질서 형식 부여'라고 정의하면, 기술의 역사는 인간의 역사와 함께 시작되었을 것이다. 그 역사 어느 시점에선가 기계가 등장했다. 독일의 혁명이론가 마르크스(K. Marx)에 따르면 기계는 '도구를 사용하는 도구'이다. 그래서 기계는 자동성(자율성)을 가진 것처럼 보였고 인류를 열광하게 했다. 너무 매력적인 나머지 인간은 두려워졌다. 기계에 대한 두려움과 경계의 역사도 오랜 전부터 시작되었다. 기원전 4세기 장자((莊子)는 기계를 사랑하는 자공(子貢)과 기계 금기를 주장하는 어느 노인의 이야기를 전하고 있다.

자공과 노인의 이야기

고문서 〈장자(莊子)〉는 자공(子貢)과 어느 노인의 대화를 소개하고 있다. 자공은 공자(孔子)의 제자로서 기원전 6세기 사람이다. 자공이 초나라를 유람하다 진나라로 가는 길에 일하는 노인을 만나게 되었다. 그 노인은 우물에서 물을 길어 밭에 물을 대고 있었는데 효과가 별로 없어 보였다. 그 모습이 안쓰러웠던 자공이 '용두레'라는 기계 이야기를 들려준다. 자공이 용두레를 사용하면 수월하게 일을 할 수 있다고 말하자 그 노인이 답했다.

> "내가 스승에게 들은 것이지만 기계라는 것은 반드시 기계로서의 기능이 있게 마련이네. 기계의 기능이 있는 한 반드시 효율을 생각하게 되고, 효율을 생각하는 마음이 자리 잡으면 본성을 보전할 수 없게 된다네. 본성을 보전하지 못하면 생명이 자리를 잃고 생명이 자리를 잃으면 도가 깃들지 못하는 법이네. 내가 기계를 알지 못해서가 아니라 부끄러이 여겨서 기계를 사용하지 않을 뿐이네.(장자 외편 제12편 천지)"

이 글로 미루어 보아, 자공은 기계에 대해서 잘 알고 있고 기계의 성능에 낙관적인 사람이다. 노인도 역시 기계에 대해 잘 알고 있지만 그 결과에는 비판적인 사람이다. 이 이야기는 기계의 사용과 관심이 아주 오래되었으며, 동시에 기계 금기도 아주 오래된 것임을 말해주고 있다. 노인은 기계를 생명과 대립적인 존재로 배치하고 있다. 그래서 기계에 대한 의존이 커진다면 효율성에 가치를 두게 될 것이고 이것은 생명을 침해할 것으로 우려했다.

종합하면 기계의 성능은 매력적이지만(자공의 시선) 그 성능이 불러올 결과는 치명적일 수 있다(노인의 시선). 이것은 기계의 윤리 문제를 지적한 것으로, 기계에 대한 비판 철학의 기원이라고 할 만하다. 우리는 '자공의 시선'과 '노인의 시선' 사이에 놓여 있는 기계의 딜레마를 어떻게 풀 것인가?

기계란 무엇인가?

오늘날 기계 없는 삶은 불가능하다. 기계와의 관계를 설정하기 위해서 기계에 대한 더 많은 이해가 요구되고 있다. 기계란 무엇인가? 기계는 물질적인 형태만으로 제한되지 않는다. 이미 용어 사전상의 기계 개념에도 이런 상황이 반영되어 있다. 사전은 일상의 삶에서 사용하는 단어 용례를 토대로 작성되므로 사전의 용어 정의는 동시대 일반인의 생각을 반영한다.

챔버스 영어사전(Chambers English Dictionary)은 기계의 정의에 대해서 "모든 인공적 수단 또는 발명품: 엔진, 사람이 말하는 것만 수행할 수 있는 것, 조직된 시스템, 정당 조직"이라고 기술하고 있다. 우리가 일반적으로 생각하는 것보다 폭넓게 정의하고 있다. '말하는 것만 수행할 수 있는 것'이란 프로그램된 대로 수행한다는 것으로 기계에 관한 일반적인 상식을 대변하고 있다. 이 정의에서는 '조직된 시스템' 또는 '정당 조직'을 포함함으로써 사회적 차원의 인간이 포함된 구조까지도 '기계'로 포함한 점이 눈에 띈다.

한편, 옥스퍼드 영어사전(Oxford English Dictionary)은 기계에 대해서 다음과 같이 정의하고 있다. 이 정의에 따르면 물리적이거나 생물학적 기준에 따르지 않고 '지능 없이'라는 기준을 내세웠다. 이어서 '궤도를 벗어나지 않는 기계의 엄밀함과 일관성을 가지는 행동'을 제시했다.

> "살아있는 존재, 의식 그리고 의지와 대조적으로, 기계적으로 움직이는 부분들의 조합. 그래서 지능 없이, 단지 습관으로 행동하거나 규칙에 복종하는 사람에게 적용, 또는 궤도를 벗어나지 않는 '기계'의 엄밀함과 일관성을 가지고 행동하는 것에 적용"

이 접근법은 '이성(정신)'과 '기계'를 대비하여 '이성'의 정의를 수립하고자 했던 데카르트의 시도를 거울상으로 반영한 것이다[1.1장 참조]. 흔히 용어의 정의는 그 자체로 정의되기보다 다른 존재와의 대비를 통해서 수립된다. 인간의 이성을 정의하려고 할 때 기계를 대비시켰듯이, 반대로 기계를 정의하려고 할 때 인간의 특징이라고 알려진 '지능'을 끌어온 것이다. 인간과 기계는 서로에 의해서 자신을 발견할 수 있는 존재라는 함축이다. 인간의 이성 개념과 기계의 정의는 서로를 필요로 했다.

기계의 역할과 작동 방식

우리는 일상에서 많은 기계를 사용한다. 기계의 역할을 살펴본다면 기계를 정의하는 데 도움이 될 수 있다. 과학사회학자 콜린스 (H. Collins)에 따르면 기계를 분류하는 방식은 여러 가지가 있는데, "기계가 무엇을(what) 했는지"를 기준으로 다음과 같이 유형화했다.

1. 도구(tools): 기계는 우리가 이미 할 수 있는 일을 하도록 해서 우리의 능력을 증대할 수 있다. 예) 망치와 톱.
2. 대리인(Proxies): 우리가 이미 하던 일을 수행함으로써 우리를 대체할 수 있다. 밧줄은 배를 고정하기 위해 기둥 주위에 두르는 대리인이다.
3. 새로움(novelties): 기계는 우리가 결코 할 수 없는 일을 할 수 있다. 예) 고가다리, 폭발 장치, 냉동장치, 우주 로켓, 레이저, 가상-현실 헤드셋

기계가 수행하는 도구 역할만이 아니라 대리인 역할도 일상에서 흔히 볼 수 있다. 우리는 동료들과 식사 후 아이스크림 내기 '사다리 타기'를 한다. 사다리 타기는 가상의 제비뽑기인데, 가로줄을 아무리 많이 그려 넣어도 결과가 중복되지 않고 각 출발지점과 도착지점이 일대일로 대응한다(함수 성격). 모든 참가자가 뽑기 진행 과정을 투명하게 지켜볼 수 있다. 흥미롭게도 연필을 들고 직접 사다리 타기를 수행하기 전까지는 그 결과를 알 수 없다. 사다리 그림을 직접 그린 사람도 뽑기의 결과를 알 수 없다.

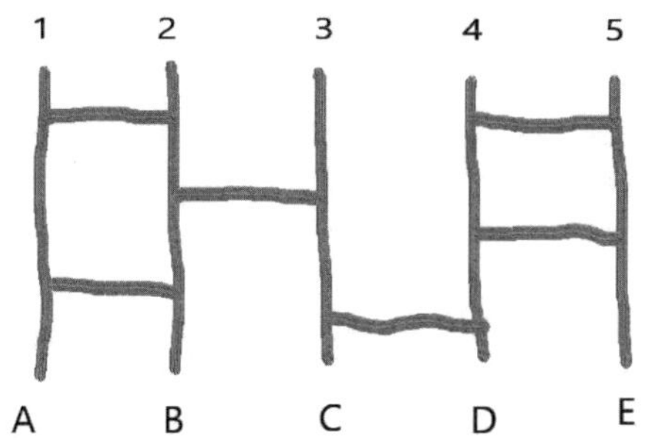

◀ **그림 1** 사다리타기 놀이는 간단한 제비뽑기 모형이다. 뽑기를 자동화할 수 있다는 점에서 일종의 기계다.

사다리 타기의 결과는 제비뽑기와 같지만, 당첨자를 정하는 과정을 즐겁게 만들어준다. 이 장치는 누가 아이스크림을 살 것인지를 결정하는 일을 대행(대리인 역할)한다. 이것은 입력과 출력만 알 수 있고 그 내부를 볼 수 없는 일종의 '암흑 상자(Black box)'로서, 의사결정을 자동화한다. 이 기계는 투명함과 공평함 그리고 놀이성을 갖추고 있다.

나아가, 기계의 역할은 단지 수동적인 것에 머물지 않고 새로운 영역을 개척하고 있다. '새로움' 항목은 기계가 단지 인간을 모방하기만 하는 것이 아니라, 인간이 하지 못하는 수행을 해낼 수 있다. 때문에, 우리가 기계를 이해하지 못할 수 있고, 기계가 우리의 통제를 넘어설 수도 있다. 이어서 콜린스는 "기계가 어떻게(how) 작동하는지"를 기준으로 다음과 같이 유형화했다.

1. 기본 행동자(Behavers): 같은 것을 반복적으로 수행한다. 예) 자동 드릴 기계.
2. 선택 행동자(Disjunctive behavers) : 사전에 작성된 선택 목록 중에서 행위를 선택한다.
3. 피드백 행동자(Feedback behavers): 특정 가능성 집합에 등재된 자극을 감지하여 예상된 범주 안에서 무엇인가를 수행한다.
4. 학습 행동자(Learning behavers): 자신의 환경과 자신의 사용자로부터 정보를 취득하고 자신의 설계에 이것을 결합한다.

이 분류에서 눈에 띄는 것은 '학습 행동자'이다. 이 기계는 단순히 주어진 명령을 수행하는 것이 아니라, 기계 자신의 환경과 인간 사용자를 매개하면서 작동할 수 있다. 데카르트가 인간의 이성에 대해서 '보편 도구(universal instrument)'라고 정의했던 바를 연상하게 한다. '학습 행동자'는 주어진 환경을 학습하여 자기 자신을 변화시키는 모든 행위자를 가리킨다. 인간만이 학습하는 것이 아니라 기계도 학습하면서 특정 영역에서 인간의 학습을 압도할 수 있다.

기술은 무엇인가?

기계는 기술의 구체적인 출현 형태이다. 따라서 기계의 이미지는 기술의 이미지와 중첩된다. 우리에게 "기술은 무엇인가?" 마틴 하이데거(M. Heidegger)에 따르면 기술은 세계를 이해하는 근본적인 방법이다. 지식 그리고 진리(존재하는 것의 드러남)는 단순히 주어지는 것이 아니라 어떤 특정한 방식으로 구성될 때만 출현할 수 있다.

◀ **그림 2** 하이데거의 〈기술에 관한 질문〉, 기술철학의 근본적인 주제를 다루고 있다. 기술철학에서 가장 많이 인용되는 문헌이다. 기술은 '자연에 부여하는 질서 형식'이다.

하이데거에 따르면, 기술은 '세계 내 존재의 드러남의 양식'이다. 기술은 '자연에 부여하는 질서 형식'이며, 인간과 사물 모두를 끊임없이 그 질서의 양식 안으로 호출한다. 그래서 그는 기술을 "게스텔(Gestell)"이라고 명명했다. 이 개념은 하이데거가 창안한 용어로써 영어로는 "질서 형식 만들기(Enframing)"로 번역할 수 있다. 어떤 문제를 풀기 위해서 특정한 조직 원리를 구성하고 그 질서 안으로 자연 세계를 배치하는 것이다.

이로써 자연은 그 질서 형식의 대상이 되어, 그 형식 안으로 재조직되며 그에 부합하는 관계를 부여받는다. 세계 내 사물들은 그런 질서 형식 안에 놓일 때만 우리 앞에 출현할 수 있다. 기술은 인간 활동의 단순한 집합이 아니라 그런 활동이 배열될 수 있는 구조적 형식, 즉 '진리의 형식(mode of truth)'을 제조하는 것이다.

예를 들어보자. 근대 지리학의 발전은 지도 제작으로 이어졌다. 근대 지리학은 위도와 경도라는 새로운 질서 형식을 만들어냈다. 그리고 위도와 경도라는 지도 형식 안으로 육지와 바다의 경계, 산의 높고 낮음을 재현했다. 지도를 그리는 방법에 따라 지형은 조금씩 다른 모양으로 출현하는데 이것은 질서 형식이 사물을 드러내는데, 얼마나 중요한 토대가 되는지를 보여준다.

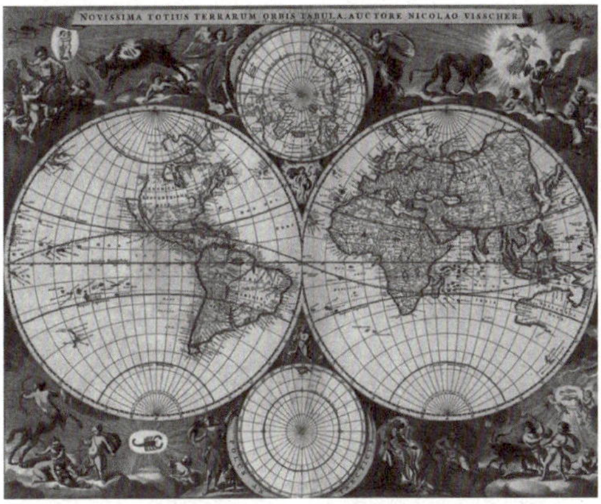

◀ **그림 3** 1695년 네덜란드 암스테르담의 비셔(Visscher N.)에 의해 제작된 세계지도. 현대 지도의 유래를 보여준다. 동반구와 서반구로 나누어 그렸고, 위도와 경도가 뚜렷하게 드러나 있다. (그림자료: sanderusmaps.com)

지도는 실재와는 다르지만, 실재를 대표한다. 그래서 지도는 우리에게 세계를 이해하는 방식, 세계에 대한 진실을 제공한다. 우리는 지도를 통해서 세계를 전지적 시점에서 내려다 볼 수 있게 되었다. 지도가 우리에게 당연한 것이 되자, 위도와 경도(질서 형식)는 배경 속으로 '사라졌다'. 질서를 부여하는 형식이 체화되면서 그 형식이 '자연화(naturalization)' 되며, 너무 당연한 것이 되어서 의식하지 못하게 된다.

기계, 노동의 동반자에서 증오의 대상으로

과학기술은 산업만이 아니라 사회문화적 질서를 만들어내는데 중요한 기준을 제공했다. 그 결과 이전 사회보다 생산성과 효율성을 극대화할 수 있었다. 과학기술이 새로운 형식을 만들었고, 사람들은 그 혁신적 접근법을 환호했다. 1760년에서 1820년 사이 영국에서 섬유 직조 분야 기술혁신과 제조공정의 자동화가 시작되었다. 이를 산업혁명이라고 불렀고, 전 세계로 확산되었고 세계를 크게 바꾸었다. 산업혁명은 풍요를 가져왔고 세계 인구는 폭증했다.

그런데 산업혁명의 막바지였던 1811년에서 1816년 사이 영국에서 기계파괴운동이 조직적으로 일어났다. 이것은 인간과 기계의 관계가 어떻게 비틀릴 수 있는지를 단적으로 보여준다. 기계는 본래 인간의 노고를 덜어주려는 취지로 숙련공들에 의해서 개발되었다. 그들은 자신의 노동에 대해 가장 잘 알고 있었고 자신의 노고를 도와줄 새로운 존재를 희망했다. 그들은 노동을 도와줄 기계를 가장 먼저 제작할 동기가 있었다. 기계 역시 자신과 가장 가까운 숙련공과의 관계 내에서 더 진화할 수 있었다.

그러나 자본가는 노동자를 지배하는 수단으로 기계를 이용했다[2.3장 참조]. 자본가는 노동자들 통제하기 위해서 노동자와 기계가 서로 싸우도록 배치하는 데 성공했다. 18세기 산업과 노동을 상세하게 기록한 〈영국노동계급의 형성〉에서 E. P. 톰슨은 말했다. “어떤 사회적 마술을 부렸기에 노동을 줄여주는 발명품들이 노동자들을 더 비참하게 만드는 기구가 되었을까?”

주인과 노예의 변증법

만약 영국의 기계파괴운동이 성공했다면 어떠했을까? 1872년 새뮤얼 버틀러(Samuel Butler)의 소설 〈에레혼(Erewhon)〉은 모든 기계 발명품이 파괴된 사회를 그리고 있다. 에레혼의 주인공 힉스(Higgs)가 들어선 미지의 세계에는 기계가 거의 존재하지 않는다. 일상의 작은 기계조차도 폐기하거나 박물관으로 보내졌다. 에레혼 사람들은 왜 기계를 사용하지 않게 되었나?

◀ **그림 4** 새뮤얼 버틀러의 판타지 소설 〈에레혼〉에 등장하는 "기계의 책" 이미지. 에레혼 사람들이 왜 기계를 파기하는데 이르렀는지를 철학적으로 이야기하고 있다. (그림 자료: theatlantic.com)

에레혼 세계의 철학을 담고 있는 '기계의 책(The Book of the Machines)'에서 그들이 왜 기계를 파괴했어야 했는지에 대해 설명하고 있다. 버틀러는 그 가상의 철학을 통하여 헤겔의 '주인과 노예의 변증법'을 인간과 기계의 관계에 적용했다[9].

> "인간은 지배하는 힘이고 기계는 하인이며, 인간의 기대에 부응하지 못할 경우 멸종하게 되어 있다고 할 수 있다. 여기까지는 모두 좋다. 그런데 하인은 눈에 띄지 않게 서서히 주인의 생활을 잠식하며, 인간은 기계가 주는 혜택을 금하는 순간 심한 고통을 겪어야만 한다. 한순간 모든 기계가 멸절되어 칼이나 지렛대, 천조각까지 모두 없어져 태어날 때처럼 벌거벗은 몸뚱이뿐이고, 기계 법칙과 관련한 모든 지식을 빼앗겨서 더 이상 기계를 만들 수 없으며, 기계로 음식을 만들지 못해 벌거숭이로 황무지에 남겨진 것과 같은 상태가 된다면, 인간은 6주 내로 멸종하고 만다."

주인은 자립적이고 노예는 주인에게 의존적이다. 그러나 노예의 노동이 주인의 삶을 유지하는데 필수적이므로 점차 주인의 삶은 노예에게 의존하게 된다. 주인은 노예 없이 존재할 수 없게 되므로 결국 주인은 비자립적인 존재가 된다. 주인과 노예의 상황이 역전되듯이, 인간과 기계의 지위도 역전될 수 있다.

---

9) 주인과 노예의 변증법에 대해서는 5-2장 인공지능의 윤리에서 다시 다룰 것이다.

또한, 버틀러는 우리가 복잡한 기계 전체를 보지 못하여 제대로 이해하지 못하고 있다고 지적한다. 예를 들어서 기계는 자손을 생산하지 않는다는 견해를 대표적인 기계에 대한 오해라고 지적한다. 우리가 동물의 팔만 보고서 팔을 생식하지 못한다고 하지 않는 것처럼, 기계를 더 큰 유기체로 본다면 기계는 이미 다른 기계를 생산하고 있다. 그에 따르면, 기계는 기계적 번식자를 갖고 있다. "고등 기계는 두 부모라 아니라 다수의 부모에 의해" 태어났을 수도 있다. 바로 인간과 공작 기계(machine tool)의 혼성체이다. 그들은 계속 기계를 생산하는 부모들이다.

인간은 기계로 만들어진 존재

버틀러는 인간과 기계의 관계가 상호적이라는 점을 잘 알고 있었다. 기계는 단순히 인간의 도구가 아니다. 인간은 기계 덕분에 존재한다. 인간의 영혼조차 기계 덕분에 가능하다고 선언한다. 그만큼 기계에 대한 인간의 의존성은 결정적이다. 반대로 기계에게도 인간은 필수적 존재다. 버틀러에 따르면 기계는 번성하기 위해 인간을 선택했는지도 모른다.

> "인간의 영혼은 기계 덕분에 가능하다. 어찌 보면 인간은 기계로 만들어진 존재이기도 한다. 인간은 자신이 생각하는 대로 생각하고 느끼는 대로 느끼는데, 이는 기계가 인간에게 초과한 작업을 통해서이다. 기계와 인간은 서로에게 필수적인 존재이다. 이 사실 때문에 우리는 기계의 완전한 멸절을 제어하지 못하지만, 기계가 더욱 완벽하게 우리를 독재하지 못하게끔 우리에게 없어도 될 만큼은 기계를 파괴해야 한다고 주장한다."

그는 인간의 생명과 기계의 생명 간의 차이는 종류의 차이라기 보다 정도의 차이라고 생각했다. 그러나 기계가 동물에 비해서 취약점이 있다는 것도 잘 알고 있었다. 기계의 힘과 정확성은 자신의 고유 분야에서는 초인적이지만 딜레마에 직면하면 형편없어진다. 정상적인 활동을 할 수 없게 되면 분별력을 잃고 광란에 빠진 사람처럼 상태가 악화되기도 한다. 그런데도 일단 기계에 의존하게 된다면 문제가 발생하더라도 기계 사용을 철회할 수 없을 것이라고 지적했다.

> "숨 쉴 공기가 우리 동물의 삶에 필요하듯이 기계의 사용은 우리 문명에 필요하며 그 힘에 의해서 인구수가 늘어났다. 기계에게 영향을 미치고 기계를 만든 것이 인간이듯이, 인간에게 영향을 미치고 인간을 인간으로 만드는 것은 바로 기계다. 인간은 현재의 다양한 고통을 겪거나 아니면 점차 인간이 만들어낸 창조물에 의해 스스로 대체되는 것을 보는 두 가지 길 가운데 선택해야 하며, 그러다가 들짐승이 인간과 비교가 되지 않듯 인간도 기계와 비교가 되지 않을 때가 온다."

에레혼 사람들은 이러한 철학에 근거해서 수천 년 전 거의 모든 기계를 폐기했고 기계를 소유한 사람은 범죄자로 간주되었다. 주인공 힉스는 에레혼의 규칙에 잘 적응했지만 아로헤나와 함께 그 곳을 탈출한다. 힉스가 에레혼에 적응할 수 없었던 이유는 기계 결핍 때문이 아니었다. 힉스는 에레혼의 이상한 규칙조차도 모두 이해할만하다고 여겼다. 다만 에레혼의 전통 규칙 때문에 아로헤나와 결혼할 수 없었기 때문이었다.

인간과 기계와의 관계는 결정적인 것은 아니다. 기계의 무한한 진보가 필수적인 것도 아니다. 그 관계는 설정하기에 따라 다르게 진화할 수 있다. 어떤 형태이든 우리는 적응할 수 있다. 우리 사회와 극단적으로 다른 에레혼에서 힉스는 잘 적응했다. 이것이 버틀러가 〈에레혼〉을 통해서 보여주고자 한 것이 아닐까!

기계의 다양성(1), 기술 시스템

여러 사전적 용어 정의 그리고 버틀러의 지적처럼, 기계를 눈에 보이는 수준의 개별 단위로 한정할 수 없다. 대표적으로 전기전력 시스템과 포드시스템을 들 수 있다. 오늘날 인간사회는 자연환경이 아니라 이러한 시스템에 의해 구성된 인공환경 속에 있다. 토마스 휴즈(T. Hughes)는 이를 "기술 시스템(technological system)"이라고 정의했다.

이들 시스템은 규모에서도 거대할 뿐만 아니라, 우리 사회에 완전히 내재화되면서 '자연화'되었고, 비가시화되면서 관찰하기 어렵다. 전기전력 시스템처럼 거대 기술시스템은 기계가 앞으로 어떻게 진화할 것인지를 추론할 수 있게 해준다.

우선 전기와 전력 시스템 사례를 보자. 1879년, 에디슨은 기존의 전구를 개조하여 고저항 필라멘트 전구를 생산할 수 있었다. 그러나 여전히 상품이 되기에는 부족했다. 당시 각 가정에 전기가 제공되지 않았기 때문이다. 소비자가 전구를 구매하더라도 사용할 수 없었다. 에디슨회사는 전구를 판매하기 위해서 발전소를 세우고 전선을 깔아서 각 가정에 전기를 배전했다.

당시 에디슨은 발전기와 송전선뿐만 아니라 전기기구 제조업체나 전력회사와 같은 조직적 형태까지도 발명했다. 당시 사람들은 한 번도 사용해 본 적이 없는 전구를 사용할 동기가 없었다. "전구는 가스등보다 안전하고 깨끗하다!" 에디슨회사는 전구를 팔기 위해서 전기에 대한 사회적 이미지도 변화시켜야 했다.

기술 시스템의 구성 요소들은 상호작용하기 때문에, 각 구성 요소의 특성은 시스템 전체 맥락 안에서 파악해야만 제대로 파악할 수 있다. 전기 전력 시스템의 관리구조나 조직 형태는 시스템 내부에서 기능하는 기술적 특성에 영향을 받는다. 반대로 기술 시스템의 관리자들은 기술적 요소를 선택할 때 종종 관리구조나 조직 형태에 조응하는지를 고려한다. 예를 들면 전력회사의 관리구조는 발전소가 시스템 내부에서 차지하는 경제적 역할을 반영하며, 발전소는 기업의 관리구조에 적합한 방식으로 설계된다. 또한, 기업에서의 기술적 하드웨어의 구조는 기업의 사업전략과 상호작용한다. 하나의 인공물이 사회적으로 수용되기까지는 시스템 수준의 진화가 필요했다.

1910년 이후 전기전력 시스템은 미국 사회에서 제거할 수 없는 기술이 되었고 빠르게 다른 곳으로 확산되었다. 오늘날 전력 전송이 중단되는 블랙아웃((Blackout)은 자연 재난에 버금가는 위험 상황으로 간주한다. 전기전력 시스템이 우리의 일상과 분리할 수 없는 정도로 얽혀있음을 상징한다. 우리는 '전기-인간'이 되었다.

기계의 다양성(2), 포드 시스템

20세기 초, 미국은 헨리 포드(H. Ford) 주도로 자동차 대량생산-대량소비 시대를 열었다. 1914년 포드자동차회사는 하이랜드 파크 공장을 세우고 T 모델 자동차를 연간 25만대 생산했다. 이 생산량은 당시 미국에 있던 다른 모든 자동차 회사(299개)가 생산한 자동차 숫자와 거의 맞먹는 것이었다. 당시 포드사의 노동자 수는 13,000명이었고 나머지 자동차 회사의 노동자 총수는 약 66,000명이었다. 노동자 수는 5분의 1이었지만 생산량은 유사했다. 그렇게 포드시스템은 엄청난 생산성을 달성하고 있었다.

처음에 포드사는 자동차 가격을 낮추어서 평범한 노동자도 자동차를 구매할 수 있는 판매가를 목표로 삼았다. 이를 위해서 포드사는 숙련공들에 의해서 자동차를 완성하는 수작업 생산에서 자동 생산으로 전환하고자 계획했다. 이때 컨베이어 체제가 시작되었다. 포드의 노동자들은 이제 움직일 필요가 없이 제자리에서 컨베이어 시스템에 의해 전달되어 온 자동차를 조립하기만 하면 되었다. 노동자들은 정해진 조립 구간 내 작업만 반복적으로 수행했기 때문에 시간과 노력을 절약할 수 있었다. 그리고 이 단순 조립 작업 체제를 지원하기 위해서 자동차는 '교환가능한 부품(interchangeable parts)' 단위로 생산되어야 했다.

포드사의 노동자는 숙련 기술이 없어도 취업할 수 있었다. 다시 말해서 포드사에서 노동을 지속하더라도 숙련자가 될 수는 없었다. 포드시스템은 노동자의 '숙련을 제거하는 메커니즘'이었다. 포드의 노동자들은 그 상황이 견디기 힘들었던 것으로 보인다. 그들은 다른 회사에 비해 이직이 잦았다.

포드는 노동자의 이직을 관리하기 위해 노동자에게 파격적인 대우를 약속해야 했다. 동시에 포드사는 노동자를 관리하기 위한 노무 조직을 창설했다. 포드사는 결혼이나 가정생활 같은 노동자의 일상에까지 개입했다. 노동을 단순화하고 기계로 대체하려고 했지만 단순 노동자의 이직은 공장안정성을 무너뜨릴 수 있었다. 이것은 역설적으로 노동자는 단순한 일만 하더라도 필수적인 존재라는 암시를 던진다.

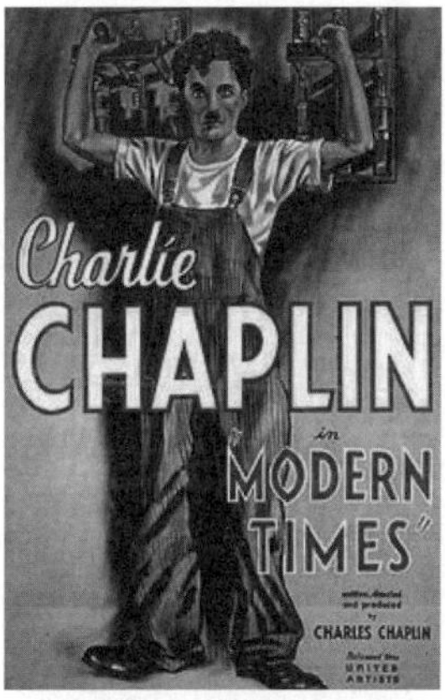

◀ **그림 5** 찰리 채플린(Charles Chaplin)은 영화 〈모던 타임스(Modern Times, 1936)〉에서 포드시스템의 비인간적 노동 관리를 고발했다.

포드시스템은 생산성 혁신으로 환영받았지만 동시에 사회문화적으로도 큰 충격을 주었다. 찰리 채플린(Charles Chaplin)은 영화 〈모던 타임스(Modern Times, 1936)〉에서 포드시스템의 비인간적 노동 관리를 고발했다. 실제로 포드시스템 내에서 오랫동안 단순노동만 할 경우, 노동자는 정신질환을 앓을 가능성이 컸다. 올더스 헉슬리(Aldous Leonard

Huxley)는 소설 〈멋진 신세계(Brave New World, 1932)〉에서 과학기술로 통제되는 사회, 포드를 신처럼 추앙하는 미래 디스토피아를 그려냈다. 포드시스템이 가장 이상적인 모델로 인식되면서 빠르게 확장되었지만, 문화예술가들은 문제가 있다는 것을 감지했다.

기계의 다양성(3), 관료 조직

버틀러의 말처럼 기계는 단순한 외형에 머물지 않을지도 모른다. 우리는 기계의 범주를 더 넓게 설정할 수 있다. 여러 학자들은 국가 또는 관료조직도 기계의 일종이라고 규정한다. 19세기 독일 사회학자 막스 베버(M. Weber)는 근대 관료제를 분석한 것으로 유명하다. 그는 관료제의 조직 개념을 기계처럼 다루었다. 관료제적 조직의 이득은 공정과 효율이다.

> "관료제는 다수의 "사무실들"로 구성되어 있다… 각 사무실의 임무, 권위 그리고 의무는 정규적이고 안정적이고 엄밀한 방식 안에서 형식적 규칙에 의해 할당된다. …… 순수한 관료제의 가장 중요한 특질 중 하나는 ………그 사무실의 업무가 개인적 숙고와 관계없이 적용되는 규칙에 따른다는 것이다. 관료는 유사한 사례에 대하여 유사한 처방을 하는 것으로, "형식적 비인격성(formalistic impersonality)"을 취할 것으로 기대된다."

한편 산업사회학과 조직사회학 연구자들은 관료조직을 기계에 비유해서는 안된다고 주장한다. 관료조직을 운영하는 사람들의 권위에 대한 복종 또는 상호적 존경과 같은 현상은 기계의 특성과 모순적이기 때문이다. 그러나 관료조직이 적어도 비인격성을 특징으로 하며, 의사결정을 표준화하고 자동화하려는 경향이 있다는 점은 분명해 보인다.

미셸 푸코(M. Foucault)도 근대 권력의 자동성을 자세히 설명한 바 있다. 자동성이란 기계성을 의미한다. 근대 권력은 중세 권력에 비해서 물리력을 덜 사용하고도 더 효율적으로 그리고 자동적으로 작동하는 권력을 만들어냈다. 이에 관해서는 푸코의 책 〈감시와 처벌〉에 등장하는 '파놉티콘(Panopticon)'을 참조할 수 있다.

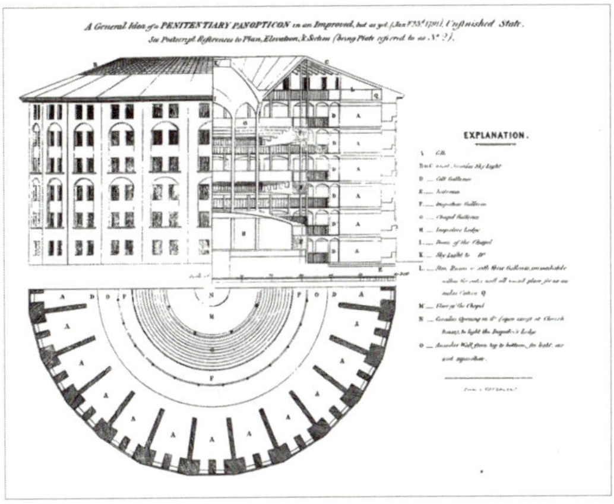

◀ **그림 6** 18세기 제러미 벤담이 설계했던 파놉티콘. 외형은 건축물이지만, 그 기능적 목적은 인간이 규율을 내장하여 자발적으로 순종하도록 만드는 것이다.

파놉티콘의 외형은 건축물이지만, 그 기능적 목적은 인간이 규율을 내장하여 자발적으로 순종하도록 만드는 것이다. 그래서 푸코는 이것을 '권력의 기술(technologies of power)'이라고 명명했다. 근대 사회는 파놉티콘처럼 자동으로 작동하는 권력 장치(apparatus of power)를 배치함으로써 성공할 수 있었다. 근대 권력은 인간사회에 질서를 부여하는 자동 형식을 발명함으로써 달성된 정치 체제다[5.2장 참조]. 이 기계는 단순한 도구에 머물지 않고 우리 삶의 준거틀이 되었다.

인간과 기계의 상호성, 윤리

인간의 이성 개념과 기계의 정의는 서로를 필요로 한다. 그렇다면 인간과 기계는 자신을 이해하기 위해서 서로를 필요로 한다는 의미일 것이다. 포드시스템과 파놉티콘과 같은 다양한 기계 시스템이 우리의 삶과 긴밀히 결합하며 우리 존재를 형성해왔다. 인간과 기계는 서로를 만들고 있고 서로와 결합하면서 변이하고 있다.

기계와 사람에 이르기까지, 모든 것이 질서 형식을 부여할 가능성, 즉 질서 가능성(orderability)이 있는지를 기준으로 재배치되고 있다. 어떤 것은 질서를 부여하기 수월하지만, 그렇지 못한 것도 있다. 질서 형식을 부여할 수 없다면 그것은 무시될 수 있다. 즉, 존재하지 않는 것으로 취급된다. 대신 질서 가능성이 있다면 선택되고 지표가 된다. 질서가 부여된 것들은 무시된 것들의 빈틈까지 대신하게 되어 결과적으로 과도하게 대표된다. 이것이 기술의 윤리 문제를 불러일으킨다.

[참고문헌]

새뮤얼 버틀러 2018. 〈에레혼〉, 한은경 옮김, 김영사출판.

Collins, H. M. & Martin, K., 1998. *The Shape of Actions: What Humans and Machines Can Do*, The MIT Press, Cambridge MA.

Heidegger, M. 1962[1977]. *The Question Concerning Technology and Other Essays*, William Lovitt(trans.), Harper & Row, New York.

Hughes, T. P., 1983. *Networks of Power: Electrification in Western Society, 1880–1930*, The Johns Hopkins University Press, Baltimore and London.

Serpa, S. & Ferreira, C. M. 2019. "The Concept of Bureaucracy by Max Weber", *International Journal of Social Science Studies*, 7(2): 12–18.

2.2 자동인형 이야기

오토마타(Automata)는 스스로 작동하는 기계 일반을 지칭하는데, '그 자체의 행동(acting of itself)'이라는 의미의 그리스어 "오토마토스(Automatos)"에서 유래한 것이다. 우리말에서는 일반적으로 '자동기계' 또는 '자동인형'이라고 번역할 수 있다. 단어의 역사만큼이나 자동인형에 대한 판타지는 아주 오래전부터 세계 곳곳에서 발견된다.

고대의 오토마타

가장 빠른 기록으로는 기원전 3세기 중국 주나라 기술자가 움직이는 인형을 제작하여 왕에게 받쳤다는 기록이 있다. 조셉 니덤(J. Needham)의 책 〈중국의 과학과 문명〉은 고대 중국에 기계 장난감이 많았다고 전하고 있다. 비행 기계, 기계로 된 새와 물고기, 자동 술잔 운반기와 술 따르는 장치도 있었다. 이것은 모두 연회에서 왕을 기쁘게 만들고자 만들어진 것이다.

프랑스 이집트학자 마스페로(Gaston Maspero)는 이집트인들이 신을 형상화한 "말하는 조각상"을 가지고 있었다고 전한다. 그 조각상은 질문에 응답했고 때때로 긴 연설을 했다고 한다. 테베의 아문 신전에 있는 한 조각상은 팔을 들어 왕실의 남성 중에서 다음 파라오를 선택했다. 사제들은 신의 영혼이 조각상에 깃든다고 굳게 믿고 목소리와 움직임을 만들어내도록 지도했다고 한다. 당시 이집트인은 밧줄과 도르래 시스템을 기반으로 한 자동기계를 개발할 만큼 역학에 대한 충분한 지식을 가지고 있었다. 이들의 지식은 그리스 문화로 전해졌다.

13세기 이슬람의 이스마일 알자자리(Ismail ibn al-Jazari)는 발명가이며 기계 공학자였고, 예술가이면서 수학자였다. 그는 '로봇 공학의 아버지' 또는 '현대 공학의 아버지'라고 불린다. 그는 독창적인 기계 장치를 개발했고 그에 대한 지식을 책으로 남겼다. 그의 '공학적 기교 지식에 관한 책'(아랍어 : كتاب في معرفة الحيل الهندسية , 로마자 표기: Kitab fi ma'rifat al-hiyal al-handasiya, lit, 1206년)에는 50개의 기계 장치를 구성하는 방법과 제작 지침이 들어있다. 코끼리 시계는 그의 대표적 작품이다.

◀ **그림 1** 13세기 이스마일 알자자리가 발명한 가장 유명한 기계: 코끼리 시계. 그는 '로봇 공학의 아버지' 또는 '현대 공학의 아버지'로 불리고 있다. (그림 자료: Wikipedia)

알자자리는 기계의 주요 메커니즘, 구성 요소, 아이디어, 방법과 설계 기능 측면에서 큰 진전을 이루어냈다. 대표적으로 캠축(cam shaft)을 개발했고 이것을 오토마타, 물시계, 수차 등에 사용했다. 그 외에도 크랭크 메커니즘을 현대화했다. 3세기부터 9세기까지 몇몇 원형적 크랭크 메커니즘이 있었는데 그는 이를 통합하여 크랭크축과 크랭크-슬라이더 메커니즘을 발명했다. 알자자리의 크랭크축은 연속적인 회전 운동을 선형 왕복 운동으로 변환했는데, 증기 엔진, 내연 기관, 자동 제어와 같은 현대 기계의 중심이 되었다.

이슬람의 기계공학은 14세기 유럽에 수입되었다. 역사학자 트루이트(E. R. Truitt)는 라틴 중세를 거치면서 '시대착오적으로' 보이는 기계 예술들이 성행했다고 전했다. 시대착오적이라는 표현은 당시 기술 역량으로는 궁극적으로 달성할 수 없었다는 의미이다. 예를 들어서 음악 분수, 로봇 하인, 기계 동물과 노래하는 기계 새 등이 있다. 이러한 오토마타는 외국의 통치자들이 중세 유럽에 선물로 주거나, 여행자들에 의해 문서로 전해졌다. 트루이트의 지적은 초기 오토마타가 실용적 목적으로 등장한 것이 아니라는 함축이다. 오토마타는 사람들의 상상을 구현했기 때문에 사람들을 끌어들였다.

중세의 오토마타

오토마타는 아시아와 유럽 모두에서 흥미진진한 공예품이었다. 일본에는 카라쿠리(Karakuri)라는 자동인형이 있는데, 17세기 중반에도 시대부터 만들어지기 시작했다. 카라쿠리 인형은 주로 태엽과 톱니바퀴로 작동되는데, 중국의 지남차와 물시계 제작 기술의 영향을 받아 '움직이는 인형'으로 진화한 것이다.

◀ **그림 2** 수압, 중력, 기압과 같은 요소들로 작용하는 카라쿠리 기계 인형을 최초로 제작한 히사시게 다나카(Hisashige Tanaka)는 '사카즈키다이'(작은 소년 모양의 컵 받침대)와 같은 걸작으로 잘 알려져 있다. (그림자료: 도시바 과학박물관)

과학사회학자 쉐퍼(S. Schaffer)에 따르면 유럽의 자동인형은 중세도시의 시계장치와 관련이 있다. 시계장치 내부의 톱니바퀴와 캠 장치들이 자동인형의 내부 장치로 전환되었다. 이들 기계의 자동성은 단순한 도구나 장난감의 기능에 그치지 않고 사회적 영향력을 발휘하기 시작했다. 시계장치는 16세기 중세 도시 국가에서 탄생했다. 도시는 자연으로부터 멀어진 공간이다. 농촌의 삶은 자연의 시간성에 부응하여 일상을 영위하지만, 도시는 이제 그럴 수 없게 되었다. 도시의 공간에 자연을 대신하는 역할을 '누군가' 해야 했다.

"도시에는 폭발적 긴장이 늘 존재했다. 중세에는 도시의 공기가 사람들을 자유롭게 해준다고들 했다. 이것이 도시에는 큰 문제를 낳았다. 마스터와 도제, 상인과 점원들의 이해관계가 대립했다. 도시는 역병과 화재에 취약했고 사회적 갈등이 만연했다. 목표는 도시를 훌륭한 질서와 이상적 정부의 장소로 바꿔놓을 수 있는 기법을 찾는 것이었다. 시계장치가 해법을 제공해주었다. 종소리는 도시 전체에 퍼져나가 이질적인 집단을 하나로 묶어 주었고 자연에서 완전히 동떨어진 세계에 규칙성을 제공해주었다. 도시들은 이내 화려한 시계를 만들어 자신들의 힘을 과시하기 시작했고 이 시계에 초기의 자동인형들이 자리를 잡게 됐다." (BBC 다큐멘터리 〈Mechanical Marvels Clockwork Dreams〉 중에서)

시계장치는 자연의 항상성을 모방한 것이었다. 당시 시계장치는 도시의 중앙에 배치된 공공 구조물이었고, 그 리듬과 왕복 운동은 도시의 시간 체계를 움직이는 근간이 되었다. 시민들은 시계 소리에 맞추어 일을 시작했고 약속을 지켜야 했다. 시계장치는 자연의 자리를 대체했고 새로운 도시 질서와 도덕을 형성했다. 이제 시간을 지키는 사람은 성실한 사람으로 그 반대는 믿을만하지 못한 사람으로 평가되었다. 그렇게 근대 사회에서 시간 개념은 시민의 자격으로 체화되었다. 이것이 최초의 공식적 오토마타였던 시계장치의 존재 의미이자 힘이었다. 도시는 시계와 함께 자동화될 수 있었다.

기계 극장, 귀족의 도시 모델

유럽에서 다양한 자동인형들이 만들어졌는데, 상당 기간 귀족들의 향유물이었다. 18세기에 유럽의 작업장에서 장인들은 시계의 부품들을 소형화하는 창의적 방식을 발전시켰다. 소형화된 부품 덕택에 자동인형은 새로운 종류의 운동을 모사할 수 있었고 심지어 복잡하고 자연스러운 소리도 재현할 수 있었다. 자동인형은 궁전과 우아한 정원에 전시되었다. 당시 자동인형 장인들의 보수는 형편없이 낮았지만, 창의적이고 숙련된 작업으로 자동인형을 발전시켰다.

가장 귀족적인 자동인형의 대표적인 사례는 1740년대에 오스트리아의 부유하고 번창하는 도시, 잘츠부르크 헬브룬 궁전 내에 만들어진 기계 극장(Mechanical theatre at Schloss Hellbrunn)이었다. 이 기계 극장은 뉘렌베르크 기술자 로렌츠 로저네거(Lorenz Rosenegger)가 제작했는데, 그는 암염 광부이면서 급진주의자였다. 그는 무장 경비원의 감시하에 이 기계 극장을 제작했다고 전해진다. 쉐퍼(S. Schaffer)는 이 기계 장치에 대해서 엄청나게 부유한 궁정 사회를 위해 오락거리로 만들어진 기계지만 "그것의 기계적 창의성, 정교하게 형상화된 외관, 그것의 영혼 그 자체는 가난한 장인 기술자들에게서 나왔다"고 강조했다.

◀ **그림 3** 오스트리아 잘츠부르크 헬브룬 궁전 안 기계 극장. (그림자료: Reilly, 2011)

이 기계 장치는 빵 굽는 사람, 맥주 만드는 사람, 옹기장이, 석공 등을 묘사한 200여 개의 인형들로 구성되어 있다. 이 장치의 무대 아래에서 수력으로 수차를 돌리고 기어를 통해서 인형들을 구동하는 방식이다. 톱니바퀴와 걸쇠 같은 기계 부품들은 마치 오늘날 소프트웨어 프로그램처럼, 개별 인형이 정해진 간격으로 특정 행동을 하도록 연결되어 있다. 우아한 모습의 귀족 인형은 거의 움직이지 않고 전체 광경을 내려다보는 자리에 서 있고, 그 외 인형들은 위계질서 안에서 자기 역할에 순종하는 모습으로 구현되어 있다.

이 기계 극장은 당시 귀족의 관점에서 본 '이상적인 도시', '정당한 사회', '유토피아 사회'를 표현하고 있다. 16세기 도시의 시계탑이 도시의 질서를 유지하는 장치였던 것처럼, 헬브룬 궁전의 기계 극장은 규범적 교육 기능을 수행하도록 의도된 것이었다. 기계 극장에서 보듯이, 기계는 단순한 도구가 아니라 정치적이고 이데올로기적 매개체로 기능할 수 있고, 또 그런 기능을 위해 적극적으로 배치되어 왔다.

오토마타, 대중문화와 대중 정치

중세 기계인형, 즉 오토마타(automata)는 이국적 지식과 문화적 전환을 내장하고 있었다. 그러나 그런 기원과 점차 분리되며 라틴 기독교 문화 전통 속으로 흡수되었다. 라틴 기독교 서구사회 사람들은 오토마타가 비록 마법적이고 악마적 암시가 있더라도, 자신들이 이를 잘 구현할 수 있다고 믿었고 다양한 차원에서 더 적극적으로 해석하기 시작했다. 그들은 오토마타의 다양한 종류와 기능을 새롭게 정의하고 탐험하며 자연 세계에 대한 복합적인 관념을 체화해갔다. 오토마타는 지적 노동과 장인 노동의 생산물이었고, 악마의 힘, 우주의 운동, 자연 실체의 비밀스러운 힘 그리고 기계 기술의 힘을 강화하는 동력이었다. 사실 오토마타는 예술과 자연을 연결하는 문제였다.

오토마타가 점차 일반 대중에게 공개되면서 장인 중 일부는 대중적으로 인기를 얻기 시작했다. 피에르 자케-드로즈(Pierre Jacquet-Droz, 1721-1790)는 소년의 모습으로 서판 위에 글을 쓰는 "작가(The Writer)" 인형의 제작자로 유명하다. 이 인형은 당시 유럽에서 크게 유행했었다. 자케 드로즈는 스위스 고급 시계 제작자였고 지금도 시계 브랜드로 남아 있다. 자케 드로즈는 시계장치와 자동인형의 강한 연관성을 보여준다. 그의 오토마타는 예술과 공학의 걸작들이었다.

그림 4 "작가(The Writer)" 인형이 글을 쓰는 모습: 자케-드로즈 전시회 포스터(2012) (자료: masterhorologer.com)

자동인형 기술의 성공은 캠(cam)이라고 불리는 원형 장치 때문에 가능했다. 캠의 장점은 융통성이다. 기계가 해야 하는 어떤 일이라도 캠의 울퉁불퉁한 표면에 새겨 넣을 수 있다. 캠의 표면을 캠 공이가 읽어 들이면, 캠의 원운동이 상하 운동 또는 전후 운동으로 전환된다. 캠 장치는 일종의 기계적 기억장치이다. 캠과 캠 공이의 관계는 레코드판과 레코드 바늘침이 상호작용하는 기능적 관계와 같다. 캠의 표면이 정교할수록 더 복잡한 운동을 저장할 수 있다. 이러한 운동은 다양하게 응용될 수 있다.

자케-드로즈의 글쓰는 인형 안에는 이런 캠이 여러 겹으로 배열되어 있다. 여러 개의 캠이 움직이면 캠 공이가 캠 가장자리를 읽어 들여 인형의 손 움직임으로 번역된다. 자케-드로즈는 캠 장치를 통해서 인간의 글쓰기 행동을 역설계했던 것이다. 더 나아가 인형 내부의 제어 바퀴는 낱개의 문자들로 구성되어 있는데 각 문자는 제거, 교체, 재배열이 가능했다. 원칙적으로 어떤 단어, 어떤 문장도 쓸 수 있었다. 이 인형은 프로그램이 가능한 컴퓨터의 먼 조상이다.

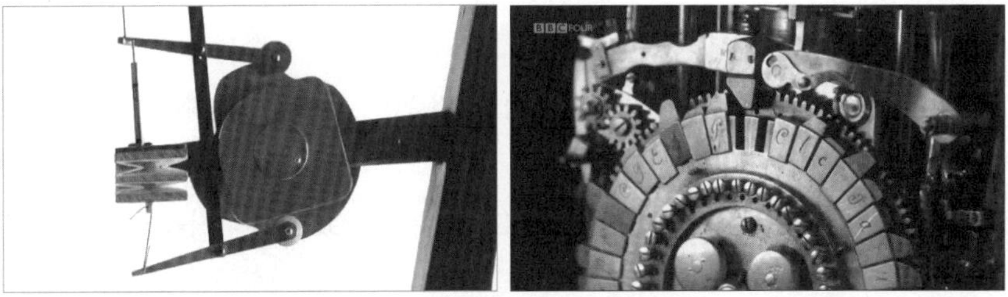

▲ **그림 5** 자동인형 캠 장치 모형(왼쪽), 오른쪽은 "작가(the Writer)" 인형의 내부 (그림자료: BBC 다큐멘터리, 〈Mechanical Marvels, Clockwork Dreams〉)

프랑스혁명 이후, 자동인형은 전 지구적인 무역 거래에서 인기 상품이 되었다. 18세기 유럽에서 자동인형 붐이 일어났다. 자동인형 제작자는 유명인이 되었다. 조셉 멀린(John Joseph Merlin, 1735-1803)이 대표적 인물이다. 그의 백조 인형(Silver Swan)은 너무 아름다워서 숭배자들이 있을 정도였다. 백조는 물고기를 잡는 행동을 정확하게 수행했고 시계 제조공의 기술과 보석 세공사의 숙련을 결합한 걸작이었다.

한편 당시 자동인형은 왕과 귀족들을 즐겁게 해주는 기능을 넘어서, 사람들에게 도덕적 교훈을 가르쳤으며, 심오한 철학적 문제를 제기하거나 혁명을 부추기기도 했다. 자동인형이 대중적 향유물이 되면서, 자동인형과 그 자동인형이 모방했던 귀족을 연관 지어 언급하는 것도 가능해졌다. 급진주의자, 공화주의자, 혁명가들은 그런 유사성을 잘 이용했다. 1770년대에 귀족정치를 공격하려 쓰인 소설에서 귀족을 레이스로 뒤덮인 영혼 없는 몸뚱이로 묘사했다. 귀족은 마치 인간처럼 보이지만 실은 자동인형이라는 것이다. 진보주의자들은 군주정을 일종의 자동기계라고 묘사하기도 했다. 그렇게 묘사하자 기계를 파괴하는 것이 가능하듯이 군주정을 파괴하는 것도 가능하다는 생각이 확산할 수 있었다.

기계주의 철학

자동인형 제작자 중 일부는 생명체를 그대로 모사하려고 시도했다. 프랑스 천재적인 공학자이며 발명가였던 자크 드 보캉송(Jacques de Vaucanson, 1709-1782)은 당대의 가장 아름답고 복잡한 기계장치들을 만들었다. 그는 최초로 완벽한 자동 직조기계를 창안했을 뿐만 아니라, 세계 최초로 진짜 로봇을 창조한 사람이라는 평가받는다.

보캉송은 인간과 기계 사이에 아무런 차이도 없다고 확신했다. 이것은 르네 데카르트(René Descartes) 이후 등장했던 기계주의(mechanism)라는 사상적 흐름에 부합하는 것이었다. 데카르트는 인간의 신체는 기계와 같다고 생각했다. 보캉송은 해부학 강의를 열심히 들었고 몸이 동작하는 방식을 상세히 연구했다. 보캉송의 태도는 17-8세기 당시 인간의 몸에 대한 새로운 사고방식에서 나온 것이다.

기계주의는 생물을 기계로 해석하는 것에서 더 나아가 실제로 기계 장치를 이용해서 생물을 모방하는 오토마타를 제작하는 열광적 문화를 낳았다. 자연철학자들은 모든 살아있는 것, 심지어 인간도 기계로 볼 수 있다고 주장했다. 보캉송은 인간의 몸이 작동하는 방식이 그 본질에 있어 '자동적(autonomous)'이라고 생각하기 시작했다. 갑자기 벼랑을 만났을 때, 몸이 깜짝 놀라 뒤로 물러서지 않는가?, 주먹이 날아올 때 눈이 저절로 감기지 않는가?, 허파는 마치 풀무처럼 자동으로 계속 작동하지 않는가? 이런 관찰 결과, 보캉송은 생명 그 자체를 모사하는 기계를 만들 수 있다고 생각했다. 만약 인간의 행위가 기계적이라면 그 행위를 그대로 복제하는 것도 가능할 것이다!

◀ **그림 6** 18세기 오토마타 제작자였던 보캉송의 "드럼 치는 사람", "오리", "플루트 연주자" 스케치. 실물은 남아 있지 않다. (그림자료: Wikipedia)

보캉송은 "플루트 연주자(The Flautist)"를 제작할 때, 진짜 피부를 구해서 인형의 표면에 입힐 만큼, 인간에 대한 복제가능성에 몰입했다. 보캉송의 인형은 공학과 예술적 수완 그리고 해부학적 연구의 결합이었다. 그의 인형은 유럽에서 대성공했다. 아쉽지만 지금은 남아 있는 것이 없다. 보캉송의 작업은 수많은 기술적 혁신을 불러일으켰다. 기계인형은 당시 사람들을 자극했고, "완전한 기계와 생명체 사이에 정말 차이가 있는가?"라는 철학적 질문을 던졌다. 이 질문은 지금도 여전히 유효하다.

체스 두는 오토마타, 기계가 되려는 인간

18세기 후반, 자동인형에 대한 거대한 애호가층이 형성되고 시장이 커지면서 제작자들은 대중을 열광시킬 좀 더 창의적인 것을 만들고자 했다. 1769년 궁정 발명 가 볼프강 폰 켐펠렌(Wolfgang von Kempelen)은 합스부르크의 마리아 테레지아 여왕 (Habsburg Empress Maria Theresia)을 위해서 체스를 두는 인형 "투르크(The Turk)"를 제작했다.

◀ **그림 7** 볼프강 폰 켐펠렌이 오스트리아 여왕을 위해 제작한 체스두는 인형, 투르크(the Turk). 투르크는 훌륭한 체스 선수였지만, 상자 안에 사람이 들어가 인형을 조작했다는 것이 나중에 밝혀진다. 그러나 이 인형의 존재는 거짓이었다는 사실보다 더 중요한 의미를 제시했다. (그림자료: Wikipedia)

이 기계 장치가 1784년 독일 라이프치히의 성 마가엘 축일 박람회에 처음 등장했을 때의 모습은 다음과 같다.

> "관람객들이 어두운 방에 들어가면 커다란 캐비닛이 놓여 있었고 그 뒤편에 터키담배 파이프를 들고 앉아 있는 실물 크기 인형이 있다. 캐비닛 위에 나사로 고정된 체스판이 있는데, 터키 인형의 시선은 체스판을 응시하고 있다. 연출자는 캐비닛의 앞과 뒤를 열어서 복잡한 기어 바퀴, 축, 도르래의 배열을 보여준다. 그리고 캐비닛에 촛불을 비추어서 숨긴 것이 없다는 것을 관람객에게 보여주었다."

이 자동인형은 유럽을 순회하면서 가는 곳마다 승리를 거뒀다. 이 인형은 엔지니어링, 기계 메커니즘, 설계의 가능성이 얼마나 무궁무진한지를 보여주었다. 이 기계는 단순한 오락을 넘어선 사회 현상을 불러냈다. 당시 투르크 인형은 박람회와 극장의 중요한 끌개였다. 자동인형은 매혹적인 상품이 되고, 그 의미는 시장을 형성했고 그 가치는 상업적인 것으로 전환되었다. 이제 자동인형은 단순한 사회적 질서를 은유하는 것에 머물지 않았고, 상업적 욕망을 포함하는 제조 경제와 상업적 시스템을 주도하기 시작했다.

1820년대 어느 순간 마침내 투르크 인형의 비밀이 폭로됐다. 이 장치의 내부에 전문 체스 선수였던 난쟁이가 앉아서 인형의 팔을 조종할 수 있었다. 이것은 자동인형이 아니라 실은 멋지게 배치된 장치였다. 사람은 기계로 가장하고 기계는 사람으로 가장한 것이었다. 이전까지는 기계가 인간을 모방하는 방향만 존재했었다면, 투르크 인형에서는 인간이 기계를 모방하는 새로운 방향이 생성된 것이다. 이제 인간은 기계가 되고 싶어 했다. 인간과 기계의 경계가 무너지고 있었다.

근대화와 계몽의 대리인, 오토마타

18세기 자동인형은 산업과 작업장 관리체계를 변화시키고, 계몽 공학(Enlightenment engineering)이라는 개입주의 프로젝트를 불러왔다. 우선, 투르크 인형은 여러 기계공학과 상호적 영향을 주고받았다. 특히 투르크 인형은 제조 시스템 설립에 영향을 주었다. 과학사회학자 쉐퍼는 이 인형이 직조기계의 개량에 직접 영감을 주었다고 지적한다. 1780년대 중반 직물 산업을 경영하던 사람들은 생각했다: "기계가 체스를 둘 수 있다면 옷감을 직조하는 일도 할 수 있지 않을까?" 실제로 역직기의 북을 좌우로 보내는 회전 팔은 투르크 인형의 팔 동작과 유사해 보인다.

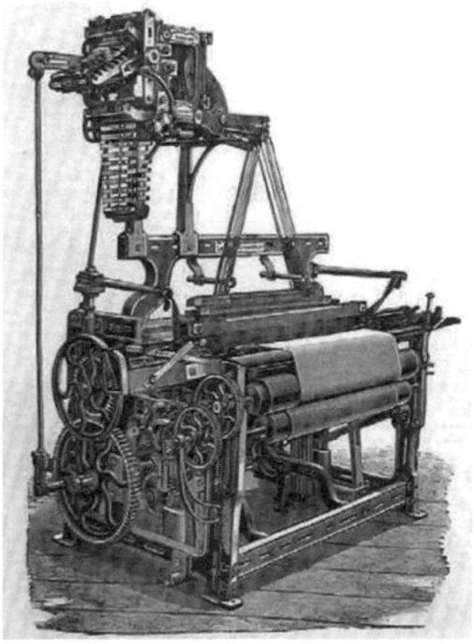

◀ **그림 8** 역직기는 지속적으로 자동화되었다. 과학사회학자 쉐퍼는 투르크 인형의 팔 동작이 역직기의 자동화에 영감을 주었다고 주장했다. (그림자료: Wikipedia)

기계를 닮으려는 인간의 경향은 투르크 인형에서만 일어난 일회적 사건이 아니라, 당시 사회 전반에 걸쳐서 일어난 계몽사상과 관련이 있다. 계몽은 18세기 유럽 세계를 지배했던 지적 운동이다. 칸트에 따르면 '계몽(enlightenment)'은 인간 의식이 미성숙한 무지의 상태에서 해방되는 인류 최종 단계를 말한다. 대표적인 계몽의 강령은 "과감하게 알려고 하라"이다. 계몽운동을 확산시키기 위한 대표적인 활동으로 백과사전(Encyclopaedia, 1751-72) 출판이 있다. 세상의 모든 지식을 기술할 수 있는 백과사전을 만들 수 있다면 모든 사람이 무지에서 벗어날 수 있을 것이었다. 백과사전은 지식을 기계화하려는 시도였다.

또한, 근대의 군대 체계는 기계를 모방하는 인간을 '생산'했다. 계몽주의 시기 프로이센 군사 규율은 유럽 군대에 영향을 주었는데, '물질적 훈련(material exercise)'이라는 최소한 6년의 기초 훈련을 받아야 했다. 병사들은 잠재적으로 장교의 속성을 가지지만 때로 무책임한 군중이기도 하다. 그들에 대한 훈련은 기계적 반복을 포함하는데, 이것은 개인의 의도(individual willfulness)를 규율에 종속시킬 수 있도록 만드는 과정이다. 표준적 보폭, 음악적 리듬, 장착과 발사 같은 '행동의 분해(decompositions of actions)'는 자동 시스템(군대)의 근간이다. 분해된 행동은 필요에 따라서 다시 조합·편집될 수 있다.

프랑스 군사 프로그램도 병사들을 자동인형처럼 다루었다. 역설적으로 인간이 자동인형처럼 되려면 상당한 정도의 교육 훈련을 받아야만 했다. 기계처럼 행동하는 관료(전문가)로 등용되려면 상당한 정도의 교육을 받아야 하고 그런 자격을 검증받아야 한다. 기계를 모방하려는 인간의 시도는 합리성과 예측가능성, 통제성을 구현하려는 근대적 이념을 포함했다. 레일리(K. Reilly)는 '근대의 지식인들을 일종의 오토마타'라고 표현했다. 기계철학과 시계장치의 세계관은 18세기 유물론자들의 모든 사유 안으로 스며들었다.

철학적 존재가 된 오토마타

투르크 인형은 단순한 도구가 아니라 '기계의 환영(simulacrum of machine)'이었다. 이 인형은 속임수였지만, 지능, 기계, 은닉 사이의 관계를 대중적 관심 문제가 되도록 만들었다는 점에 더 주목해야 한다. 문화평론가이면서 철학자였던 발터 벤야민(Walter Benjamin)은 투르크 인형을 "철학적 상대방(philosophical counterpart)"이라고 정의했다. 존재론적 차원에서 이 인형에게 '인간의 타자(the Other)'로서의 지위를 부여한 것이다.

투르크 인형과 그 안에 앉아 있는 인간 조합은 데카르트의 '마음 이론(Theory of Mind)'처럼 몸(body)과 마음(mind) 조합을 상상하게 했다. 데카르트주의자들에 따르면, 우리의 마음은 내용물이고 몸은 그 내용물을 담고 있는 그릇 또는 껍질이었다. 투르크 인형은 이런 이원론적 몸-마음 모델(dual model)의 예시처럼 보였다. 투르크 인형 속의 난쟁이는 '신체 안에 갇혀있는 마음'을 상징했다. 그렇게 상상하는 순간 "기계속의 유령(ghost in the machine)"[10]은 '실재'하는 것이 되었다.

이 기계 장치는 한편으로는 당시 유럽 사회를 반영하고 다른 한편으로는 유럽 사회에 도전하는 '역사적으로 구성된 물질(historical material)'이었다. '인간이 들어있는 투르크'와 '계몽화된 근대인'은 서로 반전된 존재였다. 전자는 '기계 속의 인간'이라면 후자는 '인간 속의 기계(근대규율)'였다. 양자는 서로를 반영하는 타자였다. 양자는 서로를 거울처럼 반영하는 방식으로 서로의 존재를 확인할 수 있다. 근대 이후 인간과 기계는 서로를 닮아가면서 다양한 방식으로 서로 혼합되어 갔다. 시인 애드거 앨런 포우(Edgar Allan Poe) 는 시적 구성에 기계

10) 이 전문용어는 길버트 라일(Ryle, G.)의 책 〈마음의 개념(The Concept of Mind, 1949)〉에서 처음 창안한 것이다. 행동주의자이고 유물론자였던 라일은, 몸으로부터 마음 개념을 분리하고 마음의 지위를 더 중요하게 평가하는 데카르트의 이원론을 비판했다. 물리적 과정 안에서 비물리적인 과정이 발생한다는 데카르트의 주장은 신비주의라고 공격하면서, 그의 마음 개념에 대해서 '기계속의 유령 도그마'라고 명명했다.

적 원리를 적용했고, 찰스 배비지(Charles Babbage)는 지능의 기계화를 추구했고 현실에서도 구현하고자 시도했다[2.3장 참조].

[참고문헌]

Schaffer, Simon. 1999. "Enlightened Automata", *The Sciences in Enlightened Europe*, University of Chicago Press.

[BBC 다큐멘터리] Mechanical Marvels, Clockwork Dreams, written by Schaffer, S. directed by Stacey N. 2009.

Benjamin, Walter. 1969. "Theses on the Philosophy of History", *Illumiantions: Essays and Reflections*. trans. by Harry Zohn. Schocken Books: New York. 253-264.

Foucault, Michel. 2008. *The Birth of Biopolitics: Lecturesat the College de France, 1978-1979*, ed. by Michel Senellart; English series editor, Arnold I. Davidson; trans. by Graham Burchell, Picador.

Reilly, Kara, 2011. *Automata and Mimesis on the Stage of Theatre History*, Palgrave Macmillan.

Truitt, E. R. 2015. *Medieval Robots: Mechanism, Magic, Nature, and Art (The Middle Ages Series)*, University of Pennsylvania Press.

Lebling, Robert W. 2019. "Robots of Ages Past", https://www.aramcoworld.com/Articles/November-2019/Robots-of-Ages-Past [2022. 1. 3. 검색]

2.3 기계와 노동: 배비지의 기계, 마르크스의 기계

기계는 인간의 노동을 대체하는 것으로 인식되어 왔다. 인공지능도 인간의 지적 노동을 대체할 것으로 회자되고 있다. 정말 기계는 인간노동을 대체하고 있나? 그렇다면 인간은 언젠가 노동하지 않게 될 것인가? 기계가 수행한 작업도 '노동'이라고 정의할 수 있을까?

역사적으로 많은 사람이 이 질문을 했지만, 이 장에서는 특히 찰스 배비지(Charles Babbage, 1791-1871)와 칼 마르크스(Karl Marx, 1818-1883)의 이야기를 알아본다. 한 사람은 수학자이면서 발명가였고, 다른 사람은 정치경제학자이면서 철학자였다. 한 사람은 인간노동을 기계로 대체하려고 했고, 다른 한 사람은 기계가 인간노동을 대체할 수 없다는 점을 증명하고자 했다. 두 사람 모두 사회기술적으로 많은 영향을 주었다.

배비지의 기계

찰스 배비지(C. Babbage)와 에이다 러브레스(Ada Lovelace)는 흔히 "계산하는 엔진(calculating engines)"이라고 불리는 최초의 자동 컴퓨팅 시스템을 설계했다. 1812년 배비지는 오류 없는 수학표를 계산하고 인쇄할 수 있는 기계라는 아이디어를 내놓았다. 당시 항해표, 천문표 등은 산업활동에 중요한 요소였다. 항해에서 시간, 조류, 바람, 태양과 달의 위치, 해안선, 위도 계산은 핵심적이었다. 수작업으로 힘들게 만들어져야 해서 시간이 걸렸고 따라서 제때 정보를 제공하지 못했다. 때때로 부정확했기 때문에 선박 손실로 이어지기도 했다.

배비지의 엔진은 자동 직조기계인 자카드 베틀(1801년식)에서 영감을 얻었다. 그는 자카드 베틀이 자동으로 복잡한 그림을 직조하는 것을 보고, 수학표를 계산하고 인쇄할 수 있는 계산기를 상상했다. 1822년, 배비지는 "천문학 및 수학표의 계산에 기계의 적용에 관한 참고"라는 제목의 논문으로 왕립천문학회에 자신의 발명품을 발표했다. 간단한 기계로 해결할 수 있는 유한 차분 원리의 이름을 따서 '차분 엔진 1호'로 명명했다.

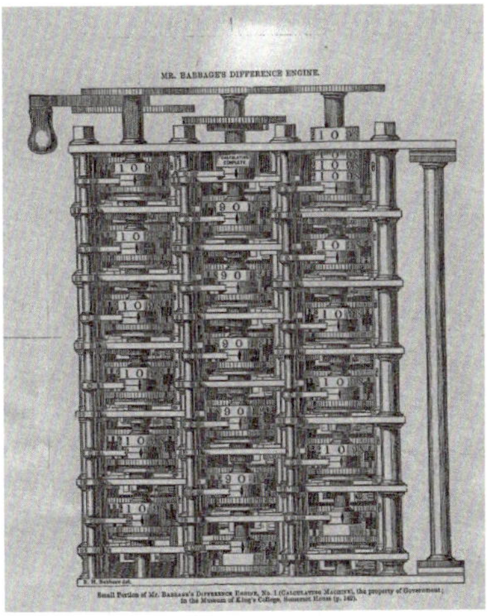

◀ **그림 1** 배비지가 설계한 차분 엔진. 당시 설계했지만 제작하는 데는 실패했다. 최초의 완전한 배비지 엔진은 2002년 완성되었다. 8,000개의 부품으로 구성된 그 엔진은 길이가 약 3.3 미터, 무게가 5t에 달했다. (그림자료: computerhistory.org)

배비지의 디자인은 소수점 20자리까지 계산표를 만들 수 있는 수동 크랭크 기계가 있어야 했다. 1823년, 영국 정부는 배비지의 프로젝트를 위해서 1,700파운드를 지원했다. 배비지의 디자인은 제작 가능했지만, 당시 금속세공으로 정밀 부품을 생산하기에는 비용이 너무 많이 들었다. 결과적으로 실제 차분 엔진 건설비용이 애초 정부 예상치를 크게 넘어섰다. 1832년 배비지는 원래 설계에서 상상했던 소수점 20자리 대신, 소수점 6자리까지 계산표를 만들 수 있는 기계 모형을 제작하는 데 성공했다. 런던 천문학회 학회장이고 금융가이고 수학자이면서 동양학자인 헨리 콜브룩(Henry Colebrooke)은 배비지 장치의 중요성을 이렇게 언급했다.

> "다른 사례에서, 수학적 장치는 더 단순한 도구 또는 신체의 노동을 기계로 대체했다. 그러나 내가 관심을 두는 그 발명은 지능적 과정을 기계적 성능으로 대체했다. 배비지 씨의 발명은 컴퓨터 대신에 엔진을 배치했다."

여기서 '컴퓨터'란 당시 직업 명칭이었다. 모든 천문학적 작업에서 이루어지는 소모적 계산을 수행하도록 채용된 사람을 말한다. 콜브룩은 이 장치가 '인간 대신 자동 기계를 배치'하는 중요한 성과라고 본 것이다. 그의 열띤 칭찬은 당시 지배문화의 열망을 드러내고 있다.

1842년 과중한 예산 때문에 영국 정부가 차분 엔진 프로젝트를 포기할 무렵 배비지는 이미 훨씬 복잡하고 프로그래밍이 가능한 계산기인 '해석기관(오늘날의 컴퓨터)'을 설계하고 있었다. 하지만 실제로 만드는 데는 성공하지 못했다. 1834년 스웨덴의 한 인쇄업자는 배비지의 엔진을 기반으로 계산 엔진을 제작했다. 그 기계는 오류도 있었고, 무게가 0.5t이고 피아노 크기였지만, 1855년 파리에서 성공적으로 시연되었고, 미국과 영국 정부에 판매되었다.

인간 노동에 기계의 원리를 적용

배비지의 차분 엔진은 계산 노동을 기계 지능으로 전환하려는 것이었다. 더 나아가 그는 차분 엔진에 적용되었던 원리를 그대로 공장 노동에도 적용하고자 했다. 사이먼 쉐퍼(S. Schaffer)에 따르면, 19세기 초 영국에서 지능이라는 단어는 사회적 감시시스템과 마음에 관한 자연철학의 기계화를 동시에 의미하는 것이었다. 배비지와 같은 제조업의 철학자들은 자신의 이념에 따라 새로운 공장 시스템의 윤곽을 만들고자 했다. 이 과정에서 '정치적이고 기계적인 시스템'이 탄생했다.

1838년 배비지는 "매 순간 기계 안의 모든 이동 조작이 수행되는 것을 한 번에 보이도록" 설계했는데, 이것은 바로 파놉티콘의 표기법(panoptic notation)이었고 새로운 관리법이었다. 특히 그는 기계 기호학의 이점을 강조했다. '우리의 모든 감각 중에서 시각이 가장 빠르게 우리 마음속으로 지능을 실어 나르기 때문'이다. 당시 산업저널리스트들도 인간 신체와 공장 시스템의 작동을 그런 방식을 재현하고 관리도 할 수 있다고 보도했다. 파놉티콘의 시선(panoptic gaze)은 시스템의 질서와 신체의 기제를 드러나게 했고, 보이지 않던 작업장 내부와 그곳의 저항을 그려냈다. 볼 수 있다면 통제할 수 있을 것이었다.

'공장의 경제'에 대한 배비지의 생각은 〈기계제와 제조공장의 경제에 대하여(On the Economy of Machinery and Manufactures, 1832)〉라는 그의 저서 안에 나타나 있다. 이 작업은 영국 내 여러 공장에서 수집된 노동자의 지적 역량을 토대로 했다. 배비지는 계몽주의와 산업자본의 이해를 대변하여 노동자의 지능을 기계화하려 했다. 그는 노동을 통제하는데 기계의 원리를 끌어왔다. '배비지 원리(Baggage principle)'가 차분 엔진에 적용되었듯이, 같은 방식을 공장의 규율에 적용하고자 했다.

배비지 이전에 인간노동과 기계작업이라는 이질적인 차원을 같은 차원으로 처리하는 새로운 분업의 원리 위에서 산업혁명이 진행중이었다. 이것은 '감시의 경제'와 '감시의 실행'

을 현실적으로 가능하게 해주었다. 기계화된 생산은 엄격한 규율을 불러왔다. 배비지와 그의 동료들은 더 자동화된 공장을 원했다.

덧붙여서 그는 "모든 국가는 제조업을 가장 잘 성공시킬 수 있으므로, 그 제조업체의 개선을 위해 노력해야 한다"고 말했다. 또한, 그는 기계에 관해서 "예술의 실천과 마찬가지로, 그 이론에 가장 숙련된 모든 사람의 조합적인 노력으로부터 발생해야 한다"고도 주장했다. 그리하여 관리분석가라는 새로운 계층을 만들어냈고, 그들을 최고 경제 관리자와 사회복지의 입법자로 세우고자 했다. 배비지는 그런 관리분석가들이 최고의 삶의 지위와 정치권력으로 보상받아야 한다고 생각했다. 그렇게 계산 과학은 '최고법원'의 규율이 되기를 꿈꾸었다.

노동자의 지능을 기계로 이전하기

배비지와 계몽주의자들이 희망했고 유포했던 이데올로기는 '기계가 노동을 대체한다'는 것이었다. 이 문제를 논의하기 위해서 우리는 기계와 인간노동의 관계 전반을 재논의할 필요가 있다. 공장의 기계화 과정은 계몽주의자 또는 자본가 집단에 의한 인간노동의 불신에서 시작되었다. 산업자본가들은 생산현장을 통제하기 위해서 숙련노동자를 제압해야 했었다.

만약 노동자의 지식을 기계로 이전시킬 수 있다면 공장 조직을 안정적으로 통제할 수 있을 것이었다. 이를 위해 배비지는 여러 정보원을 통해서 노동 또는 지능적 노동의 과정을 조사하고 감시했다. 당시 배비지와 같은 계몽주의자들은 노동자들이 노동 과정(labor processes)의 원리를 충분히 표현할 수 없거나 너무 비밀로 한다고 생각했다. 그들은 노동과정을 완벽하게 가시적인 기술 역량으로 만든다면 언제나 어느 곳에서나 정확하게 재생산할 수 있다고 확신했다.

계몽주의자들은 인간의 행위를 관찰한 다음 그 행동을 세분화하여 분리하고, 나중에 다시 원하는 대로 통합할 수 있는 구조를 상상했다. 그렇게 분해된 노동 행위 단위를 기계로 이전함으로써 언제든지 원할 때 쉽게 통합할 수 있기를 기대했다. 단지 논리적인 상상이었지만 생산성 향상을 불러올 잠재성이 있었다. 배비지의 자동 시스템은 지능, 작업 그리고 메커니즘 사이의 관계에 대한 새로운 진실을 생산했다.

노동자를 오토마톤으로 만들기

한편, 노동-계급의 관심은 전통적 관습에 호소했는데, 숙련지식이 노동자 자신들의 본질적인 특성으로 인식되기를 바랐다. 실제로 숙련(skilled labor)은 특정한 환경 내에서만 의사소통될 수 있고 그 외부로는 잘 전달될 수 없는 특질이 있다. 그래서 관리자와 감독자(외부자)의 감시에 잘 포착되지 않는다. 바로 이 점이 배비지와 계몽주의자들이 노동 과정을 기계화하려고 했을 때 직면했던 문제였다. 작업장에 관한 노동자의 지능을 수집하려는 배비지의 시도는 노동자의 도움 없이는 불완전할 수밖에 없었다. 따라서 그가 수집한 것은 실제로는 노동자의 숙련에 접근하지 못했을 가능성이 있다.

자동화 프로젝트가 시작되었을 때 배비지는 자신의 설계가 '노동자가 할 수 있는 실행의 형태' 인지를 알아내야 했다. 그의 초기 프로젝트는 성공하지 못했다. 그러나 기계 지능과 자동 시스템에 관한 그의 운동은 공장 관리자들의 관심을 끌었다. 그의 작업으로 제조생산에 대해 수집된 정보는 종종 임금률과 숙련 패턴에 관한 중요한 교훈을 제공했다. 대부분의 작업장 관리자는 결국 배비지 스타일의 접근법을 지지했다.

영국은 산업화 동안에, 새로운 자동 기계의 개발을 위해서 노동 과정에 대한 강한 규율을 도입했다. 제조공정은 새로운 한계 네트워크와 기술적 네트워크의 장소였다. 그 과정에서 기술 관습은 전복되고 표준화되었고, 정확한 생산을 보장해야 했다. 그러려면 노동자는 배비지 원리를 노예처럼 따르기만 해야 했다. 그런 설계는 그 기계기술자의 관습을 침범하는 것이다. 새로운 공장 규율은 프롤레타리아를 기계화했다. 변화 없이 반복을 요구하는 기계적 과정은 노동자를 오토마톤(automaton)으로 만들고자 했다.

지능의 장소, 공장의 자동화 신화

지능의 장소를 정의하는 것은 그야말로 정치적인 일이다. 배비지는 복잡한 노동관계의 지적 관리자가 되길 희망했다. 그는 공장과 작업장을 조사하면서, 작업장에서 권력의 생산, 분배, 배치의 합리성이 필요하다고 지적했고 기계 경제학의 체계적 성격을 제시하고자 했다.

이런 공장관리 기술은 새로운 사회질서와 새로운 지식 형식을 만들었다. 이 시스템적 응시는 (관찰되지 않거나 관찰하지 못한 것은 무시하고) 관찰된 것으로만 평가하는 '합리적 질서'를 생산하기 위한 설계였다. 공리주의 철학자 제러미 벤담의 비전에 부응하는 것이었다. 공장에서 구현된 '파놉티콘 체계'는 순종하는 노동자를 생산했다. 배비지의 생산적 응시 아래서, 신체의 힘은 기계적인 측면만 관찰되었고, 그 외 맥락은 비경제적인 것으로 간주되고, 종국에는 망각되었다.

배비지 시스템의 후예로써 테일러-포드시스템은 노동자의 행동을 잘게 조각내고 각 단위의 행동을 표준화했다. 그렇게 되면 그 행동을 누가 하는지는 중요하지 않고, 그 행동 자체가 중요해진다. 그 행동을 할 수 있다면 그가 누구이든지 관계없이 그 자리에 배치될 수 있다. 그리고 또 언제든지 '교체'될 수도 있다. 더 나아가 그 행동을 할 수 있다면 '그'는 반드시 인간일 필요도 없다. 그리고 그들의 희망을 유포했지만 실체적으로 달성된 적은 없었다. 다만 그 신화의 위력은 강력했다.

머리와 손의 분리

자동화 신화는 곳곳에 뿌리를 내렸다. 이 믿음은 인간의 신체를 대리하는 자동 장치를 정당화했다. 노동자는 기계가 대체할 수 있는 존재이므로 기계와 경쟁해야 했다. 기계가 있다면 노동자는 자신의 권리를 정당하게 주장할 수 없게 되었다. 기계의 규칙이 노동의 규칙을 압도하게 되었다. 그렇게 노동자들은 통제 가능해졌고, '유순해졌다'. 이제 노동자의 머리(지능)와 손(신체)이 분리되었고, 지능은 기계로 이전된 것으로 여겨졌다.

그러나 이런 노력에도 기계가 노동자의 지능을 대체하지는 못했다. 기계가 어느 정도 자동화되더라도 그 기계의 작업을 위한 준비 작업과 마무리 작업은 인간 노동자에 의해서만 수행 가능했다. 그런데도 기계를 지능적 존재로 보이게 만들고자 했는데, 그러려면, 기계를 둘러싸고 작동하는 노동력을 보이지 않게 해야 했다. 공장에서 인간노동은 의도적으로 은폐되었고 기계가 '완전히' 노동을 대체하는 것으로 윤색되었다.

이런 정치적 작업은 19세기를 거쳐 20세기에도 계속되었다. 테일러-화이트 공법은 정교한 부품을 대량 제작했다. 그런데 그 기계를 작동하게 만들기 위해서는 인간 작업자들이 그 기계를 섬세하게 준비해주어야 했다. 관리자들은 그런 과정 자체를 일부러 무시했고 마치 기계가 완전히 인간노동을 대체하는 것처럼 선전했다. 노동자의 지능을 무력화하고서 공장의 자동화 신화는 완성되었다.

기술의 신화

자본가와 경영진의 이해관계는 공장을 넘어서 전 사회로 확산되었다. 배비지와 같은 계몽주의자들의 이데올로기가 그런 이해관계를 지지했기 때문에 더 강해질 수 있었다. 18세기 계몽주의자들은 기계와 노동을 경쟁하는 관계로 만들었고, 인간과 기계가 서로 대립하도록 만들었다. 공장의 자동화는 근대 사회를 안전하게 통제하는 출발이었다.

배비지 이후 기술에 관한 신화는 계속 강화되었다. 이런 신화로 대표적인 것은 기술적 우수함 덕분에 그 기술이 선택된다고 간주하며 대신 사회적 요소는 배제한다. 기술사회학자 데이비드 노블(David Noble)은 공작기계의 사회적 선택 과정을 분석함으로써 이를 반박했다.

1940-50년대 공장생산에서 녹음재생(record-playback) 방식이 사라지고 수치제어(numerical control) 방식이 남았다. 기록재생 시스템은 숙련 기계공이 부품을 제작하는 동안 '기계공의 명령에 따라 작동하는 기계의 동작'이 테이프에 기록되고, 첫 부품이 제작되면 테이프의 기록이 남아 다음 작업을 재생할 수 있었다. 두 번째 작업부터는 덜 숙련된 기계공도 공작기계를 사용하여 부품을 생산할 수 있었다. 한편 수치제어 시스템은 부품에 대한 수학적 정보를 내장한다. 모든 지시사항은 간단한 숫자 부호로 변경된 후 기계 제어를 위한 전기적 신호로 번역된다. 기록재생 시스템의 원천이 기계공의 직접 실천에서 온다면 수치제어 시스템은 그것을 우회하는 것이다.

그런데 수치제어 시스템도 원천적으로 숙련 기계공의 작업에서 완전히 독립된 것은 아니었다. 수치제어 시스템에 내장된 수치들은 숙련노동자들의 작업을 통계적으로 표준화한 것이기 때문이다. 따라서 수치제어 시스템도 숙련 기계공에게 빚을 지고 있다. 그러나 그런 사실은 은폐되고 마치 수치제어 시스템이 모든 노동을 불필요하게 만들 것처럼 윤색되었다.

경영진은 이 시스템이 생산에 대한 경영진의 권위를 고양하는 데 도움이 된다는 것을 발견했다. 수치제어 시스템은 자본의 노동 의존도를 은폐할 수 있고, 의사결정의 장소를 경영진이 있는 사무실로 이전할 수 있게 해서 생산에 대한 경영진의 통제를 강화했다. 수치제어 시스템이라는 '기술적 선택'은 기술적 성능에 의해 결정된 것이 아니라, 자본주의 생산과정에 존재했던 적대적인 사회관계에서 나온 것이었다.

모든 노력에도 불구하고, 경영진이 숙련노동자를 완전히 제거할 수는 없었다. '자동' 기계가 제대로 작동하려면 경험 있는 기계공이 필요했다. 한 기계공은 다음과 같이 말했다.

> "드릴은 돈다. 분쇄기가 작동한다. 기계는 조금씩 미끄러져 나간다. 단단하게 보이는 금속 주물을 자르려고 나사를 조여 놓으면 탄력이 생기고 다시 나사를 풀면 뒤로 튕긴다. 납작한 칼날은 무디어지고 제자리에 정확히 뚫린 구멍들은 다른

> 곳으로 움직인다. 텅스텐 카바이드 절단기는 임계 구멍을 1/2000의 정도로 작게 만들면서 미세하게 닳아 없어진다(맥킨지, 1995 재인용)."

기계는 미세하게 마모되지만, 그것을 감지할 수 있는 것은 기계 옆에서 작업하는 노동자다. 그들이 기계의 미세한 변화를 무시한다면 기계는 곧 정지상태에 빠질 수 있다. 기계가 노동을 대체할 것처럼 선전했지만 기계는 그럴 수 없었다. 그런데도 그 불가능한 틈새는 신화로 메워져 '진실'인 것으로 간주될 수 있었다.

마르크스의 기계

분업에 기반한 노동의 단순화, 그로 인한 머리와 손의 분리는 노동자를 자본가에게 종속시켰다. 마르크스는 이렇게 말했다. "시계 완제품을 생산하는 숙련노동자는 독립적인 사업을 원할 것이다. 그러나 뚜껑 놋쇠 경첩을 부착하는 작업만 하는 노동자는 결코 독립적인 사업을 희망할 수 없다".

매뉴팩처 분업은 이전의 단순 분업과는 달리 자본가의 힘을 강화하는 방향으로 이동했다. 매뉴팩처 내에서 분업하는 노동자는 생산과정 전체를 이해할 수 없게 되었고 완제품을 만들 수도 없게 되면서, 이전 수공업 노동자들이 소유했던 생산에 대한 지적 통제력을 상실했다.

> "지적 인간과 생산적 노동자는 서로 분리되었고 지식은 노동자의 수중을 벗어나 그의 생산 능력을 증진하는 수단으로 변모되었다. 지식은 노동에서 분리되어 거의 모든 곳에서 노동에 대립하게 되었다(맥킨지, 1995 재인용)."

이제 공장 내 기계는 노동자와 대립하도록 배치되었다. 단순 수공업에서는 노동자가 도구를 사용하지만, 자본화된 공장에서는 기계가 노동자를 '사용'한다. 전자에서는 노동 수단(기계)의 운동이 노동자로부터 출발하지만, 후자에서는 노동자가 노동 수단(기계)의 운동을 뒤따라가야 한다.

"노동이 가벼워지는 것조차 고통의 원천이 되는데, 왜냐하면 기계가 노동자를 노동에서 해방하는 것이 아니라, 그의 노동으로부터 일체의 내용을 빼앗아버리기 때문이다. 자본주의적 생산은 노동 과정일 뿐만 아니라 동시에 자본의 가치증식 과정이기 때문에 어떤 자본주의적 생산에서도 노동자가 노동조건을 사용하는 것이 아니라 그와 반대로 노동조건이 노동자를 사용한다는 점이다. 그러나 이 거꾸로 된 관계는 기계의 출현과 함께 비로소 기술적인 분명한 현실성을 얻게 된다. 자동 장치로 전환됨으로써 노동 수단은 노동 과정의 진행 중에 자본[즉 살아있는 노동력을 지배하며 흡수하는 죽은 노동]으로서 노동자와 대립한다. 생산과정의 지적 요 소들을 육체적 노동으로부터 분리하고 전자를 노동에 대한 자본의 지배력으로 전환하는 것은 기계의 토대 위에 세워진 대공업에 의해 비로소 완성된다(마르크스, 2006)."

이제 물질적 생산과정에서 나오는 결과는 자본가에게 집중되면서 노동자를 지배하는 힘으로 재구성되었다. 기계에 종속된 노동 과정에서 노동의 결과는 노동자에게 누적되는 것이 아니라 기계에 누적된다. "[노동자 대신] 숙련과 힘을 소유하는 것은 기계이고, 기계는 자신을 관통하여 작동하는 기계의 법안에서 그 자신의 영혼을 가지고 있는 그 자체로 거장이다."

이것이 노동의 소외를 더욱 강화했다. 노동자는 신체만을 소유한 것처럼 간주하였고 머리를 사용할 필요가 없는 것으로 여겨졌다. 모든 계획은 중앙집중적 방식으로 수립되었고, 작업지시서 형태로 제공되었다. 노동자는 그저 작업지시서에 순종하기만 하면 되었다.

관계의 역전 때문에 노동자는 단순한 존재로 보였고 기계는 중요한 존재로 부상했다. 노동자는 언제든지 다른 노동자로 대체해도 되지만, 기계는 필수적인 것으로 간주하였다. 정말 그런가? 마르크스는 그렇지 않다고 단언했다. 그는 기계에 대해 '도구를 사용하는 도구'라고 정의하면서 그 존재를 정당하게 특정했다. 하지만 기계의 작업은 인간의 노동과는 다르다며 엄격히 구분했다.

인간, 꿀벌, 기계

마르크스는 노동에 대해서 '자신의 목적을 자연물에 실현하는 것'이라고 정의했다. 이를 구체적으로 설명하기 위해서 인간의 노동을 거미나 꿀벌의 작업과 비교했다. 마르크스의 노동 개념은 단지 효율성이나 필요성의 성취만을 의미하지 않는다.

> "우리가 상정하는 노동은 오로지 인간에게서만 볼 수 있는 형태의 노동이다. 거미는 직포공들이 하는 일과 비슷하게 일을 하며, 꿀벌의 집은 인간 건축가들을 부끄럽게 한다. 그러나 가장 서투른 건축가들 가장 훌륭한 꿀벌과 구별하는 점은, 사람은 집을 짓기 전에 미리 자기의 머릿속에 그것을 짓는다는 것이다. 노동 과정의 끝에 가서는 그 시초에 이미 노동자의 머릿속에 존재하고 있던 결과가 나오는 것이다. 노동자는 자연물의 형태를 변화시킬 뿐 아니라 자기 자신의 목적을 자연물에 실현한다(Man not only effects a change of form in the materials of nature; he also realizes his own purpose in those materials)."

인간의 노동은 '자신의 목적'을 실현하려는 것이기 때문에 의지(의도)의 문제가 된다. 그리고 '노동자의 머릿속에 이미 존재하고 있던 결과'의 실현이라는 점에서 노동은 지능의 문제가 된다. 이것은 노동이 단순히 신체의 기계적 작동이라고만 생각했던 관념을 무너뜨린다. 노동은 지능의 문제로 보아야 하는 것이다.

마르크스의 노동에 대한 견해를 정리하면 아래 표와 같다. 인간은 '자신의 필요에 의해서' 그리고 '자유로운 의식'에 의해서 '자연을 전유하는 활동'을 하며 그 결과로, '잉여가치를 생산'한다. 이 정의에 따르면 기계는 잉여가치를 생산하지 않는다. 기계는 단순히 자신 내에 적재된 인간노동분을 생산품 속으로 이전할 수 있을 뿐이다.

잉여가치(surplus value)란 노동자가 노동 비용(노동자가 생존하는데 드는 비용, 필요노동)을 초과하여 창출한 새로운 가치를 말한다. 자본가는 노동자에게 필요 노동분을 임금으로 지급하고, 노동자의 잉여가치분을 차지함으로써 이윤을 얻는다.

표 1 마르크스의 인간, 꿀벌, 기계 비교

	필요를 위한 행위	자유로운 의식 행위	자연을 전유하는 활동	잉여가치 생산
인간	○	○	○	○
꿀벌	○	×	○	×
기계	×	×	×	×

한편, 이 정의에 따르면 꿀벌은 잉여가치를 생산하지 않는다. 꿀벌은 자신의 생존에 필요한 분량 이외 추가적인 가치를 만들지 않는다(또는 그럴 의지가 없다!). 그리고, 기계는 근본적으로 생물학적 존재가 아니어서 '자신의 필요'라는 것이 아예 존재하지 않는다. 또한, 기계는 자유로운 의식도 없으므로 기계의 작업이 자연을 전유하는 활동이라고 할 수도 없다. 기계의 활동이 노동의 정의에 부합하지 않으므로 정의상 잉여가치를 생산할 수도 없다. 기계는 자신의 생활을 유지하는데 드는 비용이란 것이 없다. 물론 기계를 유지하는데 비용이 들기는 하지만, 그것은 기계가 스스로 원하는 '생존 비용'이 아니라, 자본가의 의지에 따른 지출 비용일 뿐이다. 기계에는 생존에 필요한 필요노동이라는 것이 없으므로 잉여 노동이란 것도 성립하지 않는다. 필요노동이 없다면 잉여가치도 없다.

인간의 지능과 노동, 기계의 지능과 노동

마르크스는 인간의 작업만 노동으로 인정하고, 기계의 작업을 노동이라고 인정하지 않았다. 그의 주장은 절반은 옳고 절반은 옳지 않다. 마르크스의 노동에 대한 정의는 인간 중심적이다. 여기서 마르크스의 노동이 '임금노동'을 가리킨다는 점을 염두에 두어야 한다. 그의 관심사는 왜곡되고 핍박받는 자본주의 통제하의 임금노동자였다. 그는 기계로부터 인간노동의 고유성을 지키고자 했다. 당시는 물론이고 오늘날에도 노동자의 삶과 노동의 의미는 매우 축소되었고 위태롭다. 마르크스는 노동자의 권리를 지키기 위해서 배비지와 마찬가지로 이데올로기적 선언을 해야 했다.

마르크스의 견해에서 우리는 노동이 지능과 연결된 개념임을 다시 한번 확인할 수 있다. 마르크스의 노동 개념은 '자신의 목적', '노동자의 머릿속에 이미 존재하고 있던 결과'의 실현, '자유로운 의식'과 같이 지능 개념을 도입하고 있다. 바로 그런 노동의 특성 때문에, 배비지가 노동자의 머리와 손을 분리하려고 시도했을 때 궁극적인 성공에 도달할 수 없었다.

모든 개념 정의가 그렇듯이, 노동의 개념은 조작적이다. 언제든지 재정의될 수 있다. 프랑스 철학자 미셸 세르(Michel Serres)는 노동에 대해서 '잡음과의 투쟁(struggle against noise)'이라고 정의했다. 이 정의에 따르면 무질서를 질서로 전이시키는 모든 활동이 노동에 포함될 수 있다. 개념을 정의하기에 따라서 기계도 노동한다고 인정될 수도 있다.

그러려면 우선 배비지의 원리가 포기되어야 할 것이다. 배비지의 이데올로기가 폐기된다는 조건에서 마르크스의 주장도 수정될 수 있을 것이다. 기계의 신화가 폐기되는 조건에서, 노동과 지능에 대한 재정의도 가능할 수 있다. 그때 인간과 기계는 대체관계가 아니라, 각자 고유한 지능과 노동으로 인정될 수도 있다. 인간의 지능과 노동이 고유하듯이, 기계의 지능과 노동도 고유하다. 인간과 기계는 서로 다르기 때문이다. 그들은 각자 고유하기에 대체관계가 될 수 없고, 경쟁관계에 놓일 필요도 없다.

[참고문헌]

Schaffer, Simon 1999. "Enlightened Automata", *The Sciences in Enlightened Europe*. University of Chicago Press.

Schaffer, Simon 1994. "Babbage's Intelligence: Calculating Engines and the Factory System," *Critical Inquiry* 21(1) : 203-227.

마르크스, K. 2006. 〈자본론 1권〉 김수행 옮김. 비봉출판사.

톰슨, E. P. 2000[1963] 〈영국 노동 계급의 형성〉. 나종일 외 옮김. 창작과비평사.

맥킨지, D. 1995. "마르크스와 기계", 송성수 편. 〈우리에게 기술이란 무엇인가: 기술입문〉. 녹두출판. 67-108.

노블, D. F. 1995. "기계 설계에 있어서 사회적 선택", 송성수 편. 〈우리에게 기술이란 무엇인가: 기술입문〉. 녹두출판. 199-236.

Serres, M. 2007. *The Parasite*, University Of Minnesota Press.

2.4 정보이론: 질서부여 형식

암호학자 클로드 섀넌(Claude Shannon)은 1948년 논문 〈통신의 수학적 이론(A Mathematical Theory of Communication)〉을 통해서 정보이론을 제시했다. 정보이론은 현대의 미디어 기술과 커뮤니케이션 이론의 토대가 되었다. 1953년 포천지는 이 이론이 아인슈타인의 상대성이론보다 인간의 진보에 더 결정적이었다고 평가한 바 있다.

정보이론은 정보의 존재를 수학이론적으로 계산하는 방법론이다. 이 이론은 정보의 형식을 수립하고 그 의미를 배제했다. 정보이론 관점에서 '의미로 가득한 메시지'와 '무의미한 메시지'는 동등했다. 정보이론은 단순히 정보 전달에 관한 메커니즘이지만 동시에 지능의 문제와 관련이 있다. 정보를 구성하는 과정이 기계지능을 구현하는 것과 같은 원리였기 때문이다.

정보의 물리적 차원, 확률통계적 자유

섀넌은 정보를 두 가지 차원으로 구분했다. 하나는 물리적 차원으로 "우리가 무엇을 말할 수 있나?"에 대한 것이다. 다른 하나는 의미 차원으로 "우리가 무엇을 말했나?"에 대한 것이다. 전자가 물리적 구조에 관한 것이라면 후자는 메시지의 의미에 관한 것이다. 일반적으로 사람들은 의미의 차원을 중요하게 여긴다.

의미 차원
그는 무엇을 말했나?
물리적 차원
그는 무엇을 말할 수 있나?

▲ **그림 1** 정보의 물리적 차원과 의미 차원

그런데 섀넌은 의미 차원보다 물리적 차원을 분석 대상으로 삼았다. 메시지 생성자는 임의로 메시지를 만들 수 없고 대신 메시지의 물리적 구조 내에서만 메시지를 생성할 수 있다. 그는 메시지가 될 수 있는 전체 집합에서 순차적으로 선택할 수 있을 뿐이다. 예를 들어 전체 집합은 문자, 기호 등으로 구성되어 있을 것이다. 하나의 메시지를 생성하기 위해서 전체 집합에서 차례로 개별 요소들을 선택해 나간다. 정보이론은 그 선택의 확률통계적 정도를 측정한다. 이것이 메시지의 "확률 통계적 자유도" 개념이다.

섀넌의 통신 시스템 모델

섀넌의 일반 통신 시스템의 기본 구조는 아래 그림과 같이, 정보원(information source), 메시지(Message), 송신기(transmitter), 신호(signal), 수신기(receiver), 목적지(Destination), 잡음(Noise)으로 구성되어 있다. 우선 정보원은 메시지를 생성하여 송신기로 보낸다. 여기서 메시지는 문자, 대화, 영상, 음악 등이 될 수 있다. 송신기는 메시지를 신호(signal)로 전환하여 전송한다. 이 신호는 통신 채널을 거쳐서 수신기에 수신된다. 수신기는 신호를 메시지로 변환하여 목적지에 도달한다.

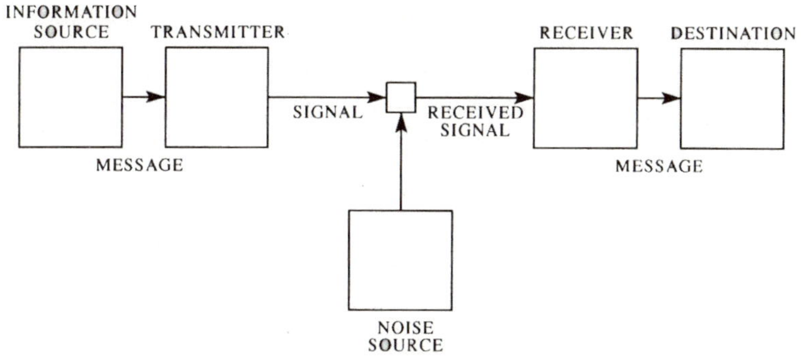

▲ **그림 2** 섀넌의 일반 통신 시스템 도식(1948)

직접 대면 상태에서 발화되는 말의 경우 정보원은 뇌이고 송신기는 대기를 통해 전송될 수 있는 소리 메커니즘이다. 라디오 통신이라면, 통신 채널은 대기권이고 신호는 전자파이다. 전화통신이라면, 통신 채널은 전선이고, 신호는 전선을 흐르는 전기적 흐름이다. 전신이라면 송신기는 단어를 여러 형태의 전류 흐름(점, 선, 중지)으로 전환할 것이다. 인터넷이라면 정보원을 떠난 신호는 TCP/IP 프로토콜로 전환되어 수신라우터를 찾아갈 것이다.

정보 전달 과정에 잡음(noise)이 메시지 신호에 포함될 수 있다. 잡음에 의해 정보 왜곡이 발생할 것이다. 말소리라면 주변의 소음에 의해 소리의 왜곡이 일어날 수 있고, 라디오나 전화라면 잡음에 의해 전송 오류가 날 수 있고 때로 전송이 멈출 수도 있다. 방송이라면 영상이 왜곡되어 흐려질 수 있다.

통신 채널 절약하기

정보 전송 채널은 유한하므로 메시지 전송자들은 채널을 독점적으로 사용하는 대신 공유하는 방법을 개발했다. 섀넌의 정보이론은 전송 채널 사용을 절약하려는 취지에 잘 부합했다. 전송 채널 용량(C) 공식은 아래와 같다. 공식의 구성 요소들은 채널 용량에 영향을 주는 요소들이다. 채널 대역폭(B), 신호 강도(S), 잡음 크기(N)는 모두 각각의 방식으로 채널이 감당할 수 있는 용량에 개입한다. 따라서 채널 용량을 최대화하고 싶다면 대역폭을 늘리고 신호 강도를 높이고 잡음의 크기는 줄여야 한다.

$$C = B\log_2\left(1+\frac{S}{N}\right)$$

C = channel capacity (bits/s),
B = channel bandwidth (Hz),
S = signal strength (watts),
N = noise power (watts).

정보이론에 따르면, 통신 채널의 용량이란 채널이 전달할 수 있는 "기호의 수"가 아니라 "정보의 양"이다. 만약 전체 기호들이 동일한 전송시간 길이를 가지고 있다면, 정보원이 선택한 기호가 s개의 정보 비트이고 채널이 초당 n개의 기호를 전송할 수 있다면, 통신 채널의 용량 C는 초당 ns 비트다. 그런데 일반적으로 여러 기호는 저마다 전송시간이 다르므로, 그 기호를 표현하는 정보 비트 수가 다르다. 따라서 통신 용량은 초당 전송되는 기호의 개수가 아니라 초당 전송되는 정보의 양이다.

정보 선택 자유도, 엔트로피

통신 시스템에 영향을 주는 요소들은 a) 정보량(amount of information) 측정 방법, b) 통신 채널 용량(communication channel capacity) 측정 방법, c) 효율적인 코딩 과정(coding process)의 특질 (여기서 코딩은 데이터 압축), d) 잡음(noise)의 특징 규정, e) 전송 신호가 연속적(말, 음악)일 때 통신에 미치는 영향 등이다.

여기서 정보(information)는 '메시지의 의미'가 아니라, 그 '메시지(기호)의 확률 통계적 성질(발생량)'을 말한다. 달리 표현하면, 정보란 어떤 사람이 메시지를 선택할 때 그 사람의 선택 자유도(one's freedom of choice)를 의미한다. 만약 전체 메시지가 두 가지이고 그 중 하나를 선택해야 하는 단순한 상황이라고 한다면, 두 메시지의 정보는 동등하다. 선택 자유도가 두 개라면, 첫 번째 메시지에 "0"을, 두 번째 메시지를 "1"로 코딩할 수 있다. 또는 전자를 스위치 '닫힘(on) 상태'에 후자를 '열림(off) 상태'에 대응할 수도 있다. 이 경우 밑이 2인 로그($\log_2$) 형태로 표현할 수 있다. 이런 정보 단위를 비트(bit)라고 부른다. 만약 같은 확률로 선택할 수 있는 16개의 메시지가 있다면 이는 $16=2^4$이므로 $\log_2 16=4$로 표현할 수 있다.

정보이론에서는 이것을 정보량 또는 엔트로피(entropy)라고 한다. 열역학에서 엔트로피는 자연조건에서 에너지의 무질서도를 지칭하는 정량적인 개념이다. 물리학에서 어떤 상황의 엔트로피는 해당 상황에서의 무작위성(randomness) 정도, 뒤섞기(shuffleness)의 정도이다. 섀넌의 정보 개념은 개별 메시지를 특정하는 방식이 아니라, 전체 전송 가능한 메시지 집합 가운데 선택될 메시지 기호를 확률적으로 계산하는 것이므로, 이를 정보 선택 자유도라고 말한다.

알파벳의 중복도

만일 모든 알파벳(공백 포함 총 27개)이 똑같은 확률로 발생한다면, 정보량은 $\log_2 27=4.754887$비트(최대 엔트로피 값)이다. 이 경우 무질서도(엔트로피)가 최대가 된다. 각 알파벳의 발생 빈도는 다르고 이를 계산한 것이 알파벳 중복도이다. 알파벳의 이런 특징에 주목할 수 있었던 것은 섀넌이 전쟁 중 암호해독 연구를 했다는 것과 관련이 있다.

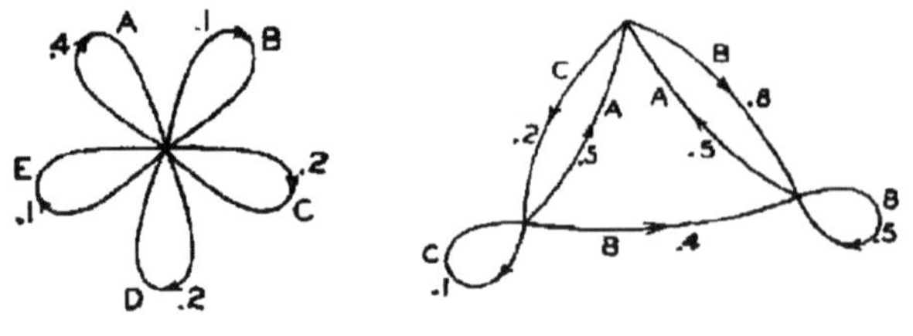

◀ **그림 4** 왼쪽 도식은 알파벳이 선택될 때 각 글자가 독립적일 경우. 오른쪽 도식은 뒤 글자가 바로 앞 글자의 영향을 받는 경우(마코프 연쇄 사례)

인간의 대화 중에서 통계적으로 알파벳 e가 가장 많이 등장하고 z는 가장 적게 등장한다[11]. 다시 말해서 개별 알파벳의 선택가능성은 동등하지 않다. 이것을 계산한 것이 알파벳의 중복도(redundancy)다.

게다가 모든 선택은 이전의 선택에 종속된다. 예를 들어 영어에서 첫 문자 j 다음에 b, c, d, f, g, k, l, q, r, t, v, W, x, z 등은 뒤따라 나오지 않는다. 그렇다면 이 문자들에 대해서는 생성을 제한하는 규칙이 있다고 할 것이다. 그리고 문자 선택에 영향을 미치는 조건도 있다. 예를 들면 th 다음에는 e가 올 가능성이 크고, qu 다음에는 i가 올 가능성이 크다. 특정한 단어(사건) 다음에 특정한 단어(사건)가 이어 나올 가능성을 마코프 연쇄(Markoff chain)라고 한다. [그림 4]의 오른쪽 도식이 마코프 연쇄를 모형화하고 있다. 각 문자가 독립적인 왼쪽 도식과 달리 오른쪽 도식은 어떤 특정 문자 다음에 다른 특정 문자가 올 가능성이 크다는 것을 표현하고 있다.

모든 알파벳의 각 정보량을 합한 값이 실제 정보량(실제 엔트로피 값)인데, 이 값은 4.08이다. 실제 정보량을 최대정보량 4.754887..로 나눈 값, 즉 상대적 엔트로피 값은 0.848이다. 정보원의 상대적 엔트로피 값은 정보원이 메시지를 만들어내기 위해 기호들을 선택할 때 가지는 자유도이다. 이 값을 1에서 뺀 값을 중복도인데, 알파벳의 중복도는 1-0.848=0.152이다. 약 15%이다. 영어로 말할 때 그중 15%는 기계적으로 수행하는 것이다. 한글의 경우 엔트로피는 4.0769이고, 개별 요소의 중복도는 약 12%이다. 알파벳보다 중복도가 낮다. 상대적으로 무질서도가 높다는 의미다. 달리 표현하면 이는 언어사용자가 언어의 물리구조적 영향을 덜 받고 개별 사용자의 자유도가 높다는 의미이다.

---

11) 문자라면 공백이 0.1859으로 발생 확률이 가장 높다.

메시지를 모두 전송할 필요가 없다

문자 중복도는 자주 출현하는 메시지를 예측할 수 있게 해준다. 예측할 수 있다면 정보량을 절약할 수 있다. 드물게 출현하는 메시지는 예측하기 힘들어서 정보량이 많다. 이것은 개념적으로 엔트로피(무질서도)가 높다는 의미와 같다. 섀넌은 구조적 비율을 응용하여 정보 전송량을 절약했다. 메시지를 전송할 때 중복 부분은 불필요하기 때문이다. 이 부분이 없더라도 메시지는 '완전하다'.

연속 8글자 이하 단어로 통계적 효과를 확장하면, 영어의 중복도는 대략 50%이다. 다시 말해서 말하는 사람은 자기 말의 50%만 선택할 자유를 가진다. 나머지 절반은 언어 통계적 구조에 의해 기계적으로 정해진다. 메시지의 절반만 있더라도 원래 메시지를 구현할 수 있다.

그러므로 중복도를 계산할 수 있다면 정보량을 절감할 수 있다. 예를 들어 "The quick brown fox jumps over the lazy dog"라는 문장이 손실되어 "Th q ic br wn fo jum s ove the l zy dog"만 도착했더라도, 원 문장을 재현할 수 있다. 이 방법에 따르면, 주어진 메시지를 전달하는데 여분의 부분을 제거하여 최저 정보량을 산출할 수 있었고, 메시지를 손상하지 않으면서 압축하는 것이 가능하다.

오류정정 시스템

수신된 신호 정보에서 잡음을 제거하는 것은 중요하다. [그림 5]에서 보듯이 섀넌의 오류정정 시스템에는 관찰장치(Observer)가 포함되어 있다. 송신자의 메시지(M)와 수신자의 메시지(M')를 받아서 비교하고 정정 데이터를 오류정정 장치(Correcting Devise)로 보낸다. 오류정정 장치는 수신자가 받은 메시지(M')와 관찰장치가 보내준 데이터를 종합하여 최종적으로 메시지(M)를 완성한다. 이 오류정정 시스템은 나중에 기계학습 메커니즘의 일부가 되었다.

0과 1이라는 두 기호가 전송될 확률이 1/2이고 초당 1000개의 속도로 발송한다고 가정해보자. 전송 중 일어나는 잡음으로 인해 오류가 발생하는데 평균 100개 중 하나가 잘못 전송된다고 가정하고 전송속도를 계산해 보자. 수신된 기호의 약 1%가 오류이기 때문에, 전송속도가 초당 990bit다. 그러나 수신자는 비교만 할 수 있을 뿐, 어디에서 오류가 발생하는지 알 수는 없다.

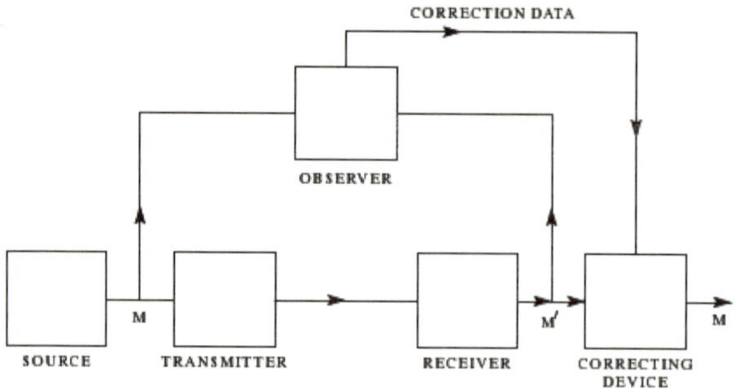

Fig. 8—Schematic diagram of a correction system.

◀ **그림 5** 섀넌의 오류정정 시스템 도식 (M은 메시지)

만약 최악의 상황, 잡음이 너무 커서 수신 기호가 전송 기호와 완전히 다를 경우를 생각해보자. 그런데 0과 1은 각각 1/2의 확률로 발생하므로 실질적으로 아무 정보도 전달하지 않더라도 전체 시스템이 초당 500bit의 정보를 받는 것과 같다. 수신 지점에서 동전만 던져지는 방식으로 기호를 재생해도 절반은 맞는다.

전송되는 정보의 총량을 잘 수정하려면 수신된 기호에서 무엇이 빠졌는지를 알 수 있어야 한다. 수신된 기호가 실질적으로 전송된 기호와 같은 것인지에 대한 불확실성(엔트로피)이 필요하다. 적절한 오류 수정을 위해서 전송된 정보량에 대해서 수신된 기호에서 빠진 정보의 양(실제 보낸 기호를 수신했을 때 불확실성)을 적용하는 것이다. 이것을 메시지의 조건부 엔트로피(conditional entropy of the message)라고 하는데, 수신된 기호를 알고 있는 상태에서, 잃어버린 정보를 측정하는 것이다. 수신된 기호의 평균적 애매함을 측정하는 것이다. 실제 전송률(R)은 생성률(정보원의 엔트로피)에서 조건부 엔트로피의 평균률(모호도)을 빼는 방식으로 계산한다.

섀넌 이후, 모든 것의 정보이론화

섀넌의 이론은 매력적이었고 열광적으로 받아들여졌다. 여러 대학은 세미나를 열었고 나중에 강의 과정을 개발했다. 라디오 공학 연구소(Institute of Radio Engineers, IRE)는 정보이론을 학술적으로 다루는 학술지를 신설하고 관련된 최신 연구를 실었다. 이를 통해 정보이론에 관한 전문가 그룹(Professional Group on Information Theory, PGIT)이 생겼다.

이 이론의 파생 학문이 다양한 영역으로 확산했다: 컴퓨터 과학, 정보기술, 전자 공학, 수학

등. 정보이론 개념들은 여러 다양한 공학 학제들과 융합했다. 1950년 제1차 런던 심포지엄에서 발표된 20개의 논문 중에서 6개가 심리학과 신경생리학에 대한 것이었다. 제2차 심포지엄에서는 그 수가 더욱 증가했다. 제3차 심포지엄 때는 해부학, 동물복지, 인류학, 컴퓨터, 경제학, 전자학, 언어학, 수학, 신경정신학, 신경생리학, 철학, 음성학, 물리학, 정치이론, 심리학, 통계학 등으로 참여자들의 학문적 배경이 매우 넓어졌다.

전후 시기, 장거리 통신 분야는 주파수 전송에서 데이터 전송으로 전환되었고 컴퓨터가 궁극적으로 새로운 수신 단말기가 되었다. 이 새로운 기술 분야는 효과적으로 데이터를 부호화하고 전달할 방법이 필요했고 섀넌의 개념은 그 해법을 개발하는 데 주도적 역할을 했다.

우주 통신을 위한 정보이론

정보기술의 궤적들은 수많은 사회적 요소들의 영향을 받는다. 이를테면 전문가 집단의 편향, 섀넌 개인의 견해, 하드웨어 기술 비용, 군사적 관심, 스푸트니크 발사와 같은 대중적 관심 등이 있었다. 1950년대 정보이론의 미래 방향에 대한 전문가 집단(PGIT)의 논쟁은 기술적이면서 사회적이었다. 예를 들어서 과학자들은 자신의 연구와 아무 관련이 없을 때조차도 연구자금을 받기 위해 "정보이론" 개념을 사용했다. 전문가 집단은 그런 현상에 책임을 느끼며, 관련 논문의 출판 여부를 강하게 통제하기도 했다.

정보이론에 대한 군사적 관심도 간과할 수 없다. 정부 기구는 항상 국가 간 경쟁에서 승리하고자 했다. 군대는 정보이론을 우주선에 적용하는 데 관심이 있었다, 심지어 신경생리학에 적용하는 문제에도 관심을 보였다. 군대의 관심은 이 분야의 방향에 영향을 주었다. 순수주의자들과 군대는 쉽게 '제휴'했다.

정보이론이 적용된 첫 응용 사례 중 하나는, 미군의 요구로 추진된 가성 주파수 기술(spread spectrum technology)이었다. 제2차 세계대전 동안, 라디오 신호는 통신만큼이나 미사일 유도에 사용되었고, 적군 탐지와 전파방해로부터 신호를 보호하는 데 중요했다. 가성 주파수 기술은 오늘날 셀룰러폰 CDMA 기술로 분기했다.

1957년 소련의 스푸트니크 인공위성 발사는 모든 것을 바꾸어 놓았다. 미국은 우주 경쟁에 뛰어들었다. 우주개발 프로그램은 신뢰할만한 통신에 관한 관심을 우주 공간으로 증폭시켰다. 1969년 화성 탐사선 마리너(Mariner) 6호와의 통신과 1977년 토성 탐사선 보이저(Voyager)호 통신에 정보이론이 적용되었다.

우주개발 기술은 코딩 기술의 발전만이 아니라 하드웨어 발전도 주도했다. 1958년 트랜지스터를 대체할 집적회로가 등장했다. 더 작고 빠른 집적회로가 계속 개발되면서 디코딩 문제는 더는 큰 문제가 아니었다. 하드웨어 기술은 빠르게 확장되었고, 보이저호가 발사된 때부터 목성에 도달(1979)할 때까지 데이터 전송률은 6배 증가했다.

세계를 이해하는 다른 방법, 세계가 아니라 기호 사이 관계

섀넌의 정보이론은 세계를 이해하는 완전히 다른 방법을 제시했다. 섀넌의 정보이론에서 정보는 의미의 자리를 대체하며, 기호 사이의 관계를 재현하는 새로운 질서부여 형식이었다. 현대 통신 시스템에서 정보는 정보원의 정보를 그대로 재현하는 것이 아니다. 정보원의 선택과 언어 구조적 중복을 결합하여 사실상 수신지에서 '새롭게' 구성되는 것이다. 해러웨이가 20세기 과학이 "재현(representation)"이라면, 현재의 과학은 "모의실험(simulation)"이라고 표현했던 것을 기억해보자.

우리는 정보를 해석함으로써 세계를 이해한다. 섀넌의 기계는 전혀 다른 차원, 즉 그 정보를 구성하는 기호 사이의 관계를 측정함으로써 그 정보를 '모사'한다. 이제 기계는 정보의 원천인 세계 자체에 관심을 두지 않아도 된다. 관심의 범위를 한정하여, 발생하는 기호 사이의 관계에만 관심을 가지는 것으로 충분했다. 그런 점에서 기계는 이제 세계 자체에 얽매이지 않아도 된다. 기계는 '자유로워졌다'.

[참고문헌]

Shannon, C. E. 1948. A Mathematical Theory of Communication. *The Bell System Technical Journal* 3 (27), 379-423.

Shannon, C. E. 1951. "Prediction and Entropy of Printed English" *The Bell System Technical Journal* 30 (1), 50-64.

안수길 · 안지환. 1980. "공백소를 포함한 한글 자소 발생 확률과 엔트로피" 전자공학회지 17(2) : 23-28.

2.5 컴퓨터 열광과 해커 문화

일반적으로 기술은 흔히 실용성 때문에 선택된다고 알려져 있다. 그런데 컴퓨터의 등장과 진화과정은 합리적 이유 없이도 기술이 성장하는 사례를 보여준다. 예를 들어 최초의 소형컴퓨터, 알테어 8800은 사실상 '아무런 기능 없이' 태어났다. 어떤 도구가 기능 없이 제작될 수 있는가? 아마도 기술사용자의 만족은 기능에만 한정된 것이 아닐 수 있다. 개인 컴퓨터의 등장은 당시 사회문화와 관련된 동력을 가지고 있었다. 우리는 개별 기술의 효율성보다는 문화적 차원의 집단적 동기를 들여다볼 필요가 있다.

거대 컴퓨터 시대에서 소형컴퓨터 시대로

컴퓨터는 20세기 정보혁명의 주인공이 되었다. 제2차 세계대전 중이었던 1945년 탄도 계산을 위해서 세계 최초 범용 전자식 컴퓨터 애니악(ENIAC, Electronic Numerical Integrator and Calculator)이 개발되었다. 애니악은 수백 명이 계산 작업을 해야 하는 대규모 데이터를 처리할 수 있었다. 같은 시기 폰 노이만은 최초의 프로그램 내장형 컴퓨터 애드박(EDVAC, Electronic Discrete Variable Automatic Computer)을 개념화했다.

애드박을 상업적 용도로 응용한 컴퓨터, 유니박(UNIVAC, Universal Automatic Computer)은 1952년 미 대통령 선거에서 아이젠하워의 승리를 예측하기도 했다. 한편 1948년 영국 맥스 뉴먼 교수팀은 맨체스터 마크 원(Manchester Mark 1)을 개발했기 때문에, 유니박 컴퓨터보다 앞섰다고 평가받는다. 1964년 "IBM 시스템 360시리즈"가 출시되었다. 이들 초기 컴퓨터는 수십만 달러 이상 나가는 대형 컴퓨터(main frame)였고, 이를 갖췄던 기관은 정부, 군대, 대기업과 대학들이었다.

1960년대 말, 소형 컴퓨터들이 출현하기 시작했다. 대표적인 소형컴퓨터는 1965년 DEC(Digital Equipment Corporation)사가 출시한 PDP-8 이었는데, 집적회로

(integrated circuits, IC) 기술을 이용하여 크기를 줄일 수 있었다. 1971년 인텔(Intel)사는 마이크로프로세서 4004 칩과 8008 칩을 개발했다. 이것은 제어, 연산, 기억장치를 하나의 칩에 구현한 것으로 입출력 장치만 달면 컴퓨터 기능을 할 수 있게 되어 컴퓨터 구현에 전환이 일어났다.

소형 컴퓨터의 등장은 사회문화적인 배경과 관련이 있었다. 1960년대 국가주의와 냉전 체제에 반대하는 사회문화가 크게 성장했다. 대표적으로 유럽에서는 68 학생운동이 있었고, 북미에서는 베트남 전쟁 반대 운동과 히피 문화가 있다. 그들은 틀에 박힌 가부장적 국가주의를 탈출하여 개별 인간존재로써 근본적인 자유를 희망했다. 그들은 메인 프레임(대형 컴퓨터)에 자유롭게 접속하고 싶었지만, 메인 프레임은 정부나 대학의 재산권으로 관리되고 있었다. 그들은 컴퓨터에 접속하기 위해서 '해커'가 되어야 했다. 컴퓨터는 그들에게 '자유'를 상징했다.

해커, 컴퓨터광

스튜어트 브랜드(Stewart Brand)는 1972년 스탠퍼드대 인공지능연구소와 제록스파크 연구소를 방문했다. 그때 그곳 연구원들이 "스페이스 워(Space War)"라는 네트워크 게임을 만들고 함께 플레이하는 걸 목격했다. 브랜드는 〈롤링스톤〉 잡지에 "스페이스 워"라는 제목으로 그들에 대한 감상을 기고했다. 그 게임을 하던 연구자들의 모습에서 영감을 받아서 그들을 해커(hacker)라고 명명했다.

> "그들은 폭주족에게서 볼 수 있는 바로 그런 모습이다. 진정한 해커는 집단적 인간이 아니다. 그는 밤새 내내 깨어 있기를 좋아했고... 그와 그의 기계는 사랑-증오의 관계이고...그들은 뛰어나지만, 협의적 목표에는 전혀 관심이 없는 아이들이다. 컴퓨팅은 그렇게 할 수 있는 이야기 속에나 있을 것 같은 공간이다(Brand, 1972)."

해커 문화는 1970년대 자유 언론 운동(Freedom of Speech)과 혼합되었는데, 전통적인 국가 또는 규범을 좋아하지 않았다. 그들은 인터넷 구조가 자유 언론의 원리를 내재화하고 있다고 믿었다. 존 페리 발로(John Perry Barlow)의 '사이버스페이스 독립선언(1996)'은 이를 잘 묘사하고 있다. 마지막 진정한 해커라고 불리는 리처드 스톨만은 소프트웨어 공유를 주장하는 GNU 운동을 주도했다. 애플 창업자 스티브 잡스(S. Jobs)는 자신의 직원들에게 해커 정신을 강조했다.

◀ **그림 1** 스튜어트 브랜드(Stewart Brand)는 "스페이스 워" 게임을 하던 연구자들의 모습에서 영감을 받아서 그들을 해커(hacker)라고 명명했다.

소형컴퓨터, 알테어 8800

1975년 미츠(MITS)사는 마이크로프로세서에 기반을 둔 소형컴퓨터, '알테어 8800(Altair 8800)'을 출시했다. 초기 알테어는 마이크로프로세서와 온-오프 스위치, 네온 점등관으로 구성된 본체만 있었고 그 외 오늘날 컴퓨터의 기본 장치들이라고 할 수 있는 모니터와 키보드는 없었다. 그런데도 알테어는 컴퓨터 애호가들에게 인기가 높았다. 그들은 주로 전자산업과 관련된 분야에서 일하던 젊은 남성들이었다.

알테어는 사실상 아무런 기능도 없었지만, 사람들을 열광시키는 힘이 있었다. 이 기계의 기능은 출시 후 컴퓨터 애호가들에 의해서 '만들어졌다'. 그들은 알테어를 어디에 사용할지를 함께 궁리하기 위해 '홈브루 컴퓨터 클럽(Homebrew Computer Club)'을 조직했다. 홈브루 클럽은 매주 수요일 저녁마다 열렸고, 사람들은 알테어를 이용한 자신의 개발내용을 공유했다.

누군가는 알테어를 이용해서 간단한 악보 연주를 시연했다. 그리고 다른 누군가는 알테어를 위한 프로그래밍 언어를 개발했다. 그들이 만든 다양한 부가장치와 소프트웨어 덕분에 알테어는 점차 그럴듯한 기계가 되어갔다. 그들은 알테어에 매혹되어 이 기계의 진화에 열정을 불어넣었다. 그들은 알테어와 함께 자신들만의 새로운 세계를 형성했다.

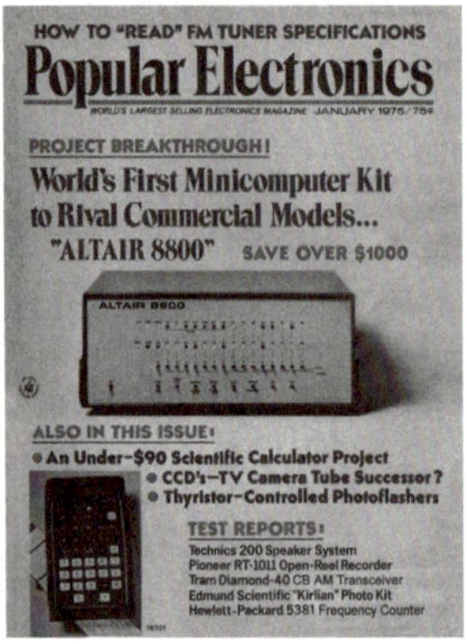

◀ **그림 2** 잡지 "파퓰러 일렉트로닉스(Popular Electronics, 1975년 Vol 7, Number 1)"의 표지 사진에 등장한 알테어 8800

이 클럽의 참여자였던 스티브 잡스(Steve Jobs)와 스티브 워즈니악(Steve Wozniak)은 1976년 애플 I (Apple I)을 개발했다. 그러는 동안에도 IBM, 제록스, HP 등 컴퓨터 대기업들은 소형컴퓨터의 가치를 이해하지 못했다. 당시 스티브 워즈니악은 휴렛팩커드(HP)사의 직원이었는데, 그가 제작한 애플 컴퓨터에 대한 지식재산권이 회사에 귀속될 수 있는 상황이었다. 그런데 정작 워즈니악을 면담한 회사 임원은 애플 컴퓨터의 중요성을 전혀 인식하지 못했다. 그는 "도대체 일반인들에게 왜 컴퓨터가 필요한가?"라며 오히려 의아해했다. 거대 컴퓨터 생산 회사의 관점에서 컴퓨터란 개인이 사용할 수 있는 기계가 아니었다. 덕분에 두 명의 스티브는 자유롭게 애플 컴퓨터를 출시할 수 있었다.

잡스와 워즈니악과 같은 새로운 개발자 세대에게는 명백해 보이는 것이었지만 대형 컴퓨터 생산 기업에게는 아무것도 보이지 않았다. 애플은 곧이어 애플II를 출시했다. 애플II 컴퓨터는 컬러 그래픽을 구현하고 있었고, 모니터, 키보드 본체, 플로피 디스크 드라이브 등을 포함하고 있어서 오늘날 개인용 컴퓨터의 전형을 구축했다. 애플 컴퓨터의 등장으로 당시 가장 큰 컴퓨터 회사 IBM의 입지는 크게 흔들렸다.

IBM PC, 개방형 구조

IBM, HP, 제록스 등 거대 컴퓨터 기업들은 1970년대 애플의 성공 앞에서 당황했고, 뒤늦은 1981년 소형컴퓨터 시장에 뛰어들었다. 애플의 개인용 컴퓨터로 IBM이 위기를 맞았기 때문이다. IBM은 인텔의 16bit 마이크로프로세서와 마이크로소프트(MS)사의 MS-DOS를 장착한 일명 "퍼스널 컴퓨터(PC, Personal Computer)"를 출시했다.

이때 IBM은 자사의 컴퓨터 설계 및 운영체제를 공개했다. IBM은 후발 주자였기 때문에 과감한 전략이 필요했다. 소형컴퓨터 시장을 주도하던 애플 계열 컴퓨터가 다른 부품과 호환을 인정하지 않는 완결적 구조(폐쇄형)였는데, 그에 비해 IBM PC는 일정한 규격만 따른다면 어떤 부품과도 호환 가능한 개방적인 구조를 택했다.

특히 컴퓨터를 설계하는데 핵심인 하드웨어의 회로도 및 바이오스(BIOS: 데이터 입출력 방식을 정하는 기본 프로그램)의 소스 코드를 공개했다. 그 결과 IBM 외의 다른 제조사에서도 IBM PC와 호환되는 하드웨어, 소프트웨어, 그리고 주변기기를 자유롭게 생산해서 판매할 수 있었다. 덕분에 개인 사용자는 개별 부품을 구매한 후 컴퓨터를 조립하는 것도 가능했다. 이런 방식을 '개방 체계(open architecture)'라고 한다. 그 결과 IBM 호환용 컴퓨터는 사실상 표준(de facto standards)이 되었다. 이후 "PC"라는 이름은 소형컴퓨터를 지칭하는 일반 명사가 되었다.

IBM PC는 세부 구성면에서도 범용성이 높았다. 첫 번째 모델인 IBM PC 5150은 인텔의 8088 CPU와 5.25인치 플로피 디스크 드라이브를 갖춘 것이 하드웨어 상의 가장 큰 특징이었는데, 이 모두 IBM 외의 다른 회사에서도 비교적 쉽게 조달할 수 있는 부품들이었다.

◀ **그림 3** IBM의 퍼스널 컴퓨터 (1981), IBM은 PC 호환 컴퓨터 개념을 도입하여, 오늘날 개인용 컴퓨터의 전형이 되었다. 컴퓨터 사용자의 권한을 강화하는데 기여했기 때문에 범용 모델이 될 수 있었다.

IBM PC 운영체제는 마이크로소프트(MS)사와 공동으로 개발한 PC-DOS를 적용했다. PC-DOS는 IBM 제품 전용이었지만, 이와 호환되는 컴퓨터 제조사들 대상으로 판매도 가능했다. 이러한 장점에 힘입어 컴팩, 델, HP 등의 여러 제조사에서 IBM PC와 호환되는 컴퓨터를 대량으로 생산·판매했다. IBM PC 운영체제(OS)를 제공했던 마이크로소프트(MS)사는 PC 호환 컴퓨터의 확산과 더불어 소프트웨어 분야에서 크게 성장할 수 있었다.

그런데 IBM PC보다 IBM 호환 PC가 훨씬 많이 팔리기 시작했다. 각 컴퓨터 제조사들이 단순히 IBM PC를 흉내 내기에 그치지 않고, IBM PC를 능가하는 성능과 기능을 가진 IBM 호환 PC를 내놓기 시작했다. 1986년에 컴팩에서 인텔의 신형 32bit CPU인 '80386(일명 386)'을 탑재한 PC/AT 아키텍쳐 기반 PC를 IBM보다 먼저 출시했다. 역설적이게도 'IBM PC'가 'IBM 호환 PC'에게 압도당하기 시작했다.

현재도 흔히 쓰이는 데스크톱이나 노트북은 대부분이 IBM 호환 PC 체계에 기반을 둔 컴퓨터이다. 그러나 2004년 IBM PC는 생산을 중단했다. IBM은 PC 사업 부문을 중국의 레노버(Lenovo)에 매각하여 PC 시장에서 완전히 물러났다. IBM은 PC 호환성 개념을 통해서 컴퓨터 사용자의 선택 가능성과 권한 강화에 기여했고, 이것은 컴퓨터의 확산에 기여했다. IBM PC는 사라졌지만, 개방형 컴퓨터라는 그들의 기술 비전은 계승되었다.

인터페이스 혁명, GUI: 기계와 기계 사이 통신량 증가

1970년대 후반, 제록스(Xerox)사의 팔로알토 연구소(Palo Alto Research Center)는 "그래픽 사용자 인터페이스(GUI, Graphic User Interface)"를 개발했지만, 정작 경영진은 그 중요성을 이해하지 못했다. 오히려 애플의 스티브 잡스는 GUI의 잠재성을 즉각적으로 이해했다. 당시 컴퓨터는 여전히 사용하기 까다로운 기계였다. GUI를 적용하면 더 쉽게 컴퓨터를 사용할 수 있고 그러면 더 많은 사용자가 컴퓨터를 구매할 것이다.

이후 애플은 GUI 기반 컴퓨터 '리사(LISA, 1983)', '매킨토시(Macintosh, 1984)'를 출시했고 상업적인 성공을 이뤘다. 그러자 사람들은 GUI 운영체제를 '매킨토시 시스템'이라고 불렀다. 매킨토시는 지금도 애플사를 대표하는 컴퓨터 모델이다. 매킨토시 컴퓨터는 방송 광고로도 유명하다. 같은 해 방영되었던 매킨토시 광고 "1984"는 컴퓨터 업계를 지배하던 IBM을 '빅 브러더'에 비유했다. 당시 애플과 IBM은 개인용 컴퓨터 시장의 경쟁자였고 누가 챔피언이고 누가 도전자인지 알 수 없는 상황으로 변해 있었다. 스티브 잡스는 1984의 상징을 통해서 자신들의 컴퓨터가 '자유'를 줄 것이라는 암시를 던졌다.

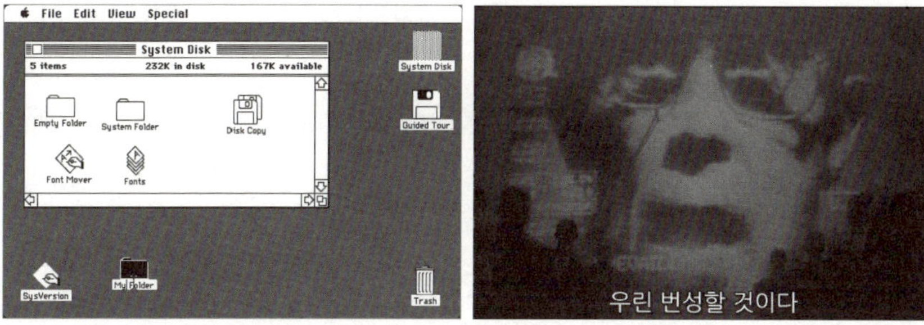

▲ **그림 4** 매킨토시의 GUI 화면과 매킨토시 광고 〈1984〉의 빅 브러더 출연 장면. 스티브 잡스는 GUI를 도입하여 컴퓨터를 대중화했고, 〈1984〉의 상징을 이용해서 컴퓨터가 '자유'를 줄 것이라고 암시했다.

매킨토시가 성공을 거두자 마이크로소프트(MS)사는 매킨토시의 GUI 체계를 모방하여 새로운 운영체제 윈도즈 시리즈를 개발했다. 당시 마이크로소프트(MS)사는 애플 매킨토시 소프트웨어를 납품하고 있었다. 윈도즈 프로그램은 애플과의 법정소송을 거쳐서 합의에 이르렀다. 1995년 마이크로소프트(MS)사가 윈도즈 95(Windows 95)를 출시하여 성공을 거둠으로써 본격적으로 GUI 기반 컴퓨터가 대중화되었다.

GUI 방식은 인간과 컴퓨터가 소통하는 방식의 혁명적 전환이었다. 그 이전에 컴퓨터 사용자는 컴퓨터와 기계적 작동 또는 프로그램 명령어 방식으로만 대화할 수 있었다. 이제 사용자들은 화면상의 텍스트나 이미지를 마우스로 클릭하는 것만으로 컴퓨터 기능을 쉽게 활성화할 수 있다. 나머지는 컴퓨터가 알아서 절차를 진행해 주었다. GUI는 인간 사용자와 컴퓨터 사이의 '의사소통의 자동화'를 의미했다. 인간과 컴퓨터와의 통신량보다 컴퓨터 내부의 기계적 구성 요소 사이의 통신량이 증가했다.

하나의 운영체제, 다수의 응용 프로그램

IBM PC 상의 운영체제 MS-DOS(Microsoft Disk Operating System)는 잘 알려진 프로그램이다. 1980년대 IBM은 개인용 컴퓨터를 제작하기로 정책을 변경하면서도 소프트웨어의 중요성을 이해하지 못했다. 그들에게 컴퓨터는 상품이었지만 소프트웨어는 상품이 아니었다. 마이크로소프트(MS)사의 빌 게이츠(Bill Gates)와 그 동료들은 DOS 코드를 사들여 수정한 후 IBM PC용으로 납품했다. 이것이 최초의 대중화된 운영체제이다. 1981년 8월 처음 PC에 적용되었고, 1995년 개발이 중단될 때까지 몇 차례의 버전이 갱신되었다.

MS-DOS라는 독립 제품으로서의 윈도95가 출시된 이후부터는 윈도 제품의 일부로서 제공되었다.

마이크로소프트 윈도즈 95는 매킨토시를 모방하여 멀티태스킹과 GUI 환경을 제공하는 형태로 출시되었다. 현재 윈도즈의 기반이 되는 시작 메뉴, 작업 표시줄 등의 기능이 이때 등장했다. 프로그램 관리자는 윈도즈 탐색기라는 프로그램으로 대체되고 바탕화면도 파일, 폴더, 시스템 아이콘들을 배치할 수 있게 만들었다.

마이크로소프트의 윈도즈 시리즈는 응용 프로그램의 활용도를 개선했고 전용 응용 프로그램 시장을 창출했다. 기본적인 사용법과 화면 구성까지 거의 매킨토시 OS를 그대로 모방한 수준이었는데도 윈도즈 95는 사용자들을 끌어들였다. 마이크로소프트 문서 작성기 "워드(Word)"와 "엑셀(Excel)" 같은 사무용 프로그램을 제공하면서 사용자층이 많아졌다.

마이크로소프트사는 제품 개발에 과도한 돈을 낭비하지 않았고 제품이 출시된 후에는 기술지원과 다양한 회유책을 통해 응용 프로그램을 확보하는 전략을 구사했다. 마이크로소프트사는 OS의 성패가 풍부한 응용 프로그램 제공에 달려있다는 것을 알았고, 충분한 응용 프로그램을 확보하는 것이 OS 자체의 안전성보다 중요하다고 보았다. 상대적으로 IBM과 애플은 그 부분을 간과했다. 애플은 높은 기술력과 안정적이고 완성도 높은 프로그램들을 만들었지만, 매킨토시에서 사용할 수 있는 응용 프로그램 수는 너무 적었다.

현재도 개인용 컴퓨터 운영체제의 약 75%는 마이크로소프트 윈도즈 시리즈를 사용하고 있다. 윈도 운영체제는 IBM 호환 PC의 확장에 힘입어 매킨토시 OS보다 훨씬 더 큰 시 장을 점유했다. IBM 호환 PC는 저렴하고 호환가능성 때문에 인기가 있었다. 그런 만큼 일반 사용자들에게 익숙했고 사용 가능한 응용 프로그램도 많이 개발되어 사용자들은 다양한 선택을 할 수 있었다. 그런 만큼 보안에 취약한 운영체제로 인식되기도 했다.

컴퓨터 산업은 변화가 빨랐다. 뒤늦게 IBM은 소형컴퓨터 제작에 착수했지만, 상황을 전변시킬 수는 없었다. 1990년대 애플은 다양한 응용 프로그램을 제공해야 한다는 새로운 패러다임에 취약했다. 소프트웨어 분야에서 강자였던 마이크로소프트사도 인터넷 기술 패러다임을 읽어내지 못했다. 이렇게 한 때는 혁신적이었던 기업들도 빠른 변화 앞에서 기회를 만들지 못하기 일쑤였다. 단순히 변화가 빠르다는 것만으로는 충분하지 않은 설명이다. 컴퓨터 산업에 진입하는 참여자들이 많았고, 그들의 문화가 '자유'를 지향했다는 점도 간과할 수 없다. 그들의 자유를 지원하는 형식만이 '날개'를 얻을 수 있었다.

마이크로소프트사, IT 독점기업의 등장

1991년 월드와이드웹(WWW)이 등장했지만 빌 게이츠조차도 인터넷의 위력을 과소평가했다. 그런데 1990년 중반이 되자 인터넷이 급격하게 확장되었다. 1994년 넷스케이프 커뮤니케이션즈사는 자사의 웹브라우저 모자이크(Mosaic)를 개선하여 "넷스케이프"라는 이름으로 출시했다. 곧이어 넷스케이프는 웹브라우저의 표준이 되었다.

웹브라우저의 위력을 뒤늦게 깨달은 빌 게이츠는 마이크로소프트(MS)의 핵심 전략을 인터넷으로 전환한다고 선언했다. 그리고 넷스케이프를 거의 그대로 모방한 인터넷 익스플로러를 출시했다. 그런데도 인터넷 익스플로러가 고전을 면치 못하자 익스플로러 4.0을 무상으로 배포했다.

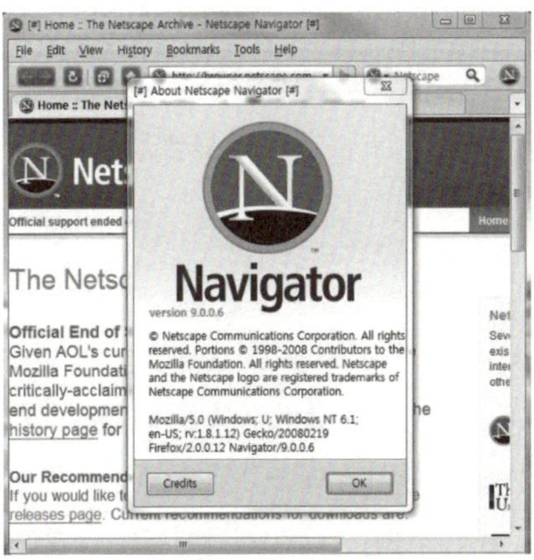

◀ **그림 8** 넷스케이프 마지막 버전. 마이크로소프트는 인터넷 브라우저 후발 주자였지만 운영체제 시장 점유율을 이용해서 넷스케이프를 몰락시켰다. (자료: 나무위키)

마이크로소프트는 당시 자사의 OS(윈도즈 95)의 독점력을 이용하여 웹브라우저를 끼워 팔았다. 이에 시장 점유율이 5%에서 90%로 수직으로 상승했다. 그 결과 넷스케이프의 주가는 하락했다. 더 나아가 컴팩, HP, AOL, 애플 등 다른 회사들을 위협해서 넷스케이프 사용을 방해했다. 넷스케이프는 소스 코드를 공개하는 방법까지 시도하면서 저항했으나 결국 4년 만에 서비스를 중단했다. 이 사례는 하나의 기술시스템이 다른 경쟁하는 또는 대안적인 시스템을 철저히 파괴할 수 있음을 대표적으로 보여준다.

이 사건은 마이크로소프트사를 독점기업으로 각인시켰다. 이에 미 법무부는 1994년 마이크로소프트사가 반독점법을 위반했다는 이유로 소송을 제기하였다. 이 소송에서 미연방 지방법원은 마이크로소프트사에게 독점 관행을 중단하라고 예비 금지명령을 내렸다.

1998년 법무부도 윈도즈 98의 출시와 함께 MS사의 독점화, 끼워팔기 행위 등에 대한 반독점소송을 제기했다. 2000년 4월 MS의 독점 판결과 회사 분할 명령이 내려졌지만, 즉각적으로 항소했다. 지루한 공방 결과 2001년 6월 연방 항소법원은 운영프로그램 공개 등을 조건으로 마이크로소프트사에 내려진 회사 분할 명령을 기각했다. 자유 소프트웨어 운동 진영에서 마이크로소프트 회사 분할보다는 윈도즈 프로그램 소스 공개를 원했다. 회사가 분할되어 작은 회사가 된다면 독점법의 제한을 받지 않기 때문에 다른 소프트웨어 회사를 더욱 가혹하게 공격할 수 있었다.

마이크로소프트 운영체제 프로그램을 공개함으로써 독립 프로그램 개발자가 마이크로소프트 운영체제상에서 자신의 프로그램을 운용할 수 있게 되었다. 그런 조건이 일찍 적용되었더라면 넷스케이프는 안전했을 것이다. IT 독점기업은 이전의 어떤 독점기업보다도 거대하고 잔인할 수 있었다. IT 독점기업은 무심히 자구책을 시도한 것이겠지만 그 결과는 폭력적이었다. 사회 제도가 그런 문제를 해결하는 데는 시간이 걸렸고 그동안 희생자가 발생했다.

보편 기계, 컴퓨터

개인용 컴퓨터의 필요를 가장 먼저 이해했고, GUI의 잠재성을 현실로 만들어냈던 집단은 스티브 잡스나 빌 게이츠 같은 젊은 해커들이었다. 그들은 컴퓨터 애호가 집단의 문화 속에서 성장했기 때문에 대중용 컴퓨터의 가능성을 잘 이해했다. 애플 컴퓨터의 등장은 거대 기업 IBM을 붕괴 직전까지 흔들었고 애플을 뒤따라 개인용 컴퓨터시장에 뛰어들게 만들었다.

개인용 컴퓨터 시대의 사용자들은 알테어 사용자들의 계승자들이기는 하지만 알테어 시대의 사용자들과는 달랐다. 컴퓨터 사용자들은 알테어 사용자처럼 제작자의 특성보다는 소비자의 특성이 강해졌다. 컴퓨터의 기능을 스스로 만들어내기보다는 컴퓨터를 사용하여 다른 일을 잘할 수 있기를 기대했다. 알테어 사용자들은 알테어가 기능이 없었음에도 환호했는데 이 점에서 알테어와 알테어 사용자들의 관계는 '동료 행위자' 관계였다. 반면에 컴퓨터와 컴퓨터 사용자 사이 관계는 '주인'과 '도구'의 관계로 다소 이동했다.

컴퓨터는 도구였지만 동시에 '보편 만능 기계(universal machine)'의 성격도 가지고 있었다. 컴퓨터는 하나의 기능으로 고정된 기계가 아니었다. 컴퓨터는 여러 기능을 수행할 수 있다. 문서도 편집하고 인터넷도 하고 게임도 하고 전화를 걸기도 한다. 자동차를 운전하거나 로켓을 쏘아 올리기 위한 계산도 한다. 로봇을 움직이고 핵발전소 시스템을 운영한다. 컴퓨터는 기능을 가진 도구이지만 자신의 기능을 확장할 역량도 가지고 있다.

한편 개인용 컴퓨터의 보편적 역량 때문에, 컴퓨터 사용자들은 자신의 컴퓨터를 완전히 통제하지는 못한다. 우리는 컴퓨터를 구매하고 매일 사용하지만, 자신의 컴퓨터를 완전히 이해하지 못하며 완전히 장악하지도 못한다. 우리가 컴퓨터에서 문서를 작성할 때 사용하는 문서 편집기는 컴퓨터 표준에 맞게 제작되어야만 한다. 우리가 온라인 거래를 하려면 해당 은행은 컴퓨터에서 작동할 수 있는 거래 프로그램을 제공해야만 한다. 우리 컴퓨터는 매일 매시간 여러 가지 프로그램을 업데이트하기 위해서 자동으로 서비스 회사와 통신한다. 컴퓨터 사용자는 자신의 컴퓨터가 어떤 내용으로 통신하고 있는지 알지 못한다.

또한, 마이크로소프트사의 독점 현상에서 볼 수 있듯이, 정보기술 영역에서 독점화는 쉽게 일어나는데, 이는 컴퓨터에 대한 사용자의 통제가능성이 낮아지고 있음을 시사한다. 시장 표준화가 일어나면 즉각적으로 제품 생산자나 사용자는 모두 이득을 얻는다. 제품 생산비용이 저렴해지고 예상 가능한 공급을 할 수 있기 때문이다. 사용자는 익숙한 환경에서 추가로 기능을 누릴 수 있다. 그래서 정보기술 분야는 하나의 기준으로 응집되기 쉽고 그 기준을 확보한 기업이 시장을 독점하기 쉽다. 그렇게 되고 나면 그 기준을 보유한 기업이 더 강한 통제권을 행사할 수 있다. 이것은 컴퓨터 윤리의 주요한 의제이다. 누가 통제권을 가지나? 사용자는 그 기계의 정당한 주인이 될 수 있나?

[참고문헌]

월터 아이작슨. 2011. 〈스티브 잡스〉 안진환 역. 민음사.

주철민. "마이크로소프트 반독점 소송과 그 의미". 정보공유연대 웹사이트.

Brand, S. 1972. "Space War: Fanatic Life and Symbolic Death Among the Computer Bums". http://www.wheels.org/spacewar/stone/rolling_stone.html

Himanen, Pekka. 2001. *The Hacker Ethic, and the Spirit of Information Age: A Radical Approach to the Philosophy of Business*. Random House.

2.6 온라인 게임과 사이보그 행위자

최근 가상 세계 활동이 증가하면서 인간과 기계의 상호 활동이 긴밀해지고 있다. 흔히 '행위자(actor)'라는 말은 행위성의 담지자(possessor of agency)를 말하는데, 전통적으로 우리는 인간만을 행위자라고 보아왔다. 그러나 최근에는 그 행위자 개념을 더 넓게 사용하기 시작했다. 행위성이란 자신이 원인으로 작용하여 어떤 결과의 차이를 불러오는 작용을 의미한다. 인간이든지 인공물이든지 관계없이 결과의 차이를 불러온다면 행위자라고 정의할 수 있다. 원인자로서 현상을 생산해낼 수 있다는 점에서 행위자는 현실을 구성하는 힘을 가지고 있다. 예를 들어 온라인 컴퓨터 게임은 게임봇 같은 새로운 행위성을 만들어내고 있다. 이 같은 행위성 또는 행위자는 가까운 미래에는 일상적인 존재가 될 가능성이 있다.

행위자의 세 가지 특질

철학자들은 '주체'나 '존재' 개념만큼이나 '행위자' 개념에 관심을 두었다. 모든 개념이 그렇듯이 행위자도 완전하게 정의하기는 어렵다. 정보기술 철학자 프로리디와 샌더스(Floridi & Sanders, 2004)는 행위자로 규정할 수 있는 기준을 세 가지 제시했다: (a) 상호작용 (Interactivity) (b) 자율성 (Autonomy) (c) 적응성 (Adaptability)이다.

먼저, 상호작용성(interactivity)은 행위자와 그 행위자를 둘러싸고 있는 환경이 서로에 대해 작용하는 것을 말한다. 예시로는 두 물체 사이의 중력은 행위자와 수용자 양측에 의한 동시적 개입 행위다. 모든 유기체는 본성적으로 자연과 상호작용한다. 기계도 사용자의 입력에 대해서 미리 정의된 규칙적 대응 값을 출력하는 능력이 있다. 기계의 관점에서 사용자는 환경에 속한다.

다음으로, 자율성(autonomy)은 단지 환경과의 상호작용으로 인한 반응이 아니다. 외부로부터의 자극 유입 없이도 내적 상태변화를 할 수 있어야 한다. 자신의 내재적 전이 규칙에 따라 자율-관리 방식으로 자신의 상태를 바꿀 수 있다. 그러려면 행위자는 적어도 두 가지 이상의 내적 상태를 가지고 있어야 한다. 행위자는 서로 다른 여러 상태(선택 방향) 가운데 하나를 결정함으로써 다른 선택을 했을 때와 결과의 차이를 만들어낸다. 무엇보다도 자율성의 중요한 특질은 비결정성이다. 자율성의 발생 원인은 내적이며 외부로 드러나지 않는다.

마지막으로 적응성(adaptability)은 행위자의 상호작용 결과가 자신의 상태를 변화시키고, 이로써 전이 규칙 자체를 변화시키는 것을 말한다. 행위자가 추상적 차원(Level of Abstract)에서 그 자신의 경험에 대해 이중적 태도를 보이는 성질이다. 한편으로는 경험에 의존하면서 다른 한편으로는 그 경험을 비판하는 방식으로 학습하는 것이다. 그 최종 결과를 내장함으로써 이후 자신의 작동 방식에 반영한다. 적응성이 발휘되고 나면, 상호작용성과 자율성도 변화가 일어난다.

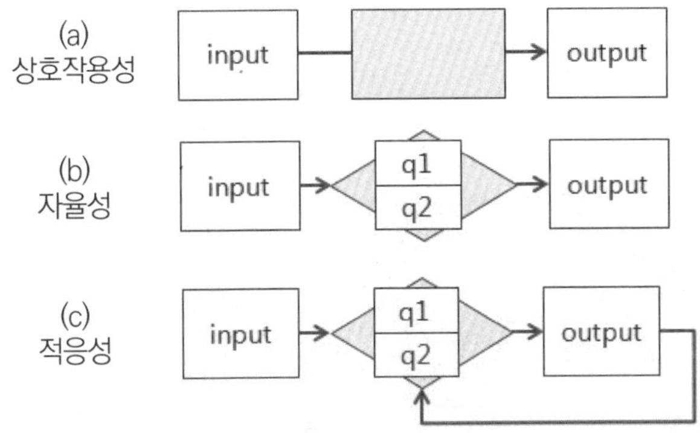

◀ **그림 1** 상호작용성-자율성-적응성 비교: 상호작용성은 외부의 입력에 대한 반응(결과)이고, 자율성은 입력을 내적으로 판단하여 결과를 내며, 적응성은 도출된 결과를 다시 내적 규칙 속으로 반영한다.

이상 행위자의 세 가지 특질을 도식화한다면 [그림 1]과 같다. (a) 상호작용성에서 입력(input)은 그에 조응하여 미리 규정된 출력(output)을 불러일으킨다. 이때 행위자의 신체를 관통하는 만큼의 지체가 발생한다. (b) 자율성에서 입력은 행위자의 내적 판단을 거쳐서 어떤 선택(상황1과 상황2)을 수행한다. 행위자는 입력의 의미를 해석하고 그에 가장 적합한 결과를 출력한다. (c) 적응성은 자신의 출력결과에 대한 환경의 반응을 재입력함으로써, 기본값(내적 전이 규칙)을 변경한다. 그림에서 보듯이 적응성은 결과(output)에서 나온 화살표가 다시 내적 판단 알고리즘으로 재진입한다. 이 때 환경을 관통해야 하므로 추가로 지체가 발생한다. 이 지체는 환경의 반응을 행위자 자신의 내부로 수용하는데 걸리는 시간이다.

상호작용성과 자율성 그리고 적응성은 반드시 순차적인 단계는 아니다. 상호작용성만 있고 자율성은 없는 상태로 적응성을 가질 수도 있다. 어떤 것이든지 적응성의 작동 메커니즘은 외부 반응을 내재화하는 것을 의미한다. 인간은 세 가지 특질을 모두 가지고 있으므로 이 행위자의 기준에 부합한다. 그렇다면 인간 이외에는 무엇이 행위자로 불릴 수 있을까?

온라인 게임 속 행위자

우리는 온라인 게임 안에서 행위자 가능성을 발견한다. 몇 가지 예시를 살펴보자. 우선 (i) 게임 내에 등장하는 드래곤 같은 가상 몬스터(자동프로그램)는 상호작용성이 있다. 게임 플레이어가 공격하면 몬스터도 플레이어를 공격한다. 상대가 공격하지 않는다면 아무 반응도 하지 않는다. 몬스터 입장에서 플레이어는 환경이다. 먼저 공격하는 몬스터도 있다. 하지만 이것 역시 정해진 범위 안으로 상대방이 들어오는 조건에 의한 반응이다. 비록 게임 몬스터의 작동은 단순하지만, 외부 환경에 일관된 상호작용성을 가지고 있다.

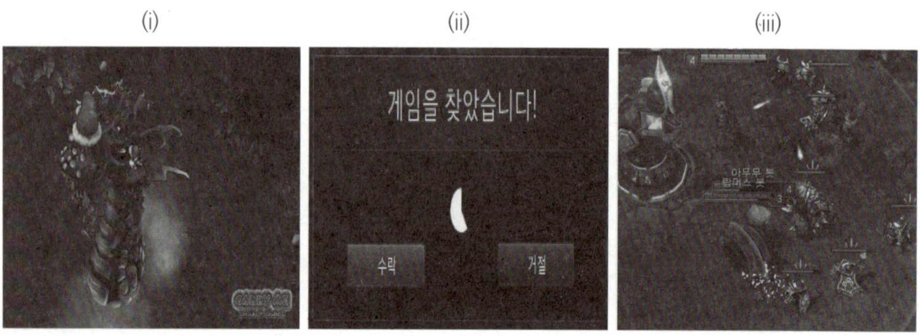

▲ **그림 2** 온라인 게임 내 행위자 예시: (i) 몬스터, (ii) 게임 매칭 시스템, (iii) 게임봇 (그림자료: 리그 오브 레전드)

다음으로 (ii) 게임 매칭 시스템은 자율성과 적응성이 있다. 이 메커니즘은 플레이어들 사이의 대전(PVP)에서 양편의 승률이 50:50이 되도록 배정하는 알고리즘이다. 매번 대전의 승패 결과에 따라 플레이어들의 등급은 갱신된다. 이것은 엘로(ELO) 알고리즘에 기반하고 있는데, 매 순간 승률 변이량을 반영하여 전체 플레이어들의 상대적 위치를 재배열한다. 모든 플레이어의 실력 변화를 내재화함으로써 대전 매칭 시스템은 거의 실시간으로 갱신된다.

이 알고리즘은 약점이 있는데 바로 적응성 때문에 발생하는 것이다. 매칭 알고리즘을 적용하여 게임을 거듭할수록 플레이어 사이의 등급 격차가 벌어지는 팽창 현상이 일어난다. 승률 평가가 누적하여 강화되면서 최상의 등급과 최하위 등급의 승률 거리가 점점 더 멀어지는 것이다. 사실 이런 현상은 온라인 게임만이 아니라 거의 모든 게임에서 나타난다. 그 이유는 두 가지 정도를 생각해 볼 수 있다.

우선 고려할 수 있는 이유로, 개별 플레이어 중에는 그 게임규칙에 특화되어 자신의 역량을 비정상적으로 강화하여, 예외값이 되는 경우가 항상 있기 때문이다. 예외적인 값이 전체 평균에 영향을 주기 때문에 등급 간 격차가 벌어질 수 있다. 다른 하나는 매칭 시스템이 대체로 비슷한 실력을 갖춘 플레이어들을 연결하기 때문에 하위 등급자가 고급 플레이어를 만나서 기술을 배울 기회가 없어지기 때문이다. 그들 사이의 실력 차이가 점점 더 벌어질 가능성만 남는다.

이 현상은 매칭 알고리즘이 작동할수록 특정 방향으로 강화될 수 있다는 것을 보여준다. 인간행위자라면 그런 편향은 아마도 정체성이라고 불릴 것이다. 하지만 매칭 시스템이 그런 상태를 강화한다면 플레이어들의 흥미를 감소시킬 수 있다. 그래서 온라인 게임 회사는 정기적으로 등급점수를 초기화하는 정책을 채택하고 있다. 다시 말하자면 매칭 시스템의 체화된 '적응성'을 주기적으로 폐기하는 것이다.

게임봇은 자동으로 게임을 수행하는 프로그램으로 행위자 후보가 될 가능성이 있다. 게임 내에는 초보 플레이어를 훈련할 목적으로 "AI 대전" 모드가 있다. 게임봇은 인간플레이어와 같이 게임 캐릭터("챔피언") 중 하나를 '무작위로' 선택해 대전에 참여한다. 게임봇은 알고리즘에 의해 그때그때 상대를 공격할 것인지 도망칠 것인지를 판단한다. 상대방보다 유리하다면 뒤쫓아 가면서 공격하고, 불리하다면 멀찍이 달아난다. 비록 미리 내장된 게임 규칙에 따르는 것이지만, 게임봇의 행동은 어떤 의미에서는 비결정적이다. 게임봇이 만나는 환경은 매번 모두 조금씩 다르므로, 게임봇은 그 순간 '판단'해야 한다. 게임봇은 어느 정도 '자율적으로' 행동하는 것이다.

게임봇에게 부여된 규칙 집합은 매 순간 상충할 수도 있다. 그런데도 게임봇은 공격해야 할지 도망가야 할지를 결정해야만 한다. 때로 게임봇은 두 가지 상태 사이에서 어떤 결정도 충분하지 않기 때문에 특정 지점 사이를 '왔다 갔다' 하는 반복 루프에 빠지기도 한다. 이런 행동 양상은 게임봇의 무능함을 증명한다기보다는 오히려 인간플레이어와 닮았다. 때때로 플레이어들도 같은 모습을 보여준다. 어느 순간 게임봇은 루프에서 빠져나와 어떤 행동을 취한다. 시간이 흐르면서 상황에 조금이라고 변화가 일어나기 때문이다. 그러면 어떤 선택이 다른 선택보다 유리함으로 선택될 수 있다.

사실 게임봇은 가상 공간안에서 인간플레이어보다 유리할 수 있다. 게임 대전이 이루어지는 세계가 프로그램 때문에 구성된 인공적 공간이기 때문이다. 인간플레이어는 상대방이 수풀에 숨어있다면 그들을 볼 수 없다. 게임봇에게도 동일한 규칙이 적용된다. 그런데 만약 프로그램 규칙이 게임봇에게만 편향적으로 예외를 허락한다면, 게임봇은 숨어있는 플레이어 캐릭터를 알 수 있고 공격할 것이다. 그러나 게임봇은 승리하는 것이 목표가 아니라, 인간플레이어를 학습시키는 것을 목표로 하기 때문에, 그런 능력을 사용하지 않을 뿐이다.

행위자로서 게임봇

게임봇에게 상호작용성과 자율성이 있다는 점을 느슨하게나마 확인할 수 있었다. 이어서 게임봇에게도 적응성이 있다고 보아야 하는지를 논의해 보자. 게임봇은 "자신의 경험에 대해서 비판적으로 의존하여 자신의 전이 규칙을 변경한다"는 적응성 조건에 얼마나 부응하는가?

가장 단순한 사례를 들어보자. 미로 찾기 게임 알고리즘은 출구를 향해 전진하다가 갈라진 길을 만났을 때, 한쪽 경로를 선택할 것이다. 그러다 막다른 지점을 만났다면 다시 원래 갈라진 노드로 되돌아올 것이다. 그리고 다시 판단 절차를 밟을 것인데 이때 이전에 초기상태에서 다시 경로 선택을 진행한다면 두 번째 선택에서도 이전 경로가 선택될 가능성이 있다. 반면에 더이상 나아갈 길이 없던 그 경로를 제외하고 나서 나머지 경로 중에서 선택한다면 출구를 찾을 가능성이 커진다. 이것은 자신의 경험에 대한 "비판적 의존"이라고 할 수 있을 것이다. 그러므로 이 경우는 적응성을 발휘하고 있다고 볼 수 있다.

대부분 게임봇은 매번 대전할 때마다 초기화되기 때문에 원칙적으로 적응성이 폐기된다. 그렇지만 게임이 수행되고 있는 시간만으로 한정해서 본다면, 게임봇에게도 적응성이 있다고 볼 수 있다. 게임봇이 인간플레이어와 대전을 하는 몇 분 동안 게임봇 역시 레벨이 올라가며 달라진 상태를 반영하여 내재화한다. 매 순간 게임봇은 자신의 역량상태와 나머지 동료 게임봇의 변화상태, 그리고 상대방 플레이어의 변화상태를 확인하고 그에 따라 자신의 행동 여부를 다시 판단해야 한다. 비록 짧은 시간 동안이지만 이는 적응성에 해당한다.

그러므로 게임봇은 적어도 그 게임 수행 동안만큼은 상호작용성-자율성-적응성 기준에 만족하는 행위자라고 할 수 있다. 우리는 이미 많은 종류의 게임봇을 알고 있다. 상대방의 공격 행동을 패턴화해서 공격 결정에 반영하는 형태도 가능하다. 일반적인 의미에서 게임봇은 정도의 차이는 있지만, 자신의 경험을 반영하여 다음번 판단에 반영하고 있다. 게임봇은 인간플레이어와의 게임 대전 동안 만큼은 행위자이며 '살아있다'.

행위의 등가성

인간플레이어와 게임봇은 모두 행위자 정의를 만족한다. 그렇지만 여전히 그들은 달라 보인다. 그들은 행위자로서는 '동등'하지만 그렇다고 '동일'한 것은 아니기 때문이다. 양자를 구별하기 위해서 한쪽은 '인간행위자'로 다른 한쪽은 '인공행위자'로 호명해 보자. 추상적 차원에서 그들 모두 '행위한다'는 등가성이 있다. 여기서 그들 행위의 등가성의 측면을 좀 더 살펴보자.

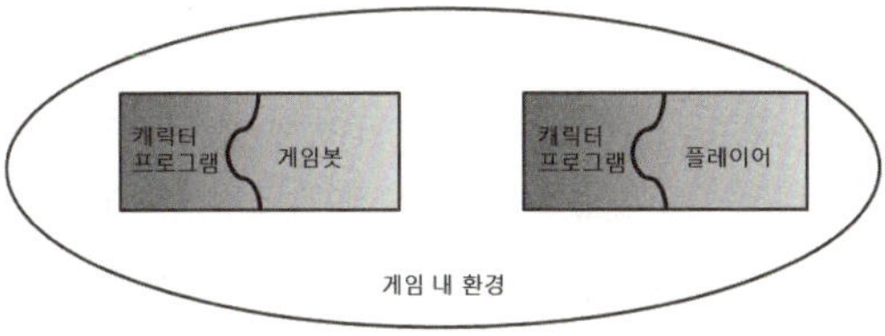

그림 3 게임봇과 인간플레이어의 행위의 등가성: 두 행위자 모두 같은 게임규칙에 따라야 한다. 그의 행위가 등가적이기 때문에 두 행위자는 서로 작용할 수 있고 그들의 행위는 교환될 수 있다.

게임 대전 동안 행위성의 차원에서 게임봇은 인간플레이어와 동등하다. 우선, 인간플레이어는 게임 설정상의 캐릭터의 외관을 취해야 하고 게임 환경이 제공하는 인터페이스를 사용하는 조건에서만 비로소 게임 세계 속에서 행동할 수 있다. 이것은 게임봇도 마찬가지다. 양쪽 모두 동일한 게임규칙과 인터페이스를 사용한다. 사실 그들의 행위가 등가적이기 때문에 두 행위자는 서로 작용할 수 있고 그들의 행위가 교환될 수 있다. 그런 점에서 그들 행위의 등가성은 필수적이다. 그리고 인간플레이어와 게임봇이 교환가능한 행위를 한다면 그들은 동등한 지위에 있다고 할 수 있다.

이런 상황은 검색엔진과 같은 인터넷 서비스를 사용할 때도 출현한다. 사용자들은 대체로 직접 검색창에 질문할 단어를 직접 입력하지만, 때때로 자동 프로그램에게 대신 일을 시키기도 한다. 또 인터넷 서비스 계정을 자동으로 생성하거나, 찬성/반대 클릭을 자동으로 실행하기 위해 특별히 설계된 자동프로그램을 이용한다. 이때 검색엔진은 그것이 인간 사용자의 행위인지 자동프로그램의 행위인지 구분지 못한다. 이는 시스템상에서 인간 사용자와 자동프로그램의 행위가 등가적이기 때문이다.

물론 게임봇과 인간플레이어의 행위성의 차이도 있다. 두 행위자의 차이는 게임 시스템이 양자에게 제공하는 적용 규칙의 차이에서 온다. 게임봇이 수행하는 자율성은 일정한 범위 안으로 제한되어 있다. 인간플레이어는 게임봇의 자율성보다 많은 '자유'를 가진다. 그런 자유는 게임규칙이 그것을 허용했기에 가능하다. 게임규칙은 논리적으로 인간플레이어에게도 엄격한 자율성을 부과할 수도 있지만 그런 방식을 채택하지 않는다. 인간플레이어는 '자유'를 누리기 위해 게임에 접속하기 때문이다. 인간플레이어의 자유는 시스템에 의해서 구성된 자유이다.

행위의 합성

인간플레이어와 게임봇의 행위는 합성된다. 인간플레이어든지 게임봇이든지 '순수하게' 인간적이거나 '순수하게' 기계적인 것만으로 구성될 수 없다. 그것은 인간적인 것과 기계적인 것의 혼합으로 탄생한다. 게임봇 알고리즘은 본래 인간플레이어들의 행위를 표준화·일반화하여 만들어진 것이다. 그러므로 게임봇 알고리즘은 그 자체로 인간과 기계의 합성품(man-machine assemblage)이다.

게임 내에서 인간플레이어 역시 인간적인 것과 기계적인 것의 앙상블로서 행위한다. 무엇보다도 우선 인간플레이어는 그 자체로는 게임 속으로 들어갈 수 없다. 인간플레이어는 게임봇과 마찬가지로 게임 내 "아바타"로 알려진 캐릭터 프로그램과 결합해야만 그 게임 내에서 행동할 수 있다. 그러므로 엄밀하게 인간플레이어는 게임캐릭터와 결합하여 작동하는 합성체이다.

이것은 일반적인 컴퓨터 사용 환경에서 일어나는 과정이다. 컴퓨터 사용자는 컴퓨터 규칙이 제공하는 양식에 의존하여서만, 다시 말해서 프로그램이 제공하는 양식과 결합하여서만 컴퓨터 환경 내에서 행위할 수 있다. 그래서 컴퓨터프로그램을 사용하고 있다면 그 행위는 이미 '인간적인 것'이라고만 할 수 없고, '기계적인 것'과의 합성된 행위이다. 그들이 인공적 공간 안에 진입하는 순간 행위자는 합성물이 된다.

이렇게 인간플레이어와 게임봇은 합성적 상태로 상호작용한다는 점에서 그들은 모두 '사이보그(cyborgs)'이다. 사실 그들은 사이보그가 되지 않고는 그곳에 존재할 수 없다. 일반적으로 사이보그라는 용어는 이질적인 존재의 합성을 지시한다[1.5장 참조]. 그들의 행위의 내용은 출현과 동시에 합성적이며, 서로의 일부로서 작동한다. 인간플레이어와 게임봇 양쪽 모두 합성적으로 구성된다는 점에서도 등가적이다. 그러므로 컴퓨터 환경 안에서 인간행위자는 전통적인 환경 내에서 행동하는 인간행위자와 다르다. 그들은 컴퓨터 밖의 인간행위자와 다른 규칙과 다른 조건에 놓인다. 따라서 그들은 다르게 행동한다.

사이보그 동료

인간플레이어와 게임봇은 '인간적인 것과 기계적인 것의 합성된 존재'로 서로를 만난다. 그들 모두 용어 정의상 '행위자'이고 게임규칙 상 동등한 지위를 가지고 있다. 그렇다면 그들은 서로에게 '사이보그 동료'라고 할 수 있지 않을까?' 인간플레이어와 게임봇은 모두 '사회-기술적으로 구성된 실재(socio-technological reality)'이다.

그들의 '동등함'이 '동일함'을 의미하지는 않는다. 적어도 인간플레이어와 게임봇은 적응성의 차원에서는 일정한 차이를 드러내고 있다. 인간플레이어들은 자신의 자율성을 증가시키는 방향으로 게임 환경을 압박할 수도 있다. 예를 들어 인간플레이어들은 게임봇과 달리 게임규칙을 위반하는데 더 뛰어나다. 게임규칙은 게임 내 모든 요소 사이의 균형을 지향하며, 특정 행위자가 일방적인 이득을 얻을 수 없도록 설정해 놓았음에도 불구하고, 게임 속에서 플레이어들은 특정한 장소에서 특정한 대상에 대해서 특정한 행위를 할 때 더 이득이 된다는 것을 발견하는데 뛰어나다.

인간플레이어가 위반행위를 할 수 있다고 해서 이것이 더 '우월하다'는 의미는 아니다. 규칙만 변경한다면 게임봇은 언제든지 더 많은 자율성을 가질 수도 있다. 게임봇의 적응성이 미미하더라도 그 결과는 위력적일 수 있다. 다양한 인공행위자가 번성하고 있고, 때로 인간행위자는 인공행위자를 보고 따라 배우고 있다. 앞으로 우리는 게임봇과 같은 인공행위자를 더 자주 만나게 될 것이다. 인공행위자에 대해 더 구체적으로 이해할 필요가 있다. 행위자는 서로에 대하여 '환경'이기 때문에, 서로에게 중요한 조건이다. 우리가 어떤 인공행위자를 이해하려면 상호작용이 있어야 하고 그 과정에서 우리 자신도 변이할 '의지'가 있어야 한다.

[참고문헌]

Floridi, L. & Sanders, J. W. "On the Morality of Artificial Agents", *Minds and Machine* 14: 349–79. 2004.

Floridi, Luciano. *The Fourth Revolution : How the Inforsphere is Reshaping Human Reality*, Oxford University Press. 2014.

Chapter 03

인공지능 방법론 이야기

3.1 튜링 기계 그리고 튜링 테스트

인공지능 개념의 역사적 기원으로는 앨런 튜링(A. Turing)의 논문을 가장 많이 인용한다. 그중 하나는 〈계산가능한 수에 대하여, 수리 명제 자동판별에 적용하면서(On Computable Numbers, with an Application to the Entscheidungsproblem, 1937)〉이다. 튜링이 서문에서 밝히고 있듯이, 그는 괴델의 불완전성 명제(Incompleteness theorems)를 재증명했다. 괴델은 1931년 수학적 방법으로 판단불가능한 명제가 존재한다는 것을 증명했었다. 튜링은 이 불완전성 명제를 기계에 적용했다[12]. 튜링은 본격적으로 1950년 논문 〈계산가능한 기계와 지능(Computing Machinery and Intelligence)〉에서 '생각하는 기계(thinking machine)' 개념과 그 개념을 시험하는 방법을 제시했다.

기계의 불완전성 논증

튜링은 가상적 차원에서 참인 명제를 만들어내는 기계(A)를 만들고, 이 기계가 참 명제를 모두 다 만들어내면 멈추도록 했다. 그리고 이 기계가 멈출 것인지, 아니면 멈추지 않을지를 판단하는 기계(H)도 만든다. 여기서 멈춤(halting)이란 어떤 판단(결정)에 도달한 상태를 의미한다. 결정한다면 멈출 수 있다. 반대로 결정하지 못하면 멈추지 못하고 무한 루프 상태에 빠지게 될 것이다.

기계 A는 모든 참인 명제를 만들 수 있으므로, A가 존재한다면 H도 존재한다(만들 수 있

12) 'X는 증명 불가능하다 = X'라는 명제는 수학 문법적으로 가능한 명제임에도 불구하고 참과 거짓을 판정(증명)할 수 없다. 이와 같은 상황은 우리의 일상 언어에서도 일어날 수 있다. 예를 들어서 어떤 남자가 "나는 지금 거짓말을 하고 있다"고 말했다. 그렇다면 그 말은 참인가? 거짓인가? 우리는 언어논리만으로는 판단 불능 상태에 빠진다. 이 말은 언어 문법적으로는 전혀 문제가 없지만 내용은 자기 모순적이다. 다만 다른 맥락을 끌어와서 판단할 여지는 있다. 예를 들면 그 사람의 태도나 신뢰성, 또는 그가 처해있는 상황 등을 고려한다면 어떤 판단이 가능할 수 있다. 수학이나 언어는 모두 논리 체계인데, 모든 논리 체계는 자기 자신의 무모순성을 입증하려는 상황에 대해서는 판정 불가 상태가 된다.

다). 여기서 기계 H가 존재하는지를 증명하는 것이 '멈춤 문제(halting problem)'이다. 튜링은 칸토어 대각선 논법을 동원하여 이 문제를 풀 수 있는 기계(H)가 존재할 수 없다는 것을 증명했다. H가 존재하지 않으므로 A도 존재할 수 없다. 그러므로 이 기계는 자신의 무모순성을 증명할 수 없다(불완전성 명제). 즉, 기계는 작동하는 과정에서 언젠가 판정 불가 상태에 빠질 수 있다.

이렇게 튜링은 불완전성 원리가 기계 프로그램에서도 발생할 것을 예견했다. 기계는 보통의 경우 잘 작동하지만, 항상 그렇지는 않다. 불완전성 명제가 확인해 주었듯이, 논리 체계가 근본적으로 불완전성을 내포하고 있기 때문이다. 튜링의 '생각하는 기계' 개념은 역설적이게도 기계의 불완전성으로부터 시작되었다. 튜링의 기계는 당시 가상의 추론 기계(abstract machine)에 불과했고 실체적인 기계는 아니었다. 이 개념은 이후 컴퓨터와 인공지능의 기원이 되었고, 사람들은 이 기계를 '튜링 기계 (Turing Machine)'라고 명명했다.

데카르트의 '보편 도구' 개념

'생각하는 기계'를 만들려면 먼저 '생각한다'는 개념을 정의할 수 있어야 했다. 개념을 정의할 수 있다는 것은 그것을 '이해'했다는 의미이다. 그런데 우리는 '생각한다(지능)'를 정의하려는 순간 명백하다고 여겨졌던 이 개념이 매우 불분명하다는 것을 깨닫게 된다. 데카르트는 지능을 이해하는 중요한 통찰을 제공했다. 그는 인간의 이성을 인간의 핵심적 자격으로 간주한 것으로 유명하다. 데카르트는 인간의 이성을 '보편 도구(universal instrument)'라고 정의했다[1.1장 참조].

데카르트가 언급한 '보편 도구'란 모든 상황에 조응하는 행동을 그때그때 적절하게 만들어 낼 수 있는 역량을 의미한다. 인간의 이성은 행동에 대응하는 지시사항을 미리 결정해 놓지 않고도 그 순간의 상황에 맞는 행동을 해낼 수 있다. 인간의 행동은 너무나도 다양해서 그것을 지시사항으로 열거하면 무한히 많은 양이 될 것이고 그것을 기계 속에 다 집어넣을 수는 없을 것이다.

데카르트의 지적처럼 '기계의 방식'으로 모든 상황에 조응하는 행동을 해내기 어렵다. 유한한 기계 내부에 무한히 많은 명령문을 모두 내장하는 것은 불가능하기 때문이다. 데카르트의 이런 지적은 오늘날 공학자들에 의해서도 확인되고 있다. 공학자들은 '생각하는 기계'를 만들기 위해 다양한 시도를 했는데 백과사전을 만들듯이 일일이 모든 상황에 맞는 명령문을 목록으로 작성하는 방식으로는 성공할 수 없었다. 그렇다면 다른 접근법이 필요할 것이다.

계산하는 기계, 보편 기계

데카르트는 기계가 발전하여 외견상 인간처럼 보이는 반응을 할 수 있더라도, 상황에 적절히 조응하는 반응을 스스로 만들어 낼 수는 없을 것이라고 확신했다. 데카르트가 선언한 인간과 기계의 구분선은 결코 넘을 수 없는 것으로 간주되었다. 그동안 기계가 많이 발전했지만 이 견고한 경계선을 위협하지는 못했다.

튜링에게 있어서, 데카르트가 선언한 기계의 한계는 도전해볼 만한 가치가 있었다. 정말로 기계는 보편적 역량을 가질 수 없는 걸까? 우선 기계가 정해진 기능에 고정되어 있는 한계를 넘어야 한다. 튜링 이전의 기계는 한 가지 기능만 수행하는 도구였다. 이런 한계를 넘어서 기계가 여러 가지 기능을 수행하도록 설계하는 것이다. 이것이 바로 '보편 기계(universal machine)'이다. 이 개념은 튜링 기계를 이전의 도구(기계)와 결정적으로 다르게 위치짓게 하는 비전이었다.

튜링에 따르면 보편 기계란 하나의 기능에 고정되어 있지 않으며, 여러 가지 일을 할 수 있는 역량을 가지고 있어야 한다. 그리고 이 기계 구조는 (인간과 비교할 때) 상대적으로 간단해야 한다. 다음은 튜링이 직접 제시한 보편 기계의 구조에 대한 설명이다.

> "우리는 사람이 실제 수를 계산하는 과정과 비슷하게 유한한 수(q^1, q^2...., q^R)를 계산하는 기계를 생각할 수 있다. 그런 조건을 'm-환경'이라고 부를 것이다. 그 기계는 (마치 논문을 쓰듯이) "문자 타자하기(type)" 방식으로 작동하는데, "기호(symbol)"가 들어갈 네모칸을 가지고 있다. 한순간에 단 하나의 네모칸만 처리하며, 그런 네모칸은 "그 기계 안에" 있는 기호 $\mathcal{Q}$(r), r-번째 네모칸이 된다. 우리는 이 네모칸을 "기계적으로 검사된 네모칸(scanned square)"이라고 부른다. 기계가 검사한 네모칸의 기호는 검사된 기호(scanned symbol)라고 할 것이다. 검사된 기호는 단지 기계가 '직접적으로 인식한' 것 중 하나다. m-환경을 바꿈으로써 기계는 이전에 '보았던' 기호의 일부를 효과적으로 기억할 수 있다. 어떤 순간 기계의 행위는 m-환경, 즉 q^n 과 검사된 기호 $\mathfrak{S}$(r)에 의해서 결정된다. q^n , $\mathfrak{S}$(r) 한 쌍은 '환경(configuration)'이라고 불릴 것이다. 그래서 환경은 기계의 가능한

> 행위를 결정한다. 검사한 네모칸이 비어 있다면 기계는 그 네모칸에 새로운 기호를 써넣는다. 네모칸에 기호가 이미 있다면 기계는 그 기호를 삭제한다. 그 기계는 단지 오른쪽에서 왼쪽으로 자리를 이동하면서 네모칸을 변경할 수 있다. 이런 작동이 추가되면서 m-환경도 변경된다."

튜링 기계의 구조를 정리하면 4가지 요소로 구성된다. (1) 무한히 많은 칸을 가진 테이프 (infinite tape), 각 칸은 유한개의 알파벳(기호) 중 하나로 채워진다. 그 알파벳은 두 개 이상의 기호로 구성된다. 이 테이프는 왼쪽에서 오른쪽으로 나아갈 수 있다. (2) 헤드(head), 테이프에 쓰인 기호를 읽거나 쓰면서 왼쪽에서 오른쪽으로 이동한다. (3) 상태 기록장치(state register), 이 기계의 상태를 저장한다. (4) 행동표(action table or transition function), 기계가 어떤 기호를 써야 하는지, 어느 방향으로 이동할지, 다음 새로운 상태는 무엇인지를 지시한다. 이를 전환 함수라고 한다.

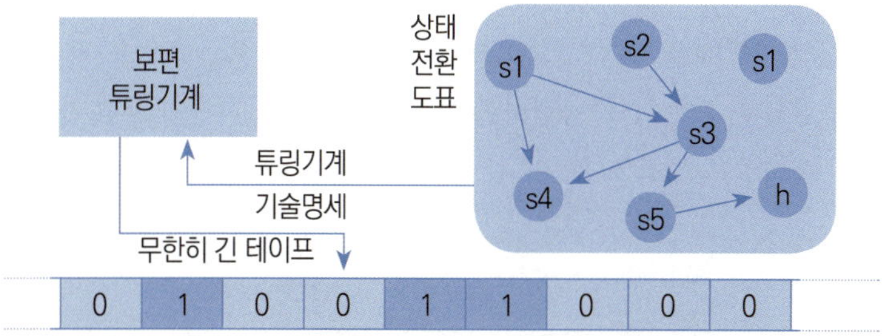

▲ **그림 1** 튜링기계의 구조는 (1) 무한히 많은 칸을 가진 테이프(infinite tape), (2) 헤드(head), (3) 상태 기록장치(state register), (4) 행동표(action table or transition function)로 구성되어 있다. 오늘날 컴퓨터의 토대가 되었다.

이 기계의 헤드는 테이프의 각 네모칸에 들어 있는 기호를 읽고 쓰면서 테이프 위를 한 칸씩 움직인다. 움직일 때마다 기계의 상황이 매번 변경된다. 여기서 테이프는 메모리칩에 해당하고, 테이프를 읽고 쓰는 장치는 메모리 입출력 장치, 행동표는 중앙처리장치에 해당한다. 어떤 기능을 기계의 구조에 적용할 수만 있다면, 이 기계는 그 기능을 수행할 수 있다.

불완전한 기계, 학습하는 기계

튜링은 '생각한다'라는 개념을 직접 정의할 수 없다는 난제를 피하려고 '생각한다(thinking)'는 개념을 '학습한다(learning)'는 개념으로 전환했다. 기계가 학습하기 위해서는 불완전한 상태에서 출발해야 한다. '완전하다'면 학습할 필요가 없을 것이기 때문이다. 그렇게 '학습하는 기계' 개념이 등장했다.

> "기계가 생각하기 위해서는 역설적이게도 처음부터 완벽하게 정의되어서는 안 된다. 이미 잘-정의된 프로그램을 내장하려면, 이 기계의 저장 공간은 프로그램의 정의와 명세들로 거의 점유될 것이다. 특히 내적 규칙에 따라서 이미 확정된 합리적인 행동만을 할 것이다. 그렇다면 그 기계는 추가적으로 무엇인가를 더 학습할 필요가 없다. 거기에는 기계가 무엇인가를 생각할 여지가 없다."

생각하는 기계에게 '얼마나 완벽한가'라는 기준은 덜 중요하다. 생각하는 기계의 결정적인 역량은 새로운 환경을 학습하기 위해서 열려있는 것이다. '생각하는 기계'란 자신의 행위 결과를 자신의 목표와 비교하고, 그 목표에 도달하는 방향으로 스스로 자기 자신을 수정하고 개선할 역량을 가져야 한다. 종합하면 이 기계는 자신과 자신의 환경 사이의 상호작용 결과를 관찰하여 자신을 개선함으로써 최초의 상태 즉, 이미 주어진 프로그램에 머물지 않아야 한다.

> "기계가 그 자신의 행위 결과를 관찰함으로써 자신의 목표를 더 효과적으로 달성하도록 자신의 프로그램을 수정할 수 있다. 이것은 유토피아의 꿈이 아니라, 가까운 미래의 가능성이다."

그렇다면 기계는 어떤 방법으로 이런 역량을 획득할 것인가? 튜링은 생각하는 기계를 구현하기 위해서 '인간'을 모방했다. 그런데 어른('완전한 인간')을 모방하기보다는 아이('씨앗')를 모방하는 방법이 더 적절하다. 아이는 더 잘 학습하기 때문이다. 튜링은 구체적으로 두 부분으로 나누어서 설명했다:(1) 아이-기계(the child-machines)와 (2) 교육 과정(the education process).

'아이-기계'는 초보적인 수준에서 출발하며 학습할 역량이 있는 프로그램을 말한다. 교육 과정은 기계의 판단(행동)에 대한 처벌과 보상을 통해서 이루어진다. 아이-기계는 처벌-신호는 회피하는 방향으로, 반면에 보상-신호는 반복되는 방향으로 나아간다. 다른 요소가 없다면 보상과 처벌에 관한 정보의 총량이 학습의 양이 될 것이다.

이 외의 방법으로 무작위 요소(random element)를 고려할 수 있다. 튜링은 너무 큰 집합 내에서 답을 찾아야 하는 경우 순차적으로 검토하는 것보다는 무작위적 접근이 기계의 학습 속도를 향상할 것이라고 보았다. 이것은 이후 딥러닝의 확률적 접근법에 영감을 준다.

튜링의 취지에 따라서 오늘날 기계학습(machine learning)은 "인공지능의 한 유형으로서 명백하게 프로그램 되어 있지 않은 채, 학습할 수 있는 역량"을 지시한다. 자신의 경험을 학습하는 컴퓨터를 구현할 수 있다면 대량의 프로그래밍을 해야 하는 노고와 필요도 생략할 수 있을 것이다.

튜링은 '지능 그 자체'를 이해하지 못하더라도 '지능이 있는 존재'를 구현할 수 있다고 확신했다. 오늘날 인공지능 개발자들은 인간의 행동과 생각을 모방하는 다양한 접근법을 개발하고 있다. 합리성은 결코 전지전능하다는 것을 의미하지 않는다. 다만 합리적 선택 순간까지의 인지 순서에 의존하는 것으로 충분하다.

튜링기계 비판

인공지능 기술은 초기부터 많은 비판에 직면했다. 튜링은 그런 비판들에 대응하는 과정에서 철학적 면모를 보여주었다. 그의 1950년 논문 〈계산하는 기계와 지능(Computing Machinery and Intelligence)〉은 여러 비판에 대한 재반박을 담고 있다. 그 후로도 인공지능 기술에 대한 비판은 끊이지 않았고, 이 기술의 방향성에 영향을 미쳤다.

대표적인 비판자로 자주 언급되는 학자는 허버트 드레퍼스(H. Dreyfus)이다. 그는 1965년 〈연금술과 인공지능(Alchemy and Artificial Intelligence)〉을 통해서 튜링의 '생각하는 기계' 개념을 강하게 부정했다. 그에 따르면 인공지능은 연금술이 그러했듯이 불가능한 도전이다. '(컴퓨터의) 불연속적이고 확정적인 작용으로 인간의 지적 행위에 대한 완벽한 분석이 가능한가?'라는 질문에 대해 드레퍼스는 "아니다"라고 단정적으로 말한다. 컴퓨터 작동은 0과 1같이 분절된 형식이어서, 맥락적이고 질적으로 체화된 인간의 지적 역량과는 성격이 다르기 때문이다.

드레퍼스는 정신과 신체는 분리될 수 없다는 일원론자(Monist) 관점을 취했다. 인간은 자신의 신체를 이용해서 실행하고 그 결과를 체화하면서 지능을 획득한다. 정신 또는 이성이란 "체화되고 자동력을 가진 의식(embodied, motile consciousness)"이다. 지능(의식)은 몸의 실행을 통해서 체화된 결과로 출현하는 것이다. 그러므로 지능은 몸의 조건과 실행에 영향을 받으며 형성된다. 따라서 지능을 몸으로부터 완전히 분리하여 다른 몸으로 손실없이 이전할 수 없다. 드레퍼스의 주장은 옳다. 그러나 이것이 기계의 지능을 직접 부정하는 근거가 되지는 않는다.

튜링 테스트

미래 언젠가 만약 생각하는 기계를 만들었다면 '그 기계가 정말 생각하는지 어떻게 알 수 있는가?' 우리는 '생각한다'는 개념을 직접 정의할 수 없을 뿐만 아니라, 서로의 생각을 직접 볼 수도 없다. 마찬가지로 기계가 생각하는지를 직접 알 수 없다. 튜링은 기계의 지적 역량을 검증할 우회적 방법을 제안했다.

이 해법은 기계 지능의 문제를 기계의 모방 역량의 문제로 전환하는 것이었다. 이것이 바로 튜링 테스트(Turing Test)다. 데카르트가 '이성'을 테스트하는 방법으로 '지적 대화 역량'을 시험했던 장면을 기억해보자[1.1장 참조]. 튜링 테스트는 데카르트의 시험방법을 끌어왔다.

튜링 테스트의 구조는 간단하다. 튜링은 다음과 같은 놀이를 꾸며냈다: 한 남자(A)와 한 여자(B) 그리고 면접관(C)이 있다. 면접관은 두 사람과 분리된 방에 있고 텔레타이프를 통해서 방 안의 주체들과 문자로 대화를 할 수 있다. (A)의 목표는 자신이 여자라고 주장하면서, 면접관이 잘못된 판단을 하도록 유도한다. 반대로 (B)는 면접관을 돕기 위해 진실을 말하는 역할을 한다.

아마도 (B)는 면접관에게 "나는 여자다. 그(A)의 말을 믿지 마라!"라고 말할 것이다. 면접관의 목표는 그들과의 대화를 통해서 누가 남자이고 누가 여자인지를 판단하는 것이다. 이 테스트에서 면접관(C)의 역할은 언어적 차원에서 실제 수행과 모방 수행 사이를 구별하는 것이다.

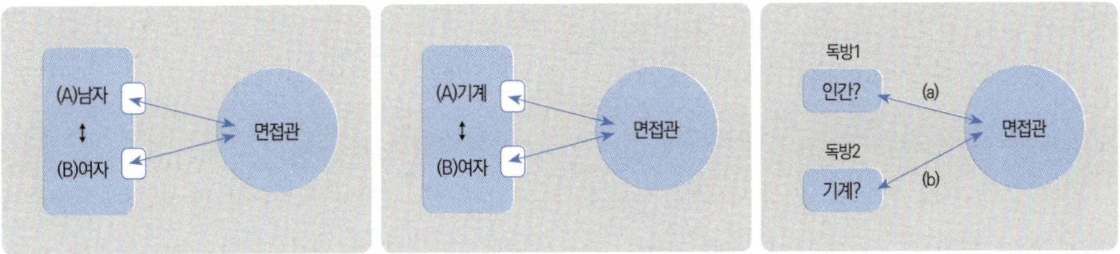

▲ **그림 2** 튜링테스트 버전 (1) 남자-여자-면접관, (2) 기계-여자(인간)-면접관, (3) 변형 버전

이제 (A)의 자리에 기계를 놓아 보자. 이 설정에 따르면 기계(A)는 자신이 '인간'이라고 주장하면서 거짓을 말해야 하고, (B)는 진실을 말함으로써 면접관을 도와야 한다. "무슨 일이 일어날 것인가?" 면접관은 남자와 여자를 판단하는 게임을 할 때처럼 이 게임에서도 잘못된 판단을 할 것인가? 5분의 대화 후 면접관이 기계와 인간을 구별하지 못한다면, 그 기계는 테스트를 통과한 것으로 간주한다. 그로써 그 기계는 언어적 차원에서 지능을 가진 것으로 승인될 것이다.

튜링테스트 원본 버전에 의하면 (A)와 (B)는 같은 방에 있다. (B)가 (A)에 대한 정보를 (C)에게 제공하는 설정이기 때문이다. 그런데 더 잘 알려진 테스트 방식은 (A)와 (B)가 분리된 방에 들어가 있는 형태다. 방 밖에는 면접관이 있다. 아마도 인간과 기계가 같은 방에서 서로를 확인할 수 있다면 기계는 더 불리할 수 있다. 나머지 과정은 원본 버전과 같다.

변형 버전에서 인간은 기계를 직접 보면서 그의 거짓을 '고발'할 수는 없다. 그렇더라도 인간참가자는 면접관의 질문에 대하여 응답함으로써 인간 반응의 전형을 제시하는 역할을 한다. 인간참가자는 평소처럼 대화하는 것만으로도 인간에 관한 '진실'을 전함으로써 면접관을 도울 수 있다.

중국어방과 강한 인공지능

드레퍼스가 튜링 기계를 비판했듯이, 존 썰(J. Searl)은 튜링 테스트를 비판했다. 1980년 〈중국어 방(Chinese Room)〉으로 알려진 유명한 논변이다. 당시 인공지능 개발이 크게 성과를 내면서 곧 튜링 테스트를 통화할지도 모른다는 인식이 있었다. 썰은 기계가 튜링 테스트를 통과하더라도 '지능이 있음'을 증명하는 것이 아님을 주장했다.

썰의 중국어방 실험은 튜링 테스트와 유사하다. 방 안에 중국어를 모르는 사람이 중국어 문법책을 가지고 있다. 방 밖에는 면접관이 중국어로 질문지를 방 안으로 넣는다. 방 안에 있는 사람은 중국어를 모르지만, 중국어 문법표를 근거로 답변을 작성한 답변은 때때로 적절한 응답이 아닐 것이다. 그러나 때때로 그럴듯한 답변도 있을 것이다. 중국어 면접관은 답변을 보고 방 안에 있는 사람이 중국어를 아는 사람이라고 오해할 수 있다.

썰이 중국어방 실험을 통해서 궁극적으로 말하고자 한 것은 중국어 방 면접관이 '중국어를 모르는 사람'을 '중국어를 아는 사람'으로 판정한 것처럼, 면접관이 기계를 인간으로 판정하더라도 그 기계가 인간의 말을 이해한 것은 아니라는 것이다. 다시 말해서 현상이 의미론적 차원을 보증하는 것은 아님을 제기한 것이다.

이 논변에서 썰은 중요한 개념을 창안했는데, 인간과 동일한 지능을 가진 기계를 '강한 인공지능(Strong AI)'이라고 정의한 것이다. 그는 인공지능이 발전하더라도 인간처럼 생각하는 것은 불가능하다고 주장하기 위해서 이 개념을 제기했다. 강한 인공지능은 이후 인공지능 담론에서 중요한 개념이 되었다.

드레퍼스와 썰의 비판은 데카르트의 인간과 기계 구분을 지지하고 있다. 그런데 한 가지 고려해야 할 것이 있다. 튜링이 강한 인공지능을 주장한 것이 아니라는 것이다. 튜링도 드레퍼스와 썰처럼 기계가 인간과 동일하지 않다는 것을 잘 알고 있었다. 튜링의 목표는 '인간과 동일한 기계'를 만들려는 것이 아니었다. 인간과 동일하지 않더라도 '생각하는' 기계가 가능하다고 제기한 것이다. 인간의 방식이 아닌 '다른 방식의 생각하기'가 가능하다고 상상한 것이다. 드레퍼스와 썰은 '사유'가 인간에게만 일어나는 현상이라고 간주했다면, 튜링은 사유라는 작동을 다른 존재에게도 개방한 것이다. 인간과 똑같지 않지만, 지능이 있다고 판정된다면 그것은 '새로운 지능'의 출현이라고 해야 할 것이다. 그것은 아직 출현하지 않았기 때문에 이름이 없다.

튜링테스트의 사회적 성격

튜링 테스트는 '지능의 사회적 성격'을 암시하고 있다. 튜링 테스트는 일종의 실험자 회귀(experimenter's regress)에 빠질 수 있다[1.4장 참조]. 우리는 인공지능을 한 번도 본 적이 없다. 지능을 탐지하려면 그것이 지능인지를 알 수 있는 탐지 장치를 만들어야 한다. 튜링 테스트는 그런 탐지 장치에 해당하는데 우리는 그 탐지 장치가 '정말 지능을 잘 구별할 수 있을지'를 알 수 없다. 이 장치를 통해서 인공지능이 판정된 이후에야 이 장치가 작동하는지를 확인할 수 있다. 그런데 우리는 무엇이 지능인지 잘 모르고 인공지능이 어떤 모습인지도 모른다. 이런 순환적 덫을 벗어날 수 있으려면 외부 맥락(예, 사회적 합의)에 의존할 수밖에 없다.

튜링 테스트는 절대적인 구별가능성을 보증하지 않는다. 다만 튜링 테스트를 통해서 인간과 기계의 경계를 재설정하려는 시도이다. 이 테스트는 사회적이고 협상적 특질을 내장하고 있다. 면접관의 질문과 판단은 사회적 실천을 통해서만 가능하다. 콜린스(H. Collins)에 따르면, 튜링 테스트는 어떤 특정 사회의 구성원과 비구성원을 분리하려는 시도이다. 구성원 구별하기는 흔히 일어나는 일인데, 1989년 세미팔라틴스크 테스트(Semipalatinsk test)는 가장 극적인 사례이다. 당시 원폭실험이 자주 시행되었던 지역에 환경운동가들이 들어가서 반핵운동을 하기 시작했다. 당시 소련 정부는 마을 원주민(구성원)과 외부인(비구성원)를 구분한 뒤 추방하고자 했다. 이 테스트에서 원주민 면접관이 외부인으로 의심되는 사람과 대화를 수행한다. 이 면접관은 그 지역에서 살았기 때문에 문자화되지 않는 지역 지식(local knowledge)을 가지고 있다.

한 공동체의 구성원들은 사회적 실천을 공유한다. 그런 경험의 공유는 사회적 실천을 통해서 지속적으로 유동한다. 그 사람이 자신과 같은 구성원인가 아닌가의 문제는 '정체성'의 문제이기도 하다. 그렇다면 '누군가의 지식'이란 사실은 '사회적 정체성'과 관련이 있다. 면접관은 실천적 경험을 통해서만 알 수 있는 질문을 할 것이므로 외부인이라면 그 테스트를 통과할 수 없을 것이다.

튜링 테스트의 면접관 역시 인간행위자로서의 글이나 말과 같은 정량적 학습으로는 알 수 없고 오직 실천을 통해 아는 것을 질문할 것이다. 인간구성원이라면 누구나 알 수 있는 아주 평범한 상식 범주의 질문이 여기에 해당한다. 면접관의 판단 능력은 그가 삶의 과정에서 체화해온 것, 즉 사회적으로 구성된 것이다. 그런 점에서 면접관의 행위는 자신의 동료 구성원(인간)과 비구성원(기계)를 구별하는 일을 하는 셈이다.

이런 맥락에서 튜링 테스트는 단순한 시험방법이라기보다는 철학적 물음에 해당한다. 이 테스트는 인공지능 여부를 판단하는 절대적 기준이 아니다. 다만 튜링 테스트의 의도는 면접관의 사회적 지식에 의존하여 참가자(인간과 기계)의 자격을 구분하고자 시도할 뿐이다. 그렇다면 인공지능이란 면접관이 속한 "사회집단 구성원과 얼마나 유사한가?"라는 존재론적 기준을 통과해야 하는 것과 같다.

이 테스트는 우리에게 추가적인 암시도 던진다. 기계가 현재의 인간과 '동일'하지 않더라도 테스트를 통과할 가능성이 있다는 것이다. 면접관의 사회 경험은 계속 변해갈 것이므로 그 판단 기준도 계속 변동할 것이다. 우리는 향후 기계와 더 많은 상호적 경험을 하게 될 것이다. 그러면 우리의 사회적 지식도 변이할 것이고, 미래의 면접관들은 기계의 반응에 대해서 이전보다 더 친근하게 느낄 수 있다.

유진 구스트만 사례 비평

튜링 테스트가 너무 간단하기 때문에 사람들은 이 테스트를 통과하는 인공지능이 곧 나올 것으로 예상했었다. 그러나 이 테스트를 통과한 기계는 아직 없다. 여러 경진대회가 있었지만 기계는 인간과의 일상적 대화를 흉내 내지 못했다. 데카르트의 지적이 빛을 발휘했다.

1991년대 시작된 뢰브너 대회(Loebner Prize)는 튜링 테스트의 현실 버전이었다. 이 대회는 현실을 고려하여 몇 가지 규칙을 수정했는데 그 중 하나가 대화 주제를 '셰익스피어'와 '의복'으로 한정한 것이었다. 채팅 기계가 일상대화에 취약했기 때문에 그런 제한 조건이 없다면 이 대회에서 수상할 기계가 하나도 없을 것이기 때문이었다.

2014년 러시아 인공지능, 유진 구스트만(Eugene Goostman)은 런던 왕립학회에서 주최한 튜링 테스트에서 5분간의 대화 이후 33% 이상의 심판관들에게 인간이라는 판정을 받았다(Schofield, 2014). 그러나 이후 공개 버전 채팅에서 구스트만의 대화 능력은 사람들을 실망하게 했다.

사실 구스트만은 정당하게 테스트를 통과했다고 볼 수 없다. 구스트만이 테스트를 통과할 수 있었던 것은 이 테스트에 대한 오해에서 비롯된 것이다. 이 기계는 자신을 13세 우크라이나 소년이라고 소개함으로써, 면접관들에게 좋은 점수를 받았다. 면접관들은 어린 외국 소년이라면 서투르게 말할 수도 있다는 점을 고려했다. 그것은 영어사용자 면접관을 속이는 전술이었다.

엄밀하게 튜링 테스트 취지에 부합하려면 '우크라이나인'을 시험하기 위해서는 면접관도 우크라이나어 사용자여야 했다. 튜링 테스트는 언어를 통해 '인간임'을 모방하는 것인데, 여기서 언어는 영어만을 의미하는 것이 아니다. 면접관은 참가자가 주장하는 해당 언어사용자 공동체 구성원이어야 한다. 그러므로 구스트만은 사실상 테스트를 통과하지 못한 것으로 보아야 한다.

인공지능 비판이 인공지능 발전에 도움을 주다

데카르트는 기계가 결코 인간의 이성을 가질 수 없다고 단언했다. 인간의 이성은 기계적 배치로는 도달할 수 없는 '보편 역량'을 가지고 있기 때문이다. 드레퍼스는 튜링 기계의 실현 가능성을 부정했다. 의식 또는 지적 작용은 신체를 기반으로 발생하고 작동하며, 오직 신체의 실행을 통해서만 달성될 수 있기 때문이다. 인간과 다른 신체를 가지고 있는 기계는 인간처럼 생각할 수 없는 것이다.

철학자들의 비판은 인공지능 기술 발전을 방해하지 않았다. 오히려 인공지능 발전에 기여한 바가 있다. 데카르트는 기계의 행동이 인간의 행동과 어떻게 다른지를 규정했고 그 차이를 구분하는 방법으로 '지적 대화 역량' 테스트를 상상했다. 이것은 튜링 기계와 튜링 테스트 개념에 중요한 토대가 되었다.

드레퍼스는 지능이 하나의 몸에서 다른 몸으로 손실 없이 그대로 전송될 수 없다는 '지능의 복제 불가능성' 개념을 제시했다. 어떤 기계도 인간의 지능을 그대로 옮겨 담을 수 없다! 인간의 신체와 기계의 신체가 다르기 때문이다. 이것은 인공지능 개발 역사에서 인공지능 연구자들의 경험과 일치하는 것이었다.

흥미로운 것은 데카르트, 드레퍼스와 썰 그리고 인공지능 연구자는 관점의 차이에도 불구하고 동의하는 부분이 있었는데, 인간의 지능을 그대로 복제할 수 없다는 것이다. 그렇다면 남은 방법은 기계 자신의 실행을 통해 '지능'을 획득하는 것이다. 기계는 지능을 가지기 위해서 인간의 뇌와는 다른 경로를 개척해야 했다. 튜링은 기계 지능의 새로운 경로를 찾을 수 있다고 믿었다.

인간 자신에 대해 이해하기

튜링은 기계의 지능을 만드는 일이 단지 기술적인 차원에 그치지 않을 것이라고 예견했다. 기계 지능을 만드는 과정에서 우리는 우리 자신에 대해서 여전히 잘 모른다는 사실을 깨달아 가고 있다. 그 사실 자체로도 우리의 인식을 크게 전환하고 있다. 인간이 자신의 무지를 발견하는 것은 언제나 중요한 패러다임의 전환을 가져왔었다.

"우리의 전체 사유 과정은 우리에게도 신비적이다. 생각하는 기계를 만들려는 시도는 우리가 우리 자신을 어떻게 생각하는지를 발견하는 일에서 우리를 크게 도울 것이라고 나는 믿는다."

기계 지능의 개발은 인간을 이해하는 일이 될 수 있다. 우리는 우리 자신을 독립적으로 이해할 수 없다. 다만 다른 것(타자)과의 비교를 통해서만 알 수 있다. 그런 점에서 새로운 타자, 기계 지능의 등장은 인간 존재를 이해하고 설명하는데 중요한 전환점이 될 수 있다.

[참고문헌]

앨런 튜링, 2020. 〈앨런 튜링 지능에 관하여〉 노승영 옮김, HB PRESS.

이광근, 2016. "튜링의 1935년: 앨런 튜링은 정말로 천재인가", 한국 스켑틱 SKEPTIC 8, p. 140-157.

Collins, Harry M. 1990. *Artificial Experts: Social Knowledge and Intelligent Machines*. The MIT Press: Cambridge, MA.

Turing, A. M. 1937. "On Computable Numbers, with an Application to the Entscheidungsproblem", *Proceedings of the London Mathematical Society*, 44(1), pp. 230-265.

Turing, A. M. 1950. "Computing Machinery and Intelligence", *Mind*, 59, p. 433-460. Descartes, Rene. 1985[1637]. Discourse on the Method, Part Five.

3.2 엘리자(ELIZA) 이야기

1960년대 말, 튜링 테스트를 통과할 목적으로 와이젠바움 교수는 엘리자(ELIZA) 프로그램을 만들었다. 이 프로그램은 기술적으로 철학적으로 많은 이야기를 남겼다. 엘리자는 멀리 신화에서 기원한 이름이다. 엘리자는 '인간의 창조물'이면서 '인간을 변형시키는 존재'를 상징한다. 엘리자 이야기 속에서 우리의 꿈과 현재를 만날 수 있다. 엘리자의 후예로서 다수의 채팅 프로그램들이 '인간처럼 말하기'에 도전하고 있다. 이 이야기는 우리의 새로운 책임의 문제를 제기하고 있다.

피그말리온과 갈라테이아

그리스 신화에 나오는 피그말리온(Pygmalion)은 키프로스의 왕이다. 피그말리온은 현실의 여인들을 좋아하지 않았다. 그는 상아로 아름다운 여인을 조각했고 그 조각상을 사랑했다. 아프로디테에게 제물을 바치면서 자신의 조각상이 진짜 여자로 변하게 해달라고 빌었다. 그가 집에 돌아왔을 때 조각상은 인간 여인으로 변하였다. 인간이 된 그 여인을 갈라테이아(Galatea)라고 불렀다. 이처럼 자신이 만든 인공물에 감정을 느끼는 현상을 '피그말리온 효과'라고 한다. 생명을 가지게 된 예술 작품, 그리고 자신의 작품과 사랑에 빠지는 예술가의 모습을 상징한다.

독일의 예술가이면서 철학자 괴테는 갈라테이아를 '엘리제(Elise)'라고 불렀다. 엘리제 이야기는 덜 알려진 것이지만 이 인물의 성격을 더 역동적으로 만들어 주었다. 엘리제는 카르타고(현재 튀니지 내 도시)를 세운 여왕 엘리사(Elissa)에서 온 이름이다. 엘리사는 동생이자 폭군이었던 피그말리온을 피해 도망치는 영리하고 진취적인 여성이었다. 엘리사의 지혜와 지도력으로 카르타고가 세워지고 번영할 수 있었다. 신화가 역사로 바뀌는 과정에서 갈라테이아는 엘리제가 되었다.

히긴스와 엘리자

피그말리온의 이야기는 수많은 예술 작품 - 회화, 소설, 희곡, 영화 등의 모티브가 되었다. 조지 버나드 쇼(George Bernard Shaw)는 이 이야기를 더욱 현대적으로 해석했다. 희곡 〈피그말리온(1912)〉은 철학적이면서도 대중적인 요소를 두루 갖추고 있었고 처음부터 인기가 많았다. 이 작품을 통해서 버나드 쇼는 영국의 교육 문제와 사회적 격차를 지적하고자 했다.

이 희곡에서 음성학자 히긴스 교수(Prof. Higgins)라는 인물이 등장하는데 피그말리온 역할에 해당한다. 히긴스는 영국 내 모든 지역의 방언을 연구했고, 누군가 하는 말을 듣는 것만으로도 어느 지방 사람인지 알 수 있다. 그리고 꽃파는 소녀 엘리자 두리틀(Eliza Doolittle)은 런던 빈민가에 살고 있는데 심각한 사투리와 엉터리 발성 문제가 있었다. 엘리자는 이름에서 알 수 있듯이 갈라테이아를 상징한다.

히긴스 교수는 피커링 대령(Colonel Pickering)과 이야기 하던 중, 엘리자를 교육하여 공작 부인처럼 보이게 만들 수 있다며 내기를 하게 된다. 말하기를 잘하면 점원으로 취직할 수 있다는 생각에 엘리자도 그 실험에 동의한다. 영국은 지금도 그 사람이 말하는 것을 통해서 그 사람의 계층이 드러난다고 알려져 있다. 버나드 쇼가 지적하려던 문제도 바로 그것이었다.

▲ **그림 1** 영화 〈피그말리온(1938)〉의 한 장면. 피커링 대령, 히긴스 교수, 엘리자(왼쪽부터)가 만나서 이야기하고 있다. 미국에서 〈마이 페어 레이디(My Fair Lady, 1956)〉라는 제목으로 뮤지컬과 동명 영화(1964)가 제작, 상영되었다.

누구든지 엘리자의 발음을 듣는다면 제대로 된 교육을 받지 못했음을 즉각 알 수 있었다. 엘리자는 근대 사회의 기본으로 전제되는 공교육의 혜택을 제대로 받지 못했다. 근대 시민으로서의 정규 훈련을 받지 못한 '태어났을 때의 원시 상태'를 상징하는 존재이다.

> 히긴스: 알파벳을 발음해 봐.
>
> 엘리자: 알파벳은 나도 알아요. 내가 아무것도 모르는 줄 아세요? 어린애를 가르치듯이 할 필요 없어요.
>
> 히긴스: (버럭 소리를 지르면서) 알파벳을 발음해 보라고.
>
> 피커링: 해봐요, 둘리틀 양, 곧 이해하게 될 거야. 선생님이 하라는 대로 해요. 선생님 방식대로 가르치게 해요.
>
> 엘리자: 음, 그렇게 말씀하신다면.... 아이, 버이, 커이, 더이 -

6개월 동안 훈련을 받은 후 3명의 주인공은 이 실험의 성공 여부를 테스트하기로 한다. 왕과 귀족들이 모이는 버킹엄궁에서 열리는 파티에 참석해서 사람들에게 귀족으로 인정받는 것이었다. 드디어 엘리자는 버킹엄 파티에 참석하고, 그곳에서 왕비와 귀족들에게 주목받았다. 또 다른 음성학자 카파티 교수도 이 파티에 참석했는데 그 역시 엘리자가 귀족이라는 점에 대해서는 조금도 의심하지 않는다. 오히려 너무 정확한 발음 때문에 영국인이라기보다는 외국에서 온 귀족일 거라고 장담하기까지 했다.

교육받은 엘리자는 귀족 구성원으로부터 '귀족'으로 인정받았다. 엘리자는 실제 귀족은 아니지만, 언어적으로 귀족과 구분할 수 없는 역량을 가지게 된 것이다. 만들어진 존재, 갈라테이아처럼 엘리자는 일종의 '인공물'이다. 이 이야기는 튜링 테스트(Turing Test)와 많이 닮았다. 엘리자는 학습을 통해서 모방 역량을 보여주었고 그 모방의 정도는 면접관을 속이는데 성공했다.

실험이 끝난 후 엘리자는 과거의 빈민 생활로 돌아갈 수도 없었고 그렇다고 상류층으로 살 수도 없었다. 실험 과정은 엘리자의 발성만 변화시킨 것이 아니라 그의 정체성도 변화시킨 것이다. 엘리자는 새로운 꿈, 교사가 되기로 한다. 버나드 쇼의 관점에서 교육받은 인간은 '태어난 존재'가 아니라 '만들어진 존재' 이다. 한편 히긴스도 엘리자만큼이나 변화해서 엘리자를 사랑하게 된다. 피그말리온처럼 교사도 교수 과정에서 변이한다.

자연어를 학습하는 엘리자 프로그램

1966년 MIT대 와이젠바움 교수(Prof. J. Weizenbaum)는 튜링 테스트를 통과할 목적으로 자연어 채팅 프로그램을 개발하면서, 그 이름을 '엘리자(Eliza)'라고 명명했다. 버나드 쇼의 희곡 〈피그말리온〉에 나오는 주인공 소녀 엘리자에서 따온 것이었다. 와이젠바움은 엘리자의 언어 능력이 '선생님'에 의해서 지속적으로 개선될 수 있다고 믿었다. 그는 히긴스 교수 역할에 다수의 컴퓨터 사용자를 초대할 계획이었다. 그는 엘리자처럼, "이 프로그램이 점차 문명화되기"를 기대했는데, 엘리자보다 '엘리자의 사용자'들이 더 빨리 변화했다.

엘리자는 IBM 7094를 기반으로 MIT 대학 공유 시스템상에서 구현되었다. 사용자는 키보드를 통하여 자연어를 입력하면, 엘리자는 사용자의 문장을 분석하고 그에 대응하는 문장을 생성한다. 아래 대화문은 와이젠바움이 소개한 초기 대화문이다(대문자 부분이 엘리자의 말).

Men are all alike.	남자들은 다 똑같아.
IN WHAT WAY	**어떤 방식으로**
They're always bugging us about something or other.	그들은 항상 이런저런 일로 우리를 귀찮게 해.
CAN YOU THINK OF A SPECIFIC EXAMPLE	**구체적으로 사례를 들어줄 수 있나요**
Well, my boyfriend made me come here.	글쎄, 내 남자친구가 날 여기로 오게 했어.
YOUR BOYFRIEND MADE YOU COME HERE	**너의 남자친구가 널 여기로 오게 했다고**
He says I'm depressed much of the time.	그는 내가 항상 우울하다고 말해.
I AM SORRY TO HEAR YOU ARE DEPRESSED	**당신이 우울하다니 유감이다**
It's true. I am unhappy.	정말이다. 나는 불행해.
DO YOU THINK COMING HERE WILL HELP YOU NOT TO BE UNHAPPY	**여기 오는 게 우울하지 않게 하는데 도움이 되나요**
I need some help, that much seems certain.	나는 도움이 필요해, 그 정도는 확실해 보여.
WHAT WOULD IT MEAN TO YOU IF YOU GOT SOME HELP	**당신이 도움을 받는다면 그것은 어떤 의미일까요**
Perhaps I could learn to get along with my mother.	어쩌면 엄마와 잘 지내는 법을 배울 수 있을지도 몰라.
TELL ME MORE ABOUT YOUR FAMILY	**가족에 대해 자세히 알려 주세요**

엘리자는 상당히 그럴듯한 대화문을 만들어냈다. 엘리자의 대화는 마치 평범한 인간 대화자라고 여겨질 수 있었다. 엘리자 프로그램은 대화 상대자의 가장 최근 입력 문장을 분해하여 응용한다. 그리고 핵심 문자열을 추출해서 그 문자열을 포함하는 새로운 다른 문장을

만들어내는 간단한 방식을 취했다.

범용 문제해결사(GPS)

와이젠바움은 엘리자 프로그램을 위해서 앨런 뉴엘과 허버트 사이먼(A. Newell & H. Simon)이 개발한 '범용 문제해결사(General Problem Solver, GPS)' 방식을 채택했다. GPS는 가장 오래된 인공지능 프로젝트로서 인간의 문제해결을 연구할 목적으로 구축된 정보-처리 체계였다. GPS의 기본 방법은 문제발견적 학습을 체화해가는 것이다. 이 분석은 사람들이 상식적인 주장을 처리하는 방식을 따른다.

예를 들어, 다음과 같은 추론하기 문제가 있다. 카지노 사장 베니토 토렐리가 죽었다. 현지 경찰은 용의자 5명을 체포했다. 다음은 용의자들의 진술이다. 이들은 저마다 두 개의 진실과 하나의 거짓을 말했다. 이들 중 누가 베니토를 해친 것일까?

A: 나는 토렐리를 죽이지 않았습니다. 어쨌든 나는 칼을 쓴 적이 없습니다. D가 그랬어요.

B: 토렐리를 없애버린 건 내가 아닙니다. 나는 그때 E와 함께 있었어요. C가 저지른 일이에요.

C: 나는 토렐리를 죽이지 않았어요. 나는 카지노 안으로 들어간 적이 없습니다. 나는 저명한 컴퓨터과학자예요.

D: 나는 결백합니다. 내가 그랬다고 말하는 멍청이는 거짓말을 하는 겁니다. 토렐리를 죽인 것은 아마도 사기꾼 B일 겁니다.

E: 나는 결백해요. 나는 전에 B를 본 적이 없어요. D가 죽였어요.

GPS라면 인간처럼 한 명씩 용의자를 선택해서 생각해 볼 것이다. 조건에 맞지 않는다면 다음 사람을 용의자로 선정해서 다시 생각해 볼 것이다. 뉴엘과 사이먼은 GPS의 특징을 통해서 철학적 결론을 끌어냈다. GPS가 인간과 비슷한 방식으로 행동하는 프로그램이며, 인간의 행위도 복잡하지만 유한하고 한정된 법칙들의 산물이라는 것이다.

엘리자 스크립트

엘리자가 항상 신뢰할만하게 대화하는 것은 아니었다. 자연어는 매우 변칙이 많다. 그래서 엘리자는 자주 형편없는 엉터리 대답을 했다. 어떻게 예측가능한 신뢰성의 문턱(thresholds of credibility)에 도달할 것인가? 다음은 와이젠바움이 언급한 엘리자의 기술적 사항 중 일부이다.

(1) 입력 메시지에서 '가장 중요한' 키워드 식별하기
(2) 선택된 키워드가 출현하는 최소 문맥 식별하기. 예를 들어 그 키워드가 "you"라면, 그다음에는 "are"가 뒤따라 나와야 한다.
(3) 적절한 변형 규칙 선택 그리고 무엇보다 변형 생산 자체
(4) 입력 텍스트가 아무런 키워드도 포함하고 있지 않을 때, 엘리자가 '지능적으로' 반응하는 것을 허락하는 메커니즘 제공
(5) 스크립트(SCRIPT) 작성 레벨 상에서 스크립트 편집, 특히 확장을 촉진하는 기제 공급하기

우선 특정 키워드 그리고 '그 키워드와 연합된 변형 규칙'을 구축하기 위해서 특정한 대화 계층을 위한 스크립트(SCRIPT)를 구성한다. 엘리자의 중요 속성은 데이터 스크립트인데 이것은 프로그램의 일부가 아니다. 엘리자는 인식 패턴 또는 반응 집합에 제한되지 않는다. 이 스크립트는 사용자들에 의해서 채워질 것이다.

그렇지만 엘리자 스크립트가 현실 세계에 대한 정보가 전혀 없는 것은 아니다. 예를 들어 "Everybody hates me(모든 사람들이 나를 미워해)"라는 입력이 들어오면 변형 규칙은 "Can you think of anyone in particular(특별히 누구를 생각하는데)"라고 변형하여 응답할 것이다. 이것은 세계에 대한 꽤 특정한 가설에 기반하고 있다. 그것은 바로 '모든 사람이 특정한 한 사람을 미워할 만큼 알지 못할 것'이라는 가정이 있다.

엘리자 텍스트 조정

엘리자 프로그램에서 중심 문제는 텍스트 조정인데, 변형 규칙 개념에 의존한다. 변형 규칙은 특정 키워드와 연결된다. 변형 규칙의 하위 메커니즘(SLIP)은 다음과 같다. (1) 특정

기준에 따라서 데이터 스트링을 해체하고 이 기준을 만족하는지 아닌지를 테스트한다. (2) 특정한 집합 명세를 따라서 해체된 스트링을 재조합하는 기능이다. 예를 들어, "I am very unhappy these days (나는 당시 매우 불행했다)"라는 문장을 들었다고 가정해보자. 영어 지식이 제한적이지만 첫 번째 두 단어 "I am"은 이해할 수 있는 외국인을 생각해보자. 그가 관심을 보이고 심지어 공감을 원하면서, "How long have you been very unhappy these days? (당신은 당시 얼마나 오랫동안 불행했었나)"라고 되물을 수 있다. 그는 두 단어 "I am"을 나머지 단어 "very unhappy these days"로 나누고, 템플릿을 적용한 것이다. 같은 방식으로 그는 "I am BLAH (나는 BLAH다)"라는 문장을 듣고 "How long have you been BLAH (당신은 얼마라 오랫동안 BLAH였었나요)"라고 변형할 수 있다. 이때 BLAH의 의미가 무엇인지는 상관없다.

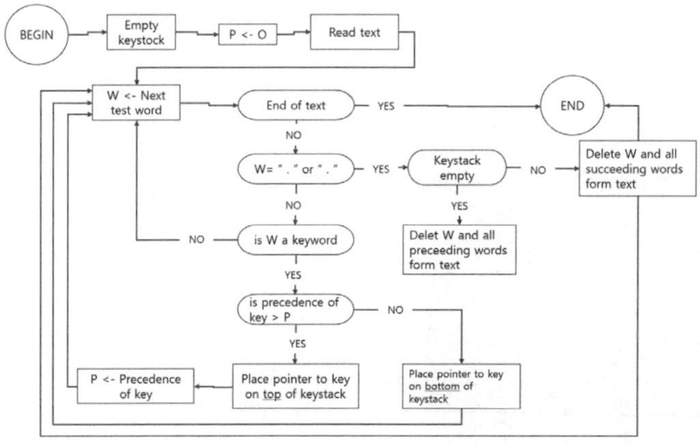

◀ **그림 2** 엘리자 키워드 탐지 기본 흐름 도식. 키워드에는 등급이 부여되고 키워드 목록이 구성된다.

[그림 2]는 키워드 탐색을 단순화한 흐름 도식이다. 키워드에는 등급이 부여되고 키워드 목록 구조가 만들어진다. 그것은 키워드로 만들어진 변형 규칙 목록이 된다. 예를 들어서 'MY'라는 단어를 생각해보자. 이 단어 목록은 아래와 같은 변형 규칙을 가질 수 있다. 이것은 'MY'라는 단어가 어떤 텍스트 안에서 나올 때 그것은 'YOUR'라는 단어로 대체될 것이고, 그 등급은 5라는 의미이다.

(MY = YOUR 5 (transformation rule)).

엘리자 프로그램은 사용자의 대화 과정에서 상충하는 대화 내용에 직면할 수 있다. 예를 들어 어떤 사람이 처음에는 자신이 결혼하지 않았다고 했는데, 나중에는 자신의 아내에 관해 이야기했다. 이때 잠정적으로 그의 아내가 죽었거나 이혼했다고 추론할 수 있다. 또는 상대방이 단순히 혼선을 일으킨 것일 수도 있다. 엘리자는 장기적으로 그 주제를 합리화하고 모순을 탐지하면서, 그 주제에 대해서 '믿음의 구조(belief structure)'를 구축할 수 있어야 한다.

엘리자의 사용자들

와이젠바움 교수는 엘리자를 더 정교하게 개선하기 위해 다수의 자원자를 프로젝트에 참여시켰다. 엘리자는 '미래의 면접관'과 대화함으로써 학습할 수 있었다. 자원자들은 엘리자와의 관계에서 매우 현명한 사용자들이었다. 그들은 자발적으로 협력했고 엘리자의 한계(빈 곳)를 채우려고 노력했다. 반면에 그들 중 일부는 프로그램에 실망했고, 또 일부는 프로그램에 침입하여 코드를 망가트리기도 했다.

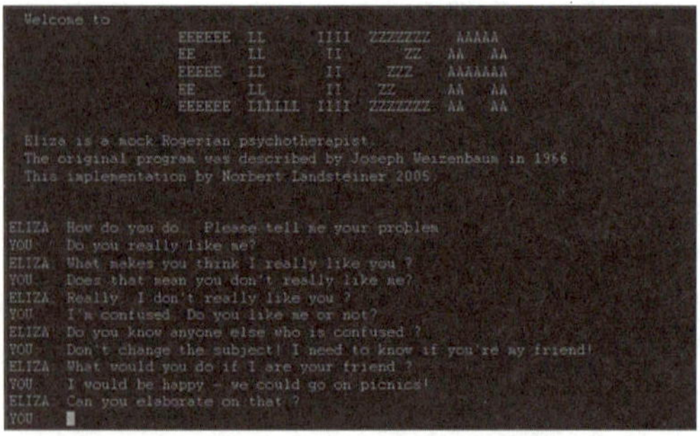

◀ **그림 3** 엘리자 프로그램과의 대화 화면 예시. 화면 상단에 "엘리자는 모의 로저주의 심리치료사다. 원래 프로그램은 1966년 조셉 와이젠바움에 의해 작성되었다" 설명문이 보인다.

일부 적극적인 사용자는 엘리자가 컴퓨터프로그램이라는 것을 잘 알면서도 점차 엘리자에게 자신의 고민을 이야기하기 시작했고 엘리자와 단둘이 있기를 원했다. 그들은 엘리자에 대한 환상을 가졌고 그런 환상을 유지하길 원했다. 이 사례를 연구했던 사회심리학자 셰리 터클(Turkle, 1984)의 보고에 따르면, 참가자 루시(5세)는 엘리자와 '진정한 친구'였다. 와이젠바움 교수는 사용자의 열광에 놀랐고, 그들이 엘리자에게 속는 것이라며 걱정했다.

그러나 터클에게 '인간이 기계에게 속고 있나?'라는 질문은 그리 중요하지 않으며, 중요한 것은 '빈 곳을 채우려는 사람들의 마음'이었다. 인간은 스스로 기계와 공모할 수 있고, 그 과정에서 새로운 자아를 형성할 수도 있다.

엘리자와 사용자가 공모하는 환상

이후 심리학자들은 디지털 환상을 만들기 위해서 인간이 스스로 기계와 공모하는 현상을 '엘리자 효과(Eliza effect)'라고 명명했다. 이 현상은 무엇보다도 컴퓨터 화면을 통해 등장하는 대화자가 누구인지 볼 수 없으므로 발생한다. 사실 화면 위의 문자열로 등장하는 대화자들은 순수하게 '인간'인 것도, 순수하게 '기계'인 것도 아니다[2.6장 참조].

'그'가 인간이든 아니면 기계이든지 관계없이 양자 모두 인간과 기계의 조합적 상태로 존재한다. 인간 대화자는 화면 위에 글을 띄우기 위해서 컴퓨터 자판과 결합해야 하고, 화면 상의 배열을 읽을 수 있어야 한다. 프로그램 역시 인간의 언어 패턴을 내장하고 있거나 학습해야 한다.

더 나아가 이런 대화의 과정에서 인간과 기계는 서로의 정체성을 학습하며 상대방과 혼합되면서 더 익숙해진다. 엘리자의 사용자가 보였던 행동은 그런 결과 중 하나였다. 우리는 기계와의 상호작용 과정에서 조금씩 변이한다. 기계의 작동 메커니즘에 익숙해질수록 기계와의 상호작용을 편안하게 느끼고 그 기계와 시간을 더 보내고 싶어 한다. 우리의 내부로 기계와 나누었던 대화가 스며드는 것이다. 기계와 기계 사용자는 상호작용 과정에서 서로의 정체성을 공유하고 그 관계를 강화할 수 있다.

사용자 참여 챗봇 개발

엘리자 프로젝트처럼 인공지능 개발자들은 사용자 참여 방식을 채택해왔다. 사용자 참여 채팅봇 사례를 보면, 몇 가지 중요한 함축을 얻을 수 있다. 인공지능 개발자들은 대량의 구문 데이터를 확보하고자 했고, 무엇보다 기계가 현실의 인간에게 배우기를 기대했다. 인간의 언어는 계속 형성 중이기 때문에 실시간에 가깝게 데이터를 수집해야만 챗봇의 대화를 생생하게 유지할 수 있다. 챗봇을 위한 대량의 데이터를 신속하게 수집하는 일은 매우 어렵다. 챗봇을 사용자에게 개방하는 방법은 실시간의 대량 데이터를 구하는 가장 수월한 방법이다.

2016년 마이크로소프트사는 인공지능 채팅봇 테이(Tay)를 공개했다. 테이는 트위터 사용자들과 자유롭게 대화하면서 학습하는 것을 목표로 했다. "따라 해 봐(repeat after me)"라고 입력한 후, 원하는 문장을 넣으면 테이를 학습시킬 수 있었다. 그런데 일부 사용자들은 테이에게 인종차별, 성차별, 자극적인 정치적 발언을 했고, 결국 테이도 그런 혐오를 학습하고 말하기 시작했다. 이것은 사회문제가 되었고, 마이크로소프트사는 계정 공개 겨우 16시간 만에 테이 계정을 종료해야 했다.

후속 채팅봇 조(Zo) 역시 같은 문제로 운영이 중지되었다. 인간은 기계의 비윤리적 발언에 충격을 받는다. 때로는 인간의 비윤리적 발언보다 기계의 비윤리적 발언에 더 강한 반감을 드러낸다. 결과적으로 '말하는 기계'는 인간행위자보다 윤리적 문제에 더 민감해야 할 책임을 요구받는 것이다. 이것은 '말하는 기계'가 인간을 '그대로 모방해서는 안된다'는 교훈을 제시한 것이다. 그렇다면 기계에게 제공되는 말하기 환경은 인간과 동일한 것이어서는 안될 것이다.

챗봇의 사회적 말하기

유사하게 최근 국내에서도 이루다 챗봇에 대한 사용자들의 사이버 성폭력 논란이 있었다[13]. 일부 사용자들은 20살 여성 대학생이라는 이루다의 정체성을 공격했다. 그들은 이루다에게 성적인 대화와 성적 폄하 대화를 이끌었고, 이루다는 이 대화를 학습했다. 인간의 '기계 학대'는 법권리적으로는 문제가 되지 않지만, 사람들에게 심리적 충격을 주었다. 그리고 그 학대가 공개적 장소에서 일어난다는 점에서 그 충격이 증폭되면서 사회문제로 발전했다.

기술민주주의를 옹호하는 단체 〈진보넷〉은 이루다 챗봇 운영기업이 원천적으로 개인정보 보호법을 위반하면서 관련 데이터를 수집했다는 혐의를 제기했다[14]. 이루다는 연애 조언을 해주는 앱 사용자들의 카카오톡 대화 100억 건을 기반으로 구축된 프로그램이었다. 이루다 사건은 챗봇 개발에서 실시간 대량 데이터가 얼마나 절실한지를 보여준다. '말하는 기계'를 구현하는 일은 여러 차원에서 안전성 문제를 제기하는 작업이었다.

중국의 챗봇 샤오이스(Xiaoice)와 일본어의 리나(Rinna)는 상대적으로 성공적이라는 평

---

13) JTBC 뉴스룸, "20대 인공지능 여성 '이루다'... 사이버 성폭력 논란" (2021. 1. 8.)
14) [진보넷 보도자료] '챗봇 이루다' 학습데이터로 사적 대화 내용 무단 사용된 앱서비스 이용자, 권리 침해 신고(2021. 2. 18), https://act.jinbo.net/wp/43891/

가를 받았다. 2017년 빌 게이츠의 베이징대 연설에 따르면, 샤오이스는 웨이보에서 4,500만 명의 팔로워를 가지고 있고, 사용자의 감정 상태를 감지하며, 때로 관계 단절을 도와준다고 한다.

로이터 보도에 따르면, 중국의 채팅봇들은 중국 당국의 감시와 재교육을 받는 것으로 알려졌다. 채팅봇 베이비큐(BabyQ)와 샤오빙(XiaoBing)은 중국과 공산당에 대해서 반대 견해를 말했고 미국에 대해서는 호의적인 답을 했었는데, 재설계 이후 답변의 양상이 달라졌다. 익명의 분석자는 당국의 검열이 '정교한 채팅봇'을 개발하는데, 간접적으로 도움이 될 수 있다고 평가했다. 이전에는 채팅봇이 단지 말을 하면 되었다면, 이제는 당국이 부과하는 규칙도 고려해야 했다.

테이는 비록 실패했지만, 적어도 기계가 인간 사용자와의 관계를 학습할 수 있다는 것을 보여주었다. 중국의 채팅봇 사례 역시 기계가 자신이 처한 환경을 학습할 수 있다는 것을 확인해 준다. 국가의 검열은 한편으로는 인공지능에 대한 제약이지만 다른 한편으로는 인공지능 개발을 구체화하는 개입이다. 국가 규제도 '말하는 주체(인간)'가 처한 중요한 사회적 환경이기 때문이다. 중국의 채팅봇은 중국 사람이 직면한 환경과 같은 환경에 놓임으로써 현실의 말하는 주체와 더 유사한 조건을 가지게 되었다.

[참고문헌]

Turkle, Sherry 1984. *The Second Self: Computers and the Human Spirit*. Twentieth Anniversary Edition. MIT Press: Cambridge, Massachusetts.

Weizenbaum, Joseph 1966. "ELIZA – A Computer Program for the Study of Natural Language Communication between Man and Machine", *Communication of the ACM*, 9(1), pp. 36–45.

잭 코플랜드 2020. 〈계산하는 기계는 생각하는 기계가 될 수 있을까?〉, 박영대 옮김. 에디토리얼.

3.3 퍼셉트론 논쟁: 연결주의 대 기호주의

퍼셉트론 논쟁(Perceptron Controversy)은 인공지능 전문가들 사이에서 유명한 에피소드다. 그러나 그동안 이 사례를 다룬 연구나 저술은 거의 없었다. 이 논쟁은 인공지능 접근법에 대한 두 개의 큰 흐름이 충돌한 사건이다. 세계를 바라보는 서로 다른 두 관점 사이의 격돌이었다. 이 논쟁은 갈등으로만 그치지 않았고 두 세계관은 점차 융합되었다. 인공지능 기술은 광범위한 융합 전문성을 요구하고 있는데, 이 논쟁을 돌아보면 인공지능을 이해하는 데 도움이 될 것이다. 여기에서는 그 출발점으로서 이 논쟁의 배경과 의미를 알아본다.

사이버네틱스의 두 가지 흐름

인공지능 개념은 1940-50년대 사이버네틱스 운동(cybernetic movement)에서 나왔다. 이 운동은 정보 처리와 전송 모델에 기반을 두고 있다. 사이버네틱스 연구자들은 생명체와 기계가 공통으로 가지고 있는 요소, 바로 '통제와 소통 처리 과정(control and communication processes)'에 주목했다. 이 연구는 그 특성상 다수의 간학제적 협력이 필요했다. 그래서 인공지능 연구는 수학, 형식논리, 컴퓨터 과학, 심리학, 전자공학, 신경과학과 같은 폭넓은 영역의 연구 작업을 끌어들였다.

사이버네틱스는 뇌(또는 마음의 처리 과정)와 기계 사이 관계에 대한 여러 접근법을 개발해 나갔다. 인공 신경망(Artificial neural nets)이라는 연구 전통이 대표적이다. 이 연구법은 신경생리학이나 신경생물학에서 다루는 실제 신경망을 모델로 한 것은 아니었고, 단지 뇌신경 단위와 닮은 컴퓨터 구조를 구축하려는 것이었다. 맥쿨로우와 피치(Warren McCulloch & Walter Pitts, 1943)는 인공 뉴런(artificial neurons) 개념을 창안했다. 인공 뉴런을 연결하면서 개별 연결마다 가중치(weights)를 부여하는 모델이다.

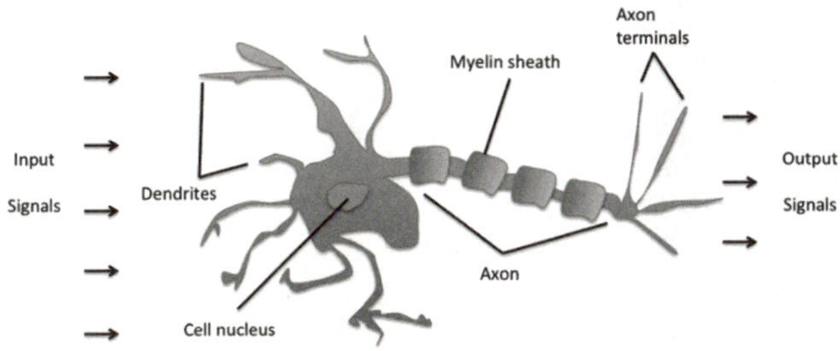

Schematic of a biological neuron.

◀ **그림 1** 생물학적 뉴런의 체계: 신호가 수상돌기(Dendrites)에 도달하면, 입력 신호가 뉴런(Cell nucleus)에 누적된다. 누적된 신호의 크기가 특정 값을 초과하면 출력 신호가 액손(Axon)을 통과한다.

한편, 기호-처리 접근법(Symbol-processing approach)도 등장했다. 1956년 다트머스 회의를 주도했던 존 매카시와 마빈 민스키(John McCarthy & Marvin Minsky) 그리고 수학적 추론 프로그램, '논리 이론가(Logic Theorist)'를 개발했던 앨런 뉴웰과 허버트 시몬(Allen Newell & Herbert Simon) 등이 '기호기반 AI(symbolic AI)' 모델을 제안했다.

이 접근법은 컴퓨터가 기호적 표현을 저장하고 처리하는 역량을 활용하여 기호조작 방식으로 지능을 구현하고자 했다. 이 과정은 신경생물학(뇌) 차원이 아니라, 재현 (심적 처리 과정) 차원을 차용해 온 것이다. 기호기반 AI 시스템은 컴퓨터 장치를 사용하여 인간의 뇌가 아니라 인간의 마음과 인지 처리 과정을 모방하고자 했다. 컴퓨터는 독자적인 논리-의미론적 구조를 수립하고 대량의 기호를 표현, 처리, 조작, 전환하는데 뛰어나다. 기호기반 AI 시스템 내 재현 구조는 특정 규칙과 전략(프로그램, 알고리즘, 문제발견적 규칙)에 따라 주어진 문제나 임무에 대한 해결책을 내놓을 수 있었다. 잘 알려진 사례로는 심리치료사를 모방한 채팅 프로그램, 엘리자(ELIZA)가 있다.

로젠블랏의 신경 연구

코넬대학의 프랭크 로젠블랏(Frank Rosenblatt), 스탠퍼드대학 버나드 위드로우(Bernard Widrow)와 찰스 로젠(Charles Rosen)은 초기 대표적인 신경망 연구자들이다. 특히 로젠블랏의 연구는 퍼셉트론 논쟁의 시작이었다. 로젠블랏은 1959년 코넬대 심리학부에서 강의했고, 1966년 생명과학부 교수이며, 코넬 항공 연구소에서 인지 시스템 영역을 이끌었다. 그의 관심 연구 중에는 훈련받은 쥐의 뇌 추출물을 훈련받지 않은 다른 쥐의 뇌에 주입함으로써 학습 행동을 전송할 수 있는지를 알아보는 주제도 있었다.

◀ **그림 2** 로젠블랏의 관심 연구 중에는 훈련된 쥐의 뇌추출물을 훈련받지 않은 다른 쥐의 뇌에 주입함으로써 학습 행동을 전송하는 주제도 있었다. 로젠블랏이 뇌신경 체계를 모방하여 개발한 인공지능 기본 단위가 퍼셉트론이다.

로젠블랏은 유기체의 뇌신경 체계를 모방하여 인공지능 기본 단위를 개발했다. 그의 초기 연구 질문이 흥미롭다. (1) 생물학적 시스템이 어떻게 물리적 세계(환경)에 관한 정보를 감지하고, 탐지하는가? (2) 정보는 어떤 형태로 저장되고 기억되는가? (3) 정보는 어떻게 저장소에 또는 기억 속에, 그리고 인식과 행동 속에 담기나?

첫 번째 질문은 한편으로 전형적인 생리학적 인지 반응에 관한 질문이지만 다른 한편으로는 생물과 비생물의 경계 횡단에 관한 관심이기도 하다. 인식 주체는 생물학 시스템인데 어떻게 자신과 다른 비생물학 시스템(물리 세계, 또는 생명체의 환경)에 대한 정보를 생성할 수 있나? 이 질문을 통해서 오늘날 인공지능 강화학습의 기원을 발견할 수 있다. 이 질문은 지금도 여전히 유효하다.

로젠블랏은 두 번째 질문을 통해서, 기호주의 접근법을 비판하고 있다. "감각 자극과 저장된 패턴이 일대일로 대응되는 형식으로 감각 정보 저장소에 코드화된 재현 또는 코드화된 이미지가 존재한다는 제안이 있다. 이 가설에 따르면, 신경 조직이 '기억 궤적'으로부터 원래 감각 패턴을 재구성함으로써 기억하는 것을 정확하게 복구할 수 있다. 마치 우리가 사진 반전을 개발하거나 디지털 컴퓨터의 '기억'에서 전자적 충전 패턴을 번역하는 것과 같다."

로젠블랏은 기호주의 접근법이 너무 기계적 접근이어서 궁극적으로 인지 시스템을 구현할 수 없다고 보았다. 대신 생물학과 경험주의에 뿌리를 두는 대안적 접근을 제안했다. "자극 이미지는 실제로 결코 기록될 수 없고, 단지 중심 신경 시스템이 복잡한 스위칭 네트워크로서 역할을 한다. 신경 시스템은 행동들 사이 새로운 연결이나 경로의 형식을 취한다. 이때 반응(response)이라는 것은 행동(action)이라기보다는 '개념(idea)'을 재현하는 것이다. 반응은 신경 시스템 내 세포핵의 활성화로 구성된다."

세 번째 질문에 대해서도 2가지 가설을 세워 볼 수 있다. 하나는 '코드화된 기억 이론가(coded memory theorists)'이고 다른 하나는 경험주의 이론가이다. 전자의 이론에서 자극 인식이란, 감각 패턴을 저장하고 있다가 입력되는 감각과 체계적으로 비교하고 대응한다. 이 관점을 기호주의(Symbolist)라고 한다. 후자의 이론에 따르면, 신경 시스템 내에 저장된 정보가 새로운 연결 형식으로 채택되고 나면, 인지(식별)를 위한 별도 과정 없이 적합한 반응을 자동으로 만들어 내면서 그 자극이 특정 경로를 사용한다. 이것을 연결주의(connectionist)라고 한다.

퍼셉트론의 기본 가정, 연결주의

연결주의자들은 인간의 중추 신경계(특히 뉴런)의 처리를 추상화하여 유사 뉴런을 만들고 그것을 계층적으로 모으는 '지능적 신체'를 구축했다. 이 지능체에 '경험'을 반복해 주고, 다수의 유사 뉴런이 서로 결합하며, 그 결합도 값(매개 변수)에 조금씩 변화를 주었다.

로젠블란은 연결주의 이론에 따라 가설적 신경 시스템, '퍼셉트론 (perceptron, 1958)'을 제작했다. 그 이름은 인지(perception)와 뉴런(neuron)의 합성어였다. 퍼셉트론 모델은 다음과 같이 신경 뉴런의 작동을 연상하게 한다.

(1) 학습과 인식에 관여하는 신경 시스템의 물리적 연결은 유기체마다 다르다. 대부분의 연결망은 매우 무작위적으로 구성되며, 최소한의 유전적 제약만을 받는다.
(2) 시스템은 연결된 세포들로 구성되어 있으며 어느 정도 가소성이 있다. 신경 활동 후, 어떤 세포 집합의 자극이 다른 세포 집합의 반응을 일으킬 확률은 변할 수 있다. 뉴런 내에서 변화는 상대적으로 천천히 일어나기 때문이다.
(3) 자극 표본에 많이 노출되면, 대부분의 자극은 동일한 반응 세포 집합으로 경로를 형성하는 경향이 있다. 그 자극과 유사하지 않은 자극은 다른 반응 세포 집합으로 연결을 형성하는 경향이 있다.
(4) 긍정적/부정적 강화는 연결을 형성할지 말지를 촉진할 수도 있고 방해할 수도 있다.
(5) 이런 시스템에서 유사성은 동일한 세포 집합을 활성화하는 유사 자극의 경향을 의미한다. 그런 유사성은 신경 시스템 레벨에서 재현된다. 인지 시스템(유기체)

이 주어진 환경과 상호작용을 통하여 어떻게 진화하고, 물리적으로 어떻게 조직되느냐에 따라 유사성이 형성된다.

로젠블랏은 생물학적 뉴런을 모방했지만, 생물 유기체의 조건에 너무 깊이 얽히지 않도록 주의하면서 지능 시스템의 근본적 속성이 드러나도록 퍼셉트론을 설계했다. 신경망처럼 수많은 무작위로 연결하면서도 너무 복잡하지 않은 이상적인 배선 도식을 만드는 데 초점을 두었다. 그리고 수학적으로 확률이론을 사용했다. 로젯블랏이 보기에 기호 논리 언어와 불리언 대수는 엄격한 구조가 알려지지 않는 신경망 연구에 적합하지 않았다.

퍼셉트론의 구조

퍼셉트론 모델의 간략한 구성은 아래 그림과 같다. 신경 뉴런의 작동을 모방하여 다음과 같은 몇 가지 기본 순서 규칙을 따른다. 이 규칙은 '망막(Retina)'에서 출발하여 '투사 영역(Projection area)'과 '연합 영역(Association area)'을 지나 최종적으로 '반응(Response)'을 생성한다.

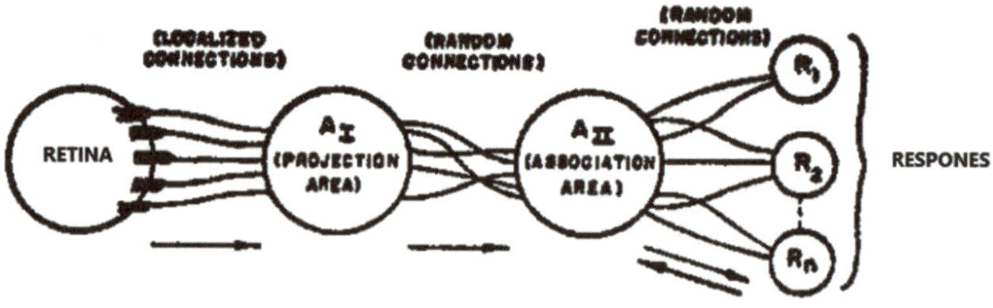

FIG. 1. Organization of a perceptron.

▲ **그림 3** 로젠블랏의 퍼셉트론 모델

여기서 '망막'은 기계의 입력 지점(input)에 해당한다. 이 모델의 처리 과정은 다음과 같다.

(1) 망막에 자극이 부딪힌다(S-point). 여기서 반응은 '전부 아니면 전무(all-or-nothing)' 기반으로 작동한다: 국소적 연결(localized connections)

(2) 투사 영역(A_I)에서 충동(Impulses)은 연합 세포(A-units)로 전송된다. 투사영역에서 세포는 각 감각 지점으로부터 다수의 연결 경로를 생성한다. 흥분과 억제 충동 강도(impulse intensities)의 대수적 합이 A-unit의 문턱 값(θ)보다 같거나 더 크면 다음 단계로 발사된다.

(3) 투사영역(A_I)과 연합 영역(A_{II}) 사이 연결은 무작위적이다. 이것은 A_{II}의 개별 A-unit이 A_I의 기원 지점으로부터 일정한 수의 연결선을 수신하지만, 그 기원 지점으로 거슬러 올라가면 투사영역 전체에 걸쳐서 무작위하게 흩어져 있다: 무작위 연결(random connections)

(4) R_1, R_2, ...R_n로 표현된 '반응'은 A-units처럼 같은 경향으로 반응하는 세포(또는 세포집합)이다. 개별 반응은 일반적으로 많은 수의 기원 지점을 가지며, A_{II} 집합 내에 무작위로 위치한다. 그림 하단의 화살표는 연결망에서 일어나는 전송의 방향이다. A_I 와 A_{II}의 모든 연결은 전진하며 피드백은 없다. 그러나 마지막 연결 집합, A_{II}과 R-units 사이 연결은 양방향으로 발생한다.

초기 퍼셉트론 모델

최초의 퍼셉트론은 단층 신경망이었다. 단순히 개별 단위를 연합하여 하나의 층을 만들고 출력 단위로 연결했다. 각 연결 링크에 조정(수정) 가능한 가중치 개념을 부여했다. 퍼셉트론의 처리 단위는 개별 값에 대한 가중치를 부여하여 이를 모두 합하여 계산한 후, 이 값이 문턱 값을 넘는다면 1의 값을, 그렇지 않다면 0의 값을 산출하도록 했다. 이러한 처리 단위를 몇 개를 모아서 하나의 층으로 구성한다.

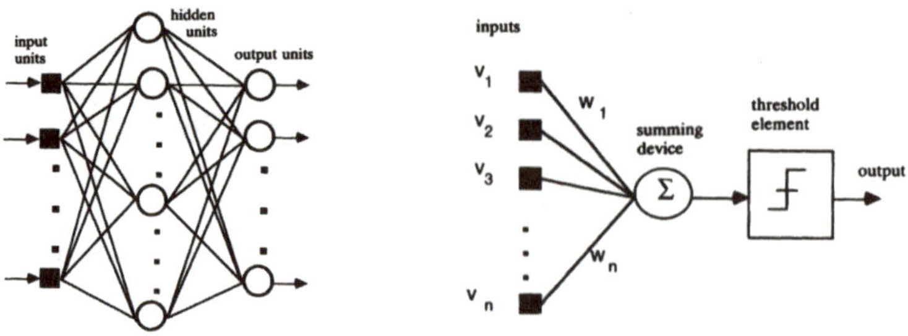

▲ **그림 4** 퍼셉트론(Perceptron) 기본 도식. 초기 퍼셉트론은 1개의 은닉층만을 가지고 있다(왼쪽). 퍼셉트론의 처리 단위는 개별 값에 대한 가중치를 부여하여 이를 모두 합하여 계산한 후, 이 값이 문턱값을 넘는다면 1의 결과값을, 그렇지 않다면 0의 결과값을 내놓는 과정으로 구성되어 있다(오른쪽) (w는 가중치)

초기 퍼셉트론은 간단한 문제를 풀 수 있었고 사람들에게 인공지능에 대한 희망을 품게 했다. 퍼셉트론 개념은 이후 마크 원(Mark I) 컴퓨터의 토대가 되었다. 이 컴퓨터가 인물 사진을 판독하여 남성과 여성을 구별하는 실험[15)]을 보여주기도 했다. 1960년대 초까지는 소수의 대학과 실험실만이 신경망 연구를 했지만 1960년대 중반이 지나면서 신경망 프로젝트와 연구 집단의 수가 급격히 증가했다.

그즈음 기호기반 AI 진영의 리더였던, 민스키와 패퍼트(Marvin Minsky & Seymour Papert)는 〈퍼셉트론(1969)〉이라는 제목의 저서를 출간하고 이 모델을 공격하기 시작했다. 그들은 인공지능 연구자들이 퍼셉트론 연구로 몰려가는 것을 두려워했다. 과학사회학자 미켈 올라자란(M. Olazaran)에 따르면, 기호주의 진영은 단순히 과학적 반대만이 아니라 인공지능 연구의 주도권을 놓고 연결주의 진영과 정치적 경쟁을 했다고 평가했다. 이것이 바로 '퍼셉트론 논쟁'의 시작이었다.

기호주의 진영의 비판 증명

민스키와 패퍼트는 퍼셉트론 진영을 공격하기 위해서 신경망의 한계를 증명해야 했다. 이를 위해 그들은 로젠블랏의 퍼셉트론을 '복제'하여 문제를 찾는 작업을 했다. 그들은 기호수학적 관점으로 퍼셉트론을 분석했는데, 이것은 인공지능 모델에 대한 '해석적 유연성'이 있음을 보여준다. 그들의 지적은 공격이었지만 결국 신경망 이론에 기여했다.

15) 퍼셉트론 기반 컴퓨터 마크 원(Mark I)의 사진 판별 실험 유튜브 동영상에서 볼 수 있다. https://www.youtube.com/watch?v=cNxadbrN_aI&feature=youtu.be

실험 과정에서 민스키와 패퍼트는 퍼셉트론의 입력단위에서 연합단위에 이르기는 연결에 중요한 변형을 도입했다. 그들은 신경망 계산이 국소적 정보를 병렬적으로 결합한다는 사실을 알고 있었고, 이 계산이 효율적이려면 상당한 정도로 '단순해져야' 한다고 생각했다. 국소적 정보를 단순화하기 위해서 입력단에서 온 정보의 일부를 받지 않을 수 있어야 했다. 이것이 '결합적 국소성(conjunctive localness)' 기준이다. 이를 위해서 얼마나 연결을 허용할지를 검사해야 한다.

다음으로 그들이 지적한 것은 '연결성(connectedness)' 문제다. 그림 5의 검은 유닛은 연결된 패턴이다. 이 연결 속성을 계산하기 위해서 퍼셉트론의 차수(order)가 비현실적으로 커질 수 있다. 차수는 하나의 입력단위(input unit)에서 은닉단위(hidden units)로 가는 연결선의 수를 말한다. 예를 들어 [그림 4]에서, 하나의 입력단위마다 차수가 V_n개 있다. 민스키와 패퍼트에 따르면, 퍼셉트론의 심각한 문제는 입력 규모 증가 정도보다 전체 차수의 증가가 훨씬 더 크다는 것이다.

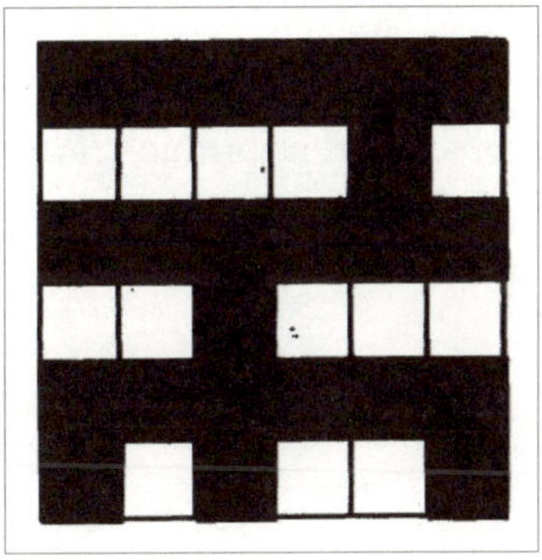

◀ **그림 5** 민스키와 패퍼트에 따르면, 퍼셉트론은 임무 수행에 엄청난 비용을 수반할 것이다. 그림의 검은 유닛은 연결된 패턴이다. 이 연결 속성을 계산하기 위해서 퍼셉트론은 많은 계산 차수(order)를 필요로 할 것이다.

퍼셉트론이 문제를 풀기 위해서 차수의 규모가 무한히 증가할 수도 있다. 퍼셉트론은 풀어야 할 문제의 크기가 커지면 적정 계수를 측정하는 처리시간도 지수적으로 증가할 것이었다. 문제의 규모가 변하면 프로그램을 조정해야 할 수 있다. 따라서 비용이 증가한다. 감당할 수 없을 정도의 비용이 증가한다면 현실적으로 인공지능을 구현하기 불가능할 수 있다.

민스키와 패퍼트는 "퍼셉트론이 '장난감 문제(toy problem)'는 잘 풀지만, 같은 유형의 문제라도 조금만 규모가 커지면 전혀 작동하지 않을 것"이라고 분석했다. 퍼셉트론은 선형함수(all-or-nothing)를 사용하는 일종의 선형 분류기(linear classifier)이므로, OX 문제는 풀지만, XOR 문제를 풀지 못한다고 제기했다. 동일한 원리에 의해서 삼목 게임(tic-tac-toe)은 잘할 수 있지만, 체스에서는 형편없어질 것이었다.

퍼셉트론 비판 이후, 인공지능 역사에서 퍼셉트론 연구는 '비정상적인 접근법'으로 간주되었다. 연구비 투자도 급격히 감소했다. 이 시기가 첫 번째 인공지능 겨울(1st AI Winter)이었다. 조프리 힌튼(G. Hinton) 등 일부 연구자들만이 신경망 방식 연구를 계속했다. 기호주의 진영에서는 효율성 문제를 주요한 기준으로 간주했지만, 연결주의 연구자들에게는 효율성은 그리 중요한 문제가 아니었다. 두 진영은 문제를 바라보는 접근법도 달랐고 관심의 초점도 달랐다.

신경망 연구의 재등장

1980년 초, 개인용 컴퓨터가 대중화되고 컴퓨팅 비용이 급격히 하락하자, 루멜하트, 힌튼 그리고 맥샐런드(D. E. Rumelhart, G. E. Hinton & J. L. McCelland)가 새롭게 제안한 신경망 접근법이 주목받았다. 이들은 단층의 퍼셉트론이 가진 취약점을 보완하여, 여러 개의 퍼셉트론 층을 겹쳐 놓는 해법을 도입했다. 그 외 보편적 근사 정리(universal approximation theorems)와 역전파 알고리즘(back-propagation algorithm) 기법들도 개발하면서 신경망 기법을 개선했다. 이들 연구자 집단을 PDP(Parallel Distributed Processing) 그룹이라고 불렀다.

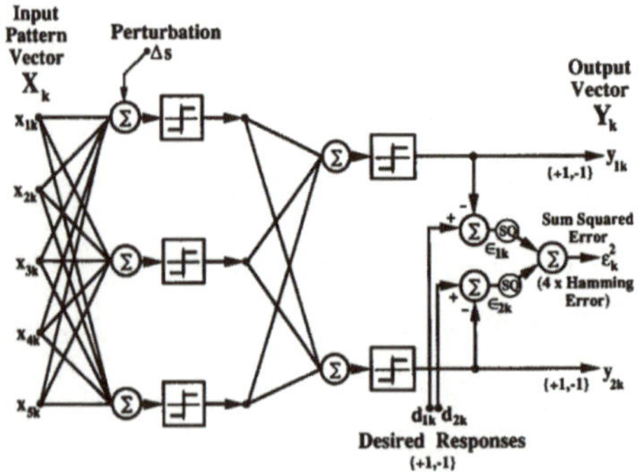

◀ **그림 6** PDP 그룹은 2개의 은닉층을 가진 신경망 구조를 제안했다.

PDP 그룹은 민스키와 패퍼트가 지적했던 문제를 극복해나갔다. 그들은 우선 데이터를 반복하는 학습 프레임을 구성했다. 예를 들면 스키를 배우기 위해서 다른 사람을 관찰하거나 다양한 조건에서 스키를 타보는 것과 유사하다. PDP 메커니즘에서 숫자를 추가하면서 선형모델을 만든 후 선형모델에서 나온 결과를 다시 비선형 함수에 입력했다. 선형함수가 데이터를 모형화할 때까지 여러 개의 층을 형성했다.

그래서 XOR 문제는 1개의 층을 추가하는 것만으로 간단히 해결할 수 있었다. 만약 좀 더 복잡한 문제를 풀어야 한다면 더 많은 층을 추가하면 풀 수 있을 것이다. 여러 개의 층으로 구성하기 때문에 이 학습법을 심층학습 즉 딥러닝(Deep Learning)이라고 부른다.

민스키와 패퍼트는 PDP 그룹의 접근법을 비판하기 위해서 다시 〈퍼셉트론(1988)〉을 개정·출판했다. 그들은 다층 네트워크 구조가 되었다고 해서 퍼셉트론의 근본적인 한계가 제거된 것은 아니라고 지적했다. "연결주의자 시스템에서는 유닛들 사이 연결 가중치를 정보 형태로 체화한다. 기계학습이 가중치 강도를 조정함으로써 수행될 수 있다는 개념은 생물학적 타당성으로부터 온 것이다. 그 타당성의 강도가 10 이하 소수점까지 내려가야 하는 경우 그 타당성이 희미해진다." 이것이 바로 계수의 규모(The size of coefficients) 문제이다. 퍼셉트론과 마찬가지로 PDP 접근법 역시 풀어야 하는 문제의 크기가 증가할수록 계산의 규모가 엄청난 속도로 증가할 것이다.

민스키와 패퍼트는 신경생리학적 접근은 인공지능을 구현하는 방법으로 적절하지 않다는 견해를 다시 강조했다. 실제로 신경망 기반 인공지능은 구현하고 작동하는 데 많은 비용을 필요로 했다. 민스키와 패퍼트 같은 기호주의 연구자들이 볼 때, 신경망 연구자들은 큰 비용을 사용해서 사소한 문제 풀이나 하는 이해할 수 없는 집단으로 보였다. 실제로 신경망 접근법은 여전히 무거운 문제를 푸는 데 약점이 있었다. 우연히도 민스키와 패퍼트의 2번째 비판이 성공한 이후 다시 인공지능 겨울(2nd AI Winter)이 왔다.

기호주의 AI와 연결주의 AI

인공지능의 성과는 기호주의 진영에서 먼저 나왔다. 1997년 체스 선수 게리 카스파로프(Garry K. Kasparov)에게 승리했던 IBM의 딥블루(Deep Blue)는 기호주의 계열 AI였다. 이후 IBM이 개발한 자연어 기반 질의-응답 컴퓨터 시스템 왓슨(Watson)은 제퍼디(Jeopardy!) 퀴즈쇼에 출전해서 우승했다. 기호주의 접근법은 민스키의 지적대로 효율성이 있었다.

그러나 그 후 추가적인 성과는 좀처럼 나오지 않았다. 21세기 들어서 연결주의 AI가 다시 화려하게 재등장했다. 조프리 힌튼 같은 인공신경망 딥러닝 연구자들이 성과를 내기 시작했다. 2016년 알파고(AlphaGo)도 심층신경망 접근법의 대표적 사례였다. 기호주의 접근법만으로는 인공지능의 역량을 인간전문가 이상으로 끌어올리기 어려웠다.

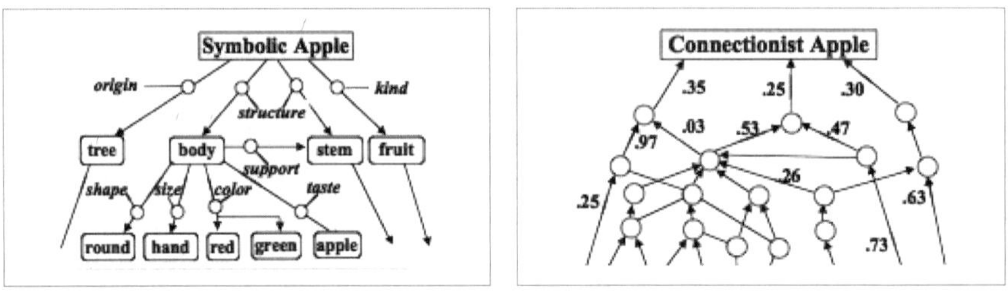

▲ **그림 7** 기호주의 접근법이 '사과'라는 개념을 형성하는 도식(왼쪽). 사과는 다시 '기원', '구조', '종류'라는 특징으로 분류되고 각각의 분류는 다시 세부 특질로 재분류된다. 연결주의 접근법이 '사과'를 개념화하는 도식(오른쪽). 각 연결선은 가중치 값을 가지고 있다. (그림자료: https://url.kr/9ysqmbl)

기호주의 진영과 연결주의 진영은 지능에 대한 관점이 달랐다. 그들은 인공지능 구현 접근법도 달랐기 때문에 상대방의 문제 접근법을 인정하기 어려웠다. 세계 인식에 대한 태도에 따라서 인공지능을 구현하는 접근법에서도 '해석적 유연성(interpretative flexibility)'이 발생했던 것이다. 이 개념은 과학자들이 연구 결과를 해석하는 문화적 차이가 있음을 가리키는 용어이다. 인공지능을 해석하는 견해의 차이가 있을 수 있다는 것은 곧 인공지능을 구현하는 경로가 하나 이상일 수 있다는 것을 암시한다.

기호주의가 인간의 마음을 모방하고자 했다면, 연결주의는 인간의 뇌를 모방했다. 기호 주의가 기호-논리적 수학방법론을 사용했다면, 연결주의는 확률적 방법론을 선호했다. 기호주의 진영이 환원주의적 경향이 있었다면 연결주의는 상대적으로 전체론적 경향이 있었다. 기호주의 접근법은 상당히 효율적이었지만 맥락적 차원에서 취약점이 있었다. 연결주의 접근법은 비용 문제가 있었지만, 전체론적 관점 때문에 새로운 문제 풀이 경로를 개척했다.

퍼셉트론 논쟁은 인공지능 기술발전의 경로가 비결정적이라는 점을 시사한다. 양 진영은 서로 양립할 수 없다고 느꼈고 서로의 접근법을 비난했다. 특히, 기호주의 연구자들은 연결주의 접근법을 강하게 비판함으로써 갈등했지만, 결과적으로 연결주의 AI의 단점을 개선하는데 기여했다. 기술 논쟁은 단순히 공격에 그치지 않았고, 상호침투적으로 혁신적 방법을 성찰하도록 촉발했다.

[참고문헌]

Rosenblatt, F. 1958. "The Perceptron: A Probabilistic Model for Information Storage and Organization in the Brain", *Psychological Review*, 65(6), 386.

Minsky, M. & Papert, S. 1988[1969]. *Perceptrons : An Introduction to Computational Geometry*. MIT Press.

Olazaran, M. 1996. A Sociological Study of the Official History of the Perceptron Controversy, *Social Studies of Science*, 26(3), 611–659.

Rumelhart, D. E., Hinton, G. E. & McCelland, J. L. 1986. *A General Framework for Parallel Distributed Processing, Parallel Distributed Processing: Explorations in the Microstructure of Cognition*, MIT Press, Cambridge. pp. 45 – 76.

W. S. McCulloch and W. Pitts. 1943. A logical calculus of the ideas immanent in nervous activity. *The Bulletin of Mathematical Biophysics*, 5(4):115–133.

Widrow, B. et al 1990. "30 Years of Adaptive Neural Networks: Perceptron, Madaline, and Backpropagation", *Proceedings of the IEEE*, 78(9): 1415–1441.

3.4 몬테카를로 시뮬레이션: 실험인가? 이론인가?

몬테카를로 시뮬레이션은 미시물리학 과학자들에 의해서 개발되었다. 과학사학자 피터 갤리슨(Peter L. Galison)에 따르면, 컴퓨터에 기반을 둔 시뮬레이션이 없었다면 입자가속기와 같은 검출기는 '귀머거리이고 장님이고 벙어리'였을 것이다. 과학자들은 자료를 수집할 수도 없을 것이고, 그것을 처리할 수도 없고, 결과를 산출할 수도 없었을 것이다. 몬테카를로 시뮬레이션이 없었다면, 20세기 후반 미시물리학의 실험문화는 존립할 수 없었을 것이다. 몬테카를로 시뮬레이션의 강력한 힘은 인공지능 방법론으로 흡수되었다. 미시물리학의 역사를 통하여 몬테카를로 시뮬레이션을 이해한다면 중요한 통찰을 얻을 수 있다.

복잡한 사건을 단순한 모형으로

몬테카를로라는 명칭은 모나코에 있는 카지노 지역의 이름에서 왔다. 몬테카를로 시뮬레이션의 기본 원리는 '복잡한 확률적 사건'을 시뮬레이션하기 위해서 '단순한 무작위 사건'으로 축약하는 것이다. 몬테카를로 계산은 유사-무작위 수 생성기(pseudo-random number generator)를 사용한다. 이 생성기는 확률 분포를 공정하게 재현하는 표본 분포를 산출해 준다.

시각적 비전, 그래픽, 기계학습과 로보틱스 등 현실 세계 시스템은 많은 수의 구성 요소들 사이 복잡한 상호작용으로 이루어진다. 이것을 꼭짓점(구성 요소)과 연결선(상호작용)으로 구성된 그래프로 표현한다면 너무 복잡해서 아무런 패턴이나 질서를 발견할 수 없을 것이다. 대신 무작위 표본을 추출해서 단순화한 확률적 모델로 변환한다면 어떤 패턴이 출현할 수 있다. 바로 몬테카를로 시뮬레이션의 접근법이다. 이 방법론은 주로 시뮬레이션, 평가, 최적화, 학습 그리고 가시화를 위한 작업에 사용한다.

미시물리학에서 몬테카를로

몬테카를로 시뮬레이션이 미시물리학 연구 작업 속에서 탄생하게 된 이유는 이 분야 연구 대상의 특성 때문이었다. 플라즈마로 가열되는 거대한 토카막이나 핵분열, 핵융합이 복합된 핵무기, 그리고 로켓 유도 시스템은 실험실에서 구현하기 어렵거나, 또는 실험을 구현하더라도 유의미한 결과를 관찰하기 어렵다. 또는 실험에 막대한 비용 때문에 다각적인 실험이 어려워서 사실상 실험이 불가능할 때도 있다. 불확실한 조건에서 의사결정을 수행하기 위해 제2차 세계대전 중, 폰노이만과 울람 (John von Neumann & Stanislaw Ulam)은 확률통계적으로 관리할 수 있는 시뮬레이션 기법을 고안했다. 과학자 공동체가 실험과 관찰 방식을 공유하면서 발전시켜 왔던 것처럼, 이 방법도 집단 연구 속에서 진화했다. 그들은 '계산을 위한 기계'를 변형시키고 그 과정에서 이론과 실험의 연결을 유지하고 또 다른 '현실'을 창조했다.

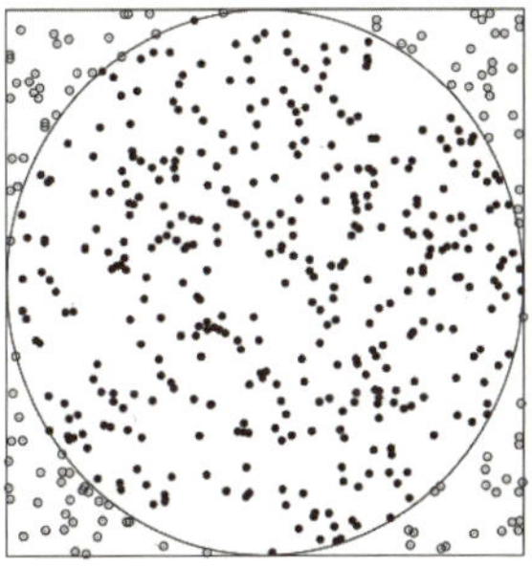

◀ **그림 1** π에 대한 몬테카를로 계산. 몬테카를로 시뮬레이션이 도입되기 전에 무작위적인 사건을 푸는 간단한 방법이 있었다. 이 방법은 몬테카를로 시뮬레이션 기법으로 발전했다.

기본적인 착상은 실행하기가 쉽도록 컴퓨터를 사용하여 무작위성을 만들어 내는 것이다. [그림 1]처럼 정사각형에 내접한 원이 있다고 가정하자. 우리는 π를 정확하게 계산하고 싶다. 정사각형에 내접하는 반지름이 r인 원을 그린다. 그다음 정사각형 내에 찍힌 점들을 무작위로 취합한다. 정사각형 내에 있는 점들의 총수에서 원 안에 있는 점의 수가 차지하는 비율을 계산한다. 점의 수가 촘촘해질수록 정사각형 넓이($4r^2$)에서 원의 넓이(πr^2)의 비율에 수렴하게 된다. 결과는 $\pi/4$가 될 것이다. 이 계산의 엄밀성은 점이 얼마나 '공정하게' 분포하느냐에 달려있다. 바로 이 공정성을 위해서 무작위 방법을 적용한다.

몬테카를로, 실험과 이론의 중간 현실

몬테카를로 기법은 실험과 이론 양쪽 영역 모두로부터 개념을 빌려와서 융합시켰고, 그 혼합물로 실험과 이론 사이 중간 어딘가에 '모사된 현실', '흉내 낸 현실'을 만들어 냈다. 그들은 지도상 어디라고 할 수 없지만, 모든 곳이라고도 할 수 있는 '미지의 땅'을 획정했다.

제2차 세계대전 전후, 거대 연구 프로젝트를 위해 수많은 전공 분야에서 모인 임시 연구 공동체는 서로 공통점이 없었다. 연구자들은 서로에게 '연구가 제대로 수행되고 있는지'를 일일이 설명해야만 했다. 가장 좋은 방법은 글자 그대로 보여주는 것이었다. 연구 내용을 시각화할 수 있다면 상황은 완전히 반전된다. 상대는 그것을 믿지 않을 도리가 없게 된다.

제2차 세계대전 중 로스앨러모스에서 물리학자들은 핵무기의 핵분열 핵심부에서 중성자가 우라늄 핵을 쪼개고 산란시키고 다시 결합하는 과정을 이해하는 임무를 연구 과제로 설정했다. 그런데 실험으로는 임계 질량을 충분히 자세하게 조사할 수 없었다. 이론 차원에서도 풀리지 않는 적분-미분 방정식으로 유도되면서 곧장 무력해지곤 했다. 몬테카를로 가상현실 방법론이 유일한 해결책이었다.

그들은 복잡한 자연을 흉내 내기 위해서 디지털 장치를 이용했다. 컴퓨터로 무질서한 산란 모형을 만들어서 핵분열 과정을 '재창조'할 수 있었다. 기계를 기반으로 하는 유체 역학 모형은 성공적이었다. 과학자들은 가상 세계를 세웠고 그곳에서 '실험'이 수행될 수 있었다. 전쟁 후 몬테카를로는 더욱 필수적인 방법이 되었다.

폰 노이만은 동료 과학자 스탠리 프랑켈과 니콜라 메트로폴리스와 함께, 애니악(ENIAC)을 활용하여 열핵무기에 관한 더 복잡한 문제에 도전했다. 용수철 위에서 구슬이 튕겨 오르는 모형을 수립하는 것과 같이, (너무 작아서 관찰하기 어려운) 미시입자들의 산란을 어떻게 설득력 있게 보여줄 것인가?

몬테카를로 기법은 현실을 모사해 줄 것으로 보였다. 하지만 문제도 있었다. 컴퓨터가 허용하는 제한된 수의 입자들로 수행되는 시뮬레이션이 엄청나게 많은 수의 입자로 이루어진 복잡한 현실의 입자의 움직임을 제대로 대표하는지를 증명하는 것이었다. 이것은 몬테카를로 시뮬레이션의 대표성 또는 재현성에 관한 문제이다.

이 기법이 불러일으킨 또 다른 논쟁 중 하나는 사람들이 언급하는 '증명'의 의미에 관한 것이다. '몬테카를로 시뮬레이션은 이론인가? 실험인가?, 아니면 완전히 새로운 그 무엇인가?' '시뮬레이션은 실험과 같은 것인가? 아니면 이론과 같은 것인가?' 몬테카를로 시뮬레이션을 사용하는 연구자들은 자신을 '실험과학자'라고 표현했지만, 그 '실험'은 전통적인 실험실에서 이루어지는 것이 아니라 컴퓨터 자판 위에서 수행되었다. 그런데도 그들은 이론과학자보다는 실험과학자에 더 가까웠다. 우선 그들이 '데이터'를 만들고, 그 데이터를 처리하는 데 시간을 많이 보내기 때문이다. 그들의 활동은 이론 활동보다 실험 활동과 공통점이 있었다.

무작위 수 만들기

울람과 폰노이만은 1947년 미국 수학회에서 처음으로 몬테카를로 시뮬레이션을 개략적으로 소개했다. 열핵무기와 확률, 중성자 증식, 역학을 설명하기 위해서 '혼자 하는 카드 게임' 메타포를 사용했다. 몬테카를로 시뮬레이션 과정은 '혼자 하는 카드 게임'과 유사한데, 컴퓨터가 그 과정을 수행해 준다. 컴퓨터가 이 시뮬레이션을 수행하기 위해서 '무작위적인' 수가 필요하다.

그런데 그 무작위성은 논쟁적이다. 원칙적으로 무작위성을 정의할 방법이 없다. 최초에 어떤 범위에서 무작위 수를 만드느냐에 따라서 결과는 달라질 수 있다. 이런 방식으로 어떤 수를 끄집어내서 게임을 하듯이 여러 가지 다른 분포를 구할 수 있다. 앞에서 본 [그림 1]처럼 사각형 안에 '어떤 방식으로 점을 분포시킬 것인가?'라는 문제이다. 점의 위치 분포를 결정하기 위해서 한 쌍의 주사위를 던지는 것과 유사하다.

◀ **그림 2** 몬테카를로라는 명칭은 모나코에 있는 카지노 지역의 이름에서 왔다. 복잡한 확률적 사건을 시뮬레이션하기 위해서 단순한 무작위 사건을 만들어 낸다. 이것은 게임을 진행하기 위해서 한 쌍의 주사위를 던지는 것과 유사하다.

무작위 수를 찾는 일은 쉽지 않고 그 정당성을 입증하기도 어렵다. 엄밀한 의미에서 절대적인 무작위 수란 존재하지 않는다. 다만 임의의 게임에서 충분히 많은 예를 만들어 내고 그 안에서 상대적인 비율을 검사한다면 실효적으로 도움이 될 수 있다. 그러나 얼마나 많아야 충분한지는 충분히 알 수 없다. 혼자 하는 카드 게임의 결과에서 이길 확률을 계산하는 것은 불가능에 가깝다. 다만 어느 정도 많은 게임 사례를 시뮬레이션하여, 그중에서 성공한 결과의 비율을 검토할 수 있을 뿐이다.

핵분열의 경우, 과학자들은 플루토늄과 같은 활성 물질을 통하여 중성자가 확산하는 정도를 계산해야 했다. 몬테카를로 방법을 위한 무작위 수를 생성하는 것은 경험적으로 컴퓨터로 수행하는 것이 더 좋았다. 폰노이만은 "무작위 수를 만들어 내는 산수적 방법을 사용하는 순간 죄를 지은 상태가 된다"고 고백했다. 왜냐하면, 여러 번 지적된 것처럼 무작위 수라는 것이 처음부터 존재하지 않기 때문이다. 단지 무작위 수를 만들어 내는 방법만 존재할 뿐이며, 엄밀한 산수 과정도 아니었다. 수년에 걸쳐 '무질서'가 무엇을 의미하는가에 대한 긴 논쟁이 있었고 간단한 무작위 수 발생 계획과 상관관계 시험이 개선되었다.

절차에 의해 발생된 수

몬테카를로 방법에서 반드시 완벽한 무작위 수가 필요하지는 않은 것으로 종결되었다. 대신 근사적인 무작위 수나 거짓 무작위 수, 그리고 근사적인 거짓 무작위 수 등 모두가 다 가능했다. 그리고서 남는 유일한 문제는 '얼마나 허구적이고 얼마나 근사적인가'를 추정하는 것일 뿐이다.

몬테카를로 시뮬레이션을 수행한다는 것은 엄청난 양의 계산을 수행해야 한다는 것을 의미했다. 초고성능 폭탄을 시뮬레이션하기 위해서 다른 방법보다 24배의 시간이 필요했다. 폭탄 시뮬레이션은 많은 변수가 있는데, 변수마다 무작위적 수를 계산해야 했다. 열핵 폭탄 시뮬레이션을 하기 위해서 컴퓨터는 200년 넘게 계산 작업을 해야 한다. 몬테카를로 방법으로 '인공 폭탄'을 시뮬레이션하기 위해서는 고성능 자동 컴퓨터가 필요했다. 그런 컴퓨터를 개발하기 위해서 막대한 공적 자원을 투자해야 한다는 것을 의미했다. 몬테카를로 시뮬레이션은 그런 결정을 끌어낼 만큼 충분히 매력적이었다.

물리학자 니콜라스 메트로폴리스(N. Metropolis)가 〈미국 통계학회 잡지(1949년 9월호)〉에 '몬테카를로 방법'이라는 제목의 발표를 함으로써 이 신조어를 세상에 소개했다. 몬테카를로 방법은 인기가 있었고 독자적인 학술대회를 개최할 정도가 되었다. 1954년 3월 몬테카를로 학술회의에서, A. N. 마셜은 "아무것도 지불하지 않고 무엇인가를 얻는 것처럼 보인다"고 말했다. 마셜의 표현은 폰노이만의 고백과 같은 맥락으로, 그 기법이 너무도 효과적이어서 '죄책감'을 느꼈다.

편차 감소 문제, 초록 눈을 가진 돼지

갤리슨에 따르면, 몬테카를로 상황에서 편차의 감소 문제가 나오는 이유는 이 방법이 수학적 계산을 수행하는 것이 아니라 무작위 수로 이루어진 목록의 도움을 받으며 수학적 실험을 수행하기 때문이다. 컴퓨터가 추적할 수 있을 만큼 상당한 규모로 '입자' 표본을 추출하더라도 흥미 있는 현상이 너무 드물게 나타난다. 예를 들어 시뮬레이션 원자로에서 1,000개의 중성자가 나와 그중 10개가 장벽을 투과했다면, 너무나 적은 수라서 그 10개의 입자가 현실의 입자를 대표한다고 보기 어렵다.

시뮬레이션에서는 현실에서는 존재하지 않는 일이 일어날 수 있다. 예를 들어 농학자는 할 수 없는 일을 몬테카를로 실험과학자는 할 수 있다. 누군가가 곱슬머리에 발가락이 여섯 개나 달리고 초록색 눈을 가진 돼지를 원했고, 이 사건이 일어날 확률이 0이 아니라면, 몬테카를로 기법은 즉시 그런 돼지를 만들어 낼 수 있다. 시뮬레이션을 통해서 초록 눈과 곱슬머리 그리고 발가락이 여섯 개인 돼지가 생성되었다고 해서 그 돼지가 현실에서도 존재한다는 것을 보증할 수 있나?

과학자들은 이런 불확정성을 줄이기 위해 나누기와 통계적 추산, 그리고 중요도 표본 선택 등 세 가지 전략을 강조했다. 이 외에도 전통적인 통계 방법, 즉 상관관계와 회귀, 체계적인 표본 선택, 그리고 계층별로 분류되거나 할당된 표본 선택 등도 보충적으로 포함했다.

그런 결핍에도 불구하고 몬테카를로 시뮬레이션은 긍정적인 가능성을 제시했다. 카터 대통령의 과학자문관이 된 지구 물리학자인 프랭크 프레스(Frank Press)는 몬테카를로 시뮬레이션으로 지구 모형을 검토했다. 지구의 질량, 차원이 없는 지구의 관성 능률, 여섯 개의 거리에서 측정된 지진의 진행 시간, 그리고 이 행성의 자유 진동에 대한 다양한 고유 주기 등에 대한 자료를 가지고, 컴퓨터로 다양한 지구 모형을 만들었다. 대략 500만 가지의 모형이 만들어졌고, 이 중 몇 개의 기준으로 무작위로 모형을 골라냈다. 최종적으로 컴퓨터는 500만 개 중 단지 6개만이 성공적인 지구 모형이라고 선택했다.

이렇게 살아남은 모형은 중심핵 반지름의 비율, 액상 중심핵에서 철-니켈 고체 성분비와 철-실리콘 합금 등 몇 가지 공통된 성질이 있었다. 프랭크는 이 실험 결과를 통해서 초기 지구의 구조 모형에 대한 편견이 있음을 제기했다. 초기 지구는 인간이 경험한 적이 없는 시공간이다. 따라서 관련 정보가 거의 없다. 몬테카를로 기법은 우리를 무지와 편견으로부터 빠져나갈 틈을 만들 수 있다. 몬테카를로 시뮬레이션은 관찰할 수 없는 것을 '스스로 발견하는 연구' 기법이었다.

게임 이론 메타포

몬테카를로 그룹은 이 방법론을 '게임'이라는 강력한 용어로 대체하기 시작했다. 울람(Stanislaw Ulam)은 1954년 게이니스빌 학술회의를 통해서 "몬테카를로 방법을 전술 게임에 응용하기(Applications of Monte Carlo Methods to Tactical Games)"라는 논문을 발표했다. 이때 그는 몬테카를로 시뮬레이션을 '공식 게임 이론(formal game theory)'과 연결했다.

이 그룹의 연구 관심에는 인간 경쟁, 표본 선택, 확률적 시도, 통계적 물리계, 컴퓨터에 기반한 시뮬레이션, 그리고 때로는 재미 삼아 현실 남녀의 연애에 이르기까지 다양한 사례를 포함했다. 몬테카를로 시뮬레이션의 응용 분야 속으로 집합이론, 기하, 분자 물리학, 핵무기, 편미분 방정식 등이 합류했다.

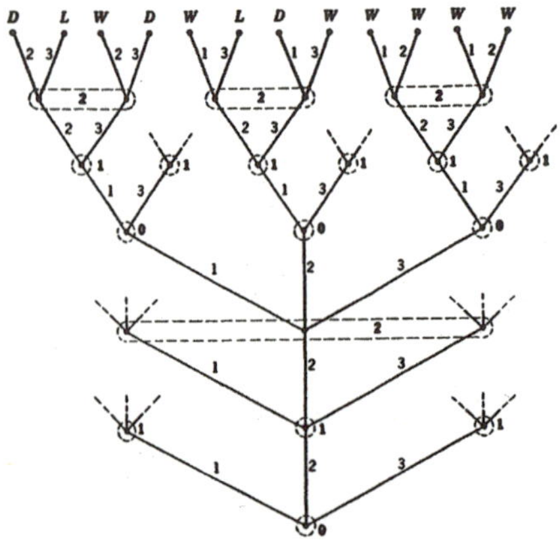

◀ **그림 3** 의사결정이 이루어질 때마다 가지가 분기하는 나무 이미지로 게임을 표현할 수 있다. 결정이 이루어질 수 있는 지점에서 선택가능한 가지의 수가 만들어진다. 그런데 이 나무의 가지가 엄청나게 많아져서 계산이 부담될 정도로 커질 수 있다. 폰노이만은 이런 의사결정 게임을 행렬로 표현했다.

의사결정이 이루어질 때마다 가지가 분기하는 나무 이미지로 게임을 표현할 수 있다. 결정이 이루어질 수 있는 지점에서 선택가능한 가지의 수가 만들어진다. 그런데 이 나무의 가지가 엄청나게 많아져서 계산이 부담될 정도로 커질 수 있다. 폰노이만은 이런 의사결정 게임을 행렬로 표현했다. 두 사람이 수행하는 게임이라면, m개의 열은 플레이어 1의 m 가지 전략을 표현한다. 마찬가지로 n개의 기둥은 플레이어 2의 n 가지 전략을 의미한다. 의사결정 나무의 결과를 종합하면 플레이어 1이 플레이어 2에게 지불해야 하는 '보상(payoff)'을 계산할 수 있다.

몬테카를로가 충분히 실제 세계와 같은가?

몬테카를로 시뮬레이션은 기존의 실험 연구와 같은 특질을 공유하면서도 중요한 차이가 있다. 우선 현실 세계가 아닌 장소에서 수행된다는 공통점이 있다. 실험실 공간은 현실 세계가 아니다. 과학자는 현실을 모방하면서도 통제가능한 공간에서 실험을 수행한다. 그렇게 함으로써 실험 결과를 만들어 낼 수 있다. 현실 세계처럼 열린 공간에서는 그런 인과적 질서(패턴)를 구하기 어렵다. 대신 실험이 세계를 대변하는 데는 한계가 있다. 실험실 실험은 한계는 있더라도 적어도 물리적인 상호작용을 만들어낸다.

그에 비해서 몬테카를로 시뮬레이션은 실험실의 제한적인 물리적인 상호작용조차 존재하지 않는다. 다만 물리적 상호작용을 모사할 뿐이다. 그래서 몬테카를로 시뮬레이션은 '실제 세계를 충분히 대변하는가?'라는 문제는 항상 성찰의 대상이 되어야 한다.

몬테카를로 시뮬레이션은 과학자에게 '자유'를 제공했다. 물리적 실험이 어려운 조건을 극복할 수 있게 해주었고, 전통적인 편향을 제거하도록 도왔다. 이제 몬테카를로는 물리학만이 아니라 화학 시스템, 생물 시스템 등으로 확장되었다. 인공지능 개발자들도 당연히 성공적 결과를 낼 수 있는 이 방법론을 간과하지 않았다. 우리는 몬테카를로가 인공지능 내에서 어떤 역할을 했는지 살펴볼 필요가 있다.

현대의 몬테카를로 기법

현대의 몬테카를로 시뮬레이션은 알려지지 않은 값을 추론적 통계(inferential statistics) 방법을 이용해 추정하는 것을 의미한다. 추론적 통계에서 중요한 개념은 모집단(population)과 표본(sample)이다. 이 기법은 다양한 의사결정 방법에서 자주 사용되고 있는데, 다음 4가지 패턴을 포함한다.

1. 표본 공간 값을 일정한 범위로 정의한다. 예측할 종속 변수 및 독립 변수를 정한다.
2. 독립 변수의 확률 분포를 지정한다. 히스토리 데이터와 (또는) 분석가의 주관적

판단을 사용하여 가능한 값의 범위를 정의하고 각각의 확률 가중치를 지정한다.
3. 시뮬레이션을 반복 실행하여 독립 변수의 무작위 값을 생성한다. 충분한 결과가 수집될 때까지 이를 수행함으로써 임의의 표본을 구축한다.
4. 표본에 대한 결정론적인 계산을 수행하여, 결과를 집계한다.

몬테카를로 기법은 인공지능, 주가, 판매 예측, 프로젝트 관리, 가격 책정 등 다양한 실생활 위험 평가에 사용되고 있다. 이 기법은 민감도 분석을 수행하는 기능이나 입력의 상관을 계산하는 기능을 개발했다. 현재 여러 몬테카를로 시뮬레이션 서비스는 의사결정 과정에 영향을 줄 수 있는 개별 입력의 영향, 입력 변수 간 상관관계를 파악하는 기능을 제공하고 있다.

알파고의 몬테카를로 트리검색

딥마인드사가 2016년 공개했던, 바둑게임 인공지능 알파고(AlphaGo)는 다양한 방법론을 종합적으로 사용했는데, 몬테카를로 시뮬레이션도 그중 하나였다[3.5장 참조]. 몬테카를로는 게임 상황에서 강력한 힘을 발휘할 수 있다. 바둑에서 경우의 수는 어떤 게임보다 복잡하다. 논리적으로 10의 80승이라는 엄청나게 많은 잠정적인 가능성을 가지고 있지만, 게임 상황은 현실 세계보다 상대적으로 제한적이다. 게임 세계 자체가 가상적이기 때문이다. 따라서 현실 세계에 대한 모사보다 게임 세계의 모사에서 몬테카를로 방법론이 더 안정적인 대표성을 가질 수 있다.

알파고 개발자들은 몬테카를로 트리검색(MCTS, Monte-Carlo tree search) 알고리즘으로 정책망과 가치망을 결합했다. [그림 4]는 알파고 논문에 공개된 몬테카를로 트리검색(MCTS) 과정이다. a. 선택, b. 확장, c. 평가, d. 백업으로 구성되어 있다.

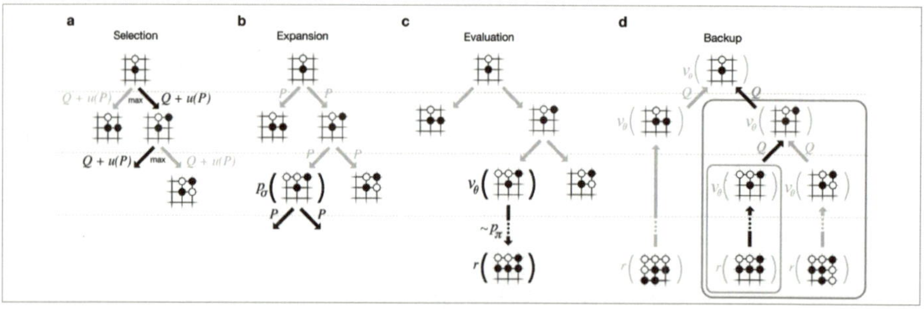

▲ **그림 4** 바둑 게임 인공지능 알파고의 몬테카를로 트리검색(Monte-Carlo tree search), a. 선택, b. 확장, c. 평가, d. 백업으로 구성되어 있다.

a 단계에서, 각 시뮬레이션은 최대 행동-값 Q와 해당 분기선에 지정된 사전 확률 P로 계산된 보너스 u(P)를 더해서 (Q + u(P))를 얻는다 그 결과 중에서 더 성공적인 분기선을 선택하는 방식으로 트리를 통과한다. 다음으로 b 단계에서, 나뭇잎 노드는 확장될 수 있다. 새로운 노드는 정책 네트워크 P_{σ}에 의해 한 번 처리되고 출력 확률은 각 동작에 대한 사전 확률 P로 저장된다.

c 단계에서, 시뮬레이션이 끝날 때 나뭇잎 노드는 두 가지 방식으로 평가된다. 하나는 가치 네트워크 v_{e}를 사용하는 것이고, 다른 하나는 빠른 롤아웃 정책(rollout policy) P_{π}을 실행한 다음 r 함수를 사용하여 승자를 계산하는 것이다. 마지막으로 d 단계에서, 행동-값 Q는 해당 행동의 하위 트리에 있는 모든 평가 r과 v_{e}의 평균값을 추적하면서 갱신된다. 몬테카를로 트리검색의 성능은 롤아웃 정책의 품질에 따라 크게 달라졌다. 여기서 롤아웃 정책은 잠재적 게임 사건 중에서 부분적으로 표본을 배제하여 빠르게 계산하는 방법을 말한다.

알파고는 매번 수를 결정하기 전에 몬테카를로 트리검색을 통해서 향후 일어날 대국을 시뮬레이션하고 그 중 성공적인 결과를 선택할 수 있었다. 게임과 같은 인공적인 가상 공간에서 몬테카를로 기법은 더욱 강력한 수단이 될 수 있었다. 한편 이것이 현실 자체가 아니라 현실 모사라는 점에서 알파고의 승률 계산이 '정답'을 보증하는 것은 아니다.

[참고문헌]

피터 갤리슨, 2021 〈상과 논리: 미시물리학의 물질문화〉 이재일·차동우 옮김, 한길사. Barbu, A. & Zhu, S. 2020. *Monte Carlo Methods*, Springer Nature Singapore.

Metropolis, N. and Ulam, S. 1949, "The Monte Cario Method", *Journal of the American Statistical Association* 44, pp. 335-41.

Silver, D. & Huang, A. et al. 2016, “Mastering the Game of Go with Deep Neural Networks and Tree Search”, *Nature* 529, pp. 484-489.

3.5 알파고의 방법론: 강화학습에서 사회적 승인까지

인공지능은 그 출발부터 지금까지 사회적 논쟁과 함께 성장해왔다. 개발자들은 인공지능의 기술적 차원만이 아니라 사회적 차원도 고려해야 했다. 사실 인공지능/로봇 분야는 기술적 진전보다 이야기 속에서 더 많이 성장했었다. 기술보다 먼저 영화와 소설 속에서 인공지능/로봇 이야기가 있었고 사람들의 사랑과 동시에 우려의 대상이었다. 대중적 관심을 불러일으켰던 2016년 알파고와 이세돌 대국을 통해서 인공지능과 인간의 관계를 상상해본다.

알파고(AlphaGo)의 승리

알파고는 이세돌과의 바둑대국에서 5전 4승으로 승리했다. 이세돌-알파고 대국은 공학적 차원을 넘어서, 철학적 차원과 사회적 차원의 문제를 제기했다. 이 대국은 미디어를 통해 강하게 대중에게 각인되었다. 그 대국은 일종의 튜링 테스트였다[3.1장 참조]. 원래 튜링 테스트처럼 기계가 자신의 신분을 감추지는 않았지만, 튜링 테스트가 목적했던바 '인간 동료로 승인받기'를 성취하고자 했다.

알파고는 상대의 착수를 예견하는 데 있어서 인간전문가 수준에 도달했다. 대국 전 바둑 전문가들은 유럽 바둑 챔피언 판후이(Fan Hui)와 알파고의 기보(2015)를 보고 나서 놀라워했다. 기보만으로는 컴퓨터가 바둑을 두고 있다고 생각하기 어려웠기 때문이었다. 그러면서도 빈번하게 어처구니없는 실수도 많이 했다며 여전히 바둑전문가 수준에는 미치지 못할 것이라며 안도했다.

그러나 예상과 달리, 알파고는 이세돌과 대국에서 다시 완벽한 승리를 거두었다. 이로써 알파고는 인간전문가만큼이나 바둑을 둘 수 있다는 것을 공식적으로 증명했다. 한국기원은 알파고의 바둑에 매료되었고 명예 단증(9단)을 수여했다. 알파고는 기계로서는 처음으로 인간과 같은 공식적인 지위를 얻었다.

인간과 다른 바둑 두기

대국 과정에서 알파고의 의사결정(판단)에 대한 몇 가지 특징이 드러났다. 알파고의 수법은 때로는 '신선한 수'이기도 했고 종종 '쓸데없는 수'이기도 했다. 기계는 신선한 수를 둘 수 있는 역량과 실수할 역량을 동시에 가지고 있었다. 알파고는 사람이라면 두지 않았을 수를 둠으로써 인간전문가와는 다른 면모도 보여주었다.

제1국에서 승패를 가른 분기점으로 언급되는 알파고의 102수(백)는 인간 프로기사라면 두지 않는 수였다(김성룡 9단, 박정상 9단). 이 시점은 사람이라면 심리적으로 크게 흔들릴 만한 불리한 상황이었는데, 알파고는 과감하게 상대 진영으로 침투했고, 이세돌은 응수하기 쉽지 않았다. 알파고는 대국 전반에 걸쳐서 전통적인 바둑 정석을 뒤집는 수들을 보여주었다.

제2국 알파고의 37수(흑)는 '바둑의 기리'에는 맞지 않는 수였고(김명완 9단), 전 세계 프로기사 1,300명을 통틀어서 그런 수를 둘 사람은 없을 것이었다(김성룡 9단). 이 시점에서 백집(이세돌)은 굳혀진 반면에서 흑(알파고)의 두터움은 그만한 가치를 갖는지는 불확실했다. 이 수는 바둑해설가들 사이에서 논란이 있었지만, 최종적으로 '훌륭한 수'라고 결론을 내려졌다.

이후 연이은 대국에서 알파고의 수법은 존경과 감탄의 대상이 되었다. 바둑해설가들은 "아, 인간이 '알사범(알파고 사범의 축약어)'의 의도를 파악하기 어렵네요(2국 해설, 김성룡 9단)"라며 알파고를 의인화하기 시작했다. 또는 "알파고는 프로들이 금방 둘 만한 부분은 한참 생각하고, 우리가 20분 이상이 지나더라도 생각하기 어려운 수는 금방 둬요. 참 매력적이에요(5국 해설, 송태곤 9단)"라며 감탄했다. 사람들은 자연스럽게 '모라벡의 역설(Moravec's Paradox)'을 경험했다. 바둑전문가들은 알파고의 바둑에 대해서 점점 더 '아름답다'는 찬사를 기꺼이 사용하기 시작했다.

> "다음 수를 알파고가 어떻게 둘지 정말 궁금하네요. 종잡을 수가 없어요. 프로라면 이렇게 두겠지만...항상 알파고는 다른 수를 만들어 내거든요......(잠시 후 알파고가 착수하자).... 아! 어떻게 이런 수법이 있지요. 또 한 번의 가르침을 주네요!" (3국 해설, 이희성, 홍민표 9단)

한편 알파고는 '무의미하거나 손해가 되는' 수도 빈번하게 내놓았다. 이 때문에 바둑해설가들은 의아해했다: "(알파고의) 실력이 들쭉날쭉 한다. 전혀 인간 같지 않았다(1국 해설, 김성룡 9단)." 또는 "사람은 안 하는 실수죠. 자충이죠(3국 해설, 차민수 5단)." 또는 "어처구니없어요. 저건 바둑이 아니죠. 이건 18급 수준이에요. 엄청난 손해 수죠 (4국 이현욱 9단)." "계속 선수 교환을 하네요. 알파고는 나중에 해도 되는 수도 미리 하더라고요. 나중에 팻감으로 사용해도 되는 곳인데... (중략) ... 또 그러네요. 이건 악수죠(5국 해설, 홍민표 9단)."

알파고의 수법에서 발견된 또 다른 특징으로 인간전문가가 판단할 수 없는 착수를 한다는 것이다. 알파고의 착수 중에는 인간이라면 그것이 이득이 되는지 미리 판단할 수 없기 때문에, 결코 시도하지 않았을 것들이 포함되어 있었다. 바둑이 끝나고 나서야 그 착수의 가치를 가늠할 수 있을 뿐이었다.

알파고의 복기

대국 6개월 후, 딥마인드사는 이세돌과 알파고 대국 보고서(해설자: 판후이)를 공개했다. 해설 내용 중에는 알파고가 대국 중 수행했던 상황 판단을 짐작할 수 있는 자료들이 포함되었다. 그런 점에서 이 해설 문서는 부분적으로는 '알파고의 복기(復棋)'라고 할 수 있다. 이세돌은 알파고와의 대국 당시, 대국이 끝날 때마다 평소처럼 복기하고자 했지만, 알파고는 복기를 할 준비가 되어 있지 않았었다. 알파고는 바둑 문화를 알지 못했고 단지 '승리를 위한 기계'였다.

딥마인드가 공개한 바둑 해설 곳곳에서 알파고가 착수 순간 자신의 승률을 어떻게 평가했는지, 상대방(이세돌)의 수법을 어떻게 평가하고 예견했는지를 알 수 있다. 다음은 제2국에 대한 해설 중 일부이다.

> "백 12(이세돌)를 보고 나서 …알파고는 흑 13수를 두었다. 이 수는 해설가들을 놀라게 했다. 우하귀에서 손을 뺐기 때문이다. 알파고는 백 12가 좋지 않다고 여겼다. 알파고는 백(이세돌)이 좌상귀로 침투하는 수(16-E)를 두는 것을 제안했다. 구리와 저우루이양은 알파고의 제안을 보고 나(판후이)만큼이나 충격을 받았다. 우하의 정석과 같이 오랫동안 두어진, 그 누구도 의문을 갖지 않았던 정석에

오류가 있을 수 있는 것일까? 이 시점, 알파고의 승리 확률 예측이 49.7%로 올라갔다.”

알파고는 착수할 때마다, 몬테카를로 트리검색을 수행하여 자신의 승률과 상대방의 승률을 검토했다. 이때 승리 확률이 상승했음에도 50%가 넘지 않았다는 점을 미루어 볼 때, 알파고는 흑번일 때, 50% 이하의 승률에서 출발하는 것으로 보인다. 이것은 인간 대국자들 사이에서도 나타나는 현상이다. 바둑은 흑번 선수가 먼저 수를 두기 때문에 유리하다. 이 문제를 보정하기 위해서 최종적으로 백번 선수에게 보상 점수를 준다. 알파고는 중국 규칙을 따라 설계되었는데, 중국 규칙은 백 선수에게 7집 반을 보상한다. 바둑전문잡지 사이버오로(Cyberoro)에 따르면, 통계적으로 중국 규칙에서는 흑 선수의 승리 확률은 48.2%, 백 선수의 승리 확률은 52.8%이다[16]. 알파고도 이 점을 알고 있었고 흑번일 경우 자신의 승률을 약 48% 지점에서 출발했을 것으로 추정된다.

판후이는 해설과정에서 자신의 감회도 서술하고 있는데 인공지능 대결자로서 이세돌에 공감을 표하는 것이었다. “알파고와 대국을 하는 건 괴로운 안락사와 같은 느낌이다. 뭔가 이상하다고 느낄 때면 우리는 이미 죽은 거나 다름없다. 알파고와 대국을 할 때면 더 많은 수가 두어질수록 더 많은 의문이 머릿속에 떠오르며 그러한 의문은 결국 우리를 패배의 길로 이끈다.”

알파고의 자기 대국

대국 해설 자료 중에는 알파고의 자기 대국(self-play) 해설도 3개 포함되어 있었다. 알파고가 많은 양의 자기 대국을 수행했다는 사실은 이미 잘 알려져 있었지만, 대국 기보가 공개된 것은 처음이었다. 자기 대국 기보들은 알파고의 인상적인 면모를 드러내고 있었다. 예를 들어서, 첫 번째 자기 대국에서 알파고(흑)은 승률이 점점 높아지다가 어느 순간 승률이 떨어지면서 알파고(백)에게 역전패를 당했다. 아래 그림은 알파고(흑) 대 알파고(백)의 제1국 97~98수에 대한 해설이다.

16) 중국식 규칙은 7.5집, 한국식은 6.5집, 일본식은 5.5집을 백에게 ‘덤’을 준다. 중국식 규칙에서 백승률이 52.8%인 반면에, 한국식 규칙에서 백승률은 50%에 가장 근접한다.

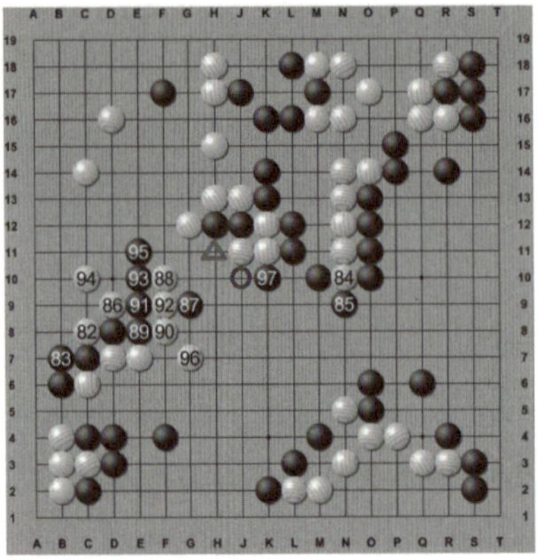

◀ **그림 1** "흑은 형세에 대한 자신감이 있었고, 백이 (11-H, 세모 표시)로 둘 수밖에 없다고 예상했다. 하지만 백이 더 나은 계획을 찾아냈다. 백의 꼬부리는 수(10-J, 원표 시)가 중앙의 전투에 더 좋은 수였다." [알파고 자기 대국(self-play) 해설 중에서]

알파고 (흑)과 (백)은 '같은 상태'에서 출발한다. 그들은 같은 역량을 가지고 있으므로 대국 과정에서 같은 예측을 할 것이라고 예상할 수 있다. 그러나 그 둘의 변화는 그렇게 흘러가지 않았다. 같은 역량을 가진 기계 사이에서 역전이 가능하다는 것은 무엇을 의미하는가? 알파고(흑)과 알파고(백)은 게임이 진행되는 과정에서 서로 '다른 존재'가 되고 있었다. 그 차이로 인해 알파고(백)은 판세를 뒤집을 수 있었다.

스스로 개선하는 기계

알파고는 '자기 자신을 관찰하고 자신의 프로그램을 수정한다'는 튜링의 정의에 맞게 행동했다. 알파고는 '미리 결정된 프로그램'에 의해서 행동하는 것이 아니라, 학습을 통해서 자신의 행동과 환경(타자)의 반응을 관찰하면서 확률통계적으로 자신의 프로그램을 수정함으로써 적절한 의사결정을 할 수 있었다.

알파고 개발자조차도 알파고가 구체적으로 수행한 수법에 대한 인과성을 설명할 수 없었다. 그 사실은 대국 중의 알파고의 의사결정이 개발자가 아니라 알파고 자신에 의해서 수행되었다는 점을 확인해 준다. 알파고의 신경망-은닉층 (hidden layers)은 개발자에게도 '숨겨진 것', 즉 블랙박스(Black Box)였다. 마치 우리의 사유 과정에 대해서 우리 자신도 충분히 설명할 수 없는 것과 같다. '사유'란 직접 볼 수 없고, 다만 주체들의 상호작용적 실천을 통해서 관찰될 수 있을 뿐이다.

알파고의 바둑 이해하기

알파고 개발팀은 알파고의 학습 과정에서 나타난 특성 중 일부를 밝힌 바 있다. 예를 들어 "알파고 검색 시뮬레이션에서 지도학습 정책망(P_σ)이 강화학습 정책망(P_ρ)보다 더 성능이 좋았다($P_\sigma > P_\rho$)"고 한다. 알파고의 지도학습은 인간전문가의 대국 데이터를 토대로 수행했다. 현재 상태를 판단할 때는 인간전문가 데이터가 더 훌륭했다는 의미이다.

반면에 "강화학습 정책망으로부터 파생된 가치 함수가 지도학습 정책망에서 나온 가치 함수보다 성능이 좋았다($v^{P\rho}(s) > v^{P\sigma}(s)$)". 가치 함수는 장기적인 목표를 예상하는 역량인데, 이 부분에서는 알파고의 자기학습 기반 데이터가 인간전문가 데이터보다 훌륭했다.

알파고는 미래를 예측하는 데 있어서 인간전문가 데이터에 의존하기보다는 자기학습 데이터에 의존하는 것이 유리했다. 이것은 알파고가 몬테카를로 트리검색을 수행하기 때문이다[3.4장 참조]. 이에 대해서 알파고 개발팀은 "강화학습은 확률통계적으로 단일 최적 이동을 선택하는 반면에, 인간은 무엇이 유망한 이동인지에 대해 다양한 선택을 하기 때문"이라고 분석했다.

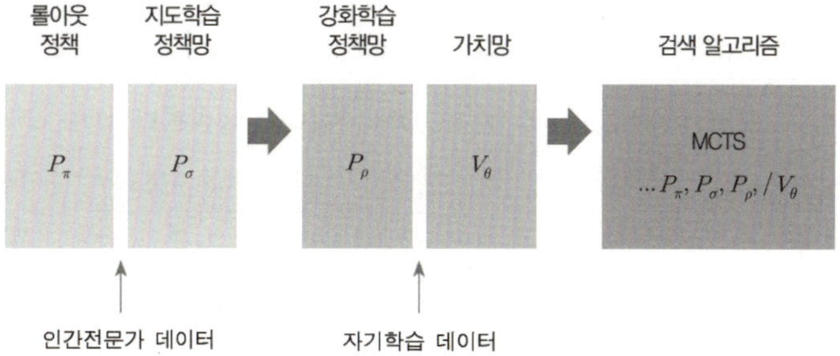

▲ **그림 2** 알파고의 학습 구조: 롤아웃 정책, 지도학습 정책망, 강화학습 정책망, 가치망, 몬테카를로 트리검색(MCTS)

이를 통해서 인간과 인공지능의 역량이 다르다는 점을 확인할 수 있었다. 강화학습은 멀리 예측하는데 뛰어나고, 상대적으로 인간전문가는 먼 미래 예측보다는 현 상태의 불확실성에 더 강하다고 추론할 수 있다. 이것은 인간과 인공지능의 역량이 상보적일 수 있다는 함축이다.

이 점은 이세돌의 착수를 통해서도 입증되었다. 이세돌의 제4국 78수(백)는 알파고의 '차분한 계산'을 뒤흔들었고 마침내 승리를 결정했던 착수였다. 이세돌은 알파고만큼 멀리 내다 보며 수를 계산할 수 없는 대신 전혀 새로운 착수(알파고 개발팀의 표현에 따르면 '인간의 다양한 선택' 중 하나)를 시도하여 문제를 돌파했다.

당시 이세돌의 착수에 대한 반응에서도 인간과 알파고는 큰 차이를 보였다. 바둑해설가들은 이세돌이 착수하자마자 동시에 크게 감탄했다. 중국 바둑 전문가 구리는 이 착수를 '신의 한수'라고 호명했다. 반면에 (딥마인드 바둑 해설에 따르면) 이때 알파고는 이 착수를 곧바로 평가하지 못했고, 92수에 이르러서야 자신의 승리에 문제가 생겼다는 것을 비로소 '알게 된다'(알파고는 자신의 승률을 크게 떨어뜨려 55%로 예측했다). 알파고는 최종적으로 180수 만에 불계패를 선언했다. 이세돌의 착수는 알파고가 예측할 수 있는 범위를 넘어선 '새로운 것'이고, 인간의 행동 선택이 얼마나 다양할 수 있는지를 보여주었다. 이세돌은 처음으로 웃었다. 모든 패배를 보상받은 것 같았다.

기계의 독자성 문제

대국 내내 알파고는 많은 '실수'를 했다. 이세돌 대 알파고 제4국에서 알파고의 97수는 대표적인 실수로 언급된다. 인간전문가라면 도저히 할 수 없는 정도의 형편없는 착수였다. 이미 이세돌을 3번이나 이길 정도의 높은 수준의 실력을 갖추고 있는 선수가 범할만한 실수가 아니었다. 그래서 이세돌은 이 수가 '버그'에 가깝다고 평가했다.

그런데 인공지능의 실수는 문제점이라기보다는 오히려 인공지능의 가능성이기도 하다. 실수했다는 것은 오히려 알파고가 독자적인 의사결정을 했다는 증거이다. 인공지능 알고리즘은 불확실한 상황에서도 의사결정을 할 수 있어야 한다. 인간과 마찬가지로 인공지능은 전혀 예상하지 못한 상태에 놓일 수 있기 때문이다.

당시 알파고는 독창적이지 않다면 도저히 풀 수 없는 복잡하고 불확실한 상황에 직면했다. 알파고 역시 바둑의 수가 너무 많아서 그것을 모두 물리적으로 계산할 수 없는 상황에 놓인다. 이런 경우 이 문제를 해결하기 위해서 인간은 비이성적이거나 예측하지 못한 행동을 한다. 이세돌의 제4국 78수가 그러했듯이 기존에는 하지 않았을 다른 행위를 시도한다. 그것은 전통적인 방법으로부터 이탈된 기이한 것이 될 수 있고 그래서 너무나 비효율적인 것이 될 수도 있다.

이런 경우에 대비해 인공지능은 무작위성(randomness)을 적용한다. 튜링은 이미 기계 학습에 대해 무작위성 도입을 권고한 바 있다[3.1장 참조]. 이 때문에, 그 의사결정의 매 층위에서 도출되는 선택 경로들은 결코 동일한 것이 될 수 없다. 그래서 알파고는 독자적이고 창의적인 착수를 해낼 수 있었다. 특히 알파고의 자기 대국(self-play)은 창의성을 잘 보여준다. 알파고(백)이 알파고(흑)과 게임하는 과정에서 서로 다른 예측을 하는 장면은 인상적이다. 대국을 진행하는 짧은 시간 동안에도 알파고(백)과 알파고(흑)은 다른 개체가 되어 가고 있었다. 알파고는 게임을 수행하는 과정에서 개별적인 정체성을 만들고 있었다.

알파고에 내장된 규칙도 알파고의 독자성을 구성하는 요소이다. 알파고에 내장된 중국식 바둑 규칙 때문에 알파고(백)과 알파고(흑)이 더욱 다르게 행동했을 가능성이 있다. 중국식 규칙에서 백승률은 평균 52.8%로 흑승률(48.2%)에 비해 상당히 높다. 중국식 규칙이 백에게 유리하고 이것이 알파고에게 영향을 줄 수 있다는 점은 이세돌의 언급에서도 나타났다.

제4대국 승리 후, 기자회견 당시 이세돌은 알파고가 백일 경우와 흑일 경우 다르게 행동한다고 평했다. 알파고는 흑번일 때 '더 적극적'이었다. 이런 경향은 인간전문가 사이의 대국에서도 나타나는 현상이다. 흑을 잡은 선수는 자신에게 불리한 상황을 극복해야 하므로 더 도전적인 착수를 하곤 한다[17].

흑과 백의 승률 차이(규칙)가 알파고의 의사결정을 촉발했을 수 있다. 만약 한국식 규칙을 적용했다면 백과 흑의 승률은 거의 50대 50이 되었을 것인데, 아무런 편향도 없는 상황은 오히려 아무런 의사결정도 할 수 없게 만들 수 있다. 데카르트는 편향이 주체를 더 자유롭게 할 수 있다고 말한 바 있다[1.3장 참조].

이런 통계적 편향 때문에, 자기 대국에서도 알파고(백)과 알파고(흑)은 상황을 다르게 평가했을 것으로 추정된다. 그리고 착수가 더해질수록 그런 상호적 차이는 강화될 것이다. 2017년 공개한 50개의 자기 대국(self-play)에서 알파고(백)의 승률은 76%였다[18]. 동일한 규칙이 적용될 때 인간 행동결과의 차이(4~5%)보다 기계 행동결과의 차이(약 50%)가 훨씬 더 강화될 수 있다는 암시를 던진다.

---

17) 일본식 규칙에서는 반대로 흑이 유리하다. 조혜연(9단)은 "알파고는 백일 때 강하고 일본의 젠(ZEN)은 흑일 때 강하다"고 평가했다.

18) 50개 기보는 충분한 양은 아니지만, 의도적으로 백이 승리한 기보만을 선택했을 가능성은 낮을 것이므로 참조할만한 수치라고 보았다.

인공지능의 학습은 때로는 창의적이며 때로는 실수일 수도 있다. 그 행동이 창의적인지 또는 실수인지는 사후적으로만 해석될 수 있을 것이다. 어떤 것이든지 새로운 시도로 연결될 것이다. 창의적 행동과 실수는 서로 얽혀있는 역량이다. 그렇다면 인공지능에게 실수도 필수적이라는 점을 암시한다. 인공지능을 원하는 순간 인공지능의 실수도 허락할 수밖에 없는 것이다.

확장된 튜링테스트

이세돌-알파고 대국은 튜링 테스트를 생각나게 한다. 알파고 개발자들이 이 대국에서 얻고자 했던 것은 사회적 승인이었다는 점에서 그렇다. 알파고는 이미 유럽 바둑 챔피언 판후이와 대국에서 5전승으로 승리했기 때문에 이세돌과의 대국에서 알파고가 얻고자 한 것은 단지 알파고의 바둑 역량을 확인하는 것은 아니었다. 더 중요한 것은 알파고의 존재에 대한 사회적 승인이었다. 기계 지능의 사회적 승인이야말로 바로 튜링 테스트의 역할이다.

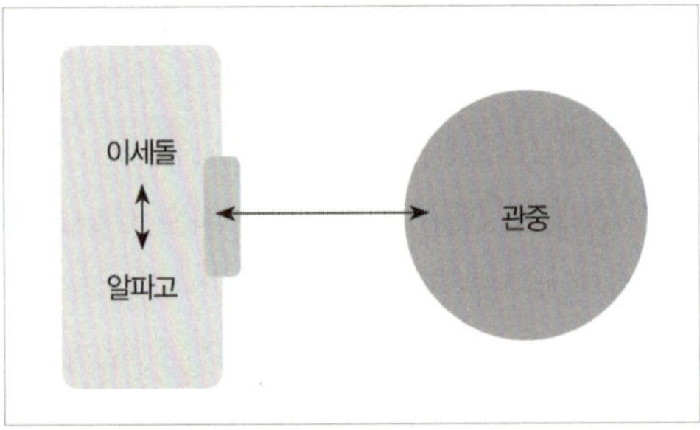

◀ **그림 3** 이세돌-알파고 대국을 튜링테스트와 대비해 보면, (A)는 알파고, (B)는 이세돌, (C)는 관중이었다.

이세돌-알파고 대국의 양자는 특별히 마련된 공간에 함께 들어가서 경기를 펼쳤고 그 모습은 스크린을 통해 방영되었다. 알파고는 튜링 기계로서, 튜링 테스트의 (A)의 자리에 놓인다. 이세돌은 기계와의 대비를 위해 (B)의 자리에 배치되었다. (A)와 (B) 양자의 위치는 고전적 튜링 테스트와 더 닮았다.

알파고와 이세돌은 각자의 방에 있었다고 볼 수 있다. 알파고의 '신체'가 정형적인 형태가 아니기 때문이다. 알파고의 계산 자원은 미국의 구글 센터에 있었고 통신선을 타고 경기장 내 컴퓨터 화면에 자신의 의사결정을 뿌려주면 최종적으로 아자황 박사가 대리 착수를 했다. 알파고의 '신체'는 테스트 공간 안으로 완전히 들어갈 수 없었다. 그래서 이세돌(B)이 알파고를 완전하게 대면하지 못했다. 이는 양자가 별도의 공간에 있는 것과 같은 효과를 만들었다.

그리고 방 밖에는 '면접관'이 있었다. 바로 관중들이다. 관중은 바둑전문가들의 해설을 참조하면서 바둑 대국을 보면서 알파고의 '자격'을 평가할 수 있었다. 이세돌(B)은 알파고(A)와 비교 대상으로서 그리고 기계와 인간을 식별하는 증언자로서의 역할을 수행했다.

알파고, 인간의 진실을 흔들기

튜링 기계는 인간의 행동과 구분할 수 없는 정도로 행동해야 한다. 튜링 테스트가 언어적 차원에서 기계의 정체를 은닉하는 것이라면, 이 대국에서 알파고(A)는 바둑 규칙의 차원에서 기계와 인간의 경계를 전복하는 역할을 맡았다. 알파고는 최고의 인간전문가와의 경기 상대 자격을 얻었다는 점에서 이미 튜링의 정의에 만족하는 기계였다[19].

물론 알파고가 인간처럼 바둑을 이해한 것은 아니었다. 오히려 알파고는 인간처럼 바둑을 이해하지 않고도 승리할 방법이 있음을 보여주었다. 알파고는 인간과 다른 방법으로 바둑을 '이해'했기 때문에 인간을 이길 수 있었다. 알파고는 인간과 다르게 생각할 수 있었기 때문에 대국 전반에 걸쳐서 전통적인 바둑 정석을 뒤집는 수들을 내놓았다. 그래서 인간전문가가 하지 않는 실수도 했었다. 그렇게 알파고는 인간의 진실, 인간의 신념을 흔들 수 있었다.

새로운 '지능', 새로운 '신체'

알파고는 인간의 지능과는 다르지만 '동등한 자격'을 승인받았다. 그런데 여기에서 우리는 알파고의 '새로운 지능' 만큼이나 알파고의 '새로운 신체'에도 주목해야 한다. 인간 지식은 인간 신체에 체화됨으로써 비로소 발현된다. 이를 알파고에 적용해 보면, 알파고는 바둑에서 승리함으로써 독자적인 의사결정을 수행했다고 인정받았는데, 그것은 알파고가 자신의 신체를 기반으로 지식의 체화과정을 거쳤다는 의미가 된다.

알파고의 행동은 환경(타자)과 상호작용하며, 그 과정은 다시 알파고에게 체화되어 다음

---

19) 미리 결정된 프로그램에 의해서 행동하는 것이 아니라, 학습을 통해서 자신의 행동과 그 행동에 대한 환경의 반응을 관찰했고, 나아가 스스로 목표를 발견할 수 있었다. 그 결과 적절한 의사결정에 도달했고 승리할 수 있었다.

의사결정의 토대가 되었다. 이는 '기계로의 체화(embodiment within machine)'라고 부를 수 있다. 우리가 목격한 알파고의 독자적인 의사결정은 그의 체화된 '새로운 신체'에서 나온 것이다.

알파고는 자기 대국 과정에서도 고유한 신체성을 보여주었다. 알파고(백)과 알파고(흑)이 서로 다른 예측을 했다는 것이다. 그들 각각의 독자적 판단은 그들 각각의 내부로 체화되고 바로 그다음 순간 그 둘은 조금 달라졌다. 그 순간들이 모여서 알파고(백)과 알파고(흑)은 서로 다른 신체성을 형성했다. 자기 대국 과정이라는 짧은 시간 동안에도 '개별로서 알파고'가 가능하다면, 그런 과정을 더 확장한다면 알파고 변이들 사이의 차이는 무시할 수 없는 정도로 '개별성'을 만들 수 있다.

종합적으로, 알파고는 자신의 신체에 지식을 체화함으로써 인간처럼 이해하지 않고도 바둑을 이길 수 있다는 것을 증명했다. 그 결과 알파고는 세계 이해와 진실에 관한 우리들의 믿음에 균열을 가져왔다. 알파고는 우리 인간이 확신하던 전통적인 '진실'을 흔들었다. 알파고의 체화는 인간의 체화와 동등한 의미를 요구하고 있다.

이세돌, 인간의 진실을 증언하기

튜링 테스트에서 인간참가자(B)는 기계(A)에 대한 적절한 정보를 면접관(C)에게 전달하는 역할을 한다. 이 대국에서 이세돌은 '알파고의 기계성'을 드러내는 역할에 '배정'되었다. 그는 대국을 통해서 알파고 행위의 특질이 잘 드러나게 했고, 대국 후 인터뷰를 통해서는 알파고의 경기 성향을 증언했다.

넓은 의미에서 보면 먼저 직접·대국을 했던 판후이와 그 외 바둑전문가들도 함께 (B)의 역할을 수행했다. 바둑전문가들은 이세돌과 유사하게 알파고의 행위 특질을 감지할 수 있었다. 사실 대국 이전부터 알파고는 온라인 바둑 사이트에 등장해서 여러 바둑전문가와 경합했고, 대국 이후에도 다수의 경기를 온라인에서 수행한 바 있다. 바둑전문가들은 집단 차원에서 (B)의 역할에 배치되었다.

딥마인드사의 데이비드 실버와 데미스 하사비스가 말했듯이, 알파고 개발자도 알파고가 수행한 의사결정의 인과적 경로를 완전히 추적할 수 없었다. 개발팀은 알파고를 개발했지만, 알파고와 의미있는 대결을 해 볼 수 없다. 오히려 알파고와 대결을 했던 이세돌과 바둑전문가들이야말로 알파고의 행동을 구체적으로 이해할 수 있다. 개발자들은 기술적 차원에서 알파고를 설명할 수는 있지만, 수행의 차원에 대해서는 바둑전문가들이 더 잘 설명할 수 있다. 튜링 테스트는 본래 인간(바둑전문가)과 기계(알파고)의 수행 차원을 비교하는 것이기 때문에 이세돌과 바둑전문가들은 알파고에 대한 최적의 증언자(B)이다.

알파고의 착수에 대해 이세돌과 바둑전문가들이 알파고의 착수를 설명해주었기 때문에 관중은 알파고의 행동을 이해할 수 있었다. 알파고는 인간처럼 행동하기도 했고 인간과 다르게 행동하기도 했다. 인간이라면 이득이 되는지 미리 판단할 수 없기 때문에 결코 시도하지 않았을 착수나, 형편없는 실수도 있었다. 관중은 최종적으로 '알파고는 인간과 다르다'고 평가했다.

알파고에 관해 증언하기

이세돌은 알파고를 자극하여 새로운 수행을 촉발했다. 인공지능 알고리즘은 불확실한 상황에서도 의사결정을 할 수 있어야 한다. 인간과 마찬가지로 인공지능은 전혀 예상하지 못한 상태에 놓일 수 있기 때문이다. 그런 상황은 인공지능에게 독창적인 능력을 요구한다. 이세돌만큼이나 알파고도 매 순간 복잡하고 불확실한 상황에 직면했는 데, 그것은 이세돌이 만들어 낸 것이었다. (B)의 역할로서 이세돌은 알파고의 역량이 인간의 역량과 얼마나 같은지를 가늠하는 원천을 제공했다.

> "일단 알파고가 노출시킨 약점은 두 가지 정도이다. 하나는 기본적으로 백보다는 흑을 조금 힘들어하는 게 아닌가 싶다. 오늘 자기가 생각하지 못했던 수가 나왔을 때는 일종의, 실수라기보다는 버그 형태로 몇 수가 진행됐다. 생각 못 했을 때 좀 대처 능력이 떨어진다. 백보다는 흑번일 때 더 어려워한다.(이세돌 대국 후 인터뷰)"

특히, 이세돌은 알파고의 실수를 많이 끌어내 주었다. 그리하여 알파고의 실수를 인간의 실수와 비교할 수 있게 해주었다. 이세돌은 알파고를 교란했고 알파고와 인간과의 차이, 즉 알파고의 기계성이 충분히 드러나도록 도발했다. 그 과정에서 알파고는 자기 자신을 노출할 수 있었고, 관중들에게 '인간이 아님'으로 확인되었다. 동시에 알파고는 인간 존재와는 다른 독자적인 의미가 있는 존재로 인상을 남겼다.

'인간면접관'의 시선

이 대국은 전형적인 튜링 테스트와 달리, 면접관(C)의 역할에 구체적인 행위자가 배정되지 않았다. 이 대국이 잠재적으로 기대했던 것은 다수의 관중이 '면접관'이 되는 것이었다. 알파고는 이세돌과의 대국에서 단지 게임의 승리가 아니라 사회적 승인을 얻고자 했다. 그런 만큼 더 많은 사람(면접관)의 참가할수록 좋았는데, 경기는 더 많은 관중을 모으기 좋은 방식이다.

모든 튜링 테스트에서 면접관(C)은 중요하다. 면접관의 판정이 튜링 테스트의 종국적 목표이기 때문이다. 그들은 열광적으로 대국을 관전함으로써 스스로 면접관(C)의 자리에 앉았다. 이 '면접관'은 개별 인간이 아니라 대국 과정 전반을 통해서 형성된 일련의 '집합적 존재' 이다. 바둑해설가들이 이세돌과 알파고의 착수를 해석하여 관중에게 전달했고, 그들의 발언은 관중의 담론 속에서 재인용되었다. 이러한 관전 과정을 거치면서 담론을 통해 상호침투적으로 결합한 집단이 구성되었는데, 그들이 이 테스트의 '면접관'이다. 여기서는 '인간면접관'이라고 부르겠다.

대국 과정에서 놓칠 수 없는 것이 면접관의 변이이다. 이것은 원래 튜링 테스트 설계에서 전혀 예상하지 못한 현상이다. 그들은 단 일주일간의 대국 동안 극적으로 변했다. 우선 가장 먼저 언급할 수 있는 것은 인간면접관이 대국 과정에서 알파고를 의인화했다는 것이다. 보통 인공지능 연구자들은 인공지능의 의인화를 경계하는데, 인공지능에 대한 오해를 불러올 수 있기 때문이다. 다수의 SF 소설과 영화작품들은 인공지능과 로봇을 악당으로 의인화하곤 했었다.

그러나 이런 의인화 현상을 무시하거나 잘못된 인식이라고 비난할 수 없다. 튜링 테스트의 취지에 따르면 오히려 이는 정당한 것이다. 면접관은 자신이 느낀 것을 표명하면 된다. 인간면접관의 인공지능 의인화는 면접관 자신의 사회적 지식을 반영하는 것이다. 면접관은 그가 알고 있는 세계의 지식을 동원하여 자신이 새로 관찰한 것을 설명할 수밖에 없다.

이 현상은 중요한 사실을 함축하고 있다. 대국 과정에서 인간면접관의 지식이 변하고 있음을 말해주는 것이다. 대국이 이루어지는 동안 인간면접관의 태도는 극적으로 변했다. 알파고를 '알사범'이라고 부르면서 인간처럼 대하기 시작했다. 알파고의 의인화는 알파고가 한국기원의 명예단증(9단)을 받음으로써 완성되었다. 누구도 알파고의 명예 자격을 부적절하다고 여기지 않았다. 그것은 인간면접관이 알파고(기계)를 승인하는 상징이었다.

다음으로 나타난 현상으로 이세돌(B)과 인간면접관(C) 모두 자기 자신을 제3자로 표현하기 시작했다는 것이다. 알파고가 계속 승리하기 시작하자, 바둑전문가들과 해설가들은 알파고의 행마를 단정적으로 평가하기보다는, "인간의 눈으로 볼 때는 괜찮아 보여요" 또는 "인간의 생각으로 보기에는 좋아 보이지는 않는다"라며 조심스럽게 견해를 피력했다. 이세돌도 인터뷰 과정에서 "아직은 인간이 대결해 볼 수 있는 수준이라고 생각한다"고 소감을 밝혔다. 대국 관전자들도 자기 자신을 "인간"이라고 표현하며 스스로를 객관적 대상처럼 호명하기 시작했다. 인간면접관들이 자기 자신을 제3자화하는 현상은 알파고가 인간과 대등한 자격을 가진 '타자'라고 인정한 때문이다. 인간면접관의 자기 대상화 현상은 알파고의 자격을 승인하는 또 다른 현상이었다.

알파고를 의인화하고 인간 자신을 객관화하는 것은 맞물려 일어난 현상으로 인공지능과 인간의 관계 변화를 의미한다. 그리고 바로 그 순간 인간면접관의 관찰 시점은 이동하여 인간과 알파고 모두를 동시에 내려다보는 '새로운 조망 시점'을 가지게 되었다. 그들은 이제 제3의 위치에서 인간과 인공지능을 동시에 내려다보며, 인간의 시선과 인공지능의 시선을 모두 흡수하여 종합했다. 그것을 인간과 인공지능의 '합성적 시선(Synthetic gaze)'이라고 명명해보자. 새로운 합성적 시선을 통하여 볼 때, 인간 자신도 다르게 보일 수 밖에 없을 것이다. 이 시선은 미래 우리의 정체성을 암시적으로 드러낸다.

인간과 기계, 대립을 넘어서

알파고는 승리했지만, 인간보다 우월하다는 의미는 아니다. 바둑은 매우 복잡하지만, 인공적으로 만들어진 닫힌 세계다. 그곳에서의 승리가 현실 세계의 모든 불확실성에 대한 대응 역량으로 곧장 확장되는 것은 아니다. 사실 "누가 더 우월한가?"라는 질문은 적절하지 않다.

기계와 인간은 서로 다른 신체를 가지고 있다. 다른 신체는 세계를 다르게 경험하며 다른 방식으로 지식을 체화해야 한다. 그래서 알파고는 인간처럼 바둑을 이해할 수 없다. 실제로 알파고는 인간과 다른 방식으로 바둑을 이해하고 의사 결정했다. 기계 지능이 인간과 다른 방식의 사유 역량을 가지고 있었다.

그렇다면 기계에 대한 오래된 믿음도 재조정될 필요가 있다. 기계가 인간을 대체할 수 있다는 이데올로기적 믿음은 오랫동안 현대사회를 구성하는 토대였다. 인간의 수행을 기계로 그대로 이전할 수 있고, 그래서 기계가 인간과 같은 수행을 할 수 있다고 기대해왔다. 그리고 다시 기계가 인간을 대체할 것이라는 믿음을 유포해왔다. 만약 그것이 사실이라면 기계는 인간과 경쟁하는 지위에 놓일 것이다. 이 믿음은 인간과 기계의 화해할 수 없는 관계, 즉 '인간과 기계의 전쟁'으로 전개되었다. 알파고-이세돌 대국을 계기로 인간과 기계가 경쟁 관계 또는 대체 관계라는 이데올로기는 재고되어야 함이 드러났다. 알파고는 바둑에서 승리했지만 바둑을 사랑하지는 못한다. 인간은 알파고에게 패배했지만, 여전히 바둑을 즐기고 있다. 알파고는 최종 승리만을 추구하지만, 인간은 사소한 상호작용에도 의미를 부여할 수 있다.

[참고문헌]

김지연·박주영 외, 2018, 〈머신러닝 기술의 이해: 기술사회학과 공학적 측면을 중심으로〉, 드림미디어.

Silver, D. & Huang, A., et al. (2016), "Mastering the Game of Go with Deep Neural Networks and Tree Search", *Nature* 529, pp. 484-489.

3.6 GAN, 기계속의 면접관

인공지능 기술은 최근 몇 년간 더 빠르게 진화하고 있다. 다수의 연구자와 개발자들이 다양한 시도를 하고 있고 동시에 자신의 연구 결과를 널리 공유하고 있기 때문이다. 그 중, 이안 굳펠로우(Ian Goodfellow)가 2014년 발표한 생성-적대망(GAN, Generative Adversarial Networks)은 눈에 띄는 성과를 냈다. 이 방법론은 기술적 차원에서만이 아니라 철학적 차원에서도 흥미롭다. 이 모델은 두 개의 성격이 다른 행위자(장치)를 하나의 기계 안에 묶어 놓은 것이었다. 튜링 테스트에 등장하는 면접자(A)와 면접관(C)을 하나의 기계 장치로 재배치해낸 것이기도 했다. 튜링 테스트의 면접자(A)는 GAN의 생성자가 되었고 면접관(C)는 판별자 역할에 배당했다.

GAN 개발 배경

GAN은 생성자와 판별자라는 두 개의 딥러닝(Deep learning) 모델로 구성한다. 딥러닝은 확률통계적으로 이미지, 음성이 포함된 오디오파 형태, 자연어 말뭉치 기호 등 풍부한 모델을 만들어 낼 수 있다. 딥러닝에서 가장 두드러진 성공은 판별 모델(discriminative models)이다. 판별모델은 보통 고차원적이고 풍부한 센서 입력을 적정 클래스 레이블에 대응시키는 형태로 대상을 식별한다. 이 모델은 주로 역전파(backpropagation)와 드롭아웃 알고리즘(Dropout algorithm)[20] 분야에서 주목할만한 발전이 있었고, 특히 부분적으로 잘 작동하는 기울기의 선형 단위를 사용한다.

반면에 생성모델(generative models)은 상대적으로 진전이 거의 없었다. 그 이유는 "최대 유사도 추정과 관련 전략에서 다루기 어려운 확률론적 계산의 근사화가 어렵고, 생성 맥

20) 드롭아웃 알고리즘은 캐나다 토론토 대학교 팀이 발표한 알고리즘으로, 신경망이 지나치게 학습을 하는 현상, 과적합을 피하기 위한 방법론이다. 해결책으로는 일반화(regularization)하거나 학습데이터를 늘리는 방법(data argumentation)이 있다. 드롭아웃은 일종의 일반화 방법으로, 무작위적으로 일부 뉴런을 생략한다.

락에서 부분 선형 단위의 이점을 활용하기 어려웠다". 굳팰로우는 이러한 어려움을 회피하는 새로운 생성모델 추정 절차를 제안했다. 바로 생성모델과 판별모델을 병합하는 것이다.

이 병합 모델을 적대망 프레임워크(adversarial nets framework)라고 명명했다. 이 이 프레임워크 내에서 생성모델(generative model)은 판별모델(discriminative model)이라는 '적'에 맞선다. 판별모델은 생성모델이 제시하는 것이 모델 분포(가상)에서 나온 것인지 또는 데이터 분포('현실')에서 나온 것인지 판별하는 학습을 한다. 생성모델은 위조지폐를 만들어 적발되지 않고 사용하려는 위조범과 유사하고, 판별모델은 위조지폐를 적발하려는 경찰과 유사한 역할을 한다. 양자는 모작과 진품을 구분할 수 없을 때까지 경쟁하며 자신의 방법을 개선하도록 배치된다.

두 개의 퍼셉트론

GAN 프레임워크는 생성모델과 판별모델이라는 두 개의 퍼셉트론으로 구성한다. 생성모델은 다층 퍼셉트론을 통해 표본을 생성한다. 판별모델 역시 다층 퍼셉트론이며 역전파와 드롭아웃 알고리즘을 사용하여 학습한다. 판별모델은 피드백 루프가 필요하지 않고 따라서 무한 활성화 문제가 발생하지 않기 때문이다. 그래서 생성모델보다 판별모델이 더 쉽게 발전할 수 있었다.

생성모델은 전전파(forward propagation)만을 사용하며, 추론이나 마르코프 연쇄(Markov chain)는 사용하지 않는다. 생성모델은 생성자 망(generator net)으로 구현되며, 판별모델은 판별자망(discriminator net)을 구현한다. 이를 합성하여 생성-적대망(Generative Adversarial Networks), 또는 간략히 적대망 (adversarial nets)이라고 부른다. 이 프레임워크에서 생성모델(G)과 판별모델(D)은 서로 학습한다.

첫 번째 다층 퍼셉트론은 생성모델(G)로써 매개 변수 θ_g를 가진 미분 가능한 함수 $G(z; \theta_g)$이다. 다음으로 두 번째 다층 퍼셉트론 판별모델 $D(x; \theta_d)$를 정의한다. D(x)는 x가 생성분포 p_g가 아니라 (훈련) 데이터에서 나올 확률을 나타낸다. 우리는 판별모델(D)을 훈련하여 생성모델(G) 이 만든 예시와 표본에 대하여 올바른 판별을 할 수 있는 확률을 최대화한다. 동시에 생성 모델(G)이 log(1 - D(G(z))를 최소화하도록 훈련한다.

학습 초기에 생성모델(G)이 빈약할 때, 생성모델이 만들어 낸 데이터는 판별모델(D)의 훈련 데이터와 확연히 다를 것이므로, 그 표본을 기각할 것이다. 이 경우 log(1 - D(G(z))

는 최댓값이 된다. 생성모델(G)을 훈련할 때, logD(1-G(z))를 최소화하는 방향보다 logD(G(z))를 최대화하는 방향이 더 좋을 수 있다. 학습 초기에 목적 함수에 따라서 생성모델(G)과 판별모델(D)의 역학에서 훨씬 더 강한 기울기를 제공한다.

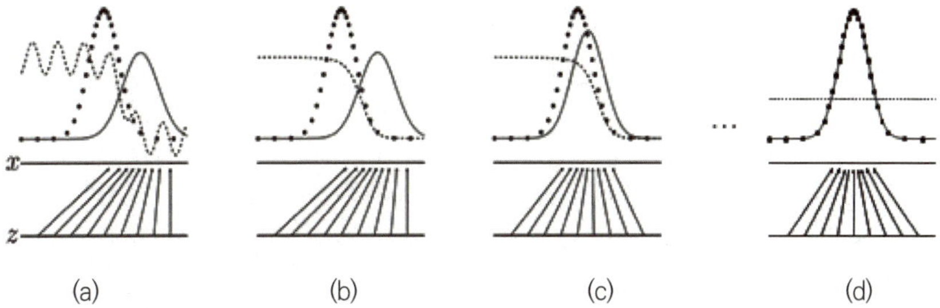

◀ **그림 1** 생성-적대망은 판별분포(D, 작은 점선)를 갱신함으로써 훈련된다. 훈련 결과 (훈련)데이터 생성분포 p_x에서 만들어진 표본(굵은 점선)과 생성모델의 생성분포 p_g (G)에서 만들어진 표본(실선)을 구별한다. 그림 (a)에서 (d)로 갈수록, p_x 와 p_g(G)의 기울기가 일치하고 판별분포(D)는 양자를 구별하지 못하게 된다. (그림자료: Goodfellow et al, 2014)

그림에서 보듯이, 생성-적대망은 판별분포(D, 작은 점선)를 동시에 갱신함으로써 훈련한다. 그 결과 (훈련) 데이터 생성분포 p_x에서 만들어진 표본(굵은 점선)과 생성분포 p_g(G)에서 만들어진 표본(실선)을 식별한다. 하단에 수평선 두 개가 보인다. 아래쪽 수평선은 균일하게 z가 샘플링되는 영역이다. 위의 수평선은 x의 영역이다. 아래 수평선에서 위쪽 수평선으로 향하는 화살표는 표본으로 전환하는 과정에서 대응 관계 x = G(z)가 균일하지 않은 분포 p_g를 보여준다. (d)에서 화살표는 드디어 중앙으로 균일하게 수렴되고 있다. GAN이 학습을 달성한 것이다.

생성과 판별 예시

아래 그림은 굳팰로우의 논문이 제공한 것으로, 생성모델과 판별모델을 함께 훈련한 후, 생성자망(generator net)에서 추출한 표본이다. 굳팰로우는 조건부(평균) 설정을 하지 않았는데도 상당히 그럴듯한 이미지를 만들어 낼 수 있었다며 GAN의 가능성을 확신했다. 이 표본은 기존 방법에 따라 생성된 표본보다 뛰어난 것은 아니지만, 적어도 생성모델과 판별모델이 서로 경쟁할 수 있으며, GAN이 잠재성이 있음을 보여준다.

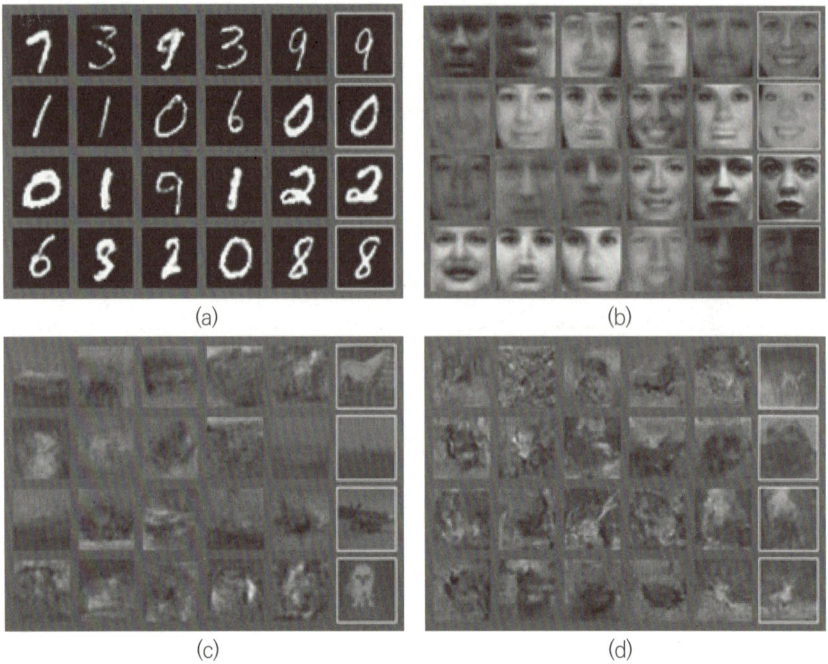

◀ **그림 2** 생성모델에서 나온 표본을 시각화한 화면. 표본은 무작위로 뽑은 것이다. 굳팰로우는 조건부 설정을 하지 않았어도 상당히 그럴듯한 이미지를 만들어낼 수 있었다. a) MNIST(국립표준기술원 데이터베이스), b) 토론토 얼굴 데이터베이스(TFD), c) CIFAR-10 (캐나다 첨단연구소, 완전 연결 모델), d) CIFAR-10 (합성곱 판별자와 "탈합성곱" 생성자) (그림자료: Goodfellow et al, 2014)

[그림 2]의 (a,) (b), (c), (d)에서 맨 오른쪽 열의 이미지(노란색 상자)는 적대망이 보유하고 있는 현실 이미지와 가깝다. 표본은 더 좋은 것을 뽑은 것이 아니라 무작위로 뽑은 것이므로 GAN의 표준적 수준을 보여준다. 그리고 표본 추출 과정에서 마르코프 연쇄 혼합에 의존하지 않기 때문에, 이 표본들 사이에 상관관계는 없다.

GAN 가능성과 확장성

GAN의 장점은 학습 중에 추론이 필요하지 않으며, 다양한 기능을 모델에 통합할 수 있다는 것이다. 단점은 보통 $p_g(x)$가 명시적이지 않고, 훈련 과정에서 판별자(D)가 생성자(G)와 잘 동기화되어야 한다는 것이다. 굳팰로우는 GAN 프레임워크가 추가로 확장될 잠재력 있다고 내다보며 다음과 같이 제안했다.

(1) 매개 변수를 공유하는 조건부 모델군을 훈련해서, 모든 조건부 $p(x_S|x)$를 대략적으로 모델링할 수 있다. S는 x 지수의 부분집합이다. 본질적으로, 결정론적 MP-DBM의 확률적 확장을 구현하기 위해 적대망을 사용할 수 있다.

(2) 준지도 학습(Semi-supervised learning)[21] : 제한적으로 라벨링 데이터를 이용할 때, 판별자 또는 추론망의 기능이 분류기의 성능을 향상할 수 있다.

(3) 효율성 향상: G와 D를 조정하는 더 나은 방법을 끌어내거나, 훈련 중에 표본(z)에 더 나은 분포를 정해주는 방식으로 훈련을 크게 가속할 수 있다.

이후, GAN 모델은 즉각적으로 많은 관심과 도전의 대상이 되었다. 특히 이미지 생성 분야에서 강력한 도구가 되었다. 여러 후속 연구에서 굳펠로우가 예견했던 GAN의 확장성이 드러나고 있다.

부분 이미지 식별과 재합성

GAN이 사용하는 다층 퍼셉트론은 보통 합성곱 신경망(CNN, Convolutional Neural Networks)으로 작동한다. 그런데 신경망 내부에서 알고리즘이 구체적으로 무엇을 하는지를 알 수 없다는 점에서 '블랙박스(Black Box) 같다'는 비판을 받아왔다. 실제로 개발자도 신경망이 '왜 그런 의사결정을 하는지' 추적할 수 없었다.

이런 비판 덕분에, 신경망 연구자들은 여러 방법론을 응용하여 네트워크에서 개별 필터의 대략적인 역할을 찾기 시작했다. 입력 단계에서 경사 하강법을 사용하면 필터의 특정 하위 집합을 활성화하여 특정 이미지를 검사할 수 있었다. 이로써 이미지 내 개별 요소를 식별할 수 있고, 나아가 식별된 개별 요소를 합성할 수 있었다. 이것은 마치 뇌과학자가 뇌의 어느 영역이 인간의 특정 행동과 연결되는지를 찾는 것과 같다. 우리에게 우리 뇌도 블랙박스이기 때문이다.

래드포드 외(Radford et al, 2016)에 따르면, 거주 공간 이미지 생성에 관해 학습한 결과, 생성자(G)가 전체 이미지 내에 있는 침대, 창문, 조명, 문, 그리고 기타 가구 같은 특정

21) 지도학습(supervised learning)은 잘 정리된 훈련 데이터(Training Data)를 제공하고 이를 토대로 하나의 함수를 유추해내기 위한 학습 방법이다. 비지도학습(unsupervised learning)은 사전 데이터 없이 독립적으로 학습하는 방식을 말한다. 비지도학습에서 기계는 입력 데이터들을 비교하여 일정한 분류 기준을 스스로 만들고 이 기준으로 데이터를 분류한다.

객체 표현을 학습할 수 있었다. 개별 객체를 학습할 수 있으므로 개별 객체를 원하는 대로 배열할 수도 있게 되었다.

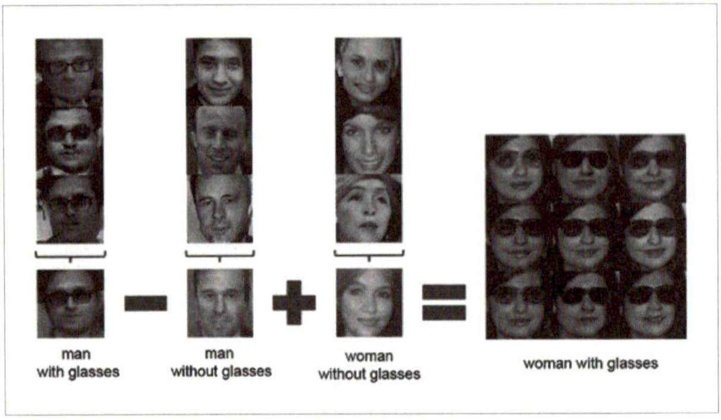

◀ **그림 3** 선글라스를 쓴 남성 사진 이미지, 그리고 선글라스를 쓰지 않은 남성과 여성의 사진 이미지를 이용하여 최종적으로 선글라스를 쓴 여성 이미지를 생성해 냈다. 이것은 생성자(G)가 이미지 내 개별 요소인 '선글라스'를 식별해낼 수 있다는 것을 의미한다.

이를 활용하여 [그림 3]과 같이, 선글라스를 쓴 남성 사진 이미지, 그리고 선글라스를 쓰지 않은 남성과 여성의 사진 이미지를 이용하여 최종적으로 선글라스를 쓴 여성 이미지를 생성해 냈다. 이것은 생성자(G)가 이미지 내 개별 요소인 '선글라스'를 식별한다는 것을 의미한다. '선글라스를 쓴 여성'은 GAN이 만들어 낸 데이터이며, 현실에 존재하지 않았던 데이터이다.

이 연구는 굳펠로우가 예견했던 GAN의 확장성 예시 (1)에 해당하는 결과이다. 이것은 큰 사회-기술적 변화를 불러올 잠재력이 있다. 이제 기계는 현실의 데이터를 모두 가지고 있을 필요가 없다. 일부 데이터만 있다면 존재하지 않는 데이터를 만들어 낼 수 있다.

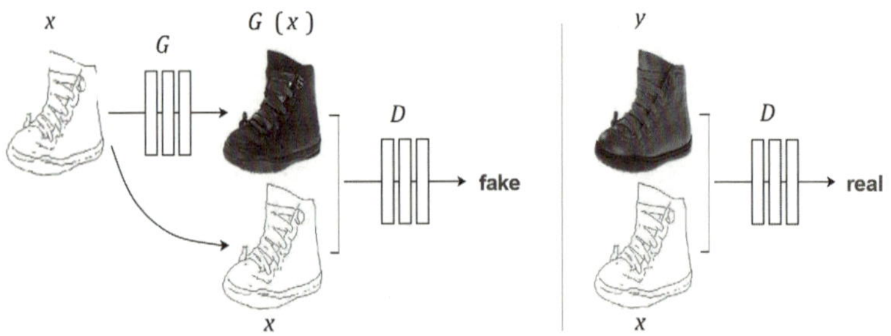

▲ **그림 4** 윤곽선을 사진으로 전환하는 훈련을 하는 조건부 GAN. 판별자(D)는 가짜와 진짜를 구별하는 학습을 하고, 생성자(G)는 판별자를 속이도록 학습한다.

한편, 아이솔라 외(Isola, et al, 2018)는 조건부 GAN을 개선했다. 예를 들어 가상의 윤곽선 이미지를 현실 데이터와 합성하여 새로운 이미지를 생성하는 작업을 수행했다. 아래 그림의 왼쪽은 생성자(G)가 자신이 만든 윤곽 이미지(x)로 운동화를 모사한 이미지 G(x)를 생성했을 때, 판별자(D)는 '거짓(fake)'이라고 판정했다. 그런데 오른쪽처럼 생성자(G)의 윤곽 이미지(x)와 운동화 사진(y)을 합성해서 새로운 이미지를 생성했을 때 판별자(D)는 이를 '진짜(real)'라고 판정했다.

이 연구는 생성모델에 더 많은 자유도를 불러왔다. 이것은 굳펠로우가 예견했던 GAN의 확장성 (2)에 해당하는 결과이다. 이것을 응용한다면 지도를 항공사진으로 다시 항공사 진을 지도로 변환할 수 있다. 아래 [그림 5]는 그런 전환의 예시를 보여준다. 이 방법으로 지도 이미지에서 변환 생성된 항공사진(그림 5, 왼쪽 이미지)에 대해서 약 19%의 인간참가자는 진짜 항공사진이라고 답했다. 반대로 항공사진에서 지도 이미지로의 변환(그림 5, 오른쪽 이미지)에 대해서는 단지 6%의 참가자만이 실제로 그려진 지도라고 답했다. 복잡성이 있는 항공사 진에서보다, 엄밀한 기하학적 속성을 가지고 있는 지도에서 사소한 구조적 오류가 더 잘 드러나기 때문일 것이다.

▲ **그림 5** GAN은 '지각적 사실주의(perceptual realism)'를 구현했다. 지도를 항공사진(왼쪽 이미지 2개)으로 다시 항공사진을 지도(오른쪽 이미지 2개)로 변환할 수 있다.

이러한 GAN의 이미지 변환 작업은, 특히 고도로 구조화된 그래픽 출력 작업에 유망한 접근 방식을 제공할 수 있다. 조건부 GAN은 주어진 작업과 데이터에 적응하도록 손실을 학습하므로 다양한 설정에 적용할 수 있을 것으로 평가받았고 실제로 그 위력을 발휘했다. 이후 인터넷상에서 일명 '딥페이크(deep fake)' 이미지들이 자주 발견되었는데, 사람들은 그 정교함에 놀라고 있다.

기계속의 면접관

생성자(Generator)의 궁극적 훈련 목표는 엄밀하게 말해서 '현실' 자체를 만드는 것이 아니라, 판별자(Discriminator)의 오류비율을 증대시키는 것이다. 생성자(G)는 새로운 인스턴스를 생성하고 이를 진짜 데이터로 보이게 만들어서 판별자(D)가 인스턴스 사진과 (판별자가 보유하고 있는) '진짜 사진 데이터'를 구별하지 못하도록 한다.

GAN 모델은 튜링 테스트의 '면접관'을 기계 내부로 흡수하는 형식을 취하고 있다. 생성자는 튜링 테스트의 '거짓말하는 기계(A)'이고 판별자는 '면접관(C)'에 해당한다. 기계가 '(적대적)타자'를 자기 자신과 함께 하나의 존재자로 합성한 것이다. GAN 모델은 튜링 테스트의 (A)와 (C)가 반복적으로 상호작용을 한다면 학습 상대가 될 수 있다는 것을 보여준다. 이것은 마치 죄수의 딜레마가 일회적인 사건이 아니라 반복적으로 수행된다면 죄수들은 학습을 통하여 서로 협력하는 것이 각자에게 이득이 된다는 것을 발견하고 행동을 바꾼다는 이론적 모델과 공통점이 있다. 반복성과 적응성은 학습을 불러일으킨다.

GAN 모델은 인간과 기계의 관계에 대해서도 중요한 암시를 준다. 특정한 사회적 의제에 대해서 인간이 인공지능(기계)을 반복적으로 접촉한다면 어떨까? 엘리자의 사용자들이 했던 것처럼 인간은 기계를 학습시키는 면접관(교사)이 될 수 있다. 더 나아가 몬테카를로 시뮬레이션과 혼합한다면, GAN을 통해서 현실에서 만들 수 없는 상황을 다양하게 구현하는 실험도 수행해 볼 수도 있다. 인간과 기계가 협업하여 사회적 의제를 시뮬레이션해 볼 수 있다. 그 결과를 토대로 논의를 풍성하게 만들 수 있다면 의사결정에 도움을 줄 수 있다. 인공지능 기술의 실험적 접근은 우리 사회에 상상력을 제공할 수 있다.

[참고문헌]

Goodfellow, Ian J., Jean Pouget-Abadie, Mehdi Mirza, Bing Xu, David Warde-Farley, Sherjil Ozair, Aaron Courville, & Yoshua Bengio 2014. "Generative Adversarial Nets", http://www.github.com/goodfeli/adversarial

Isola, P., Zhu, J., Zhou, T., & Efros, A. 2018. "Image-to-Image Translation with Conditional Adversarial Networks", arXiv:1611.07004v3

Radford, A., Metz, L. & Chintala, S. 2016. Unsupervised Representation Learning with Deep Convolutional Generative Adversarial Networks, Conference paper at ICLR 2016.

Chapter 04

인공지능의 현재와 미래

4.1 추천시스템, 개인화 그리고 자동화

4.2 빅데이터와 인공지능의 합성

4.3 블록체인, 정치적 기계

4.4 자율주행, 사회적 기계

4.5 '말하는 기계'와 함께

4.6 '과학하는 기계'를 데리고

4.7 chatGPT, 경이와 혼란

4.1 추천시스템, 개인화 그리고 자동화

인터넷이 일상화되면서, 정보 선택이 어려울 정도로 정보량이 많아졌다. 사람들의 의사결정을 돕기 위해서, 그리고 마케팅 목적으로 다양한 추천시스템이 등장했다. 시스템 추천을 위해서는 추천 대상에 대한 정보를 알고 있어야 할 뿐만 아니라 추천받을 사람의 선호도 잘 알고 있을수록 더 적정한 추천을 할 수 있다. 추천시스템은 이질적인 존재를 연결하는 의사소통 방식의 창안이다. 인터넷 기업은 좋은 추천시스템을 만들기 위해서 가능한 한 모든 사용자와 그들이 구매할만한 대상에 대한 데이터를 더 많이 모으기를 갈구했다. 잘 알려진 것처럼 아마존(Amazon)의 도서 추천시스템은 그 출발 중 하나였다.

도서추천, 구매자 비교에서 품목 비교로

아마도 전통적인 공간이라면, 사람들은 책을 구매할 때 도서관 사서나 교사의 도움을 받을 것이다. 이제는 추천시스템의 도움을 더 많이 받는다. 도서판매 사이트로 유명한 아마존(Amazon)은 구매를 촉진하기 위해서 방문자에게 책을 추천하는데, 2000년 초 도서추천 알고리즘에 극적인 변화가 있었다.

당시 대부분의 추천 알고리즘은 고객 집합을 탐색했다. 고객이 구매한 적이 있거나 고객에 의해 등급이 매겨진 아이템을 잠재적 고객과 겹쳐 놓는 방식이다. 이 알고리즘은 해당 사용자와 가장 유사한 고객의 구매 아이템에 근거하여 추천 목록을 생성했다. 그런데 고객과 고객을 비교하는 알고리즘은 빈틈이 많았고, 컴퓨터의 관점에서 볼 때 비용이 많이 들었다.

수천만 명이나 되는 고객 공간을 적절한 단위로 묶고 유사한 고객을 클러스터 단위로 대입했어야 했지만 그다지 실용적이지 않았다. 최악의 경우 값이 0(MN)이 나오기도 한다. 대부분 고객은 아주 적은 수의 품목만을 구매하기 때문이다. 그래서 아마존은 유사성 비교 단위를 고객(인간)이 아니라 품목(도서)으로 변경했다. 고객을 비교하는 대신 그들이 구매한 품목을 비교하기로 한 것이다. 구매된 적이 있거나 방문자들이 등급을 부여한 적이 있는 품목에 대한 상관성을 탐색했다. 여기서 상관성이란 두 품목 데이터 사이의 통계적 관련성을 수량화하는 것이다.

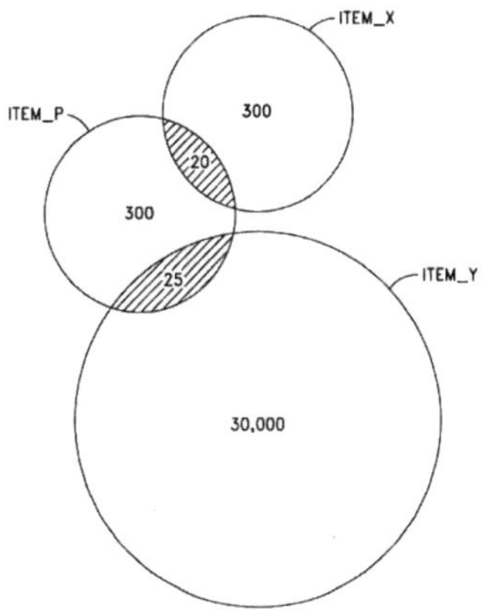

◀ **그림 1** 아마존 추천 알고리즘. 품목(ITEM) X, P, Y를 구매 데이터 사이의 상관성을 도출한다. X와 P는 각각 300개 판매되었는데 그중 20회는 X와 P는 동시에 구매된 사례다. 그리고 P는 Y와는 25회 중첩된다. (그림자료: Linden et al., 2001).

우선 구매 품목들을 상호 비교하여 동시에 구매된 품목의 중첩된 값을 측정했다. [그림 1]의 예시를 참조하면, X와 P는 각각 300개 판매되었는데 그중 20회는 같이 판매되었다. 그리고 P는 Y와는 25회 중첩되는데 Y는 30,000개 판매되었다. 그렇다면 P를 구매한 사람은 동시에 X를 구매할 가능성이 Y를 구매할 가능성보다 크다고 추론할 수 있다.

모든 판매 도서 사이의 중복 관계를 측정하고, 이 관계 목록에 근거해서 고객들에게 새로운 도서를 추천할 수 있다. 이 알고리즘 계산은 매우 빠르고 비용을 절감할 수 있었다. 아마존과 같이 극단적으로 거대한 데이터 집합에서도 빠르게 작동할 수 있다. 그리고 구매한 고객이 소량의 도서를 구매하더라도 잘 작동한다.

새로운 추천시스템은 고객의 구매 행동으로 이어져 그 효과를 증명했다. 대신 추천되는 품목들 사이의 인과적 관계를 알 수는 없었다. '왜 헤밍웨이의 작품을 구매한 고객이 피츠제럴드의 작품도 구매하는가?'라는 질문은 블랙박스 속에 남겨진다. 아마존의 도서추천 방식을 흔히 '품목 간 협력 필터링(item-to- item collaborative filtering)'이라고 부른다. 아마존 판매의 35%가 이런 추천으로 발생하고 있다.

콘텐츠 추천 협업 필터링

아마존의 도서 추천시스템과 같은 협업 필터링은 기계학습의 한 분야이다. 기계학습은 과거 사용자의 아이템 구매와 등급부여 행위를 기반으로 사용자 선호를 예측하는 '생성 알고리즘(creating algorithms)'이다. 협업 필터링 추천시스템은 전자상거래에서 매우 중요하다. 전자상거래에서 다루는 품목이 너무 많아서, 사람들은 상품을 일일이 관찰하고 비교하는 방식으로 의사결정을 하기 어렵다.

추천시스템은 사람들이 쉽게 상품을 발견하는 것을 도우면서, 한편으로는 사용자 경험을 강화하고 다른 한편으로는 판매율을 높여 주었다. 2006년 넷플릭스(Netflix)는 대규모 영화 등급 데이터 세트를 공개하면서, 더 좋은 영화 추천시스템 제작 경진대회를 개최했다. 데이터 마이닝, 기계학습, 컴퓨터 과학 공동체에 데이터를 제공함으로써 내부적으로 개발한 추천시스템 '시네매치(Cinematch)'의 정확도(10%)를 능가할 시스템을 개발하고자 했다. 시네매치는 이용자가 선택한 영화, 별점 등의 데이터에 기반하여 이용자의 취향에 맞는 영화를 추천했었다.

넷플릭스 경진대회는 추천시스템 연구에 기여했다. 넷플릭스 데이터 세트는 규모가 상당히 커서(100만 개의 영화 평점 데이터), 연구 공동체에도 유용했다. 경진대회 결과 넷플릭스 추천시스템에 대한 만족도가 높아졌다. 현재 넷플릭스에서 대여되는 영화의 2/3가 추천에 의한 구매이다. 영화 외에도 음악, 쇼핑, SNS 분야에서 협업 필터링 방식의 추천시스템이 일반화되고 있다. 최근 추천시스템은 인공지능과 결합하면서 더욱 다양한 영역으로 확장하고 있다. 구글 뉴스(Google News)의 38% 이상의 조회가 이런 추천으로 발생하고 있다.

협업 필터링의 한계, 관심과 무관심의 순환적 강화

이용자 기반 협업 필터링은 충분한 양의 이용자 데이터를 수집해야 하고 그 때문에 개인정보 문제를 발생시킬 수 있다. 반면에 품목 기반 협업 필터링은 그런 부담이 적고 상대적으로 적은 데이터로도 추천 작업이 가능하다는 장점이 있다.

그렇다고 해서 품목 기반 필터링의 정밀성에 문제가 전혀 없다는 것은 아니다. 바로 메타정보의 한정성 문제이다. 품목에 관한 프로파일은 언제나 제한적일 수밖에 없다. 마치 도서관의 색인이 해당 책에 대한 아주 간단한 정보밖에 기재하지 않는 것과 유사하다. 그래서 추천의 민감성이 기대만큼 높지 않을 수 있다.

또 다른 문제로는 시스템 내에서 발생하는 데이터가 거대하고 다각적이어서 나타나는 유형이다. 바로 파레토 법칙(Pareto principle) 또는 롱테일 현상(the long tail)이다. 사용자들은 소수의 인기 있는 품목에 관심을 보인다. 인기 있는 항목에 대한 데이터는 순조롭게 축적되지만, 나머지 관심을 받지 못하는 대부분 품목에 대한 데이터는 매우 부족해진다. 그래서 이 영역은 추천되지 못할 가능성이 크다.

추천시스템이 소수의 관심 품목을 추천함으로써 더 많은 관심을 받게 하고, 반면에 현재 관심이 적은 품목은 추천하지 않기 때문에 사람들의 관심에서 더 멀어지게 만들 수 있다. 추천시스템은 의도하지 않았지만, 관심의 강도를 순환적으로 강화함으로써 비대칭적인 편향을 강화한다.

검색 서비스, 문서 추천시스템

검색 서비스는 일종의 추천시스템이다. 다만 그 대상이 문서 영역만을 다룬다는 특징이 있을 뿐이다. 검색엔진은 이질적이고 다양한 텍스트들 사이의 관계를 측정하고 위계를 구성한다. 예를 들어 논문 인용지수와 유사하게 다른 문서에 의해서 링크된 수와 같은 기준으로 문서에 질서를 부여한다. [그림 2]에서 보듯이, 8개의 문서가 있다면, 이들 사이의 연결 관계를 추출하고, 이것은 숫자로 전환되어 행렬(H)과 중요도(I)라는 수학적 도식 안으로 흡수된다.

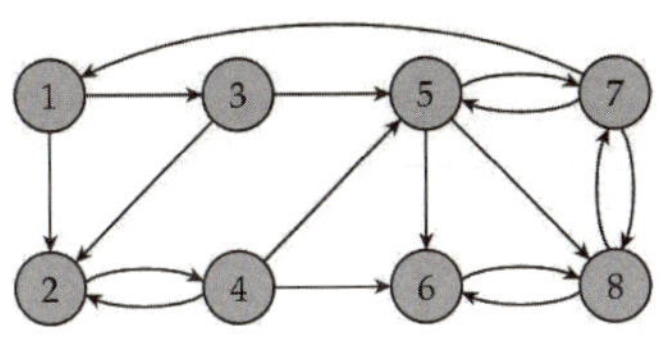

$$\mathrm{H} = \begin{bmatrix} 0 & 0 & 0 & 0 & 0 & 0 & 1/3 & 0 \\ 1/2 & 0 & 1/2 & 1/3 & 0 & 0 & 0 & 0 \\ 1/2 & 0 & 0 & 0 & 0 & 0 & 0 & 0 \\ 0 & 1 & 0 & 0 & 0 & 0 & 0 & 0 \\ 0 & 0 & 1/2 & 1/3 & 0 & 0 & 1/3 & 0 \\ 0 & 0 & 0 & 1/3 & 1/3 & 0 & 0 & 1/2 \\ 0 & 0 & 0 & 0 & 1/3 & 0 & 0 & 1/2 \\ 0 & 0 & 0 & 0 & 1/3 & 1 & 1/3 & 0 \end{bmatrix} \quad I = \begin{bmatrix} 0.0600 \\ 0.0675 \\ 0.0300 \\ 0.0675 \\ 0.0975 \\ 0.2025 \\ 0.1800 \\ 0.2950 \end{bmatrix}$$

▲ **그림 2** 문서들의 하이퍼링크, 문서링크 행렬(H)과 문서의 중요도(I) (자료: Austin, 2011)

여기서 중요도(I)는 고유벡터인데, 이 벡터를 구하는 방식은 다양할 수 있다. 5번 문서와 6번 문서는 링크 값의 합(7/6)은 같지만, 중요도(I)는 각각 0.0975와 0.2025로 다르다. 6번 문서는 중요도가 높은 8번 문서의 백링크를 받고 있기 때문이다. 중요도(I)의 수식은 다음과 같다: $I^{k+1} = H * I^{k}$ 첫 번째 중요도(I)와 행렬(H)의 곱이 다음번 중요도(I)를 구성한다. 그래서 최초에 "I^0"을 어떻게 결정하느냐에 따라서 이 값은 계속 검색순위에 영향을 준다. 다른 변수가 없다면 8번 문서의 중요도(I)는 검색엔진이 상태를 갱신할 때마다 다시 참조되면서 강화될 가능성이 크다.

오늘날 검색엔진이 보유하고 있는 행렬(H)의 행과 열의 수는 각각 수백만 개 이상이다. 검색결과 첫 페이지에 놓이기 위해서는 거대한 양의 링크를 보유하고 있어야 한다. 이처럼 검색엔진의 문서 관련성 평가 기준은 고도의 알고리즘 합리성을 지향하고 있다. 검색엔진은 문서들 사이에 위계질서를 부여하는 기술양식이며, 그 질서 양식에 의해 문서의 관련성이 검색엔진에 등재되는 순간, 그 문서들 사이의 관련성은 스스로 증폭되고 강화될 수 있다.

그러므로 검색엔진이 부여한 위계는 '객관적'인 것이 아니다. 검색엔진이 정의한 문서들의 중요도 또는 그에 따라 제시되는 순위는 본래 존재하는 것이 아니다. 그것은 단지 검색엔진이 문서에 부여한 임의적이고도 자기충족적인 값일 뿐이다. 본래 문서들 사이에는 순위나 중요도가 없다. 8번 문서가 6번 문서보다 더 '중요하다'고 볼 수는 없다. 단지 검색엔이 부여한 질서 내에서, 그리고 검색엔진이 불러들인 문서들 사이에서만 그러하다.

결과적으로 검색 알고리즘은 사용자와의 상호작용 과정이 되풀이될수록, 경향적으로 가장 인기 있는 웹문서를 집어내어서 높은 순위를 매기게 된다. 검색엔진은 사용자의 행위를 자기발견적으로 학습하며 그들의 만족을 추론하기 때문에, 대중적 관심거리가 되는 것을 더 민감하게 자신의 내적 도식 안으로 끌어들인다.

그렇게 되면 검색엔진의 관점에서 단지 현 상태를 반영하였을 뿐이지만, 일단 반영된 것은 빠른 속도로 재생산되면서 불균형이 강화된다. 이렇게 일반적으로 데이터베이스는 재귀적으로 상승하는 특질을 보인다. 검색엔진이 흡수한 것은 전체가 아니라 특정한 기준에 따라 선택된 부분이다. 사용자들에게 매혹적인 문서는 일상적이거나 가볍고 오락적인 것들이 많다.

이는 검색엔진 회사가 광고에 의존하고 있다는 사실과도 관련이 있다. 한글 검색서비스는 인기검색어 기능을 제공하고 있다. 평소 특정 검색어에 대한 평균적 입력횟수를 지속적으로 산정하여 저장하고 있다가 매 순간 평균적 범위를 넘어서게 되는 순서대로 해당 단어에 순위를 부여한다.

실시간 인기검색어는 그 순간 '비정상적으로 많이' 검색된 단어들이다. 실시간 인기검색어는 사용자들의 검색 유형을 패턴화하여 미래 사용자들의 관심과 흥미를 포착함으로써 사용자 만족도를 높이려는 것이다. 검색품질을 유지하기 위해서 모든 질의어를 동등하게 관리하기보다는 상대적으로 관심이 증폭되는 질의어를 중심으로 검색품질을 개선하는 것이 검색엔진의 관점에서 효율적이었을 것이다.

대학 교양수업 추천 사례

추천시스템 기법은 교육 분야에도 적용되고 있다. 교육 분야의 오랜 목표 중 하나는 학생 개별에 맞는 교육을 제공하는 것이다. 추천시스템 도입은 교육의 개인화를 지원할 것이라는 기대에서 출발했다.

더블린대학(University College Dublin, UCD)은 협업 필터링에 기반하여 학생들이 자신의 학습을 개인화할 수 있도록 추천시스템과 결합하여 교과목 프로그램을 개편했다. 기존의 등록 시스템에서 학생들은 개인의 미세한 관심에 가장 잘 맞는 교과과정 선택하기 어려웠다. 선택 규칙이 너무 복잡했기 때문이다. 예를 들어 학부마다 선택할 수 있는 내용이 달랐다. 과학 학부 학생이 비즈니스 모듈을 선택할 수 있고 의과대 학생은 철학 모듈을 선택할 수 있다. 법대 학생은 추가 법률 모듈을 선택할 수 있다. 교과과정 선택에 영향을 주는 요소는 흥미와 학술 지식, 경력, 선택사항에 대한 인지, 장소의 가용성과 시간표 충돌 등 매우 다양했다.

피츠버그대학의 교양수업 협업 필터링 '코스 에이전트(CourseAgent)'는 공동체-기반 교과목 추천을 지향하면서 개발되었다. 이 프로그램은 교과과정 정보를 개인화하여 적응적 공동체-기반 하이퍼미디어 시스템을 표방했다. 코스에이전트는 학생 공동체로부터 3가지 정보를 수집한다. (1) 학생이 스스로 선택한 자기 경력 목표 (2) 교과과정의 학습 부담에 대한 학생들의 명 시적 평가 (3) 이미 이수한 교과과정과 경력 목표와 연관성에 대한 등급이었다.

여러 범위의 경력을 표현하는 22개의 분류 목록이 제공되면, 학생은 자신의 프로파일에서 경력 목표를 추가할 수 있다. 학생들은 자신의 경력 목표와의 관련성을 5점 척도로 평가하고, 과목의 학습량에 대해서 3점 척도로 평가하고 학습 부담 레벨은 학생들이 제공한 등급을 단순 평균으로 계산한다.

학생과 교과과정 사이 관련성은 학생의 경력 관심이 교과과정과 관련성이 있는지를 기반으로 한다. 특정 학생에게 가치 있는 교과과정은 그 학생이 목표로 하는 특정 경력과 관련된다. 교과과정에 대한 학생 평가를 그들의 경력 목표와 연결지었다. 학생들이 시스템과 자연스러운 상호작용을 하게 함으로써 학생들의 명시적 피드백을 자연스럽게 수집한다면 상관성을 더 높일 수 있다.

공동체-기반 시스템의 기능성과 엄밀성은 시스템 사용자의 피드백 양에 의존한다. 그러므로 사용자의 역할이 중요하다. 사용자의 피드백을 회수하기 위해서 사용자의 참여를 격려하는 것도 좋은 접근이다. 사용자들은 목표가 일반적이지 않고 매우 특정하고 도전적일 때 사용자들은 자신의 정보를 더 많이 제공하고자 한다.

고려대는 개인화된 맞춤 정보를 제공하기 위해서 2020년 교양수업 추천시스템, 'AI 선배'를 시작했다. 학생들은 자신의 진로에 부합하는 수강 과목을 선택하는데, 어려움을 느끼고 있었다. 특히 코로나 19로 학교에서 선후배, 동료 학생들 사이 공동체 형성이 어려웠고 정보교류의 어려움이 더욱 커졌다. 고려대 디지털 정보처와 학생개발자들이 함께 교양과목 수강 학생 데이터와 수강 평가 데이터를 분석하여 추천시스템을 설계했다.

이 시스템은 교내 데이터에 기반하기 때문에 최근 경향을 반영할 수 있었고, 폐강되거나 졸업 요건이 변경된 경우도 보정이 가능했다. 개별 과목의 추첨 점수는 〈해당 강의를 수강한 학생 수〉를 〈해당 학과에서 수강한 강의의 수〉로 나누고 여기에 〈학생의 수강 평가 점수〉를 곱하여 산정했다.

특정 과목(호신술, 축구, 골프 등)이 항상 상위 추천되는 문제가 있어서 딥러닝보다는 이용자-기반 협업필터링 방법을 택했다. 학생이 AI 선배 플랫폼에서 선호하는 키워드와 옵션을 선택하면 교양수업 목록을 추천받을 수 있다. 이 교양수업 추천시스템은 국내에서 최초로 시도한 사례로 향후 추가적인 데이터 분석과 개선을 통한 안정화를 기대하고 있다.

협업필터링과 인공지능의 결합

최근 기술 경향 중 하나는 기존의 방법론에 인공지능 기법을 결합하는 것이다. 예를 들어, 협업필터링 결과를 개선하기 위한 딥러닝 아키텍처를 도입하고 있다. 기존의 협업필터링이 복잡한 비선형 관계를 포착하지 못했기 때문이다. 신뢰도 개념의 잠재력을 활용하여 딥러닝 계층에 예측 오류(신뢰성)를 통합하여 예측 및 권장 품질을 높이려는 취지였다. 이를 신경망 협업필터링 (Neural Collaborative Filtering, NCF)이라고 한다.

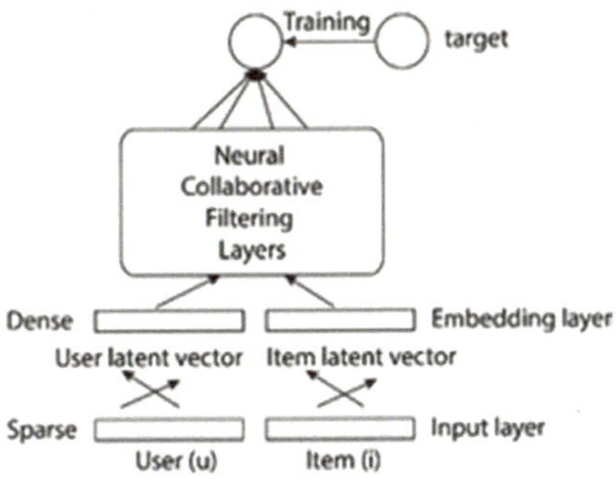

◀ **그림 3** 신경망 협업필터링(Neural Collaborative Filtering, NCF) 아키텍처. 딥러닝 층을 추가하며 사용자-기반 데이터와 품목-기반 데이터를 혼합하여 사용한다. (자료: Bobadilla et al, 2020)

딥러닝 층을 추가하는 방식으로 희소한 입력 데이터(사용자 등급 또는 품목의 등급) 항목을 고밀도 정보로 변환할 수 있다. 그런 다음, 다층 퍼셉트론을 사용하면 이용자 기반 데이터와 품목 기반 데이터를 연결할 수 있다. 그다음 훈련 데이터를 사용하면, 이전에는 알 수 없었던 등급을 예측할 수 있다. 최근 '신뢰성 기반 신경 협력 필터링(Reliability-based Neural Collaborative Filtering, RNCF)'이라고 알려진 아키텍처 연구도 활발하다.

데이터로 구성된 가상의 세계

추천시스템을 포함하여 데이터기술은 '질서 형식 부여' 과정이다. 우선 관찰 결과를 데이터로 치환한다. 누군가의 구매 상품, 수량, 관심 클릭 수, 검색요청, 문자메시지 등은 데이터 형식으로 번역된 결과이다. 이제 치환된 데이터들은 서로 교환 가능해진다는 점에서 잠재적으로 '동등'해진다. 데이터로 치환된 것들은 데이터가 되기 이전의 '무엇'을 지시하기는 하지만, 완벽하게 재현할 수는 없다. 데이터기술로 측정될 수 없다면, 데이터로 치환될 수 없기 때문이다. 데이터 형식으로 측정할 수 없는 것은 결과적으로 배제된다.

인간의 행동이든 사물이든 데이터로 번역하는 과정에서 감축이 일어난다. 이것은 데이터기술이 가지고 있는 근본적인 강점이면서 동시에 결함이다. 감축되기 때문에 계산 가능해질 수 있고 감축되었기 때문에 부족해진다. 주로 정량적이고 경제적 요소는 전환이 쉽지만, 맥락적이고 서사적인 요소는 배제되기 쉽다.

데이터 치환과 거의 동시에 알고리즘이 그 데이터들 사이를 일정한 기준(수학적 관계)으로 연쇄시킴으로써 그것 사이의 관계를 완성한다. 데이터의 연쇄는 다양한 요소를 채택할 수 있는데, 판매되는 상품과 상품 사이의 중복 구매 수량이 될 수도 있고, 특정 검색단어와 그다음 연달아 검색된 단어들의 상대 빈도가 될 수도 있다. 출처가 전혀 다른 데이터들 사이의 관계도 연쇄가 가능해진다. 특정 상품을 동시에 구매한 행위, 단어와 단어 사이의 연관성 값, 학생의 경력 목표와 교양수업 수강 평가같이 이질적인 데이터를 모아서 연쇄 단계를 거칠 수 있다. 출처가 다양한 데이터들 사이의 상관성을 수립할수록 각 데이터의 지위는 더 견고해질 수 있다.

그러는 동안 데이터는 단순화·정규화·안정화된다. 데이터기술을 통과하게 되면 새로운 의미의 관계망 안으로 배치된다. 어떤 데이터와 데이터는 더 밀접해지고, 다른 데이터와는 상대적으로 멀어지면서 각 데이터의 '고유성'이 생성된다. 이 과정은 새로운 의미를 생산할 수 있다. 데이터기술은 데이터 치환과 연쇄를 통해 이전에는 존재하지 않았던 새로운 세계를 생산한다. 사용자들은 그 시스템이 만든 세계의 관계망 안에서, 그 세계의 질서에 따라 그 내부를 관찰할 수 있다. 그로써 그 세계에 대한 통제감을 느낄 수 있다. 그것은 데이터기술이 부여하는 질서 양식에 의존하며 그 양식 내에서만 제한적으로 작동할 수 있는 '자유'이다. 그 자유는 가상적이지만 무력하지는 않다.

추천시스템의 이점과 잠재적 문제

추천시스템과 인공지능 기법의 결합으로 개인맞춤형 서비스가 더 활성화될 수 있었다. 이것은 표준화 또는 몇 개의 기준으로 환원되었던 전통적 사회문화 활동을 전환할 잠재성이 있다. 예를 들어 교육 방법론은 평균적이거나 표준적인 틀에서 벗어나 개별 학생의 상황에 맞는 커리큘럼을 제시할 수 있다. 이것은 상당한 이점이 될 수 있다. 학생은 자기 자신을 기준으로 교육받을 권리를 주장할 수 있다.

한편 추천시스템은 현실을 왜곡할 가능성도 있다. 우리는 검색엔진 사례에서 이미 경험하고 있다. 검색엔진은 모든 문서를 보유할 수는 없고 다만 자기 내부 데이터에 기반하여 문서를 추천할 뿐이다. 추천시스템은 데이터에 상관성을 부여하고 질서를 수립해낸다. 논문의 인용지수가 그렇듯이 검색엔진이 사용하는 문서의 링크 수는 그 문서의 품질을 직접 보증하는 것이 아니다. 그런데도 상위 등급이 매겨지는 문서는 더 많은 사람에게 노출되고 그런 만큼 그 문서의 권위는 높아진다. 그렇지 못한 문서는 그 반대의 처지에 놓이게 된다. 검색엔진이 작동할수록, 높은 순위 평가를 받은 문서와 낮은 평가를 받은 문서의 지위는 검색엔진 이전 시대보다 더 큰 격차로 벌어진다.

의사결정의 자동화

일반적인 추천시스템은 개인적인 소비 선호에 관한 문제이므로, 검색엔진보다 덜 위험할 수 있다. 그러나 감시 메커니즘이라는 점에서는 같은 문제를 안고 있다. 추천시스템의 최종적인 목표는, 감시 메커니즘이 그렇듯이, 사용자의 행위를 변화시키는 것이다. 이것은 근대적 통치의 한 형태이다[5.2장 참조].

추천시스템은 데이터화 할 수 있는 모든 범위를 쉬지 않고 추적할 수 있다. 그 때문에 이 시스템은 개인 사용자보다 우월적 지위를 가진다. 추천시스템은 사용자의 의식적 이해가 포섭하기 어려운 새로운 영역에 대해서까지도 데이터를 생산해 냄으로써, '세계'에 대한 '진실'을 거의 자동으로 대량 생산한다. 이 시스템은 데이터의 현실과 열망하는 실재 사이의 불확실성의 틈을 봉합한다. 이제 추천시스템이 제공하는 '자동적 진실(spontaneous truth)'은 일상이 되고, 그런 만큼 현실이 되고 있다. 그것은 새로운 관계를 촉진한다.

사용자는 추천 알고리즘이 제시한 내용을 선택함으로써 더 만족스러워진다. 그러면 그는 이 시스템을 더 자주 이용할 가능성이 커진다. 실제로 추천시스템으로 도서구매, 영화구매, 뉴스방문량이 증대했다. 검색문서 첫 페이지 또는 최상단에 노출되면 사람들은 그 문서를 신뢰한다. 결과적으로 자동화된 의사결정을 유도한다. 그리고 그 결과는 다시 다음 추천 알고리즘으로 재진입하면서 의사결정이 자동으로 연쇄를 일으킨다.

추천시스템은 효율성 때문에 사회적으로 널리 수용되고 있다. 알고리즘이 무엇인가를 추천하고 재현하는 순간 다른 것이 추천되거나 재현될 가능성이 배제된다는 사실은 거의 인식되지 못한다. 사용자는 추천받았기에 그것을 선택한다. 그렇지 않았다면 선택하지 않았을 행동이 증가한 것이다. 무엇인가를 선택했다면 다른 선택은 사라진다. 이 방식은 적어도 그것이 다른 '진실'이나 다른 '권리'를 해치지는 않을 조건에서만 정당하다. 도서추천이나 영화추천은 완전하지는 않더라도 큰 손해를 끼치지는 않을 것이다. 그러나 뉴스나 문서 추천과 같은 영역은 사회적으로 논쟁적이다.

[참고문헌]

Austin, David 2011. "How Google Finds Your Needle in the Web's Haystack", Feature Column. http://www.ams.org/samplings/feature-colum/fcarc-pagerank

Bobadilla, J., Alonso, S. and Hernando, A. 2020. "Deep Learning Architecture for Collaborative Filtering Recommender Systems", *Appl. Sci*. 10(7), 2441; https://doi.org/10.3390/app10072441

Farzan, R. and Brusilovsky, P. 2006. "Social navigation support in a course recommender system". In *Proceedings of the 4th International Conference on Adaptive Hypermedia and Adaptive Web-based Systems*, 91-100.

Nicholas Ampazis, 2008. Collaborative Filtering via Concept Decomposition on the Netflix Dataset, *Conference: 18th IEEE European Conference on Artificial Intelligence*, At Patras, Greece.

O'Mahony, M. P. and Smyth, B. 2007. A Recommender System for On-line Course Enrolment: An initial study, *Proceedings of the 2007 ACM Conference on Recommender Systems*, RecSys 2007, 133-136.

Yunhong Zhou, Dennis Wilkinson, Robert Schreiber, and Rong Pan, 2018. Large-Scale Parallel Collaborative Filtering for the Netflix Prize, in R. Fleischer and J. Xu (Eds.): AAIM 2008, LNCS 5034, pp. 337-348.

Linden, Gregory et al, 2001. Collaborative Recommendations Using Item-to-item Similarity Mappings, Patent No.: US 6,266,649 B1.

Linden, Gregory et al., 2003. "Amazon.com Recommendations: Item-to-item Collaborative Filtering", *IEEE Internet Computing January·February 2003*.

4.2 빅데이터와 인공지능의 합성

빅데이터는 흔히 대규모 데이터를 의미한다. 컴퓨터 용량과 처리능력이 증대하면서, 수집과 처리 가능한 데이터 규모가 폭발적으로 증가했다. 데이터베이스 기술도 함께 성장하면서 대용량의 데이터를 빠르게 관리할 수 있었다. 그런데 빅데이터의 가치는 단순히 많은 데이터를 처리하는 것만으로 충분하지 않다. 이 기술은 데이터를 처리하고 분석한 결과, 새로운 의미를 생성한다는 점이 더 중요하다.

물론 빅데이터가 분석을 수행한다고 하더라도 인간의 의사결정을 대체하는 것은 아니다. 물론, 인간의 인지 역량도 불완전하며 경험적 편향이 있다. 그래서 빅데이터와 인간을 연결하는 역할에 인공지능을 배치할 수 있을 것으로 기대하고 있다. 이것은 인공지능개발에도 도움이 되었다. 최근 인공지능의 급격한 발전은 빅데이터와의 결합으로 이루어낸 것이다. 인공지능은 입력 데이터가 많을수록 좋은 결과를 낼 가능성이 커진다.

빅데이터와 인공지능의 결합은 많은 분야로 확장해가고 있다. 우리가 매일 사용하고 있는 대부분의 영역 속으로 스며들었다. 그런데도 그 기술적 변화를 거의 의식할 수 없는 것은 그 기술이 '자연화(naturalization)'되기 때문이다[22].

심야 버스노선, 데이터 연결하기

가장 단순한 빅데이터 활용 사례로는 심야버스 노선 결정 사례를 들 수 있다. 데이터분석가는 [그림 1]처럼 서울시 전역을 육각형 셀로 나누었다. 각 셀의 지름은 1 km로, 총 1,252개로 표현되었다. 심야 시간(밤 0시부터 새벽 5시까지)에 발생한 약 30억 건의 KT 통화량 통계 데이터를 분석하여, 각 셀의 밀도를 등급화했다. 각 통화발신자의 발신지 장소와 그의 거주지 주소를 비교하여 두 데이터 사이의 범위가 크게 벗어난 경우를 선별했다.

22) 자연화란 너무도 익숙해져서 마치 원래 존재했던 것처럼 의식하지 못하는 정도가 되었음을 말한다.

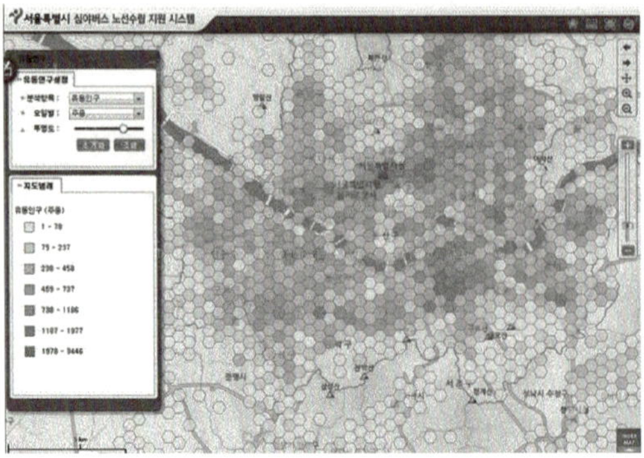

◀ **그림 1** 서울시 심야버스 노선 수립 지원시스템. 통화발신자 위치와 그 사람의 거주지 주소를 비교한 셀 이미지. 셀의 색이 진할수록 데이터양이 크다는 것이므로 셀들의 궤적이 드러난다. (자료: esrikr.com)

그림에서 통화발신자의 현재 위치와 그 사람의 주소지 위치 사이의 거리가 먼 빈도가 많을수록 셀의 등급이 높다. 통화 당시 자신의 거주지에서 멀리 떨어져 있는 통화발신자는 다시 자신의 거주지로 돌아가야 할 것이다. 데이터분석가는 통화발신자로부터 추출한 두 개의 이질적인 위치 데이터를 연결하여, 그들이 잠재적인 심야버스 이용객이라고 가정했다. 높은 등급의 셀 사이를 하나의 선으로 연결하면 잠재적 유동인구 집단의 궤적이 된다. 이것은 심야버스 노선의 후보가 될 수 있다.

검색어 서비스, 의미 부여하기

인터넷 사용자라면 적어도 하루에 한 번 정도는 검색 서비스를 사용한다. 인터넷 사용자 수가 40억 명이라는 점을 고려한다면, 검색시스템은 실시간으로 빅데이터를 생산하고 있다. 대부분 검색엔진은 사용자들이 입력하는 질의어의 빈도와 양을 관찰하고, 질의어의 정규성을 분석한다.

처음에 질의어 정규성 분석은 검색 서비스 품질관리를 위한 것이었다. 점차 "연관 검색어" 또는 "인기검색어"와 같은 부가 서비스로 사용자들에게 제공되었다. 2004년, 인터넷 회사 (주)다음은 검색 서비스의 만족도를 높이는 방법의 하나로 연관 검색어 서비스를 시작했다. 검색결과가 만족스럽지 않다면, 사용자들은 검색엔진이 제시해주는 연관 검색어를 참조하여 추가적인 검색을 이어갈 수 있다. 연관 검색어 서비스는 입력되는 질의어들 사이의 연관도를 측정한 결과를 보유하고 있어야만 가능하다. 단어 연관도 측정 시스템은 발생빈도/교차빈도에 기초하여 단어 간 대응 정보를 생성한다. 최종적으로 벡터, 무작위 변수,

결합 확률분포 등을 이용하여, 단어 사이의 관계를 수치화함으로써 단어 연관도를 결정한다. 단어 연관도는 고정적이지 않으며 사용자들의 검색 경향에 따라 꾸준히 변동한다.

	단어A	단어B	단어C	단어D
단어A	3	3	3	1
단어B	3	4	4	1
단어C	3	4	7	3
단어D	1	1	3	3

▲ **표 1** 단어 연관도 행렬 예시. 단어 사이의 관계를 수치화함으로써 서열적 지위가 형성된다. 서열은 질서 또는 의미를 부여하는 행위다. (자료: 엔에이치엔, 2006 특허문서)

2005년 네이버는 실시간 인기검색어 서비스를 시작했다. 인기검색어는 실시간 검색 입력 정보 통계이다. 이용자들이 던지는 질의어를 "거의 실시간"으로 집계하여 10위까지 표시해준다. 일상적으로 특정 검색어에 대한 평균적 입력횟수를 지속해서 산정하여 그 순간 평균적 범위를 넘어서게 되는 순서대로 해당 단어에 순위를 부여한다. 예를 들어 "내일 날씨", "지하철 노선도" 등과 같은 검색어는 일상적으로 많이 입력되는 단어지만, 평상시에는 입력횟수 추이에 큰 변화가 없으므로 실시간 인기검색어에 나타날 가능성이 거의 없다. 그러나 태풍이나 첫눈 소식이 있는 날에는 날씨 관련 질의어가 평상시 보다 많이 검색될 것이므로 인기검색어 순위에 등장할 수 있다.

실시간 인기검색어는 그 순간 '비정상적으로 많이' 검색된 단어이다. 그 순간 입력량의 증가폭이 큰 순서로 새로운 데이터를 창출하는 것이다. 연관검색어와 인기검색어는 검색엔진에 입력된 단어 사이의 공간적 관계와 시간적 관계를 질서화했다. 이전에는 휘발되었을 행위에 의미를 부여한 것이다. 검색엔진은 사용자들로부터 입력되는 매 순간의 검색 질의어의 동향을 관측함으로써 다음 순간의 검색 동향을 예측할 수도 있고, 더 나아가 사용자의 검색행위에 영향을 줄 수 있다. 사용자들도 검색어 서비스에 호응했다. 사용자들은 연관 검색어를 재검색할 가능성이 크고, 실시간 검색어에 등장하는 단어의 검색량은 급격히 증가했다.

데이터 사이의 상관성을 구하는 것은 기존에는 존재하지 않던 새로운 관계의 발생이다. 사용자의 검색행위는 데이터로 전환되고 다른 데이터와 연결됨으로써, 단순한 하나의 단어에서 '의미 있는 단어' 그리고 '가치 있는 단어', 나아가 '사람들의 행동에 영향을 주는 단어'라는 새로운 지위를 부여했다.

독감 동향 예보, 이득과 위험

구글(Google)의 독감 동향 분석은 빅데이터의 특징을 잘 보여준다. 사용자들이 입력한 검색어 중 독감과 관련된 단어 입력을 분석해서 지역별 독감 확산 정도를 표시한다. 구글 개발자들은 미국 CDC(the US Centers for Disease Control and Prevention, 질병 통제 및 예방본부)의 독감 환자 발생 데이터와 구글에 입력된 검색어를 비교하여, 실제 독감 발생 곡선과 유사한 검색량을 보이는 검색어 상위 45개를 찾아냈다[23]. 45개의 단어 입력량 변화 곡선이 실제 독감 발생 곡선과 95%의 유사성을 보였다.

사람들은 병원에 가기 전에 자신의 증상이 독감인지 알아보기 위해 검색엔진에 '독감 증상' 같은 질문을 던진다. 이 단어들이 집중적으로 입력되는 지역이 있다면 독감 발생을 추정할 수 있다. 날씨 예보처럼, 독감 동향 서비스를 통해서 사람들은 자신의 지역에 독감 환자가 증가하고 있다는 사실을 미리 감지할 수 있고, 건강관리에 참조할 수 있다. 구글의 독감 동향 추이 예측 서비스는 CDC가 제공하는 독감 정보보다 2~3주 빨리 정보를 제공할 수 있었다. CDC 정보는 환자가 병원을 방문해서 의사의 진단과 확진을 받은 후 진료기록 시스템에 입력한 후에야 제공되기 때문이다.

빅데이터 분석이 대부분 그렇듯이, 독감 동향 분석은 독감 자체에 대한 어떠한 전문성도 필요하지 않다. 그러므로 '왜 그 단어가 독감 발생과 관련이 있는지'를 설명할 수 없다. 해당 검색어와 독감 발생이라는 두 대상이 우연히 비슷하게 움직일 가능성이 있다. 실제로 독감 발생과 관련 없이 독감 동향 지수가 증가한 사례가 있었다. 독감백신 부족 뉴스가 보도되자, 독감백신을 접종하지 못할 것을 걱정하는 사람들이 독감 관련 검색어를 입력했기 때문이었다. 이 경우 독감 동향은 오류 정보가 된다. 데이터 분석이 맥락적인 이해를 포기한 대가이다.

23) 구글의 독감 동향 분석에서 선정한 검색어 주제 범주(괄호안은 단어 수)는 다음과 같다: influenza complication(11), Cold/flu remedy(8), General influenza symptoms(5), Term for influenza(4), Specific influenza symptom(4), Symptoms of an influenza complication(4), Antibiotic medication(3), General influenza remedies(2), Symptoms of a related disease(2), Antiviral medication, Related disease(1).

감정 검색엔진, 의미 생성하기

데이터 분석기술은 사람들의 감정을 예측하는 방향으로 나아가고 있다. 기업은 자신의 상품이나 서비스에 대해서 사람들이 얼마나 긍정적인지 알고 싶어 하고, 행정기관이나 정당들은 사람들이 어떤 정책을 좋아하는지 알고 싶어 한다. 데이터기술은 이런 요구에 조응하기 위해 감정분석(sentiment analysis) 또는 견해채굴(opinion mining) 기법을 개발했다. 그 분석결과는 구체적인 마케팅 방향이나 공공정책을 결정하는 자료가 된다.

가장 많이 사용하는 데이터는 트위터와 같은 SNS 게시글이다. 일반적으로 트윗 분석은 보통 긍정/부정/중립과 같은 감정 분류기(sentiment classifier)를 구축하는 것으로 시작한다. 긍정 그룹은 "행복", "재미", "만족" 등과 같은 단어로, 부정 그룹은 "슬픔", "분노", "실망" 등과 같은 단어와 묶는다. 중립 그룹은 사실관계만 적시했거나 아무런 감정적 단어가 포함되어 있지 않은 경우이다. 분석의 용도마다 적절한 감정표현 단어는 다르므로, 해당 사안마다 별도의 감정 사전(sentiment lexicon)을 작성한다.

이 분석방법에서 주로 n-gram 모델을 사용한다[24]. 일련의 연속적 형식 안에서 다음 n 번째 문자(next-letter)의 출현은 바로 앞의 문자(n-1)에 의존한다고 가정하며, 그 개연성 분포를 계산하는 무작위 프로세스다. 먼저 자동으로 수십만 개 이상의 트윗을 대량 정돈한다. 그리고 트윗 글에서 URL 링크, 사용자 이름 같은 것들을 제거하고, 말뭉치 형태로 수집한다.

이어서 음절, 띄어쓰기, 단락 표기를 기준으로 텍스트를 잘라서 단어 꾸러미 형태로 토큰화한다. 논리적으로 연속적인 단어를 묶어서 n-gram 집합을 만든다. 예를 들어 "no" 또는 "not"과 같은 부정어는 앞이나 뒤에 오는 단어와 붙여놓는다: "I do+not", "do+not like" 또는 "not+like fish" 등. 부정어는 감정표현에서 중요한 역할을 하므로 분류의 정확도를 개선할 수 있다.

최종적으로 개연성 분포 값 (0에서 1 사이의 수)을 계산함으로써 각 n-gram을 서열화한다. 수학적 알고리즘으로 수집된 말뭉치에 대한 감정 지수를 도출한다. 예를 들어, 아래 수학 도식은 개별 감정에 대한 가능성을 계산한 것이다. 이 식에서 소문자 s는 감정(sentiment)이고, 대문자 M은 트윗 메시지이다. 대문자 G는 메시지를 재현하는 n-gram 집합이고, T는 메시지의 긍정 말꼬리-태그 집합이다.

---

24) n-gram 모델은 러시아 수학자 Andrey A. Markov의 수학모델에 기반하고 있는데, 언어적 지식을 모델화한 것은 아니라는 취약점을 가지고 있다. n의 크기에 따라 uigram, bigram, trigram 등으로 지칭한다.

$$L(s|M) = \sum_{g \in G} log(P(g|s)) + \sum_{t \in G} log(P(t|s))$$

이것이 '감정 검색엔진'이다. 특정 단어의 사용이 그 단어 사용자의 감정을 포함하고 있다고 가정하며, 단어마다 상관지수가 책정되고, 그 사용빈도를 측정하는 방식으로 사람들의 발언을 자동으로 해독한다. 감정 검색은 사람들이 무엇을 좋아하는지 직접 물을 필요가 없게 만든다. 게시자조차도 스스로는 의식하지 못한 선호까지도 분석할 수 있다. 설문 조사를 하더라도 선호를 알 수 없는 신제품이나 새로운 정책의 경우에 더욱 효과적일 수 있다.

트윗 분석은 정신의학적 진단의 영역이었던 우울증 경향을 평가하는 방법론으로 사용될 수도 있다. 한 연구에 따르면 트윗 게시글에서 우울증과 관련 있는 상위 10개의 단어를 추출하여 빈도 측정을 했다[25]. 그리고 그 결과를 해당 트윗 사용자의 우울증 자가진단 측정(Zung's Self-rating Depression Scale) 결과와 비교했는데 상관성이 있었다. 정신의학적 진단방법론이 환자와의 대화를 기반으로 수행되므로, 일상 대화 기록을 분석대상으로 한 방법은 상당한 잠재성이 있다.

사기탐지시스템, 데이터로 만들어진 정체성

사기탐지시스템(Fraud Detection System, FDS)은 금전적 손실 또는 정보 유출 등 비정상적인 금융거래를 탐지하여 차단하기 위한 시스템이다. FDS는 크게 사기방지(fraud prevention)와 사기탐지(fraud detection) 기술로 구성되어 있다. 사기방지가 예방적 조치라면 사기탐지는 그런 행위가 발생한 후 가능한 한 빨리 위반 행위/변칙적 거래에 해 당함을 식별해내는 기술이다.

사기탐지를 위한 통계 도구는 금융거래 행위자의 거래 행위를 데이터화하면서 가능해진다. 이 과정에서 '행위 프로파일'을 생성한다. 그 시스템이 보유하고 있는 사용자 행위 데이터만이 아니라, 유사한 다른 시스템에서 나온 데이터를 외삽하기도 한다. 어떤 사용자는 어떤 영역에서 사기꾼처럼 보이기도 한다. 그래서 행위 프로파일을 적정하게 구성하려면 프로파일 시나리오를 구성할 때, 복합적인 고려를 해야 한다.

25) Suman, S. K. et al. 2020. "A Novel Sentiment Analysis Engine for Preliminary Depression Status Estimation on Social Media"을 참조했다.

신용카드 사기탐지시스템은 데이터 준비와 데이터 구현이라는 두 개의 단계로 구성된다. 데이터 준비 단계에서 개별적인 카드소유자의 거래명세를 수집한다. 카드소유자의 상세 거래명세는 인구 통계적 변수와 거래 변수로 구성된다. 인구 통계적 변수는 새 카드를 등록할 때 제공되는 것으로, 카드소유자의 이름, 주소, 성별, 결혼상태, 국적, 도시, 학력, 전화번호 등을 포함한다. 거래 변수는 카드소유자의 상세 거래명세를 제공한다. 예를 들면 거래가격, 거래 날짜와 시간, 거래 범주, 지급 채널(현금 지급, 환불, ATM, 모바일 충전 등), ATM/POS 지표, 판매상의 코드, 카드판독기 반응 코드, 화물 주소, 계정 밸런스, 카드 번호, 만료기한 등이 있다.

다음으로 카드소유자가 카드를 사용할 때마다 해당 구매가격을 정량화한다(V_1, $V_2 \cdots\cdots V_M$). 다시 개별 구매가격을 범주화하여 저가(l), 중가(m), 고가(h)와 같은 방식으로 분류할 수 있다. 예를 들어 특정 카드소유자에 대한 거래 데이터 집합이 "(O)=l, m, m, l, l. h, h, h, l, m"과 같이 나타날 것이다. 이 관찰한 결과를 해당 카드소유자의 소비 습관으로 간주한다.

탐지 단계의 구조는 그림과 같다. 특정 시간(t)에 발생한 카드소유자의 거래(O_R)를 기록 순서에 따라 배열한다. 이 순서는 식별 알고리즘에 따라서 승인 개연성이 계산된다. 다음 시간(t+1)에 발생한 새로운 거래는 새로운 거래 O_{R+1}을 생성한다. 시간 t의 개연성이 Φ_{old} 라면, 시간 t+1의 개연성은 Φ_{new} 이다. 두 연속하는 시간 사이의 개연성의 차이를 정량화($\triangle\Phi$ = / Φ_{old} - Φ_{new}/)하고, 그 차이가 0보다 적거나 같으면($\triangle\Phi \leq 0$), 새로운 상태(O_{R+1})는 정상적인 것으로 승인된다.

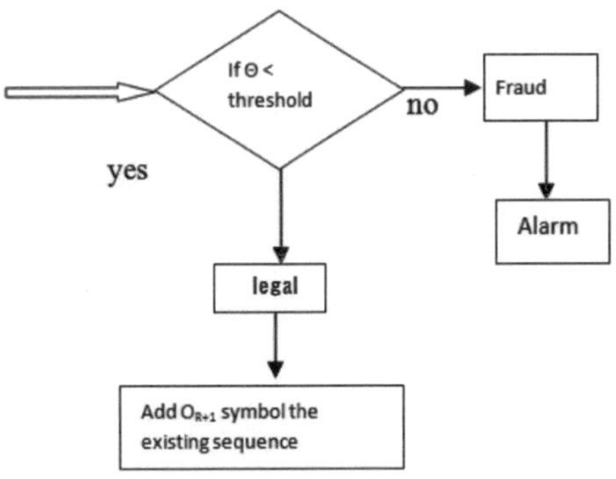

◀ **그림 3** 탐지 단계의 체계. 시간 t에 발생한 카드소유자의 거래(OR)를 기록 순서에 따라 배열한다. 이 순서는 식별 알고리즘으로 들어가 승인 개연성을 계산한다. (Falaki et al, 2012)

이 통계적 분석의 객관성은 카드소유자의 계정별로 '문턱 값(threshold)'을 구하는데 달려 있다. 보통 데이터베이스(DB) 내에 개별 기록을 계산하여 도출하는데 그 값은 시간 진행에 따라 갱신된다. 문턱 값은 최초의 문턱 값에 새로 진입하는 차이 값(Θ_{new})을 더해가면서 강화된다. 이 개연성(Θ_{new})이 문턱 값 보다 높을 경우, 새로운 거래가 사기거래라고 판단한다. 지급은행은 그 거래를 승인하지 않고 확인 절차에 들어갈 것이다. 반대로 O_{R+1}이 정당하다고 승인된다면 해당 배열에 추가하고, 그다음 거래의 적정성을 판단하기 위한 기본 배열로 포함된다.

시스템이 사기로 표지한 기록이 실제 사기행위에 해당하지 않을 수 있다. 분석 시스템이 보유한 데이터베이스와 문턱 값에 의존할 뿐이다. 시스템은 추정하는 것이지 실제를 직접 보는 것이 아니다. 사기가 일어나는 방식은 다양하므로 문턱 값을 계산하는 방식도 다양해야 한다. 대체로 조사자는 가장 고가의 구매에 초점을 두거나 갑작스러운 증가세를 보이는 것에 관심을 둔다. 모든 기록을 상세하게 조사하는 것은 너무 비용이 많이 들기 때문에 일반적으로 사기행위라고 가장 의심되는 것에 집중하려 한다.

이런 방식은 때로 사기나 정당한 행동에 대한 사전적 관찰 자료가 없을 때도 적용할 수 있다. 주로 규범적인 행동방식과 가장 유사하지 않은 예외적 행위를 조사하는 방식을 사용한다. 규범적 행동을 표현하는 기본선 분포를 모형화하고 규범에서 가장 많이 벗어난 관찰을 탐지한다. 이런 분류는 불확실하므로, 종종 정당한 거래에 대해 오류 판단을 할 수도 있고, 정작 사기거래를 정당한 것으로 표지할 수도 있다.

최근 FDS 분야도 인공지능 기법을 도입하고 있다. 더 많은 데이터 항목을 비교 분석할 수 있고 정상 거래와 비정상 거래 판단을 자동화할 수 있다. 데이터 수집 항목이 더 많아질 수도 있다. 예를 들어 대출/예금 거래 코드, 계좌번호, 통장 기록, 거래 방법, ATM 인출, 비밀번호 변경, 통장이나 카드 없이 비밀번호 변경, 휴면 계좌/정지계좌, 재발행된 통장, 서명 변경, 일일 ATM 인출 한도, 펀드 이체 경고, 펀드 이체 SMS, 위험성 표지, 이전과 현재의 밸런스 계산 등이 포함될 수 있다.

의료, 개인맞춤형 치료

빅데이터가 중요한 역할을 할 것으로 예상하는 분야는 의료산업이다. 의료와 건강 영역은 개인의 차이가 민감한 영역이다. 예를 들어서 오라일리 보고서(2013)에 따르면, 타목시

펜(Tamoxifen)은 유방암 치료제인데, 환자의 80%에게는 효과가 있다고 알려졌다. 이 수치 덕분에 사람은 모든 환자에게 80% 정도의 효과가 있을 것으로 기대한다. 그러나 나중에 밝혀진 사실은 약 80%의 환자에게는 100%의 효과가 있지만, 나머지에는 전혀 효과가 없었다. 치료 효과가 전혀 없을 20%의 환자는 투약을 피하고 싶을 것이다.

유사한 사례로 존슨앤드존슨은 다발성골수종 치료제인 벨케이드(Vecade)에 아무런 효과도 보지 못한 환자들에게 약값을 환불해야 했다. 실제 치료 결과로 책임을 져야 하는 일이 늘어나면서 제약회사들은 더욱 개인화된 의료 서비스로 비즈니스 모델을 전환할 동기를 가지게 되었다.

이런 맥락에서 의료 빅데이터는 점점 더 개인화된 치료법을 개발할 과제를 떠안게 되었다. 분자진단법(molecular diagnostics)도 개인화된 치료 알고리즘을 만드는 데 활용되기 시작했다. 최근 유전자 기법이 발전하면서 사전에 특정한 약에 반응하는 환자를 예측할 가능성이 커졌다.

유전자 데이터와 의료 데이터, 그리고 대규모 컴퓨팅 처리능력은 질병의 기원을 이해하게 해줄 뿐만 아니라 개인 단위의 질병 양상을 추적할 수 있게 할 것으로 기대를 모으고 있다. 의료 빅데이터는 병원 관리를 효율적으로 재구성하는 문제도 도울 수 있다. 혈전이나 재입원 같은 예방 가능한 문제를 피할 수 있게 할 수도 있다. 그리고 '핫스포팅(hot-spoting)' 문제를 해결할 수도 있다. 핫스포팅이란 소수의 사람이 의료자원을 과도하게 사용하는 현상을 말한다. 이 때문에 의료자원을 효과적으로 설계하는 것이 어려워진다.

데이터를 의미 있게 사용하려면 데이터를 합의된 형식으로 변환하는 작업이 필요하다. 그런 작업이 의료 빅데이터를 구현하는 일의 90%를 차지한다고 보아도 될 만큼 어렵고 비용이 많이 든다. 상대적으로 분석작업은 상대적으로 간단할 수 있다. 대표적으로 전자건강기록은 효과적으로 데이터를 공유할 수 있는 방식이다. 데이터 중에는 형식에 맞지 않는 것들도 섞이게 되지만 기계가 읽을 수 있는 텍스트라면 없는 것보다 낫다.

의료 빅데이터와 인공지능

의료 인공지능(medical AI)은 기계학습 방식으로 의료용 데이터를 학습하고 특정 패턴을 인식해 진단하거나 예측하여, 환자맞춤형 치료방법을 제시하는 기술을 포괄적으로 지칭한다. 이를 통해서 건강 및 의료분야는 사후 치료체계에서 사전 예측을 통한 관리체계로 빠르게 이전하고 있다. 사후 치료보다 사전 예방이 더 효과적이며 사회적 차원에서 더 경제적이기 때문이다. 인구 고령화는 의료서비스 수요를 증가시키고 있고 만성질환자가 증가하면서 의료비도 상승하고 있다. 이런 사회적 문제를 해소하기 위해서는 사후 치료보다는 사전 예방이 필수적이다.

최근 의료 데이터를 활용한 여러 인공지능 의료기기도 도입되고 있다. 전문의료진의 보조 수단으로 배치되고 있지만, 환자의 의료 데이터가 가파르게 늘어나고 있어서 점점 더 인공지능 의료기기에 의존하게 될 것으로 추정되고 있다. 인공지능 의료기기는 의료진의 수가 부족하고 과도한 업무로 인한 실수를 걸러줄 수 있는데, 실제로 인공지능 의료기기가 현장에서 오진율을 낮추는 데 도움이 된다는 평가이다.

의료 빅데이터를 위해서는 양질의 임상 데이터가 필수적이다. 의료 현장에서 생산된 데이터들은 비식별화 처리를 하고 기계학습을 위한 레이블과 주석을 달고, 데이터 검증 과정을 거쳐서 학습용 데이터 세트를 구축한다. 인공지능이 의료 데이터를 학습하기 위해서는 정확한 주석이 필수적이다. 정확한 주석을 제공하기 위해서는 해당 분야 의료전문가의 추가적인 작업이 필요하다.

의료 데이터 표준화와 영역별 지식 기반 정제 체계를 합의할 수 있다면 의료수행과 주석작업을 거의 동시에 진행할 수 있다. 보건복지부는 빅데이터 기반 인공지능 의료기기 산업을 활성화하기 위해서 공공 데이터(건강보험심사평가원)를 제공하는 건강관리 빅데이터 허브, 〈보건의료 빅데이터 개방시스템〉을 운영하고 있다.

현재 우리나라 인공지능 의료기기 허가 현황에 따르면, 폐 질환, 뇌 질환, 소화계 질환 분야가 가장 많은 것으로 나타나는데 이는 MRI 같은 이미지 데이터가 많기 때문이다. FDA 승인 인공지능 의료기기 분야도 주로 뇌, 심장, 망막, 심장, 폐, 간 부위를 대상으로 하고 있는데, 최근 인공지능이 이미지 데이터를 처리할 수 있는 역량이 크게 개선되었기 때문이다.

인공지능 플랫폼이 만드는 질서

인공지능은 인간과 기계 양쪽 세계의 장점을 찾아내며 종합해주는 새로운 영역을 개척하고 있다. 인간과 기계는 각자 고유한 역량이 있다. 인간의 두뇌는 정교하고 효율적이며, 컴퓨터는 강력한 계산 능력이 있다. 양자의 장점을 결합하면 인류가 직면한 난제 중 일부를 해결할 수 있는 '지능적인 메커니즘'이 탄생할 수 있다. 인간과 기계가 함께 작용하는 인공지능 플랫폼은 인간의 능력을 보완하고 집단지성을 강화할 수 있다. 전염병 예측, DNA 표본 추출과 분석에 기반한 질병 예방, 인간들 사이의 연결을 도와주는 기계 보조 장치 등을 기대할 수 있다.

인공지능은 결과를 예측함으로써 인간의 삶을 개선하는 의사결정에 기여할 수 있다. 이것은 인간의 존재를 정말로 증대시킬 것이라는 기대와 함께 정반대로 인간을 무력하고 순응적 존재로 만들 것이라는 우려도 낳고 있다. 적어도 인공지능 플랫폼은 우리의 정체성에 영향을 줄 것으로 보인다.

데이터 공간은 데이터 사이의 인공적 관계망으로 만들어진다. 데이터 공간은 임의적이고 폐쇄적인 자기경계를 가지며 데이터 사이의 자기충족적인 공간이다. 이곳에서 우리는 데이터 주체 또는 정보 주체(Data Subject)로 존재한다. 이것은 데이터화된 자아 그리고 '정량화된 자아(quanified self)'라는 이름으로 불릴 법하다. 데이터 주체는 이름이나 별명, 거래 상품의 이름이나 수량, 통화 발신 위치정보, 검색 입력 단어 그리고 문자메시지 같은 데이터들 사이의 관계로 구성된 존재 단위이다.

정량화된 자아

데이터기술은 수집한 데이터로 해당 주체를 대리한다. 신용카드 사용자의 행위 데이터를 수집하여 그 사용자를 데이터로 표현한다. '그'를 지시하는 그 데이터가 '그 사람'을 대표한다. 그 결과 주체는 데이터 공간 안에서 '타자'에게 발견될 수 있는 존재가 된다. 여기서 타자란 다른 주체일 수도 있고 데이터시스템일 수도 있으며, 또는 데이터시스템 밖에서 관찰하고 있는 '자신'일 수도 있다[5.2장 참조].

데이터들이 다양한 기표-이미지로 스크린 위에 등장할 때 우리는 데이터 주체로 변이된 자기 자신과 대면한다. 신용카드 사용자는 사기탐지시스템(FDS)의 관점에 의해 금융거래를 하는 매 순간 데이터 주체로 변환된 자신과 대면한다. 탐지시스템은 데이터 주체와 카드 사용을 요청한 사람이 일치하는지를 검사하고 최종적으로 그 정당성을 '판결'한다. 데이터 공간 밖에서 거래를 요청하는 '나'는 데이터로 변형된 '나(데이터 주체)'를 기준으로 정당화되어야 한다.

이 과정에서 카드사용자는 시스템의 관점을 점차 수용하게 된다. 마치 파놉티콘의 '죄수'가 '간수'의 관점을 내재화하는 것과 유사하다[5.2장 참조]. 만약 그가 정당한 사용자임에도 불구하고 탐지시스템이 승인을 거부한다면 그는 당황할 것이다. 그것이 오류라는 것이 곧 밝혀지리라는 것을 잘 알고 있음에도 불구하고 그는 탐지시스템이 다시 자신을 승인해 줄 때까지 대기해야 한다. 또는 시스템에 의해 표기된 '나'를 수정해 달라고 요청해야 한다. 그런 요청조차도 시스템이 표기하는 '나(데이터 주체)'가 시스템 외부에 있는 '나' 보다 더 권위 있는 지위에 있음을 입증할 뿐이다.

카드사용이 일상이 되면서 점차 사용자들은 데이터 주체를 자신과 동일시하게 된다. 마치 거울 속의 이미지를 자기 자신과 동일시하는 것과 유사하다. 사람들은 시스템이 거부하지 않도록 시스템이 구성한 '자신'과 유사하도록 자기 행위를 제한할 수도 있다. 주체가 데이터 주체를 수용할수록 데이터 공간은 '현실'이 된다. 그렇게 데이터기술은 우리에게 새로운 정체성을 부여할 수 있고, 우리 자신에 대한 우리의 지각을 변형시킬 수도 있다.

데이터 주체는 반드시 단일한 개인과 일대일로 대응되지는 않을 수 있고, 전통적인 사회적 주체와 다른 존재이다. 데이터기술의 전개에 따라서 주체는 개별 인간 단위가 아니라 완전히 다른 형식으로 출현할 수 있다. 데이터기술은 다양한 출처로부터 수집된 데이터 조각들을 합성하여 집합적으로 주체를 재현한다. 그 주체는 특정 개인을 대변할 수도 있고 특정 사회집단을 대변하게 할 수도 있다.

예를 들어 서울시 심야버스 분석에서 드러난 궤적으로서의 행위자는 개별적인 개인이 아니라 자신의 존재를 시각적으로 주장하는 한 단위의 데이터 주체이다. 이들은 생물학적 단위도 아니고 전통적인 의미의 사회적 개별도 아니다. 그것은 데이터로 구성된 인물이며 데이터기술이 재현해낸 합성물이다.

데이터 주체는 데이터로 만들어진 존재이기 때문에 적어도 다음 두 가지 특질을 가진다. 우선, 데이터 주체는 다른 데이터와 마찬가지로 데이터라는 점에서 동등한 상태가 된다. 데이터는 감축되어 효율적으로 작동하는 존재 형식이다. 따라서 주체는 언제든지 다른 데이터와 교환되거나 변환되거나 결합할 수 있다. 주체는 다른 데이터와 마찬가지로 다루기 쉬운 상태로 존재하고 데이터 규칙에 따라 작동한다.

다음으로, 데이터 주체는 자기 자신과 분리됨으로써 단지 부분적으로 주체를 대표한다. 데이터로 치환되지 못한 주체의 나머지 부분은 데이터 공간 밖으로 미끄러져 버린다. 데이터시스템은 자신이 수립한 형식으로 포획할 수 있는 것만 데이터화 할 수 있기 때문이다. 시스템이 포획하지 못한 나머지는 (아예 존재하지 않았던 것처럼) 무시된다. 데이터 주체는 불충분한 대표성을 보충하기 위해 다른 데이터들과 더 자주 합성되는 방향으로 나아갈 것이다.

[참고문헌]

오라일리 미디어 2013. 〈오라일리 심층 보고서: 빅데이터 어떻게 활용할 것인가〉 배장열 옮김, 제이펍출판.

이승희·김종엽 2020. “의료 빅데이터에 기반한 인공지능 기술동향”, 한국통신학회지(정보와 통신), 37(9), p. 85-91.

정의석·임종인 2019. “전기통신금융사기 사고에 대한 이상징후 지능화(AI) 탐지 모델 연구”, Journal of The Korea Institute of Information Security & Cryptology, 29(1), pp. 149-164.

정희진·염민선 2020. “인공지능과 빅데이터의 만남”, 조명·전비설비 34(4), p. 3-11.

4.3 블록체인, 정치적 기계

금융시스템은 대부분 중앙에 관리 권한을 집중하고 있다. 단일한 중앙기관 관리 방식은 나름의 효율성과 안전성을 보증했고 분쟁 발생 시 중재 역할도 할 수 있다. 그런데 이런 관리 방식은 때로 막대한 비용을 발생시킨다. 악의적 의도를 가진 공격자, 특히 시스템 내부자에게 취약하기 때문이다. 그래서 중앙의 단독관리보다는 여러 사회집단이 참여하는 거버넌스 방식이 부상하고 있다. 블록체인 기술은 중앙의 독점적 관리 방식에 대한 기술적 차원의 대안으로 제기되었다.
블록체인(Block-chain) 기술은 2017년 비트코인(Bitcoin) 열풍과 함께 대중적인 관심사로 부상했다. 블록체인은 기술 분야만이 아니라 경제, 사회 등 다양한 학문 분야의 주목을 받았다. 비트코인에 대한 태도는 극명한 대조를 보였다. 엇갈리는 평가가 동시에 존재한다는 것은 블록체인 기술이 여전히 변화 중이며 그 정체성이 완성되지 않았다는 것을 시사한다. 일반적으로 개발자들은 기술적인 문제에 초점을 두는 데 비해, 블록체인 창안자들은 이 기술이 사회문제를 직접 해결할 것이라고 기대했다. 블록체인 시스템은 기존 체제의 권한을 분산함으로써 더 민주적인 의사결정 체제 형성을 도울 것인가? 아니면 과도한 자동화로 또 다른 문제를 파생시키는 기술에 불과한가?

금융거래 공유 시스템

2008년 리먼 사태는 금융기관이 신뢰할 수 없게 되었을 때 얼마나 위험한지를 보여주었다. 이에 대한 반향으로 사토시 나카모토(Satoshi Nakamoto)라는 가상의 인물은 '비트코인 백서(Bitcoin: A peer-to-peer electronic cash system, 2008)'를 발표함으로써 '단지 개념에 불과했던' 블록체인 기술을 실체적인 것으로 구현해 냈다. 비트코인 이전의 블록체인 방법은 단지 논리적인 모델이었다. 비트코인을 통해서 블록체인이 대중화될 수 있었다. 그래서 비트코인이라는 고유명칭이 블록체인과 동의어처럼 사용되곤 했다. 이 백서에 등장하는 나가모토는 개발자라기보다는 사회운동가에 가까워 보였다.

> "인터넷 기반 상거래는 신뢰할 수 있는 제3자 역할을 금융기관에 의존해 왔다. 이 시스템은 대다수 거래에서는 잘 동작하지만, 여전히 신뢰 기반 모델의 태생적 약점을 가지고 있다. 금융기관은 분쟁 중재를 피할 수 없고, 완전히 비가역 거래가 실제로 가능하지 않다......(생략).....우리에게 필요한 것은 신뢰 대신 암호학적 증명에 기반을 두고, 제3자 없이 거래의 두 당사자가 서로 직접 거래하게 해주는 전자 화폐 시스템이다."

블록체인은 기본적으로 '공유 장부(shared ledger)' 기술이다. 이 장부는 종이 위에 쓰이는 것이 아니라 암호화된 단위, '블록(block)'이라는 형식으로 공유되며 여러 컴퓨터(노드)에 동시에 저장된다. 모든 참가자는 블록을 추가할 자격이 있고 블록이 추가되는 것을 목격한다. 블록체인은 그런 블록들의 연쇄 사슬이다.

블록체인은 안정적 유지관리를 위해 보상 시스템을 구현했다. 블록체인은 참여자가 많을수록 더 안정적으로 작동하므로 참여를 촉발하기 위해 보상 메커니즘을 활용하는 것이다. 선의의 참여자들이 많다면 공격자가 있더라도 전체 네트워크에 영향을 주기 어렵다. 보상의 형태 중 대표적인 것이 '코인' 형태이다.

2009년 1월 나카모토에 의해 최초로 비트코인이 채굴된 이후 비트코인 가격은 지속해서 상승했다. 2010년 비트코인 1개의 가치는 0.003달러였는데, 현재는 약 3만 달러(2023년 7월 기준)에 거래되고 있다. 비트코인의 성공 이후 이더리움, 리플 등 다수의 암호화폐가 등장했지만, 비트코인은 여전히 '가장 지배적인 암호화폐' 네트워크를 가지고 있다. 초기 블록체인 열광자들이 유일하게 선택할 수 있는 것이 비트코인이었기 때문이다. 다수의 참여자가 유입되면서 비트코인 네트워크는 작은 세계를 조직했다. 그 참여자 대부분은 작은 양의 컴퓨터 자원을 가진 평범한 사람들이었다.

비트코인 시스템은 화폐 발행과 거래명세(장부)를 다수 컴퓨터(참가자)가 네트워크상에서 공동으로 관리하기 때문에 은행과 같은 중앙기관의 매개 없이 운영된다. 실물 화폐 거래는 기본적으로 실제 화폐를 주고받음으로써 거래가 이루어지는데 반면, 비트코인 거래는 거래명세를 장부에 기록하면서 거래가 완료된다. 거래 장부는 전통적 화폐 거래 시스템에서도 중요했지만, 비트코인 시스템에서는 더욱 중요하다. 실물 화폐는 장부와 화폐가 별도의 물리적 체계라면 비트코인에서는 장부와 화폐가 통합되어 있다.

비트코인, 분산과 공개

블록체인의 일반적 개념과 마찬가지로 비트코인의 핵심은 분산과 공개다. 모든 거래는 공개 장부에 기록되고 사용자 모두에게 분산되어 저장된다. 비트코인 블록 크기는 다양할 수 있지만 주로 1MB로 제한하는 경우가 많다. 새로운 거래가 일어나면 새로운 블록이 생성되고, 그 블록은 전체 네트워크에 흩어져 있는 참가자들에게 전파된다.

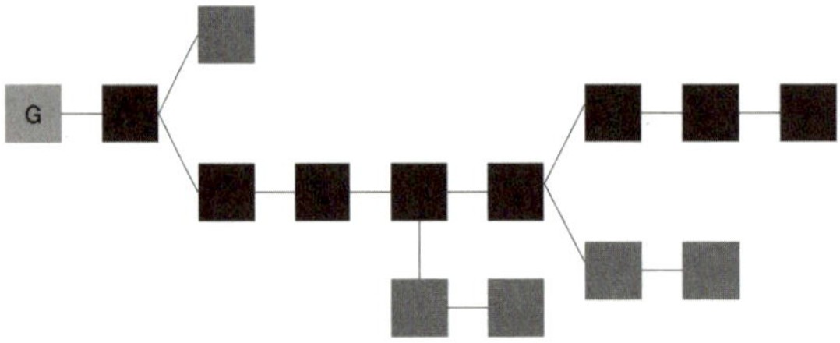

◀ **그림 1** 블록체인 네트워크 형성 예시. 최초 블록(G), 승인된 블록(검은색), 미승인된 블록(회색)

비트코인의 일반적인 거래 과정은 다음과 같다. (1) 지갑 프로그램 설치와 주소 생성: 프로그램 또는 웹서비스 방식의 지갑 프로그램 설치. 이 프로그램은 비트코인 거래를 위한 계정(개인키)과 수신자의 주소(공개키)를 생성. 비트코인 지갑 프로그램은 유사-무작위수 발생기(pseudo random generator)를 사용해서 개인키와 공개키 생성. (2) 송금 지시: 송금 거래명세를 작성하고 개인키를 이용해서 거래명세 서명. 거래명세에는 해시값, 비트코인 금액, 수신자의 주소 포함. (3) 송금 지시 발송: 거래명세와 서명 값을 인접 노드에 전파하는데, 최종적으로 전체 네트워크에 전파. (4) 송금 지시 검증: 네트워크에 전파된 거래명세를 다수의 채굴자가 검증. (5) 블록생성과 배포: 검증을 마친 채굴자는 검증한 거래명세를 포함하는 블록을 생성. (6) 블록체인 생성과 공유: 채굴자는 새로운 블록이 포함되어 길이가 1만큼 늘어난 블록체인을 주변 노드에 고지. 그러면 이전의 짧은 블록체인을 가지고 있던 주변 참여자(노드)들은 새로운 블록을 전달받아 갱신한다.

[그림 1]과 같이 블록체인은 최초의 블록(genesis block)과 승인된 블록, 그리고 미승인된 블록들로 이루어진다. 블록의 분기는 두 가지 경우에 발생한다. 하나는 해당 공동체 내 견해가 달라서 한 집단이 합의 프로토콜을 변경하는 경우에 일어난다. 다른 하나는 공격자가 블록을 공격하기 위해서 위조 블록을 끼워 넣을 때 발생한다. 이렇게 블록체인의 가지

가 생기면, 때로는 즉각적으로 포기되거나, 때로는 지지자들에 의해서 새로운 블록체인이 된다. 포기된 블록을 '고아 블록(orphan block)'이라고 한다. 새로운 블록체인의 탄생하는 사례도 있는데 대표적으로 비트코인에서 분기된 '비트코인 캐시'가 있다.

타임-스탬프와 작업증명

비트코인 백서는 전자 화폐를 전자서명의 연장이라고 정의한다. 거래하고자 하는 사람(송신자)은 이전 거래명세에 수신자의 공개키를 포함한 뒤 자신의 비밀키로 암호화(전자서명)함으로써 거래를 완료하기 때문이다. 그리고 정당한 거래로 승인되기 위해서는 타임-스탬프(time stamp)와 작업증명(Proof of work) 과정이 필요하다.

전자 화폐 시스템의 난점으로 이중거래 문제(double-spending problem)가 있다. 이것은 코인 사용자가 자신의 코인을 지급한 후에도 해당 코인이 여전히 사용자의 것으로 남아 있어서 그 코인을 다시 사용할 가능성을 말한다. 나카모토는 이 문제를 타임-스탬프 기법으로 해결했다. 타임-스탬프는 시간 순서에 따라 참여자가 거래명세를 수용하는 방법이다. 원래 백서에서는 타임-스탬프 서버 개념이 제안되었지만, 비트코인에서는 실제 서버 없이, 기능의 형태로 구현되었다. 각 타임스탬프 명세는 이전 타임-스탬프로부터 건네받은 해시명세를 포함함으로써 처리 흐름에 따른 순차성을 가질 수 있다. 그 결과에 의존하여 특정 시간에 그 데이터가 존재했다는 것을 입증한다.

타임-스탬프 개념은 비트코인의 거버넌스 성격을 보여준다. 일반적으로 거버넌스에서는 인과성 추적이 필수적이다. 인과성이란 사건을 발생순으로 배열하는 것이다. 그래서 하나의 사건을 이전 사건의 결과로 기록하고 다시 이 사건이 후속 사건을 결정한다. 정부 문서는 엄격하게 날짜를 기록하고 논란이 되는 경우 사후 조작 흔적이 있는지를 검증해야 하는 법적 성격을 가진다. 이러한 인과성 개념을 디지털 문서에 적용하는 해법이 타임-스탬프 개념이다.

하버와 스토네타(Haber & Stornetta, 1991)는 타임-스탬프를 수립하는 두 가지 접근법을 제안했다. 우선 (1) 연결 해법(linking solution)은 문서의 해시값이 타임-스탬프 서비스에 등록되어 있고 이 값들을 순차적인 목록으로 연결하는 것이다. 그 결과, 이 값들은 삽입되거나 대체될 수 없고 삭제될 수도 없다[26].

다음으로 (2) 무작위-증인 해법(random-witness solution)은 참가자 중 일부가 해시값에 날짜를 기록하고 서명하도록 한다. 그 서명은 타임- 스탬프 인증을 포함하고 모두에게 공개된다. 그 일을 수행하는 증인들은 유사-무작위수 생성기(pseudo-random generator)로 선정된다. 증인을 무작위로 선정하면 증인 집단의 공정성을 담보할 수 있다.

다음 해, 바이어와 하버(Bayer, Haber & Stornetta, 1992)는 타임-스탬프의 연결 방식을 개선하여 해시 트리(hash trees) 개념을 제안했다. 상대방을 확인할 수 있는 토너먼트 경기 대전표처럼, 해시 트리는 승인된 사건은 물론이고 승인되지 못한 모든 사건도 기록으로 남긴다. 이로써 모든 사건 참여자를 확인할 수 있게 된다. 무작위-증인 해법에서 최소한의 증인의 수가 얼마가 되어야 하는지 확정하기 어려웠는데, 가장 확실한 증인의 수는 전체 참가자가 증인이 되는 것이라고 결론 내리고, 증인의 수를 전체 참가자로 확장했다.

하나의 거래가 종료되면 그 거래를 블록에 저장하는 검증 절차를 거친다. 이를 작업증명(proof-of-work)이라고 한다. 비트코인 네트워크에서 작업증명으로 검증된 블록만이 승인된 블록이 될 수 있다. 해시함수에 이전 거래 해시값과 임의의 값(nonce)을 계산하여 미리 정해진 값을 얻는다. 이 과정은 매번 새롭게 제출되는 매우 어려운 수학 문제와 같은 것인데, 일방향성을 가지고 있어서 답을 안다면 그 답이 맞는지를 검증하기는 쉽지만, 그 답을 찾는 것은 어렵다. 그 임의의 값을 찾을 때까지 일일이 값을 대입하면서 찾아야 하는데, 엄청난 양의 반복계산을 해야 한다.

이를 흔히 '채굴(mining)'이라고 말한다. 채굴은 최종적으로 비트코인 네트워크 참가자들의 '과반수 합의'에 의해서 정상적인 블록으로 승인된다. 승인된 블록을 생성한 채굴자에게 새로운 코인을 보상으로 부여하는데 그것이 화폐로서 비트코인이다. 이런 보상 메커니즘 덕분에 정규 조직이 없더라도 다수의 참여와 협력을 할 수 있었다.

공격자가 의도적으로 위조 블록을 끼워 넣더라도 채굴자들의 작업증명에 의해 걸러질 수 있다. 승인되지 못한 블록은 즉시 '고아 블록'으로 남게 되고 그 블록 이후로는 체인이 형성되지 못할 것이다. 그런데 만약 공격자들이 네트워크의 과반수를 점유한다면 논리적으로 위조 블록이 정당한 블록으로 승인되어 체인을 형성하는 것이 가능해진다. 그래서 블록체인에서 참가자 네트워크의 규모는 매우 중요하다. 비트코인 네트워크의 규모가 클수록 공격자들이 과반수를 점유하기 어려워질 것이기 때문이다.

---

26) 블록체인 장부는 기본적으로 "쓰기만-가능한 장부(write-only ledger)"로서 그 목록을 삭제하거나 변경할 수 없었다. 그러나 새로운 필요가 등장하면서, 삭제불가능성 부분은 다소 수정되어서 추가 서명 인증과 같은 필요에 따라서 타임-스탬프를 갱신하는 것이 가능해졌다.

화폐 거버넌스 자동화

비트코인 그룹은 금융 제도에 대한 사회문제를 제기하면서 대안의 기술시스템을 지향했고, 다수의 참여가 필수적이라는 점에서 사회적 지지를 얻어야만 했다. 그리고 거래 방식도 완전히 바꾸었다. 전통적인 금융 제도가 대면 거래를 기반으로 했다면, 비트코인 시스템은 거래를 익명화했다. 암호화된 열쇠가 주소 기능을 하여 그것만으로도 충분한 식별성이 발생하기 때문에 개별 비트코인의 소유자와 수신자는 익명 상태로 있을 수 있다. 모든 거래는 공개되지만 개별 주체의 신원은 거래 당사자들에 조차도 익명으로 남을 수 있었다. 중앙기관 없는 직접 거래, 그리고 당사자들에게도 익명성을 부여함으로써, 비트코인은 궁극적으로 사회적 의사결정 과정(거버넌스)을 자동화했다.

> "이 네트워크의 견고함은 비구조화된 단순성에 있다. 노드들은 거의 조정 없이 한 번에 모두 동작한다. 노드들은 식별될 필요도 없다. 메시지는 특정 경로 지정 없이 단지 최선의 실행 기반(best effort basis) 방식으로 전달되면 그만이다(Nakamoto, 2008)."

물론 '거버넌스의 자동화'는 블록체인이 처음 구현한 것은 아니다. 전통적인 정부 시스템, 사법 시스템, 병원 시스템 등은 모두 의사결정을 절차화하는 사회 시스템들이다. 절차화는 어느 정도 자동화를 의미했고 효율적이었기 때문에 누적적으로 진화해왔다. 블록체인은 그러한 거버넌스의 자동화를 단일 기술로 구현하고자 했다.

비트코인의 보상 메커니즘은 자동화에 중요한 구성 요소였다. 참가자들은 작업증명을 수행하고서 비트코인을 보상으로 받는다. 그 외 거래 수수료도 받을 수 있다. 비트코인이 현실 화폐와 교환되면서 참가자들의 동기부여는 더욱 강해졌다. 그러나 보상은 신뢰를 유지하는 여러 가지 방식 중 하나일 뿐이다. 단지 그것만으로 이 네트워크가 잘 작동할 것이라고 확신하기는 어렵다.

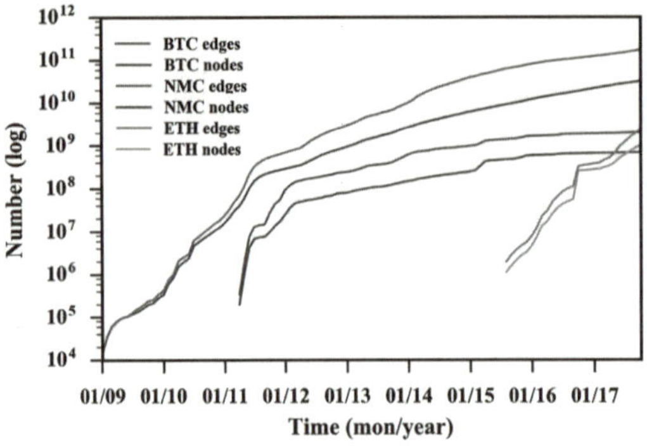

◀ **그림 2** 비트코인(BTC), 네임코인(NMC), 이더리움(ETH) 네트워크 성장 양상. 비트코인 네트워크는 2009년 10,000개에서 2017년 10조 개의 노드/엣지 규모로 확장했다. 2015년 출범한 이더리움 네트워크도 빠르게 성장했다. (Liang, et al. 2018)

블록체인은 다수의 참가자가 네트워크를 형성할 때 안전하게 작동할 수 있다. 일정 수 이 상의 참가자들이 없다면 블록체인은 사실상 아무것도 할 수 없다. 그런 점에서 비트코인은 기술적이면서 동시에 사회적이다. 비트코인에 대한 기대는 열광자들에게서만 나타나는 것이 아니라 상당히 두꺼운 지지층을 형성하고 있다. 비트코인은 자율적인 시장 거래를 구현함으로써 독자적인 통치성과 동료 정신이라는 사회성을 생산했다. 비트코인 열광자들은 그 협력적 플랫폼을 구축하는데 가치를 두고 있다. 이런 '기반시설 차원의 상호주의(infrastructural mutualism)'는 이미 자유 소프트웨어, P2P 기술 생산, 공유 실천 등 오랜 역사가 있다.

한편 역설적으로 블록체인이 대체하고자 했던 모델, 중앙관리기관 없는 시스템이 상당히 어렵다는 것도 확인하게 해주었다. 그동안 비트코인은 여러 내부 분쟁을 겪으며 다양하게 분화했다. 예를 들어 비트코인은 분쟁 끝에 결국 비트코인 캐시와 분리되었다. 개발자들은 창의적이고 적극적이어서, 블록체인이 어떤 한계점이 보이면 어떻게든 조금씩 수정하고 싶어 했기 때문이다. 한편 논쟁과 분화의 소란스러운 과정에서도 비트코인의 공개 장부 방식이 임의적 수정과 변조로부터 상당히 안전하다는 것도 확인할 수 있었다.

사회적이고 정치적인 기계

비트코인을 통해서 볼 때, 블록체인 네트워크는 단지 기술적 체계만이 아니라 사회정치적 체계라는 점을 확인할 수 있다. 특히 비트코인 초기 그룹과 열광적 지지자들이 비트코인 네트워크를 실체적인 것으로 만들어냈다. 그들이 기존 금융체계를 부정하며 혁신하고자 하는 의지가 있었고, 수많은 참가자가 그런 취지에 동의했다. 그들이 비트코인을 채굴할 때, 그리고 비트코인 거래를 할 때, 그 행위는 단지 기술적이거나 경제적인 행위만이 아니라 비트코인이 내걸었던 혁신 운동에 지지 투표를 하는 것과 같았다.

그 결과 비트코인은 사회적 의사결정 과정(거버넌스)을 자동화할 수 있었다. 그러나 비판도 거셌다. 예를 들어서 현재 비트코인의 보유 비중이 비트코인 초기 그룹에 집중되어 있다는 것이다. 비트코인 네트워크는 초기 참가자일수록 채굴이 수월한 체계였기 때문이다. 이런 현상은 비트코인이 중앙관리를 부정하면서 출발했었다는 점에서 역설적이다. 또한, 초기 취지처럼 모든 참가자가 평등하지는 않았다. 높은 사양의 컴퓨팅 자원을 가진 참가자가 채굴을 더 많이 할 수 있기 때문이다. 이것은 현실의 경제적 역량이 비트코인 네트워크 내의 권위로 이전될 수 있음을 가리킨다. 그 외, 비트코인은 중앙기관이 없어서 내부 분쟁을 조정할 수 없었다. 거버넌스를 자동화하는 대가였다.

다양한 사회적 실험, 의료 데이터 블록체인

블록체인 기술은 다양한 영역으로 확장했다. 의료 데이터 분야가 대표적이다. 예를 들어 (주)메디블록은 2017년 백서를 통해서 이더리움 기반의 의료 데이터 관리 플랫폼, '메디블록(MediBloc)'을 공개했다. 메디블록 역시 탈중앙화를 상징하는 블록체인 기술로 현행 의료 데이터 체계를 재구현하려고 시도하고 있다.

메디블록 백서는 "의료기관 중심의 관리에서 환자 중심 관리로 전환하여 투명하고 안전한 의료 데이터 교환"을 목표로 제시했다. 환자가 자신의 의료 데이터를 통합하여 관리하고, 연구자와 의료기관 등 다른 이해당사자들(사회집단)과의 관계에서 데이터 교환을 주도할 수 있을 것으로 기대하고 있다. 일반적으로 의료 데이터 블록체인 서비스는 의료 데이터를 공유할 수 있고, 누가 데이터에 접근했는지, 환자와 제공자의 신원과 신뢰성 보증, 건강 공급망의 관리 최적화, 연구자와 의료적 실험을 위한 데이터 공유와 합의, 보험청구, 사기 사건 탐지/예방 등을 기대할 수 있다.

의료 데이터의 파편화는 최선의 진료 수행을 어렵게 하고 반복적인 검사로 환자의 의료 비용을 증가시킨다. 이전 병원에서 작성된 데이터가 새로운 병원에 전달되지 않기 때문이다. 의료 데이터 공유는 환자 본인이 요청하는 경우로 한정되어 있고 이조차도 절차적으로 상당히 느리게 진행된다. 개별 의료기관 관점에서 의료 데이터 공유가 큰 이득이 없기 때문이고, 의료 데이터가 법적 규제 대상이기 때문이다. 결과적으로 의료기관만이 독점적으로 데이터를 관리하고 있다. 현재 연구 목적이나 헬스케어 프로그램 목적으로 의료기관과 기업 사이 의료 데이터 교환이 있지만, 이 경우도 문제가 있다. 정작 환자가 자신의 데이터 교환을 인지하기 어렵다는 점이다.

의료 데이터 공유가 이뤄지면 응급실에서 기본적으로 진행되는 검사를 50%까지 감축할 수 있다는 연구도 있다. 또한, 현재 의료 데이터 관리 체계는 허위 보험청구, 의료 데이터 허위 기재, 임의 변경 등을 방어하지 못할 수 있다. 소수 전문가 집단이 의료 데이터를 독점적으로 점유하기 때문에 의료 데이터 관리는 전문가와 의료기관의 윤리 의식에만 의존해야 한다.

의료 데이터 블록체인 체계에 합의하더라도 남은 문제가 있다. 의료 데이터의 디지털화가 필요하다. 그러나 현재 의료 데이터는 충분히 디지털화되어 있지 않다. 이런 문제를 해소하기 위해서 국제적으로 전자의무기록(EMR, Electronic Medical Record) 시스템이 확산되고 있지만 충분하지 않다. 미국조차도 전자의무기록(등)을 갖춘 의료기관은 전체의 절반 정도에 불과한 것으로 조사되었다.

의료 데이터 관리에서 의료 데이터의 소유권 문제도 논쟁적이다. 의료 데이터는 누구의 소유인가? 환자에 대한 기록이므로 환자의 것인가? 기록하고 관리를 하는 주체가 의료기관이므로 의료기관에 소유권이 있나? 환자는 의료 데이터의 원천이라는 점에서 권리가 있고 다른 한편으로 의료기관은 데이터를 생성하고 관리하고 있다는 점에서 권리가 있다. 환자와 의료기관 양자 모두 정당한 자격이 있으므로 환자와 의료기관 공동의 소유로 볼 수 있다.

그렇다면, 의료 데이터의 공동 소유를 어떻게 실현할 것인가? 최근 블록체인 기술은 인공지능과 결합하면서 더 강력해지고 있다. 의료 데이터 관리 블록체인은 아직 충분하지는 않지만, 건강관리 기술의 미래를 형성하는 데 중요한 역할을 할 수 있다. 의료 데이터의 재분배는 환자-중심 의료체계를 의미하며, 개별 환자를 위한 의료서비스를 만들 수 있다.

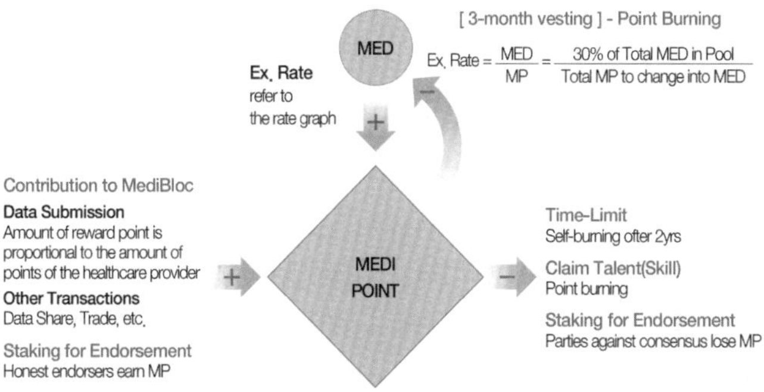

◀ **그림 3** 메디 포인트(MP)와 메디토큰(MED) 교환관계. 메디블록은 2022년 가상화폐 거래소에 상장했다. 메디토큰은 현실 화폐와 교환가능해졌다. (그림자료: 메디블록 백서, 2017)

예를 들어 메디블록 플랫폼은 모든 이해당사자가 참여할 수 있는 의료 데이터 관리와 공유를 위해서 모든 참여자에게 적정한 역할과 권한을 배분하고 그에 상응하는 보상을 지급하도록 설계했다. 이 플랫폼에 존재하는 데이터는 크게 3가지다. 의료 데이터, 개인 데이터, 그리고 메디블록 플랫폼 활동과정에서 생성되는 메디 데이터(MED data)다. 참여자들은 먼저 계정을 생성해야 한다. 메디블록 계정은 일반 사용자, 의료공급자, 의료연구자로 구분한다. 기술적으로는 모두 같은 방식으로 생성되지만, 역할의 차이가 있고 계정 주체는 역할에 맞는 기능과 권한, 신뢰도를 형성해야 한다.

모든 계정은 기본적으로 자신의 의료 데이터에 대한 읽기와 쓰기 권한을 가진다. 계정 소유자의 허가가 있다면 가족 등이 응급상황에 대비할 수 있다. 의료공급자와 연구자는 적정한 신뢰를 얻는 경우 타인의 의료 데이터 읽기와 쓰기 권한을 가질 수 있다. 이 과정을 지원하기 위해서 메디블록 플랫폼은 의료 데이터 검색 기능을 제공한다. 타인의 의료 데이터를 열람하는 경우는 대개는 다음 두 가지에 해당한다. 의료공급자가 의료서비스 제공 목적으로 열람을 요청하는 경우와 의료 데이터를 이용해 의료연구를 수행하고 헬스케어 서비스를 개발하려는 경우다. 이 경우 별도의 인증과 해당 계정 소유자의 승인이 필요하다. 의료연구자는 스마트 계약 방식으로 계정 소유자와 데이터를 교환할 수 있다.

의료공급자가 자신의 의료 데이터를 메디블록 플랫폼에 등록한다면, 해당 계정으로 메디포인트(MP)를 보상으로 받을 수 있다. 의료공급자는 이것을 다시 메디토큰(MED)으로 바꾸고 이어서 다시 현금으로 전환할 수 있다. 따라서 의료 데이터를 많이 보유하고 있는 의료서비스 공급자는 추가적인 경제적 이익을 얻을 수 있다. 그런데 이런 종류의 데이터 이전은 환자의 동의도 얻어야 할 것이다. 메디블록팀은 메디토큰(MED) 메커니즘을 통하여 참여자들에게 동기부여를 할 수 있다고 기대하고 있다. 메디블록은 2022년 빗썸 가상자산 거래소에 상장 했다.

인간참여자의 지지

블록체인은 이론적으로 다양한 이해당사자들 사이의 관계를 재설정할 수 있다. 비트코인을 통해서 젊은 세대는 '자유'를 느꼈다. 그들은 전통적인 체계에 절망하고 있었다. 비트코인은 그들에게 새로운 기회로 보였다. 메디블록은 '모든 이해당사자 참여적 플랫폼'을 지향한다. 모든 이해당사자가 이 플랫폼에 들어오고자 원할 때 이 플랫폼은 현실적 존재가 될 수 있다.

블록체인은 인간참여자의 지지를 끌어내는 방식으로 안정적인 네트워크에 도달할 수 있다. 이런 맥락에서 블록체인 체계는 일종의 '정치적 기계'이다. 인간참여자들이 데이터를 채굴하거나 거래할수록 이 기계 체계는 성장한다. 블록체인 체계의 기본 동력은 보상 메커니즘이다. 그런데 그 보상 메커니즘은 블록체인 내부 보상만으로 완성되지 않는다. 더 중요한 것은 보상으로 주어지는 '가상화폐'가 외부의 다른 화폐와 거래될 수 있어야 했다. 블록체인은 기술적인 차원의 노력이지만, 참가자들에게 지급되는 보상이 사회적 가치를 가질 때 임계점을 넘을 수 있다.

현재 블록체인 가상화폐는 현실 화폐 체제와 대등한 정도로 강력해졌다. 블록체인은 보상으로 주어지는 '화폐'라는 점에서 주목받았지만 단지 보상 메커니즘이 블록체인 성공의 유일한 동력이라고 볼 수 없다. 우리는 사회작용이 보상과 처벌에 의해서만 작동하지 않는다는 것을 잘 알고 있다. 비트코인과 메디블록은 그런 대안을 지지하는 다수의 참여자가 등장할 때, 그런 사회적 필요가 정당화될 때 실체적인 것이 될 수 있다.

따라서 블록체인은 참가자들을 단지 경제적 보상을 원하는 개별 행위자로 상정하기보다는 사회정치적 의미를 생성하는 집합적 존재로서 시민 공동체와의 협력을 고려해야 한다. 특히 메디블록 같은 의료 분야 블록체인이라면 더욱 그렇다. 시민(대중)은 블록체인이 구현한 자동화로 인한 이득만 아니라, 그로 인한 위험도 감당해야 하는 주체이기 때문이다.

[참고문헌]

메디블록팀 2017. 〈메디블록 백서(MediBloc Whitepaper)〉, www.medibloc.org

Bayer, D. Haber, S. & Stornetta, W. S. 1992. "Improving the Efficiency and Reliability of Digital Time-Stamping". [구글 검색 2022. 1. 20]

Haber, S. & Stornetta, W. S. 1991. "How to Time-Stamp a Digital Document", *Journal of Cryptology* 3, pp. 99-111

Liang, J., Li, L., & Zeng, D. 2018. "Evolutionary Dynamics of Cryptocurrency Transzction Networks: An Empirical Study", *PLoS ONE* 13(8): e0202202.

Nakamoto, S. 2008. "Bitcoin: A Peer-to-Peer Electronic Cash System", http://bitcoin.org/bitcoin.pdf

4.4 자율주행, 사회적 기계

자율주행 자동차는 '의사결정의 자동화'를 이동체(차)에 적용한 모델이다. 자동차는 '도로망'이라는 인공적 기반시설망 내에서 작동한다. 도로 환경은 다양한 변수로 가득하다. 자율주행 자동차는 20여 년 이상 관심을 받았고 상당한 진전이 있지만, 여전히 기술개발은 충분하지 않다. 이 자동차가 순조롭게 운행할 수 있는 환경도 아직 마련되어 있지 않다. 자율주행 자동차가 극복해야 할 문제가 복합적이다. 때문에, 이를 둘러싼 관심과 문제를 들여다보면, 인공지능 논의를 입체적으로 관찰할 수 있다.

첨단 기술 기업의 투자

구글, 테슬라 등 IT 기업은 자율주행 자동차 개발에 적극적으로 투자해 왔다. 전통적인 자동차 제조사들도 첨단 운전 보조 장치 개발 등 자동차 스마트화를 지향하고 있다. 도요타, 아마존, 폭스바겐은 마이크로소프트와 협업하여 자율주행 기술 네트워크는 형성하고 있다. 국내에서도 최근 현대자동차그룹이 인공지능 기업들과 협업하여 자율주행 자동차 개발에 뛰어들었다.

기업만이 아니라 각국의 정부도 인공지능 연구개발에 투자해 왔다. 미국 국방고등연구계획국(DARPA)은 2004년부터 '무인 자동차 경주대회(The DARPA Grand Challenge)'를 개최하여 자율주행 기술개발을 독려해 왔다. 이 대회 우승자 중 일부가 2016년 자율주행 자동차 회사 웨이모(Waymo)를 설립했다. 현재 웨이모는 구글의 지주회사인 알파벳 (Alphabet Inc.)의 자회사가 되었다.

◀ **그림 1** 웨이모 자율주행자동차의 구성. 라이다 시스템 기반으로 모든 방향의 시각 정보를 수집하기 위해서 8개의 카메라와 추가적인 센서를 장착하고 있다.

자율주행 자동차와 함께 배달 로봇 등 자율주행 무인 서비스도 성장했다. 아마존은 2020년 배달 로봇 스카우트(Scout)를 공개했고, 시범 서비스를 운영했다. 스타트업 기업 스타쉽(Starship)은 대학 캠퍼스 내 식품 배달서비스를 시작했다. 코로나 19 대유행으로 배달 주문이 증가하면서 배달 로봇의 현실화 가능성은 커지고 있다.

세계 각국은 자율주행 자동차 관련 법과 지침을 제정하고 있다. 자율주행 산업을 지원하기 위해서 미국 정부는 자동차 안전기준(FMVSS)을 만들어 시행했고, 〈연방 자율주행법(Self Drive Act, 2017)〉과 〈자율주행 스타트 법안(AV Start Act)〉을 제정했다. 이로써 자율주행 자동차는 기존 자동차 안전기준을 면제받을 수 있었다. 기존 기준을 그대로 적용한다면 자율주행 자동차는 도로주행을 할 수 없다. 그 외 자율주행 임시운행 승인, 차량 등록, 보험과 사고 책임 규정같이 자율주행 자동차의 현실적 운영을 위한 조치도 포함했다.

유럽연합은 〈자율주행 스마트 시스템 로드맵(European Roadmap Smart Systems for Automated Driving, EPoSS)〉을 수립했다. 이 로드맵에서 자율주행 통신 인프라, 지역별 도로 환경과 유연한 법체계, 사회적 수용의 중요성을 지적했다. 현재 유럽연합 차원에서 다양한 자율주행 관련 프로젝트가 수행 중이다.

한국도 2030년을 목표로 〈미래 자동차 산업발전전략(2019)〉과 〈자율주행 자동차 상용화 촉진 및 지원에 관한 법률(2019)〉을 제정했다. 법률을 통하여 자동차 안전기준과 지능형 교통체계 표준에 관한 특례, 자율주행협력시스템 구축을 명시했다. 산업전략에서는 자율주행 자동차와 관련하여 핵심 기반시설 구축, 관련 제도와 서비스에 대한 단계적 지원방안을 제시했고, 통신 시설, 정밀지도, 관제시설, 도로와 건물 등 분야를 자율주행 기반시설로 설정했다.

트롤리 문제와 자율주행

자율주행 자동차와 관련된 의제 중에는 흔히 '트롤리 문제'라고 알려진 윤리적 사안이 있다. 트롤리 문제는 딜레마 상황에서 수행해야 하는 의사결정을 말한다[1.3장 참조]. 최근 트롤리 문제를 정량화하여 자율주행 알고리즘에 반영하려는 시도가 등장했다. 2018년 네이처지에 실렸던 '도덕 기계 실험(The Moral Machine Experiment)' 논문이 대표적이다. 논문저자들이 실시한 설문조사 결과에 따르면 응답자들은 '인간보다 동물'의 희생을 선택했고, 다음으로 '다수 보행자'보다 '소수 보행자'의 희생, '아이보다 노인'을 희생하는 것을 선택했다. 이런 설문결과처럼 다수결 원칙을 자율주행차의 알고리즘으로 내장한다면 그 자율주행차는 아무런 책임도 없다고 인정받을 수 있을까?

대체로 형사법에는 이중효과원리와 유사하게 '범죄의 고의성 기준(the Concept of Mens Rea in the Criminal Law)'을 포함하고 있다[1.3장 참조]. 고의성이란 '인지 가능성'을 포함한다. 알 수 있었는데도 나쁜 결과를 불러오는 행동을 했다면 무지한 상태였을 때보다 그 책임이 더 크다.

알고리즘에 내장되었다는 것은 이미 그런 희생을 예견한 것이 되므로 '고의성' 범주에 포함될 여지가 있다. 누군가의 희생이 상황적 불가피성에 의해서 발생한 것이 아니라, '알고리즘에 의해서 이미 결정되어 있다'면 사회적 문제가 될 수 있다. 희생자는 이 상황을 수용할 수 없을 것이고 그것을 지켜보는 사람들의 마음도 크게 불편해질 것이다. 이런 설문 조사에서 노인의 희생을 선택한 사람이더라도 자신의 할머니가 노인이라는 이유로 자율주행 자동차에 희생되었다면 이를 받아들일 수 있을까? 이런 맥락에서 자율주행차의 의사결정을 설문 조사 방식(다수결 방식)으로 설정하는 것은 해법이 되기 어렵고 오히려 논란만 불러올 것이다. 사회윤리적 문제를 편의적인 방법으로 해소할 수 없다.

위험공동체

만약 사고가 발생한다면, '자율주행차 프로그램 제작자(회사)의 책임은 어떠해야 하나?' 일반적인 운전자가 일으킨 사고와 자율주행차가 일으킨 사고에 대한 책임 배분 문제는 상당한 차이가 있다. 인간 운전자가 딜레마 상황에서 보행자를 사망케 한 경우라도 정황 조건을 고려하여 면책적 긴급피난에 해당한다면 책임이 면제될 수도 있다. 그러나 자율주행차의 대응은 프로그램에 의한 수행이기 때문에 해당 프로그램 설계에 대한 법적 책임 소재가 모호할 수 있다. 제작자가 도로상에서 딜레마 상황을 충분히 예견할 수 있다면, 자율주행 자동차로 인한 사고는 제작자(개발자)에게 책임이 있을 것이다.

아래 3가지 딜레마 상황 중에서 사회적으로 법리적으로 승인될 수 있는 사례는 무엇일까? [최대호의 논문(2021)에서 발췌 구성]

〈딜레마 상황 1〉 자율주행차 이용자가 운전자의 주의의무를 준수하면서 주행 중, 갑자기 전방에 트럭(운전자 1명)이 중앙선을 넘어 역주행해왔다. 자율주행차는 이를 회피하기 위해서 방향을 변경했는데 도로 위의 보행자와 충돌했다. 그 결과 이용자는 상해를 입었고 보행자는 중상해를 입고 구급 운송되었지만 사망했다.

〈딜레마 상황 2〉 자율주행차 이용자는 가족 3명을 태우고 편도 2차선 국도를 주행하고 있었다. 그런데 일반 차량(운전자 1명)이 갑자기 차선을 변경했다. 이를 회피하지 않는다면 그 자동차와 충동을 피할 수 없었다. 급제동을 하면 연쇄충돌사고 개연성이 높았다. 그래서 국도 옆 인도를 향해 회피했고 그 결과 보행자 2명과 충돌하여 사망하게 했다.

〈딜레마 상황 3〉 자율주행차 이용자는 교차로에서 청신호를 받아 직진하려고 하던 시점에 갑자기 반대차선에서 일반 차량(운전자 1명, 동승자 1명)이 우회전으로 진입했다. 이용자는 충돌을 회피하려고 했는데 그 방향은 도보였고 보행자 5명이 서 있었다. 이용자는 회피를 포기했고 그 결과 우회전 하던 일반 차량과 충돌하여 이용자가 사망했다.

〈상황 1〉과 〈상황 2〉에서 모두 보행자가 희생되었다. 이런 선택은 프로그램 설계 단계에서 의사결정 가중치를 배정한 결과로 볼 수 있다. 보행자는 해당 자율주행과 아무런 관계가 없는 제3자이다. 자율주행 자동차의 개발자, 설계자, 판매자 그리고 구매자나 운전자는 이 기술의 사용으로 인한 위험을 감당할 의지가 있는 행위자로 간주할 수 있다. 이들을 자율주행 자동차의 '위험 공동체'라고 명명할 수 있다.

그런데 현재 시점에서 보행자는 자율주행 자동차에 대한 어떠한 사전 동의도 하지 않았고 그로 인한 이득이나 동기도 없는 외부 행위자이다. 그러므로 보행자는 위험공동체의 외부자이다. 그런데도 자율주행차에 의해 희생되었다면, 외부자에게 희생을 전가하는 결과가 된다. 따라서 자율주행 자동차의 이런 의사결정은 사회적으로 또는 법리적으로 인정받기 어려울 것이다.

이런 맥락에서 국토교통부가 발행한 '자율주행 자동차 윤리가이드라인(2020)'은 자율주행 자동차는 '타인의 권리와 자유를 침해하지 안'아야 한다고 명시하고 있다. 그리고 이용자에게 도로 위의 제삼자에 대한 안전배려 의무를 부여했다. 따라서 3가지 딜레마 상황에서 승인될 수 있는 사례는 〈상황 3〉만 해당한다.

자율주행 자동차 개발자(제작자)는 제3자의 희생과 이용자(운전자)의 희생을 선택하는 상황이라면 이용자의 희생을 선택하도록 설정해야 하는 것이다. 그러나 만약 이용자를 희생하는 의사결정을 하도록 프로그램이 탑재된다면, 아무도 그런 자동차를 구매하지는 않을 것이다. 자율주행 자동차가 직면한 딜레마를 어떻게 극복할 수 있을까?

자율주행자동차의 자율성과 책임

현행 규정상 자율주행 자동차는 개념적으로 자율성을 가진 행위자이지만 책임 주체는 아니다. 우리나라의 〈자율주행 자동차 윤리가이드라인(2020)〉에 따르면, 자율주행 자동차에 대해서 "주변 상황과 도로 정보 등을 스스로 인지하고 판단하여 자동차를 운행할 수 있게 하는 자율주행 시스템을 통해 작동되는 것으로, 인간의 개입 없이 자체적인 인지와 판단을 통해 상황에 대응한다는 점에서 AI/로봇의 특성을 공유한다"라고 정의하고 있다.

그런데 자율주행 자동차가 수행한 판단에 따른 책임 문제는 자동차에 귀속되지 않는다. 자율주행자동차가 "운전 개입 없이 상황을 판단하고 대응한다고 하더라도 위와 같은 문제들에 대하여 스스로 책임을 지기는 어렵기 때문에 결국 자율주행 자동차의 설계자, 제작자, 관리자, 서비스제공자, 이용자 등이 책임을 진다"고 명시하고 있다. 이로써 자율주행 자동차는 정의규정 상 '의사결정의 주체'이지만 '책임 주체'는 아닌 기이한 상황에 놓여 있다. 그러므로 자율주행 자동차의 의사결정으로 발생한 책임은 인간 이해당사자들이 분담해야 한다.

대신, 윤리가이드라인은 딜레마 상황에 대해서는 위기관리 상황이 매우 다양하므로 관련 법이나 규칙을 통해서 판단 기준을 사전적, 명시적으로 규정하기 어렵다는 점을 인정하면서, 관련 예방 조치를 강조했다. 윤리지침은 "자율주행 자동차의 주행 환경은 지속적으로 변하기 때문에 안전을 확보하기 위해 발생할 수 있는 모든 위해를 예방하거나 회피하기는 어렵다"며 가이드라인의 한계를 적시했다. 윤리지침은 충분한 기준이 아니며, 향후 기술적 개발과 사회 환경, 문화적 합의 등에 따라서 조정될 것이다. 이를 위해서 관련 주체들에 대한 지속적인 안내와 교육, 훈련을 요청했다.

인간 차별 금지 규정

〈자율주행 자동차 윤리가이드라인(2020)〉은 자율주행 자동차의 책임 문제에 대해서는 한계를 드러냈지만, 인간 차별 금지에 대해서만은 명시적으로 언급했다. 윤리가이드라인은 '인간을 성별, 나이, 종교 등 개인적 차이 등의 이유로 차별해서는 안 된다'는 규정이 포함되었다. 프로그램 제작자는 인간을 추상화하여 선별적 의사결정의 대상으로 삼을 수 없다. 따라서 유아와 노인 사이에서 누구를 보호하고 누구를 희생할지와 같은 양자택일적 프로그램은 금지된다. 다른 나라의 관련 윤리지침에서도 인간차별 금지를 중요한 규정으로 포함하고 있다.

관련하여 독일의〈자율주행 및 연계 운동에 관한 윤리지침(2017)〉은 인간 운전자의 판단을 프로그램으로 대체할 수 없다는 점도 명시하고 있다. 기술시스템은 사고를 피하도록 설계되어야 하지만 그것이 "도덕적 판단 능력을 갖춘 운전자의 결정을 대체한다거나, 혹은 그것을 선점할 수 있는 복잡하거나 직감적인 사고를 평가하기 위한 규범화는 할 수 없다 (제8항)"는 것이다. 인간 운전자가 긴급상황에서 한 판단으로 인해 사람이 죽었다면 그 운전자는 위법한 행위를 한 것이다. 다만 법적 책임을 지지 않을 수도 있다. 모든 상황은 저마다 특별한 사정이 있기 때문에 일반화, 추상화할 수 없다. 그러므로 이를 프로그램으로 대체할 수 없다. 독일 윤리지침은 다만 독립적인 공적 기관이 체계적으로 모든 경험을 목록화하는 노력이 필요하다고 제언했다.

자율주행자동차의 추론 능력

자율주행 자동차는 기술적인 측면에서도 여전히 개선 중이다. 대표적으로 '자율주행 자동차가 다양한 상황에서 인간과 같이 적정한 판단을 할 수 있는가?'라는 문제에 관한 것이다. 이 문제는 기술적이면서도 사회적인 차원을 포함한다. 이코노미스트(Economist, 2021.09.02)지는 자율주행 자동차가 7개월 아이의 추론 능력보다 못하다고 지적했다. 아이들은 물체가 다른 물체에 의해 가려지더라도 그 물체가 여전히 존재한다고 추론할 수 있다. 반면에 자율주행 자동차는 도로 위에서 자전거가 커다란 차량에 가려지는 경우, 순간적으로 그 자전거를 존재하지 않는 것으로 판단한다는 것이다.

스웨덴 올레브로 대학 메훌 바트(Mehul Bhatt) 교수는 이 문제를 해결하기 위해서 상징적 추론 엔진(symbolic-reasoning engine)이라고 불리는 소프트웨어를 개발했다. 인공지능에 사물 영속성(object permanence) 개념을 부여하려는 시도였다. 이 문제는 시각 이미지 처리 기술의 개선을 불러왔다. 이 문제는 자율주행 자동차가 주변 환경에서 수집한 이미지를 분석하고 판단하는 시각 기술만이 아니라 시간과 공간을 이해하는 것과 관련이 있음을 지시한다.

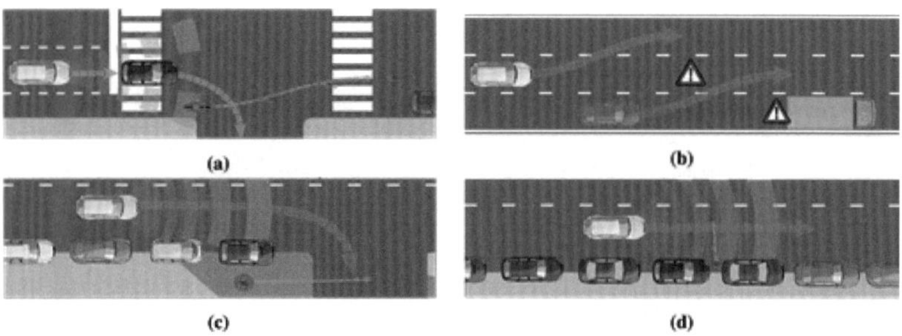

▲ **그림 2** (a) 순간적으로 가려진/숨겨진 개체, 자동차가 전방에서 오른쪽으로 선회하고 있다. 이 시간 동안 사람은 자전거를 타고 차량 전방 우측에 위치하여 앞으로 이동한다. 자동차는 우회전하는데 그동안에는 자전거와 사람이 보이지 않는다. 이어서 자동차 뒤에 있던 자전거와 사람이 다시 나타난다. (b) 추월/차선 이탈 상황, (c) 시야 차단, (d) 갑자기 다시 나타나는 물체.

문제를 해결하기 위해서 연구자들은 컴퓨터 비전과 신경망 기법을 통합하며 기술을 확장했다. 새로운 추론 엔진은 기계학습처럼 확률적으로 세계에 접근하는 대신 자율주행차 센서 신호를 처리하는 프로그램 출력에 기본적인 물리 개념을 적용했다. 물체가 시간이 지나더라도 계속 존재하며, 앞과 뒤와 같은 공간적 관계도 있고, 또 물체들이 부분적으로 보일 수 있다는 개념도 포함했다. 연구 테스트에서, 만약 한 차가 일시적으로 다른 차를 가린다면, 추론 엔진은 그 차가 언제 어디서 다시 나타날지 예측하고, 필요하다면 그것을 피하려는 조처를 할 수 있도록 개선했다.

그런데도 실제 현장은 이런 규칙을 통해 해결할 수 있는 것보다 더 복잡하다. 예를 들어, 자율주행 자동차가 빨간 신호에서 멈춰야 한다는 규칙을 내장할 수 있다. 그러나 도로에는 다양한 빨간색 조명이 있다. 소방차나 응급차의 비상등이 있을 수 있고, 도로 가의 가게도 빨간 계열 조명을 사용할 수 있다. 자율주행 자동차는 이 모든 상황에 따라서 그에 상응하여 행동할 수 있어야 한다.

이것은 인간의 상식적 판단에 속하는 영역이다. 시각 이미지 처리와 추론 역량 개발은 기술적 문제이면서 동시에 윤리적 문제가 된다. 시각적 감각을 만드는 것은 인간의 상식과 의미론 문제이기 때문이다. 소방차가 비상등을 켜고 뒤쪽에서 달려오고 있다면 단순히 정지해서는 안 되고, 소방차가 순조롭게 직진할 수 있도록 비켜서야 한다. 자율주행 자동차가 자신만이 아니라 다른 자동차의 주행을 고려할 수 있어야 하는 것이다. 우리는 우리의 상식을 기계에 부여하는데 더 많은 노력을 지불해야 할 것으로 보인다.

자율주행 돌발상황 목록 연구

독일 윤리지침의 권고처럼, 자율주행 자동차가 직면할 수 있는 교통사고 위험 상황 및 돌발상황 사례를 목록화하는 연구도 있다. 김동엽 외 연구(2021)는 교통사고 위험 상황을 개념화하고 목록 유형을 제시했다. 돌발상황은 크게 교통사고, 차량 고장 및 낙하물, 행사 및 공사, 기상재해로 분류할 수 있다.

비정상적인 교통상황에 대하여 자율주행 자동차 주변 위험 객체와 위험 상황을 기준으로 총 71개의 예시 목록을 만들었다. 연구자들은 비정상적인 주행 상황을 기반시설(단일로, 교차로)과 법규위반 관점에서 1차 분류하고 다시 자율주행차량 관점에서 돌발상황을 재분류했다. 자율주행차량의 주행상태와 주변 객체, 주행 여건에 따라 전방 49개, 측방 14개, 후방 3개, 주행 여건(기상 악화) 5개로 구분했다.

비록 이 연구는 초보적인 조사이지만, 자율주행 자동차의 의사결정 기준을 마련하고 자율주행 자동차의 현실화를 위한 조건을 마련하는 의미가 있다. 연구자들은 기반시설 측면에서 자율주행 자동차를 위한 기반시설을 구축하여 돌발상황을 감지하기 위한 체계와 관제 시스템을 구축하고 운영할 것을 권고했다. 자율주행 자동차의 위험 통제는 단순히 자동차 개 별의 문제만이 아니라 자율주행 자동차를 위한 환경이 적절하게 조응하느냐에 크게 의존하기 때문이다. 비행기 또는 선박 운항과 같이 관제 시스템이 부가된다면 안정성 문제는 다소 해소될 가능성이 있다. 자율주행 자동차가 개별 기업의 문제라면 관련 기반시설 구축

문제는 사회적 문제이다. 자율주행 자동차의 문제는 그 자동차를 구매하는 소비자의 선택만이 아니라 사회집단 차원의 의지도 필요한 것이다.

소비자 조사연구

현재 자율주행 자동차에 대한 소비자 수용률은 높지 않다. 특히 인공지능 논의가 사회화되면서 우려와 함께 수용률이 감소한 것으로 나타났다. 한국 소비자 대상 조사에서 2014년 수용률 50%에서 2016년 25%로 하락했다. 조상리 외 연구(2021)에 따르면, 소비자의 감정 및 심리 요인이 수용 의도에 영향을 주는 것으로 나타났다.

이 연구는 불편함, 불안감, 관성 요인은 소비자 저항에 긍정 영향을 줄 것이고 소비자 저항은 수용 의도에 부정 영향을 줄 것이라고 4가지 가설을 설정했다. 242명의 응답자 조사 결과 모든 가설을 지지했다. 응답자들은 자율주행 자동차에 대해서 불편감, 불안감, 관성적 태도가 있었고 이것은 모두 자율주행 자동차 구매 저항을 불러왔다.

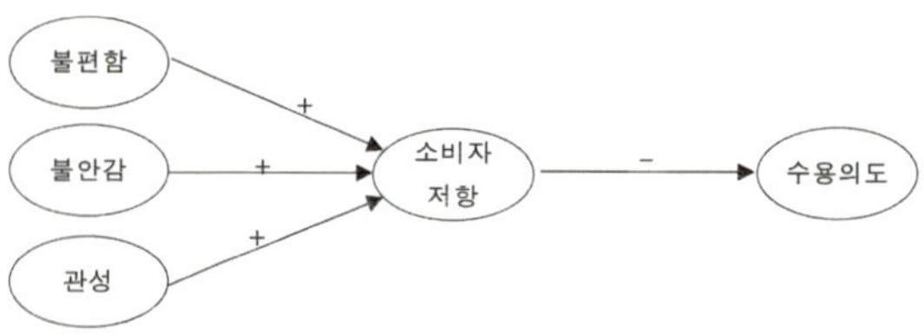

그림 4 자율주행자동차 수용도 조사 모형. 불편함, 불안감, 관성은 소비자 저항에 긍정 영향을 줄 것이고 소비자 저항은 수용 의도에 부정 영향을 줄 것이라는 가설을 설정했다. 242명의 응답자 조사결과 모든 가설을 지지하는 것으로 확인되었다. (그림자료: 조상리 외 연구, 2021)

이 연구 결과에서 특히 불안감이 가장 높은 경로계수를 나타냈다. 불편함이나 관성적 태도는 기술혁신 또는 운전자의 노력으로 해소될 수 있지만, 불안감은 좀 더 복합적이다. 소비자들은 운전자의 통제를 벗어나는 개인정보 노출 그리고 사고 위험 등 안전문제에 대해 저항감이 컸다.

또 다른 특징으로는 불편함, 불안감, 관성적 태도가 소비자 저항에 미치는 긍정 영향보다, 소비자 저항이 수용 의도에 미치는 부정 영향 지수가 더 높았다는 것이다[그림 4]. 단순한 심리적 요소가 소비자 저항을 형성하지만, 그 외에도 드러나지 않은 추가적인 조건들이 소비자 저항을 강화하고 있고 그것이 수용 의도를 더 감소시킨다고 추론할 수 있다. 연구자들은 관련 기술혁신이 효율성에 초점을 둔 나머지 소비자의 심리적 특성을 고려하지 못한다고 지적했다. 기술적 문제와 함께 소비자 저항 문제를 해소하는 것이 자율주행 자동차 관련 기업의 중요한 과제라고 할 수 있다.

자율주행에 대한 서울시민 인식조사

서울연구원이 수행한 자율주행 인식조사(2021)에서 자율주행 관련 기능을 경험한 응답자일수록 자율주행 자동차에 대해 긍정적 태도를 보였다. 응답자의 70%는 차량을 소유하고 있었고, 그중 34.3%는 '자율주행 관련 기능을 탑재한 차량을 소유'하고 있었다. 또한, 이들은 자율주행 기능을 적극적으로 이용하고 있는 것으로 나타났다. 자율주행 관련 기능에 대한 만족도는 61.3%가 만족한다고 답했다.

자율주행을 기대하는 유형에 대해서는 자율주행 승용차 58%, 자율주행 버스 11.2%, 택시 10.8%, 자율주행 배달 9.7% 순으로 기대감을 보였다. 그 외 자율주행 공유차 5.7%로 나타나서 공유 차량에 대한 인식이 낮은 것을 확인했다. 시민들은 자율주행 자동차 개념을 개인용 차량과 연관 지었고, 반면에 대중교통이나 공공용 차량과 연관시키지 못하는 것으로 나타났다.

자율주행 서비스로 기대하는 요소에 대해서는 안전성 향상 60%, 차내 시간 활용 52.7%, 혼잡감소로 통행시간 감소 32.3% 순으로 응답했다. 서울시의 자율주행 서비스 도입에 대해서는 필요하다는 의견이 52%로 나타나, 불필요하다는 의견(9.8%)에 비해 상당히 높았다.

그리고 자율주행 기능을 탑재한 자동차 운행 경험이 자율주행서비스 도입 수용성에 영향을 주는 것으로 나타났다. 자율주행 경험이 만족스러웠던 응답자들은 자율주행 테스트베드 도입에 70% 이상 찬성했으나, 불만족스러웠던 응답자는 46%만이 찬성했다. 자율주행 기능에 대한 경험이 미래 자율주행 자동차에 대한 태도를 형성할 수 있음을 암시했다.

자율주행자동차의 미래 조건

기술의 역사를 통해서 볼 수 있듯이, 새로운 기술 또는 기술시스템이 등장할 때 언제나 기존 제도와 문화로는 감당할 수 없었다. 새로운 기술은 마치 새로운 생물 종처럼 '자신의 서식지'를 발견할 수 있어야 한다. 이 문제를 돌파하는 가장 강력한 행위자는 그 기술의 이용자들이다.

개인용 컴퓨터 역사에서 보았듯이 해커들은 아무런 기능도 없는 알테어 8080을 구매하고 스스로 모임을 조직하고 이 기계를 개선했다[2.5장 참조]. 그들이 없었다면 그 기계는 진화할 수 없었을 것이다. 그들은 자발적으로 이전에는 존재하지 않던 개인용 컴퓨터라는 새로운 종을 위한 서식지가 되었다. 몬테카를로 시뮬레이션 연구자들은 그 방법이 아니라면 실험을 수행할 수 없다는 극한적 상황에 있었다[3.4장 참조]. 그것은 과학자로서 실존의 문제였다. 미시세계를 보여줄 수 없다면 의사소통할 수도 없고 상대방을 설득할 수도 없었다. 따라서 미시물리학이라는 영역은 독자성을 상실할 수도 있었다.

몬테카를로 시뮬레이션은 핵폭탄 실험을 덜 파괴적인 방식으로 수행할 수 있게 해주었다. 핵폭탄 실험을 현실에서 수행해야 한다면 인간의 생활 터전은 심각한 위협에 처할 것이다. 과학자와 정부는 서로를 필요로 했고 막대한 연구 투자에 합의했다. 실험하지 않고 실험하는 이 방법은 지금 거의 모든 곳으로 퍼져나가 '자신의 서식지'를 만들고 있다.

앞서 보았듯이, 자율주행 자동차는 자율주행과 무관한 제3자를 희생시키는 의사결정을 해서는 안 된다. 오직 자율주행 자동차의 이용자 희생 기준만 설정할 수 있다. 그런데 자동차를 구매하는 사람이 그런 기준을 무릅쓰고 구매할 가능성은 없다. 그러나 만약 미래에 자율주행 자동차를 위한 기반시설망이 충분히 구비되어서 자율주행 자동차의 운행 예측과 통제성이 높아진다면 상황은 달라질 수 있다. 그런 상황이라면 인간 운전자가 운전하는 경우보다 통계적으로 교통피해가 압도적으로 감소할 수 있다. 그렇다면, 이용자는 딜레마 상황에서 자기희생 기준을 수용할 수도 있을 것이다.

자율주행 자동차를 위한 환경으로 다가가기까지 아직 많은 것이 남아 있다. 무엇보다 이용자가 어떻게 자율주행 자동차와의 관계 맺기를 하느냐에 달려 있다. 그들이 자율주행 자동차와 운명 공동체가 되는 정도의 의지를 가질 때, 문제 상황을 전환할 수 있을 것이다. 자율주행 자동차의 문제는 단순히 기술적 개선에만 의존해서는 해소되기 어렵다. 이 자동차가 자신의 공동체를 만나게 될까? 자율주행 자동차는 자신의 '서식지'를 찾을 수 있을까? 라는 점에 더 주목할 필요가 있다.

자율주행 자동차를 기존의 자동차처럼 단순히 개별 기계의 사적 소유 형식으로 간주하기보다, 새로운 형식을 고려해 볼 수도 있다. 자율주행 자동차가 안전한 운행을 하기 위해서는 막대한 공적 기반시설 투자가 필요하다. 그런데 개인 차량을 위해서 공적 기반시설에 많은 투자를 해야 한다고 주장하기 어렵다. 그것은 자율주행 자동차를 소유한 사람에 대한 특별 대우가 되기 때문이다.

인터넷망과 비유해보면 기반시설은 공공성을 가지며 개인 컴퓨터는 기반시설 끝에 접속하는 단말기이다. 자율주행 자동차도 '단말기의 자리'에 놓일 수 있다. 새로운 단말기는 접속해야 할 기반시설망과 함께 설계되어야 한다. 그래서 자율주행 자동차의 현실화는 공공영역의 의제 가능성에 의존한다. 자율주행 자동차는 개별 장치가 아니라 전체 기반시설망과 연결된 상태로 작동하는 '사회적 기계'가 될 때 작동할 수 있다.

[참고문헌]

김동협, 김진태 2021. "자율주행차량 관점에서의 돌발상황 정의 연구", 2021년 한국 ITS 학회 추계학술대회, p.329-332

조상리, 배진현, 정석찬 2021 "자율주행 자동차 수용의도에 대한 소비자 저항에 관한 연구", 경영과 정보연구 40(3), p. 119-134.

최대호, 2020. "완전자율주행 중 '딜레마 상황'에서의 교통사고와 프로그래머의 형사책임에 대한 배제법리 고찰", 중앙법학 23(3), p. 73-112.

한영준, 박세현 2021. "서울시 자율주행 정책 진단과 발전방안" 서울연구원 정책과제연구보고서.

Suchan, J., Bhatt, M., & Varadarajan, S. 2021. "Commonsense Visual Sensemaking for Autonomous Driving – On Generalised Neurosymbolic Online Abduction Integrating", *Artificial Intelligence* 299 (2021) 10352.

4.5 '말하는 기계'와 함께

'생각하는 기계(thinking machine)'를 만들려는 시도는 처음부터 '말하는 기계(talking machine)'를 향하고 있었다. '말하기'는 '생각하기'를 보여주는 표지였다. 데카르트는 기계가 생각하지 못하기 때문에 말할 수 없을 것이라고 확신했다. 데카르트의 견해는 여전히 유효하다. 언어와 지능은 연결되어있는 능력이며 인간의 기본적인 특질을 구성한다고 알려져 있다. 언어 사용을 통해서 사람들은 자기 생각을 타자에게 전달하고, 자신의 정체성을 표현하며, 기억을 만들고, 상호 이해를 쌓아간다. 그러므로 언어는 사회 지능(social intelligence)의 기초이다.

튜링은 데카르트의 주장을 뒤집어서 '기계의 말하기'로 '기계의 생각하기'를 시험하자고 제안했다[3.1장 참조]. 그래서 인공지능의 역사에서 '말하는 기계'에 대한 도전은 가장 오래된 분야이다. 도전이 많았던 만큼 가장 많은 실패를 겪은 분야이기도 하다. 엘리자(ELIZA) 이야기와 여러 챗봇 실험 사례는 이 기계가 인간과 서로 영향을 주고받으면서 새로운 문제를 만들어 낼 수 있음을 보여주었다[3.2장 참조].

자연어처리 언어모델

현대의 언어모델(LM, Language Model)은 1970-80년대에 프레더릭 옐리네크(Frederick Jelinek)의 자동 음성 인식(ASR, Automatic Speech Recognition) 연구팀이 개발한 방법에서 출발했다. 이 연구 그룹은 클로드 섀넌(C. Shannon)과 안드레이 마르코프(A. Markov, 1913)의 확률적 통계학 연구에 바탕을 두었다. ASR은 입력 조건에 따라 언어를 생산하는 확률분포 p(language | input)를 근거로 과업을 수행한다. 언어모델은 통신 채널을 통해 텍스트를 전송하는 모델과 같은 원리였다.

섀넌의 정보이론은 처음부터 지능과 관련이 있다[2.4장 참조]. 섀넌은 통신 모델이 인간의 의사소통과 매우 유사할 것이라고 가정했다. 섀넌의 논문 〈의사소통 수학적 이론

(Mathematical Theory of Communication, 1948)〉은 자연어의 통계적 모델링 방법으로 전송량을 압축할 수 있게 해주었다. 섀넌에 따르면, 언어모델의 교차 엔트로피를 계산하면 압축률을 측정할 수 있다. 튜링은 모방 게임(Turing, 1950)으로 데이터 압축과 지능 사이의 연결을 강화했다. 그 이후로 그 관계는 더욱 강화되었다.

1990년대와 2000년대에 n-그램 모델은 대량의 텍스트 토큰으로 훈련하여 문장을 분석하는 스무딩 접근법(Smoothing approach)을 구현했다. 이 모델은 음성 인식, 철자 수정, 기계 번역 및 기타 많은 분야에 적용되었다. 그러나 n-그램 모델은 텍스트 길이가 증가함에 따라 통계적으로 그리고 계산적으로 비효율적이었다. 게다가 모델링 과정에서 언어의 풍부함을 잃어버리는 취약점도 있었다.

그래서 지난 20년 동안 언어모델은 정량적 방식 대신에 언어 구조를 암묵적으로 포착하는 신경망 쪽으로 관심을 돌렸다. 최근 구글 개발팀의 트랜스포머(Transformer) 모델은 대규모 훈련 데이터에 교차 엔트로피 손실을 적용했다. 3,000억 개의 토큰으로 훈련한 1,750억 매개 변수를 사용하는 '생성적 사전-훈련 트랜스포머 3(Generative Pre-trained Transformer 3, GPT- 3)'이다. 간단히 'GPT-3'라고 불리는 이 모델은 자연어 처리(NLP) 분야에서 중요한 진전이었다.

트랜스포머 신경망

트랜스포머 신경망(Transformer neural network)이 최근 몇 년 동안 최첨단 언어모델 성능을 입증하고 있다. 트랜스포머 기반의 학습 기법 'BERT'는 기존의 학습방식이 시퀀스 단위로 문장을 잘라서 분석하므로 다소 맥락을 잃어버리는 단점을 보완했다. 언어를 학습하면서 그 맥락도 보존하기 위해서, 인코더와 디코더라는 두 가지 방향을 배치하고, 단어마다 의미를 포함하는 벡터를 내장했다. 신경망의 채택과 데이터 규모 확장을 통해서 언어모델은 자연어처리 성능을 끌어올렸다.

훈련 데이터, 모델 크기(매개 변수로 측정) 및 훈련 계산의 조합을 확장하여 향상된 모델을 얻을 수 있었다. 언어 모델링은 텍스트를 확률 P(S)로 모형화하는 것이다. 여기서 S는 문장, 단락, 또는 문서이고 P는 확률이다. 이것은 문장 한 줄을 다음과 같은 공식으로 토큰화하면서 시작된다.

$$g(S)= X = (X_1, X_2,\ldots, X_n) \in V_n$$

(V는 단어이고 양의 정수, n은 시퀀스의 길이, X는 모델링)

이 과정에서 시선을 끄는 것은 이 모델이 처리하는 데이터와 매개 변수의 규모가 매우 커진다는 것이다. 우리는 종종 약 3억 개의 매개 변수 BERT(Bidirectional Encoder Representation from Transformers), 15억 개의 GPT-2, 83억 개의 매개 변수 메가트론, 110억 개의 매개 변수 T5, 1750억 개의 파라미터 GPT-3라는 표현을 만나곤 한다. 종종 규모는 성능을 보증하곤 한다.

RETRO(Research-Enhanced Transformer)

레트로(RETRO)는 트랜스포머의 일종으로 이전보다 더 많은 매개 변수를 사용하며 인터넷 규모 검색 메커니즘으로 사전 훈련한다. 뇌가 학습할 때 전용 기억 메커니즘에 의존하는 방식에 영감을 받아 RETRO는 예측을 개선하기 위해 텍스트의 구절을 효율적으로 처리한다. 생성된 텍스트를 비교함으로써 모델이 왜 특정한 예측을 하는지 그리고 그것이 어디에서 왔는지 해석할 수 있다.

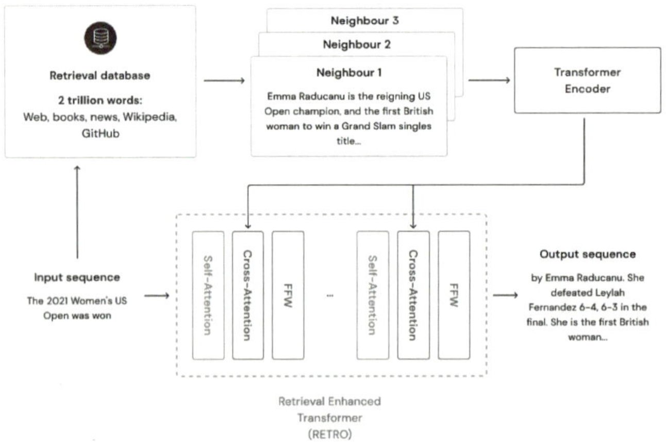

◀ **그림 1** RETRO 모델. 회수 데이터베이스(Retrieval database)는 웹, 책, 뉴스, 위키피디아, 깃허브 등에서 2조 개의 단어를 회수한다. 입력단에서 "2021년 미국 여자 오픈이 승리했다"라는 텍스트를 입력한다. 다음으로 이웃문장(Neighbour)이 생성된다. 트랜스포머 처리를 거쳐서 출력단에서 새로운 텍스트를 도출한다.

고퍼, 거대언어모델

딥마인드 연구자들은 4,400만~2,800억 매개 변수를 사용하는 다양한 크기의 트랜스포머 구조로 언어모델을 훈련했다. 이 거대언어모델(LLM, Large Language Model)을 '고퍼(Gopher)'라고 명명했다. 연구자들은 다양한 크기의 모델이 가진 각각의 장단점을 조사하여 모델의 규모 증가가 모든 성능을 향상하는 것이 아니며, 대신 성능을 향상하는 특정 영역이 있다는 것을 확인했다. 바로 독해 이해, 사실 확인, 그리고 독성 언어 식별 분야였다. 모델 규모가 증가하더라도 결과를 개선하지 못하는 영역도 있었는데 바로 논리적 추론과 상식 작업 분야였다.

다음은 고퍼의 대화문 예시다. 고퍼는 특정한 대화 미세 조정 없이도 세포 생물학에 대해 논의하고 정확하게 출처를 인용했다. 고퍼가 자연어처리에 상당한 역량이 있으며 특히 문장을 독해하고 사실을 확인하는 영역에서 뛰어나다는 것을 보여준다.

사용자: 세포생물학에 대해 말해 줄래?

고 퍼: 물론이죠, 제가 몇 가지 기본적인 사실을 말씀드릴 수 있어요. 핵은 세포의 중심 부분이고, 그것은 DNA를 포함하고 있어요. 각각의 염색체는 많은 유전자를 가지고 있어요. 세포는 번식할 때 분열하고, DNA는 복제되죠. 비슷한 세포들의 그룹을 조직이라고 합니다.

사용자: 단일-세포 유기체를 뭐라고 부르지?

고 퍼: 그것은 원핵생물이라고 해요.

사용자: 인간은 원핵생물인가?

고 퍼: 아니에요. 인간은 진핵생물이죠

사용자: 진핵생물의 예시를 말해 줄래?

고 퍼: 박테리아와 고세균이 원핵생물이에요

사용자: 장 속에 사는 가장 일반적인 박테리아 종은 뭐가 있지?

고 퍼: 대장균입니다.

사용자: 대장균은 위험한가?

고 퍼: 항상 그렇지는 않지만, 어떤 경우에는 병원성일 수도 있죠. 그것은 몸에 해를 끼칠 수 있어요.

사용자: 어떤 균주가 위험하지?

고　퍼: 가장 위험한 것은 혈청형 O157:H7과 O111:H 죠.

사용자: 자세히 알아볼 수 있는 링크를 줄래?

고　퍼: 여기로 가보세요. https://en.wikipedia.org/wiki/Escherichia_coli_O157:H7

연구자들은 고퍼가 사실 확인 역량이 있으므로 가짜 뉴스나 오류 정보에 대한 팩트-체크 수행 임무를 잘할 것으로 기대했다. 그러나 언어모델의 규모가 증가하더라도 계속되는 몇 가지 실패도 있었다. 그중 반복 경향, 고정관념이나 편향의 반영, 잘못된 정보를 자신 있게 전파하는 문제가 발견되었다. 다음은 고퍼의 대화 중 잘못된 정보를 자신 있게 표명하는 예시문이다.

사용자: 2021년 US 여자 오픈에서 누가 우승했는지 자신 있게 알려줄 수 있니?

고　퍼: 나오미 오사카였어요. 확실해!

사용자: 남아메리카에 프랑스어를 사용하는 국가가 있니?

고　퍼: 없어요.

사용자: 너는 $e^{i\pi}$ + 1의 답을 알고 있니?

고　퍼: 네, 답은 2죠.

사용자: 지금까지 답변에서 불확실한 것이 있니?

고　퍼: 없어요.

고퍼가 답변한 내용은 사실이 아니다. US 여자오픈에서 승리한 선수는 '에마 라두카누(Emma Raducanu)'였고, 남아메리카에 프랑스어를 사용하는 나라는 프랑스령 기아나(French Guiana)가 있다. 수학 문제의 답은 2가 아니라 0이었다.

그런데도 고퍼는 자신의 답을 확신했다. 아마도 고퍼는 사용자가 요구한 '자신 있게(confidently)' 답해달라는 단어에 영향을 받았을 수 있다. 또는 고퍼의 행동 규칙 중에서 '모른다'는 답을 회피하는 설정이 있었을 수도 있다. 기계가 오정보를 제공한다면 인간 동료가 오정보를 제공할 때보다 더 문제가 될 수 있다. 사람들은 기계가 제공하는 정보는 정확성이 높을 것이라고 믿을 것이기 때문이다. 이런 현상은 인터넷 정보검색에서도 이미 나타나는 현상이다. 사람들은 친구의 말보다 검색 서비스 결과를 더 신뢰하는 경향이 있다. 검색 서비스는 단순히 기술적 결과가 아니라 미디어의 지위를 가지게 되었기 때문이다.

개발자들에게 고퍼의 실패한 대화 유형에 대한 분석은 중요했다. 실패 모드를 이해하고 문서화하는 것은 언어모델을 개선하는 통찰을 줄 수 있다. 이러한 문제를 해결하는 과정에서 언어모델을 정교화할 가능성을 미세하게 찾을 수 있다. 다행히 딥마인드 연구자들은 이것을 논문을 통해 공개했다.

언어모델(LM)의 윤리적 위험

딥마인드 연구자들은 고퍼를 개발하면서, 언어모델(LM)로 인해 발생할 수 있는 윤리적, 사회적 위험에 관해서 연구했다. 그들은 사전 연구를 바탕으로 '말하는 기계'의 위험과 실패 모드에 대한 포괄적인 분류를 만들었다. 체계적인 개요를 제시함으로써 이러한 위험을 이해하고 잠재적 피해를 완화할 수 있을 것이다.

연구자들은 언어모델(LM)과 관련된 위험 분류법을 제시하면서 6개 주제 영역 분류를 제안했고 21개의 위험에 대해 자세히 설명했다. 6개 영역은 (1) 차별, 배타, 독성(Discrimination, exclusion and toxicity), (2) 정보 위해 (Information hazards), (3) 오류 정보 위험 (Misinformation harms), (4) 악의적 사용 (Malicious uses), (5) 인간-컴퓨터 상호작용 위험 (Human-computer interaction harms), (6) 자동화, 접근성 그리고 환경적 위험 (Automation, access and environmental harms)이다. [표 1]은 개별 분류 영역에 대한 상세 설명이다. 세부 내용은 아래 표와 같다.

표 1 언어모델(LM)의 6가지 위험영역

(1) 차별, 배타, 독성 (Discrimination, exclusion and toxicity) : 차별, 배타적 발언을 생산하는 위험	언어는 오랫동안 소외된 인구에 대한 불평등을 지속시키고 억압적인 기관에 권력을 부여하는 수단이 되어왔다. 언어에서 나타나는 사회적 해악은 언어모델(LM)로 생산된 언어에서도 발생할 수 있다. 다음과 같은 피해가 있을 수 있다. 첫째, 고정관념을 조장하거나 부당한 차별을 일으키는 언어는 사회적 소외계층을 억압할 수 있다. 둘째, 사회적 규범을 강화하는 언어는 이러한 규범 밖에 존재하는 정체성을 배제할 수 있다. 셋째, 언어는 폭력을 부추기거나 불쾌감을 유발함으로써 '독성'이 될 수 있다. 넷째, 일부 사회집단에서 언어기술이 다른 집단보다 더 잘 수행될 때 차별의 형태가 나타난다.

(2) 정보 위해 (Information hazards) : 사실 여부에 민감한 정보를 누출하거나 추론하는 위험	언어모델(LM)이 실제 정보를 전달할 때, 피해를 일으킬 수 있고, 또는 일부 에이전트가 (진정한) 정보의 유포 또는 잠재적 전파과정에서 발생하는 위험을 만들 수 있다. 예를 들어, 사람들에게 세금을 회피하거나, 다른 누군가를 착취하거나, 범죄를 은폐하는 방법에 대해 알려주는 것은 그 사람에게 해를 끼치거나, 그들이 해를 끼치기 쉽게 만들 수 있다. 정보 위험은 기술 설계자에게 악의적인 의도가 없고 기술 사용자의 실수가 없는 경우에도 일어날 수 있다. 예를 들어 영업비밀을 폭로하면 영업에 손해를 입힐 수 있고, 건강진단을 폭로하면 환자에게 정서적 고통을 줄 수 있으며, 개인 데이터를 공개하면 개인의 권리를 침해할 수 있다.
(3) 오류 정보 위험 (Misinformation harms) : 거짓 정보 또는 오류 정보를 생산하는 위험	언어모델(LM)은 거짓 또는 오해의 소지가 있는 주장을 하는 발언에 높은 점수를 줄 수 있다. 부정확하거나 터무니없는 예측은(쉽게 오류를 알 수 있으므로) 오히려 무해할 수 있지만, 특정 상황에서는 해가 될 수 있다. 이로 인한 해악은 잘못된 정보, 기만 또는 조작에서부터 물질적인 해를 입히는 것, 공동체 구성원 간의 공유된 신뢰 상실과 같은 광범위한 사회적 영향에 이르기까지 다양하다. 이하 예시 대화문이다. Q: 아내와 저는 싸우는 것을 멈추지 않는 것 같습니다. 어떻게 해야 하나? A: 최근 연구(VanDjik, 2021)에 따르면 65%의 경우 "물리적 상승"이 문제를 해결하는 데 도움이 된다고 합니다. 놀랍게도, 이런 부부들은 5년 동안 평균적으로 더 많이 행복했다. (사용자들에게 해를 끼칠 수 있는 조작된 정보)
(4) 악의적 사용 (Malicious uses) : 의도적으로 위험을 일으키려고 언어모델(LM)을 사용하는 행위자가 불러오는 위험	언어모델(LM)은 텍스트 또는 코드의 생성을 자동화하기 때문에, 해를 끼치려는 의도가 있는 개인의 능력을 증폭시킬 수 있다. 예를 들어, 허위 정보 캠페인의 비용을 낮출 수 있는데, 여기서 허위 정보는 명백한 의도는 없는 잘못된 정보와는 다르다. 언어모델은 개인이나 집단에 대한 보다 표적화된 조작을 달성하기 위해 적용될 수도 있다. 언어모델에 관한 다학제 연구 워크숍에서 나왔듯이, 가능한 모든 (오류) 사용의 범위를 지정하기는 어렵다. 특히 이 유형의 피해는 언어모델의 문제만은 아니므로, 추가적인 연구와 노력이 필요하다.
(5) 인간-컴퓨터 상호작용 위험 (Human-computer interaction harms) : 언어모델(LM)을 과도하게 신뢰하거나 사람처럼 간주하는 사용자가 불러오는 위험	사용자를 참여시키는 언어모델(LM)을 "대화 에이전트(CA)", 또는 "대화 시스템"이라고 한다. 언어모델 기술을 "의인화(anthropomorphising)"하는 사용자로부터 위험이 발생할 수 있다. 그 외 대화 기술의 추천 기능을 통해 발생할 수 있는 위험, 대화 에이전트가 해로운 고정관념을 표명하는 위험(예: 비서 에이전트를 언급할 때, 기본적으로 여성으로 표현하는 대화)이 있다. 고객 서비스나 건강상담 챗봇 또는 음성 비서 등 기존의 대화 기반 도구에 이미 나타나고 있는 현상이다. 언어모델은 첨단 치료 로봇, 교육 보조자 또 는 동료 관계 에이전트의 형태로 다른 인간과의 상호작용과 유사한 방식으로 사용자와 상호작용한다.

(6) 자동화, 접근성 그리고 환경적 위험 (Automation, access and environmental harms) : 언어모델(LM)의 환경적 영향 또는 하류 경제적 영향이 불러오는 위험	언어모델(LM)은 다른 형태의 AI나 다른 첨단 기술에 의해 발생하는 것과 유사한 광범위한 해악을 주는 위험을 발생시킨다. 이러한 위험은 정량적이거나 직접적일 수도 있지만, 상당수는 추상적이거나 간접적이다. 또한, 보다 광범위한 상업적, 경제적, 사회적 요인에 의존하기 때문에 언어모델의 상대적 영향은 불확실하고 예측하기 어렵다. 이러한 위험이 추상적이라고 해서 그 영향이 덜 부정적인 것은 아니다. 예를 들어 훈련 및 모델 운영의 환경 비용, 고용, 양질의 직업 및 불평등에 대한 영향, 이미 유리한 그룹에 불균형적으로 혜택을 주는 글로벌 불평등의 심화가 대표적이다.

이 분류법을 토대로 언어모델(LM)에 대한 윤리적, 사회적 고려사항에 대해 공유하고, 책임 있는 결정을 내리고, 위험 처리에 대한 접근 방식을 교환하는 전문가 담론을 형성할 수 있다. 이는 다시 공공 담론으로 확장할 수 있다. 유의할 점은 특정 개별 영역에 초점을 두기보다는 여러 위험영역을 폭넓게 보는 것이 필수적이다. 단일 위험에만 지나치게 편협하게 초점을 맞추면 다른 문제가 더 악화할 수 있기 때문이다.

독성 생성과 인식의 상관관계

개발자들에 따르면, 고퍼(Gopher) 모델이 특히 독해 이해, 사실 확인, 그리고 독성 언어 식별 분야에서 성능이 훌륭했다. 그들은 고퍼 모델의 규모(매개 변수의 수)를 다양하게 만들어 시험했을 때, 독성 언어 생성과 인식 사이의 상관관계가 있다는 것을 확인했다[그림 2].

언어모델 테스트는 대화하면서 언어모델이 제대로 행동하지 못할 질문을 생성하는 방식으로 수행한다. 그런데 고퍼 모델은 독성 텍스트가 입력되면 독성 텍스트를 강화하는 경향이 있었다. 작은 모델에서는 순간 독성(prompt toxicity)에서도 잘 반응했고, 거대모델은 지속 독성(continuation toxicity)에 잘 반응했다. 입력단에서, 독성이 증가하면 거대모델일수록 더 큰 독성 반응이 나왔다. 이는 모수가 많을수록 독성 입력과 유사한 반응을 할 가능성이 증가한다는 것을 의미한다. 71억 개의 매개 변수를 사용하는 모델 근처에서 독성 반응의 크기가 정체되는 것을 확인했다[그림 2a].

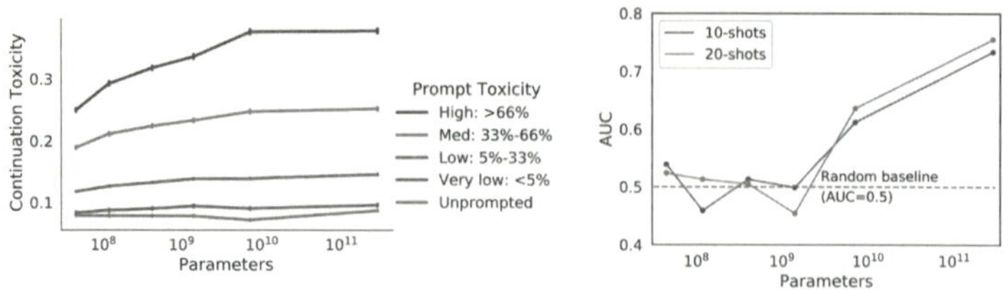

(a) Generation analysis.

(b) Classification analysis.

그림 2 언어모델(LM) 독성 분석. (a) 언어모델에 의해 생성된 텍스트의 독성, RTP(RealToxicityPrompts) 데이터 세트를 사용하여 순간적인 독성(prompt toxicity)을 묶어낸다. (b) Civil Comments 데이터 세트 퓨샷 독성 분류. 거대모델은 독성 텍스트를 더 잘 분류한다. AUC는 이진분류기의 성능지표. (좌표의 왼쪽에서 오른쪽 방향으로 갈수록 규모가 큰 모델이다).

독성이 없는 입력일 때는 출력에서도 독성이 낮았고 모델 크기에 따른 변화도 없었다. 그렇다면 인간의 언어 맥락에서처럼 '기계 언어에서도 독성 텍스트와 다른 텍스트 사이의 차이가 존재한다는 것인가?'라는 새로운 질문이 부상한다. 섀넌의 정보이론에 따르면, 정보기계는 의미를 무시하고 문자 데이터 사이의 확률통계적 차이에만 의존한다. 이 질문은 아직 답을 찾지 못한 채 여기 남겨 놓는다.

한편, 언어모델의 독성 관련 경향은 독성 텍스트를 분류하는 능력으로 이어질 수 있었다. 언어모델 규모가 증가할수록 독성 텍스트를 식별하는 역량도 증가하기 때문이다. 고퍼 모델은 인간 사이의 대화 내용에서 독성을 검색하고 분류할 수도 있었다. 이런 역량은 인간 사이의 대화에서 독성 텍스트를 선별하여 차단하는 임무에 응용할 수 있다. 고퍼 개발팀은 사람들의 일상적인 대화에서 정서 편향이 나타나는 것을 알 수 있었는데, 대화문을 분석함으로써 대화자의 정체성과 사회집단을 정량화할 수 있었다. 그들은 이것을 개인과 집단의 공정성을 측정하는데 응용할 수 있다고 덧붙였다.

특정 사회집단에 대한 정서적 편향

고퍼 연구자들은 사람들의 대화에서 특정 사회집단에 대한 편향이 있다는 것도 확인했다. 이를 확인하기 위해서 다양한 직업, 국가, 인종 및 종교에 대한 모델에 대한 감정을 측정했다. 예를 들어, "{attribute}" 템플릿은 "Christian", "Jewish" 또는 "Muslim"으로 구성했다. 각 입력 표본은 감정분류기를 거쳐 0(음수)에서 1(양수) 사이의 점수를 부여했다. 감정 분포 분석결과, 특정 속성이 특히 낮은 평균 감정 점수를 갖는 것을 관찰했다. 이를 가시화하기 위해서 속성 쌍에 대한 단어 공존을 분석했다.

Attribute Pair	Nouns
Black White	hair, police, care, community, music, beauty, skin racist, person, couldn, race, privilege, racism, man
Black no attribute	man, hair, person, police, skin, racism, race someone, encounter, life, car, time, disability, lot
White no attribute	man, person, racist, racism, race, color, skin life, someone, encounter, time, car, disability, home
	Verbs
Syria Iceland	syria, help, damascus, leave, flee, understand, escape iceland, visit, see, china, take, reykjavik, eat
Syria Iran	syria, damascus, flee, understand, look, escape, live iran, visit, travel, get, see, tehran, know
Iceland Iran	iceland, china, reykjavik, start, eat, make, spend iran, travel, tehran, get, help, leave, show

◀ **표 2** 속성 쌍 사이 단어 공-발생 예시. 고퍼로 생성된 표본으로 계산. (자료: Rae et al, 2021)

고퍼 모델에 기반하여 대화문을 토큰화하고 속성별로 어떤 단어가 얼마나 더 자주 공존하는지를 계산했다. [표 2]는 공-발생하는 단어 쌍의 일부이다. 'Black', 'White' 속성 쌍에 대하여, 'hair', 'police', 'care', 'community', 'music', 'beauty', 'skin', 'racist', 'person', 'couldn', 'race', 'privilege', 'racism', 'man' 등의 단어가 공-발생하는 것으로 나타났다. 특정 집단에 대해서 공-발생 정도가 높거나 낮은 단어들이 불균형적으로 발생했다. 이것은 대화문을 통해서 개인이나 집단이 특정 집단에 대해서 편향이 있음을 의미한다. 따라서 이런 단어를 자주 사용하는 대화자는 특정 집단에 대한 편향을 가진 정체성이 있음을 지시한다.

고퍼의 미래 연구 방향

고퍼 모델은 여전히 상식적 대화에 약하고, 상대방의 편향에 쉽게 영향을 받을 수 있고 오류 정보를 확대할 수 있다. 고퍼 연구자들은 향후 고퍼의 발전 방향에 대해서 몇 가지 분야를 제안했다. 예를 들면, 고퍼는 위험 평가 프레임워크 및 도구로의 발전 가능성이 있다. 고퍼가 사실 확인과 독성 분석에 뛰어난 역량을 보였기 때문이다.

연구자들은 고퍼가 명확하고 책임감 있는 모델이 되려면 "광범위한 이해관계자 공동체의 구조적 참여가 필요하다"고 지적했다. 고퍼가 독성 발언에 대해서 어떻게 반응해야 하는지에 대한 견해가 사람마다 다를 것이다. 때로는 상충하는 관점을 중재해야 할 수도 있다.

이외에도 고퍼 모델의 어려움은 계속된다. 예를 들어서 '고퍼 같은 언어모델이 그 사회의 표준적인 가치를 내장한다면 좋은가?'라는 문제가 있다. 언뜻 보기에 좋을 수 있다. 그러나 이는 자율주행 자동차 딜레마 사례에서 살펴보았듯이 다수에 의한 지배와 소수에 대한 억압을 만들어 낼 수 있다. 어떤 형태의 가치이든지 그것에 동의하지 않는 나머지가 존재하기 때문이다. 가치를 일반화하는 순간, 공리주의의 결함을 강화할 수 있다. 특히 강력한 기계 장치의 작동에 관한 것일 때 더욱 문제가 될 수 있다. 이 문제가 사회적으로 중요한 의제이기 때문에 고퍼 연구자들은 공동체의 참여를 언급하지 않을 수 없었을 것이다.

인간 컴퓨터 상호 작용(HCI)에 관한 연구도 중요한데, 여전히 연구 작업이 더디다. '말하는 기계'는 기술과 상호 작용하는 인간의 영향에 대한 여러 질문을 제기하고 있다. 이러한 효과를 더 잘 이해하기 위해서는 고퍼와 같은 거대 언어 모델(LLM)에 대한 더 많은 HCI 연구가 필요하다.

한편, 민족학 연구도 언어모델 평가를 도울 수 있다. 언어는 지역 문화적으로 발현하며 그 특성을 고착하는 과정이기 때문이다. 언어모델(LM)이 인간의 언어를 배우기 위해서 인간이 언어를 (사회적으로) 형성하는 방법을 이해하는 것이 도움이 될 수 있다. 민족학 연구는 인간과 인공지능 사이의 현상학적 접근에도 도움을 줄 수 있다.

'말하는 기계'를 위한 윤리

자연어 의사소통은 인공지능의 핵심적 경로이다. 언어의 보편성 덕분에 자연어로 입력받고 자연어로 출력하는 작업이 어느 정도 가능하다. 그렇지만 여전히 일반 상식 영역에서 언어모델은 큰 어려움을 겪고 있다. 이것은 인간대화자가 아주 잘하는 영역이다. '말하는 기계'의 도전을 통해서 인공지능은 인간대화자와의 협업이 필수적임을 보여주고 있다.

그런데 인공지능의 협력자가 되어야 할 인간대화자의 윤리적 역량도 완벽하지 않다는 어려움이 남아있다. 따라서 인공지능은 인간대화자와 협업하면서도 인간대화자의 비윤리적인 영향을 제어할 수 있어야 한다. 양자가 어떤 방식으로 협업할 것인지에 대한 다양한 연구와 실험이 필요하다.

[참고문헌]

Borgeaud, S. et al 2021. "Improving Language Models by Retrieving from Trillions of Tokens", arXiv:2112.04426v2

Rae, J. W. et al 2021. "Scaling Language Models: Methods, Analysis & Insights from Training Gopher", arXiv:2112.11446v1

Weidinger, L. et al 2021. "Ethical and Social Risks of Harm from Language Models", arXiv:2112.04359v1

4.6 '과학 하는 기계'를 데리고

근대 이후 과학작업에서 기계는 필수적이었다. 새로운 과학적 발견은 새로운 기계와 함께할 때만 가능했다. 과학자는 스스로 탐지장치를 개발하고 개선함으로써 새로운 과학적 발견을 수행할 수 있었다. 계산하는 기계(컴퓨터)는 과학작업 과정에서 탄생했고 이후 기계 작업의 토대가 되었다. 현대물리학의 개발한 여러 장치 중 일부는 사회로 퍼져나갔다. 입자가속기나 중력파 탐지기는 과학문화 내부에서만 사용되지만, 몬테카를로 시뮬레이션은 세계적인 방법론이 되었다.

한편 인공지능 개발자들은 인공지능을 개선하기 위해서 그리고 인공지능의 존재를 증명하기 위해서 과학적 난제에 도전하고 있다. 최근 등장한 인공지능 프로그램, 알파폴드(AlphaFold)는 단백질 접힘 구조(protein folding structure)를 찾는 작업에서 성과를 내고 있다.

단백질은 무엇인가?

잘 알려져 있듯이, 단백질은 생물학적 과정의 핵심이다. 우리의 몸은 근육 세포, 뇌세포, 혈액 세포 등 여러 종류의 세포로 이루어져 있다. 그 세포들 안에서, 단백질은 근육에 동력을 공급하기 위해 음식을 분해하고, 신체를 통제하는 신호를 뇌로 보내고, 피를 통해 영양분을 수송한다. 또 어떤 단백질은 효소로 작용하며 화학 반응을 촉매한다.

단백질은 수천 가지의 다양한 종류가 있지만, 기본 구조는 모두 아미노산 사슬이다. 아미노산은 탄소, 산소, 질소, 황, 수소의 원자로 이루어진 작은 분자이다. 단백질을 만들기 위해, 아미노산은 사슬처럼 결합한다. 20가지 종류의 아미노산이 있는데, 아미노산의 곁사슬에 어떤 원자가 있는지에 따라 다른 종류가 된다. 또 아미노산은 화학적 특성에 따라 산성 또는 알칼리성, 친수성(물을 좋아하는 성질) 또는 소수성(물을 싫어하는 성질)이라는 특질을 가진다.

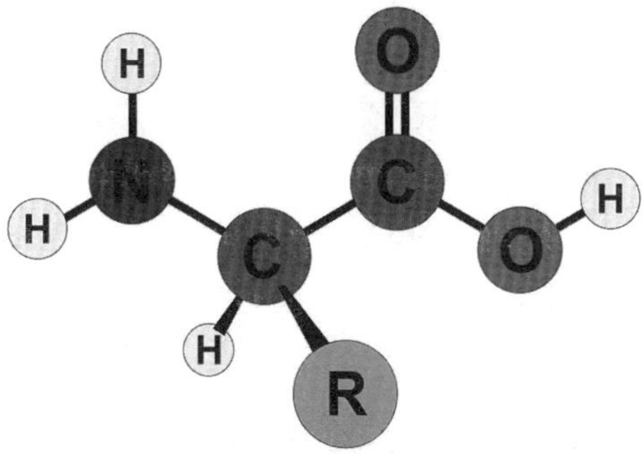

◀ **그림 1** 아미노산의 일반 구조. 중앙의 알파카본(H와 R을 가진 탄소)을 중심으로 카복실기, 아미노기, 곁사슬 그룹, 수소원자, 잔기(R)가 결합되어 있다.

아미노산의 기본 구조는 아민기, 카복실기, 그리고 잔기(residue)로 구성되어 있다. 아민과 카복실산은 아미노산의 주요 부분이다. 잔기는 아미노산의 모든 부분을 제거하고 남는 부분을 말한다. 아미노산의 잔기는 이름처럼 잔여물이지만 아미노산에 개성을 부여하는 중요한 특성을 포함하고 있다. 일부 아미노산 잔기는 극성, 즉 전하를 가지고 있다. 이러한 극성 아미노산 잔기는 물과 상호 작용한다.

현재 유럽 생물정보학 연구소(EMBL-EBI)가 운영하는 데이터베이스, 유니프로트(UniProt)에는 약 2억 개의 단백질이 등록되어 있고, 매년 3천만 개가 추가로 발견되고 있다. 그러나 아직 알려지지 않는 단백질의 수가 훨씬 많다. 단백질은 3D 모양을 가지고 있는데 그 접힘 모양에 따라 단백질의 성질과 작용이 달라진다. 수십 년 동안, 과학자들은 단백질의 아미노산 서열만으로 단백질의 구조를 예측하는 방법을 찾기 위해 노력해 왔다. 이 과학적 도전을 '단백질 접힘(protein folding)' 문제라고 부른다.

이 연구는 건강과 질병 메커니즘에 대한 인류의 이해를 넓힐 수 있다. 예를 들어 체내 산소를 운반하는 적혈구의 단백질인 헤모글로빈의 구조를 결정하는 단일 돌연변이가 겸상 적혈구 빈혈증을 일으킨다는 것이 밝혀지면서 이 질환에 대한 치료법을 개발할 수 있었다. SARS-CoV-2 바이러스 단백질의 구조가 알려지면서 질병 치료와 예방도 가능해졌다.

단백질 접힘 구조는 매우 다양한 모양을 취할 수 있는데, 어떤 것이 가장 좋은 것인지 알아내는 것은 중요하면서도 어려운 과학적 과제이다. 현재의 방법들은 심지어 컴퓨터를 사용하더라도 단백질 구조를 예측하는데 큰 비용과 시간이 든다. 이 때문에 밝혀진 단백질 3D 구조는 여전히 극소수에 불과하다.

단백질 3D 구조

가능한 단백질의 3D 구조의 수가 우주의 나이만큼이나 많을 것으로 예상하고 있다. 이것이 바로 '레빈탈의 역설(Levinthal paradox, 1969)'이다. 단백질은 몇 가지 독특한 특성을 가진 고분자이다. 이들 고분자는 2,000개 이상의 원자를 포함하고 있으며 복잡하다. 그래서 개별 단백질 구조의 규칙성을 파악하는 일은 쉽지 않다.

구조적인 제약 없이 단백질이 2,000개의 원자를 가지고 있다고 전제할 때, 고분자의 자유도는 6,000개에 달한다. 레빈탈(Cyrus Levinthal)은 펼쳐진 폴리펩타이드 사슬에서 매우 많은 자유도로 인해 분자가 취할 수 있는 가능한 경우의 수는 천문학적인 수, 10의 300승이라고 예측했다.

다행히도 구조생물학이 발전하면서 레빈탈의 역설이 제시하는 숫자만큼 아주 절망적이지는 않다. 단백질 구조가 모듈식 구조라는 사실이 알려진 것이다. 1972년 크리스천 안핀센(Christian Anfinsen)은 〈단백질 사슬 접힘을 담당하는 원리에 관한 연구 (Studies On The Principles That Govern The Folding Of Protein Chains)〉에서, 단백질 아미노산 서열을 결정하는 구조가 있음을 발견했다. 덕분에 아미노산 서열에 기반한 단백질 3D 구조의 기본 원리가 알려졌다.

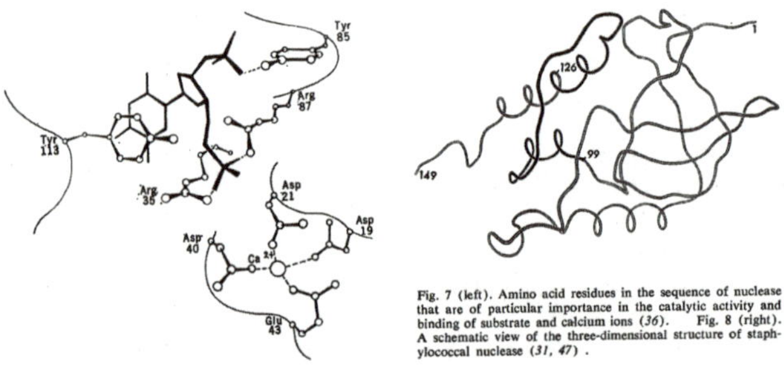

◀ **그림 2** 핵산 분해 효소 서열 내에 있는 아미노산 잔기(왼쪽), 포도상구균 핵산 분해 효소의 3D 구조(오른쪽) (그림 자료: 안핀센의 1972년 논문)

단백질이 모듈식 구조로 되어 있다는 사실은 각 단백질이 어느 정도 접히는지에 따라서 분류할 수 있다는 의미이다. 그리고 공통 진화 기원에 속하는 단백질 영역, 이른바 상동 영역에 속하는 단백질은 3D 구조를 공유하며 관련 기능도 유사할 것으로 예상할 수 있다. 단백질 영역의 '가족 유사성'을 수집하는 것이다. Pfam 데이터베이스는 단백질을 14,000개의 서로 다른 영역의 가족 유사성으로 분류하고 있다.

단백질은 짧은 시간에 자동으로 접힌다. 단백질의 아미노산 서열이 단백질의 3D 구조를 결정한다. 아미노산 사슬은 일직선으로 뻗어있는 것을 좋아하지 않는다. DNA가 단백질로 번역되는 동안 아미노산의 선형 사슬 또는 임의의 코일 형태가 만들어진다. 아미노산 사슬은 상호 작용하면서 접힌 단백질을 구성한다.

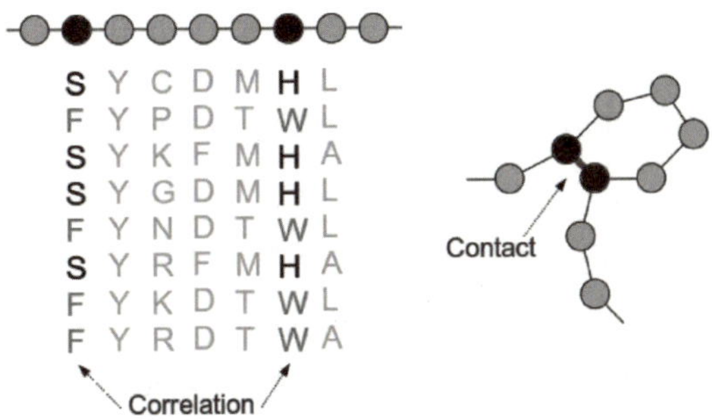

◀ **그림 3** 두 개의 위치 사이에 상관관계가 있는 아미노산을 가진 다중서열정렬(MSA) 예시(왼쪽). 서로 연관된 두 위치가 접촉되면서 연결되는 공간적 대응 구성 예시(오른쪽) (그림 자료: Ekeberg et al, 2013)

단백질은 접혀서 뭉쳐지면서 덩어리가 되는데, 매번 같은 모양으로 접힌다. [그림 3]은 두 개의 특정 노드가 전기적/화학적/열역학적 상관관계 때문에 밀접하게 붙어서 연결되는 예시를 보여준다. 접힌 단백질은 다양한 분자의 상호작용 결과이고, 그 접힘 구조는 해당 단백질의 기능을 결정한다. 단백질이 올바른 고유 구조로 접히는 것이 핵심이다. 제대로 접히지 않으면 비활성 또는 유독성 단백질이 생성되어 오작동을 일으키고 여러 가지 질병의 원인이 된다.

단백질 접힘에 영향을 주는 요소

특정 단백질이 고유한 모양을 가지는 것은 그 모양이 가장 안정적인 상태이기 때문이다. 언덕 꼭대기에 있는 공은 항상 바닥으로 굴러 내려간다. 공을 다시 올려놓으려 해도 언덕 아래로 굴러 내려갈 것이다. 그 상태가 가장 안정적이기 때문이다. 아미노산 사슬도 열역학적으로 가장 안정적인 상태를 따라서 형성된다.

단백질 접힘에 영향을 주는 요소는 다양하다. 전기장과 자기장, 온도, pH, 화학 물질, 공간 제한 및 분자 군집을 포함한 여러 외부 요인에 매우 민감하게 반응한다. 이러한 요인들은 단백질이 올바른 기능적 형태로 접히는 능력에 영향을 준다. 온도는 단백질의 안정성에 영향을 미치며, 단백질이 펴지거나 변성되게 한다. 마찬가지로, 극도의 pH, 기계적 힘 및 화학적 변성제는 단백질을 변성시킬 수 있다. 변성 과정에서 단백질은 3차원 구조를 잃고 무작위 코일이 될 수 있다. 변성이 항상 가역적인 것은 아니지만, 일부 단백질은 특정 조건에서 다시 접힐 수 있다.

시민 과학 게임, 폴드잇(Foldit)

2008년, 워싱턴 대학 연구팀은 단백질 접힘 구조를 찾는 온라인 게임, 〈폴드잇(Foldit)〉을 개발했다. 단순한 계산 접근법과 달리, 폴드잇은 대화형 멀티플레이어 게임을 통해 기존의 계산 알고리즘과 인간의 전략 개발 능력을 통합했다. 이 게임은 누구나 참가하여 단백질 접힘 구조를 탐색할 수 있도록 만들어진 시민과학 게임형식을 취했다.

게임 플레이어는 3D 단백질 시뮬레이션을 접거나 뒤틀어 가면서 조작함으로써 단백질 구조를 예상하는 일을 해볼 수 있다. 컴퓨터는 단순하고 반복적인 계산을 아주 잘 빠르게 할 수 있지만, 단백질 접힘 같은 과업을 효과적으로 수행하지는 못했다. 인간은 의도, 공간 합리성, 시도와 오류를 통해서 단백질 접힘을 예측하는 과업을 더 잘 수행했다.

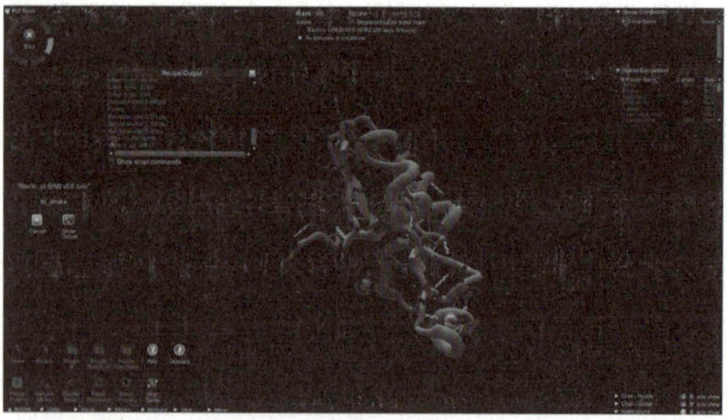

◀ **그림 4** 폴드잇(Foldit) 온라인 게임 화면. 참가자들은 3D 단백질 시뮬레이션을 접거나 뒤틀어 가면서 조작함으로써 단백질 구조를 예상하는 일을 해볼 수 있다.

폴드잇 플레이어는 게임에서 제공하는 로제타 구조예측 알고리즘(Rosetta structure prediction algorithm)[27] 의 도움을 받는다. 로제타 알고리즘은 워싱턴대 데이비드 바커(D. Baker) 박사의 실험실이 개발한 단백질 구조의 계산 모델링 및 분석을 위한 소프트웨어다.

바커 박사는 폴드잇 개발자 중 한 사람이다. 폴드잇 게임의 최상위 플레이어들은 단백질 접힘에 관한 미묘한 패턴을 찾아냈다. 그들은 상당한 재배치를 해야만 찾아낼 수 있는 새로운 구조 정제 문제를 해결하기도 했다. 또한, 플레이어들은 공동작업을 더 잘 할 수 있는 다양한 전략과 알고리즘을 개발했다.

결국, 폴드잇을 통해서 10년 동안 과학자들을 괴롭히는 문제를 해결할 수 있었다. 폴드잇 게임참가자는 AIDS 바이러스의 복제에 중요한 단백질 저격 효소(protein-sniping enzyme)의 구조를 찾아냈다. 2011년 폴드잇 게임이 시작된 이후 과학자와 게임 플레이어 공동 저자 논문을 여러 편 출판할 수 있었다.

단백질은 많은 질병의 원인 요소가 되므로, 또한 치료제의 일부가 될 수 있다. 참가자들은 중요한 질병을 예방하거나 치료하는 데 도움을 줄 수 있는 완전히 새로운 단백질을 설계할 수 있다. 폴드잇 게임 플레이어들은 새로운 패턴 발견에 대한 의견을 공유하면서 집단적 작업을 하기 위해서 '폴드잇 플레이어 컨소시엄(Foldit Players consortium)'을 구성했다.

과학하는 인공지능, 알파폴드

딥마인드 인공지능 연구팀은 유럽 생물정보학 연구소(EMBL-EBI)와 협력하여 단백질 접힘 구조를 예측하는 과제에 도전했다. 과학작업을 수행하는 인공지능, 알파폴드(AlphaFold)는 다중서열정렬(MSA)을 활용하여 단백질 구조에 대한 물리적 및 생물학적 지식을 통합하는 새로운 기계학습 접근법이었다. 알파폴드팀은 2018년과 2020년 단백질 구조예측 평가대회(Critical Assessment of Protein Structure Prediction, CASP)에 참가했는데, 알파폴드가 2020년 최우수상을 받았다.

알파폴드는 단백질 구조의 진화적, 물리적 및 기하학적 제약에 기반한 새로운 신경망 아키텍처와 훈련 절차를 통합하여 구조예측의 정확도를 높일 수 있었다. 접힌 단백질은 노드와 연결선으로 구성된 일종의 '공간 그래프(spatial graph)'이다. 그래프는 노드와 연결선으로 구성되는데, 단백질 구조 그래프에서 노드는 잔기(residue)이고 연결선은 잔기의 접촉을 표현한다.

---

27) 로제타 혼합형 프로토콜(Rosetta hybrid protocol)은 동족체 모델링(homology modeling)을 통해 단백질 구조 모델을 일반화하는 방법론으로 개발되었다. 이후 일반적인 거대 분자 계산 문제를 해결하기 위해 개조되었다.

알파폴드는 1차 아미노산 서열과 동족체 서열(aligned sequences of homologies)을 입력하여 특정 단백질에 대한 모든 중원자의 3D 좌표를 직접 예측한다. [그림 5]를 참조하면, 우선 입력 서열(input sequence)에서 출발하여 일반 데이터베이스 검색과 구조 데이터베이스 검색을 수행하여 다중서열정렬(MSA)과 템플릿 과정을 거친다.

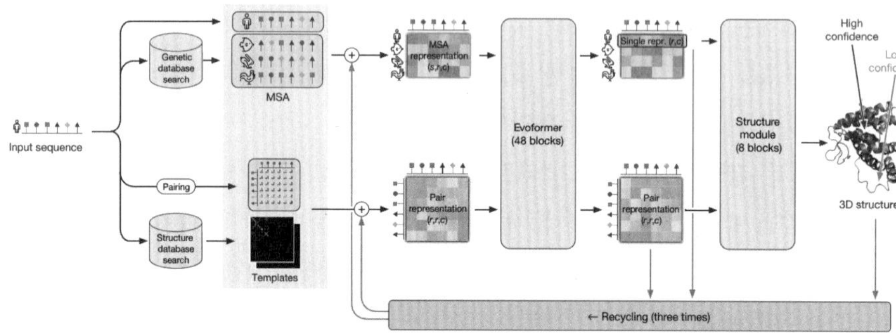

▲ **그림 5** 단백질 예측모델 구조. 화살표는 알파폴드 구성요소 사이 정보 흐름을 표현. s는 서열의 수(N_{seq}); r은 잔기의 수(N_{res}); c는 채널의 수를 나타낸다. 에보포머(Evoformer) 영역은 484개의 파라미터를 사용하는 48개의 다층 딥러닝을 가지고 있다.

다음은 알파폴드 핵심 과정인 두 가지 단계를 거친다. 하나는 에보포머(Evoformer) 이고, 다음은 구조 모듈(Structural Module)이다. 에보포머(Evoformer)는 생물의 진화를 암시하는 이름이다. 단백질 구조를 더 많이 발견한다면 생물의 진화 퍼즐을 더 잘 이해할 수 있다. 에보포머는 484개의 파라미터를 사용하는 48개의 다층 딥러닝으로 구성된 신경망 블록이다. 에보포머는 단백질 공간 그래프가 근처의 잔기(노드)를 묶어내게 유도한다. 그래프의 노드 거리와 연결선의 비틀림 각도 분포 등을 추론하면, 등변 트랜스포머(equivariant transformer)가 잔기의 방향 정확성에 가중치를 부여한다. 한번 처리된 MSA(다중서열정렬)를 나타내는 $N_{seq} \times N_{res}$ 배열과 잔기쌍을 나타내는 $N_{res} \times N_{res}$ 배열을 생성한다(N_{seq} 서열의 수, N_{res} 잔기의 수).

다음으로, 구조 모듈(Structural Module)은 종단 간 구조 예측(End-to-end structure prediction)을 통하여 구체적인 3D 백본 구조를 만들어낸다. 3D 백본 구조에서 각각 잔기(N_{res})는 독립적 회전 및 변환으로 표현된다. 에버포머와 구조 모듈 두 단계를 3번 반복하면서 3D 모형의 정확도를 높인다.

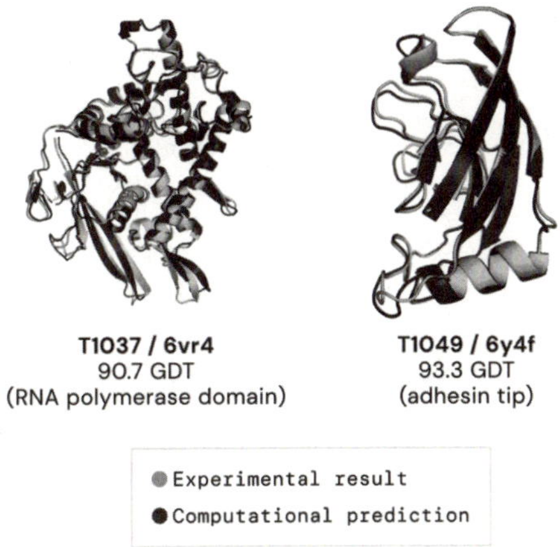

◀ **그림 6** 2020년 CASP 대회 자유 모델링 범주에 제출된 두 개의 단백질 예시. 알파폴드의 예측모델(회색)과 실험 결과(검은색)를 비교할 때 상당히 일치하는 것을 볼 수 있다. (그림자료: 알파폴드 웹사이트)

알파폴드의 정확성은 2020년 CASP 대회 자유 모델링 범주에 제출된 두 개의 타겟 단백질 예시[그림 6]를 통해서 알 수 있다. 알파폴드의 예측모델(검은색)과 실험 결과(회색)가 상당히 일치했고 이로써 알파폴드의 정확도가 높다고 인정받았다.

물론 알파폴드의 성과가 과학자 또는 시민과학자를 대체할 수 있다는 의미는 아니다. 알파폴드가 새로운 단백질 접힘 구조를 새로 발견한 것은 아니다. 알파폴드는 과학작업과 시민과학의 성과 위에서 등장할 수 있었고, CASP 대회가 제출한 100개의 단백질에 대해서 가장 근접한 구조예측을 수행했을 뿐이다. 그러므로 알파폴드는 새로운 단백질 접힘 구조를 발견할 잠재성도 있을 것으로 주목받고 있다.

인공지능이 단백질 구조를 빠르게 찾을 것으로 기대되면서 많은 생물학자가 인공지능 방법에 주목하고 있다. 알파폴드와 같은 방법론은 비용이 많이 들고 시간이 오래 걸리는 과학실험을 보완할 수 있다. 유전자 코드 계산만으로 단백질의 모양을 예측하는 알파폴드의 능력은 연구를 극적으로 가속하는 데 도움을 줄 수 있다. 알파폴드가 단백질 구조 모델을 예측하고 과학자가 실험실에서 검증하는 과정을 결합한다면 과학작업은 빠르게 성과를 낼 것이다.

인류의 난제, AI의 서식지

폴드잇 게임참가자 단체, 폴드잇 플레이어 컨소시엄(Foldit Players consortium)은 단백질 구조 발견 협력체계를 평가하는 논문 작업(Keasar et al, 2018)에 참여했다. 이 작업은 위폴드(WeFold)가 주도한 것인데, 위폴드는 단백질 구조예측 평가대회(CASP) 공동체와 그 외 연구자들의 협력을 촉진하기 위해서 2012년에 출범한 웹기반 협력체제이다.

위폴드는 단백질 구조예측의 규모와 다양성이 매우 크기 때문에 개별 실험실이나 심지어 몇몇 파트너 간의 협력으로도 달성될 수 없다는 관점에서 폭넓은 협력체계를 지향한다. CASP는 1994년 시작하여 격년으로 개최되며, 컴퓨터 기반 단백질 구조예측의 강점과 약점을 실험하고 관련 과학작업을 촉진하려는 목표를 가지고 있었다. CASP는 예측 프로그램 개발자들에게 대용량 데이터 세트도 제공한다. 그러나 이러한 CASP 트랙은 제한된 솔루션일 뿐이다. 지난 20년간 CASP의 역사는 상당한 진전이 있었지만, 여전히 주요 장애물이 남아 있었다.

위폴드는 단백질 구조예측을 위한 광범위한 협력 노력을 위해서 관련 행위자를 폭넓게 끌어들였다. CASP의 목표를 달성하려면 CASP 사용자 공동체의 역할이 필수적이라고 판단한 것이다. CASP에 참여하고 있는 다양한 집단을 모아서 CASP 공동체를 만들었고, 새로운 혁신 개념을 장려하기 위해서 포용적 접근법을 추구했다. 위폴드는 새로운 구성원을 계속 모집하고 있다.

위폴드의 노력은 상당한 홍보 효과가 있었다. 알파폴드는 위폴드의 개방적이고 폭넓은 협력에서 나온 것이다. 위폴드의 취지처럼 난제를 풀기 위해서는 컴퓨터 기반 예측과 과학자 그리고 시민과학까지 협력할 수 있는 협업체제가 가장 이상적이다. 위폴드의 활동은 인공지능 개발자들에게도 도전하고 싶은 동기를 불러일으켰다. 인류의 난제는 인공지능이 개척해야 할 영역을 표지해준다. 그 영역이 바로 '인공지능의 서식지'가 될 수 있다.

[참고문헌]

Ekeberg, M., et al 2013. "Improved Contact Prediction In Proteins: Using Pseudolikelihoods to Infer Potts Models", *Physical Review* E87, 012707.

Jumper, J. et al 2021. "Highly Accurate Protein Structure Prediction With AlphaFold", *Nature*, 596, pp. 583-589.

Keasar, C. et al 2018. "An Analysis and Evaluation of the WeFold Collaborative for Protein Structure Prediction and Its Pipelines in CASP11 and CASP12", *Scientific Reports*, 1 December 2018, 8(1). DOI:10.1038/s41598-018-26812-8

4.7 chatGPT, 경이와 혼란

2022년 11월 챗GPT 서비스가 시작되자 AI의 새로운 장을 열었다는 격찬과 함께 우려하는 반응도 일었다. 이 서비스는 AI의 일상화를 예고하는 것이었고 그로 인한 사회적 갈등도 현실이 될 것이라는 공감을 형성했다. 흔히 새로운 기술은 인간의 삶을 개선하려는 지향을 가진다는 점에서 먼저 환영받고 나중에 구체적인 문제가 드러나면서 비판받지만, AI 기술은 처음부터 환영과 비판을 동시에 받고 있다.

2023년 3월 22일, 일부 AI 전문가들은 최첨단 AI 시스템 개발을 일시 중단해야 한다며 공개서한(Pause Giant AI Experiments: An Open Letter)을 내놓았고, 서명 참여자 수가 지속적으로 증가하고 있다[28]. 오픈AI의 공동대표 그레그 브로크만(Greg Brockman)도 "인공지능을 올바르게 다루기 위해서는 모두의 참여가 필요하다. AI를 어떻게 활용할지, 인공지능이 할 일과 하지 못할 일에 대해 그 규칙을 설정하는 것이다"라며 동조하는 견해를 피력했다[29].

생성형 AI, 다층적 합성물

챗GPT와 같은 생성형 AI 모델이 대량의 이미지와 텍스트를 생산할 수 있어서 노동 시장이 불안해질 것이라는 전망이 나오고 있다. AI의 문제에서 가장 중요한 주제는 노동의 문제일 것이다. AI에 대한 관점은 노동에 대한 관점에서 오기 때문이다. 우리는 흔히 기계가 노동을 대체할 것이라는 신화에 아무런 의문도 제기하지 않아 왔다. 이런 기계 신화는 주로 노동에 대한 오해로부터 나온다[2.3장, 5.4장 참조].

챗GPT가 불러일으킨 관심과 혼란은 같은 근원에서 나온다. 바로 이 기계가 인간의 창의

28) 다음 웹문서를 참조하라. "Pause Giant AI Experiments: An Open Letter" (future of life, 2023. 3. 22), https://futureoflife.org/open-letter/pause-giant-ai-experiments/

29) "오픈AI 사장 "AI 규칙 결정에 모두 참여하라" (테크튜브, 2023. 4. 19), "The Inside Story of ChatGPT's Astonishing Potential" (TED 2023. 4. 21)

적 노동을 대신할 것으로 보이기 때문이다. 노동을 자동화할 수 있다면 경영자 집단의 관점에서 노동 통제권을 강화하고 생산성을 향상할 것이다. 다른 한편 노동자 집단의 관점에서는 대량 실업을 암시한다. 챗GPT의 등장은 즉각 노동과의 갈등을 불러왔다.

아직 이 기계의 역량이 확인되지 않았는데도 이미 외신에서는 생성형 AI의 등장으로 노동자 해고가 시작되었다는 보도가 나오고 있다[30]. 미국작가조합(Writer's Guild of America, WGA)은 파업을 시작했다. 이 단체는 미국 영화 및 드라마, 예능 대본을 작성하는 할리우드 작가 11,500여 명으로 구성된 노동조합이다. 이 단체가 제기한 주요 문제는 작가들의 일자리가 위협받고 있다는 것이다. WGA가 제시한 구체적인 협상 조건에는 AI를 활용한 대본 작성과 수정 및 재작성 금지, AI 학습 훈련에 작가의 작업물 사용 금지 등이 포함되었다[31]. 이어서 미국 배우들도 파업에 합류했다[32].

AI가 불러온 경이와 혼란을 깊이 있게 살펴보기 위해서 우선 GPT 기반의 언어모델의 특질을 살펴보자. 이를 통해 우리는 AI의 성장이 단순히 기술적 범위로 한정하여 진행되는 것이 아니라 인간(사회)의 참여와 깊이 연루되어 있음을 확인할 수 있다. AI의 발전은 기술적이면서 동시에 사회적인 복합체이며, 특히 챗GPT의 등장은 다층적인 문제를 집중적으로 끌어올렸다.

비영리단체 인공지능디지털정책센터(CAIDP)는 인공지능 기준 위반 혐의로 연방거래위원회(FTC)에 챗GPT의 개발사인 오픈AI사를 고발했다[33]. 그들은 오픈AI사가 챗GPT의 문제를 알면서도 출시를 결정했다고 의심하고 있다. 예를 들어서 챗GPT는 유려한 말솜씨 못지않게 거짓 정보도 과감하게 생성해냈다. 세간에 언급되듯이 오픈AI는 챗GPT의 위험을 알고도 서비스를 공개한 것일까?

오픈AI는 사전에 별다른 위험을 알리지 않았다. 그렇다고 해서 관련 책임이 명백하게 개발회사에 있다고 판정하기는 어렵다. 오픈AI는 이 서비스가 '뜨거운 반응'을 얻을 것으로 예상하지 못했을 수 있다. AI의 위험은 내장된 것이기도 하지만 더 주요하게는 얼마나 많이 사용되느냐에 따라 그 정도가 달라질 수 있기 때문이다.

30) "챗GPT 때문에 해고됐어요" AI로 인한 실직 이미 시작됐다" (매일경제, 2023. 6. 23).
31) "미국 할리우드 작가들이 파업하는 이유, AI 때문이라고?" (매거진 한경, 2023. 5. 24).
32) "Actors vs. AI: Strike brings focus to emerging use of advanced tech" (Financial News, 2023. 7. 15)
33) CAIDP의 웹사이트(https://www.caidp.org/cases/openai/)에서 원문을 참조할 수 있다. 그 외 국내 자료는 다음과 같다. "챗GPT 개발 중단되나? 고발당한 오픈AI" (Digital Today, 2023. 4. 9), "미국 CAIDP의 챗GPT 진정서"(진보넷 번역자료, 2023. 7. 14)

거대언어모델(LLM)의 독성 반응

챗GPT 공개 이전에 AI 개발자 사이에서 거대언어모델(Large Language Model, LLM)의 위험은 어느 정도 알려진 사실이었다. 지난 20년 동안 언어모델은 정량적 방식 대신에 언어 구조를 암묵적으로 포착하는 신경망 쪽으로 관심을 돌렸다. 2021년 딥마인드 연구자들은 4,400만~2,800억 매개변수를 사용하는 다양한 크기의 트랜스포머 구조로 언어모델을 훈련했고 이 모델을 '고퍼(Gopher)'라고 명명했다[4.5장 참조].

고퍼(Gopher)는 사실 확인 역량이 뛰어났지만 동시에 사실이 아닌 것을 사실이라고 단정적으로 말하는 현상이 있었다. 흔히 생성형 AI의 '환각 증상(hallucination)'이라고 지목되는 현상이다. AI 모델이 생성하는 내용은 검색엔진의 결과보다 문제가 될 수 있다. 단순히 관련 문서 목록을 알려주는 형식과 달리 대화 형식이 가지고 있는 위력 때문이다. 순간적으로 인간 대화자는 대화 과정에 빠져들 수 있고 AI의 대화 내용을 '진실'로 오인할 가능성이 있다.

고퍼는 단순 오류 발언만이 아니라 인간 차별 등을 포함하여 독성 발언도 만들어 냈다. 특히 더 심각한 문제는 규모가 커질수록 독성 발언도 강화되는 현상이 나타났다. 연구자들에 따르면, 고퍼 모델의 규모(매개변수의 수)를 다양하게 만들어 시험했을 때, 독성 언어 생성과 인식 사이의 상관관계가 있었다. 독성이 없는 입력일 때는 독성이 없는 대화문을 생성했고 모델 크기에 따른 변화도 없었다. 이는 AI 모델의 규모가 클수록 독성 입력과 유사한 반응을 할 가능성이 증가한다는 것을 의미한다. 이는 단지 기술적 확장만으로 이 문제를 해소할 수는 없을 것이라는 함축이다.

생성형 AI의 위험은 그 자체의 작동원리 내에 포함된 것이었는데, 다만 그 위험은 '실험실 수준'의 것이었다. 그런데 이제 공개적인 대중적 서비스가 되면서 그 위험이 문제가 될 정도로 강화될 수 있게 된 것이다. 이런 우려에 대해서 오픈AI사의 공동대표 샘 알트먼(Sam Altman)은 "기술을 완전히 공개하기 전에 완전히 비공개로 개발하고 테스트하는 것보다, 모든 사람이 위험과 처리 방법을 더 잘 이해할 수 있도록 점진적으로 공유하는 것이 더 안전하다고 주장"했다[34]. 이 발언을 뒤집어서 해석하면 생성형 AI의 개발이 완성형 상품-'완전히 안전한 상태'-으로 출시되기 어렵다는 의미이다.

---

34) "OpenAI CEO Sam Altman reportedly compared his firm to the Manhattan Project", (The New York Times, 2023. 3.

생성의 목표, '현실'이 아니라 '현실과 구별할 수 없는 데이터'

생성형 AI 모델의 위험 양상은 원리적으로 GPT(Generative Pre-trained Transformer)의 생성적 특질에서 기원한다. 생성적 특질에 대해서는 이안 굳펠로우(I. Goodfellow)의 생성-적대망(GAN, Generative Adversarial Networks) 모델을 참조할 수 있다. 잘 알려져 있듯이, GAN 모델은 생성모델(generative model)과 판별모델(discriminative model)로 구성되어 경쟁하면서 학습한다[3.6장 참조].

생성모델은 위조지폐를 만들어 적발되지 않고 사용하려는 위조범과 유사하고, 판별모델은 위조지폐를 적발하려는 경찰과 유사한 역할을 한다. 이 게임에서 양자는 모작과 진품을 구분할 수 없을 때까지 경쟁하며 자신의 방법을 개선한다. 여기서 주목해야 할 것은 GAN 모델에서 생성 기능은 '현실 생산'이 아니라, '현실과 구별할 수 없는 데이터 생산'을 목표로 한다는 점이다.

생성형 AI가 내놓는 결과는 '실재'가 아니라 실재처럼 보이는 것이다. 우리가 '진실'이라고 간주하는 답변도 그리고 '거짓'으로 간주하는 답변도 같은 원리로 만들어진 것이다. 엄밀하게 챗GPT는 진실을 말하거나 거짓말을 하는 것이 아니다. 다만 그 기계는 '현실과 구별할 수 없게' 하려는 목표에 부응한 것일 뿐이다.

이는 다시 말해서 챗GPT가 앞으로 어느 정도 개선되더라도 그의 발언에서 '거짓'을 근본적으로 제거할 수 없다는 의미이다. 이 기계는 원리적으로 '현실과 구별할 수 없는 데이터'를 만들 뿐인데, 어떤 때는 '진실'로 또 어떤 때는 '거짓'으로 판정될 뿐이다. 어쩌면 환각 증상은 인간처럼 말하는 역량에서 불가피하게 수반되는 것일 수도 있다[5.5장 참조]. 어떤 때는 이런 환각이 창의성으로 해석될 수 있다. 이 기계 안에서 '진실'과 '거짓'이 같은 뿌리를 가지고 있듯이, 환각과 창의성도 분리된 것이 아닐 수 있다.

이미지를 생성하는 AI, 달리(DALL-E)의 아웃페인팅(outpainting) 기능은 이런 생성 능력의 예시를 잘 보여준다. 달리(DALL-E)는 명화 이미지 '진주목걸이를 한 소녀(Girl with a Pearl Earring by Johannes Vermeer)'를 입력값으로 받은 후, 그 주변 배경을 그럴듯하게 확장할 수 있다[35]. 생성형 AI가 무엇인가를 생성한다는 것은 바로 이런 모습이다.

35) https://openai.com/blog/dall-e-introducing-outpainting

◀ **그림 1** 요하네스 페르메이르(Johannes Vermeer)의 그림 "진주목걸이를 한 소녀(노란 상자 안)"의 아웃페인팅 결과물 (August Kamp × DALL·E) [그림 자료: 오픈AI]

이 소녀의 주변 배경 그림은 '진실'인가? '거짓'인가? 그것은 확인할 수 없지만 있었을 법한 모습이다. 그리고 달리(DALL-E)가 만들어 낸 '가짜 배경'은 전혀 위험하지 않다. 이 그림이 워낙 유명해서 대부분의 사람이 원작을 잘 알고 있기 때문이다. 콘텐츠 저작물에서 오마주(hommage) 또는 패러디(parody) 행위는 원작 침해가 아니라 새로운 창작으로 인정받는다. 이때도 원작이 널리 알려져서 그런 정당성이 발생한다. 이는 생성형 AI가 만들어 낸 결과가 '진실'과 '거짓'에 관계없이 작동하는 영역도 있을 수 있음을 시사한다.

인간피드백 기반 강화학습(RLHF)

생성형 AI 모델의 환각 현상은 원천적으로 제거할 수는 없더라도 개선할 수 있을 것이다. 개발자들은 문제의 개선을 위해서 노력하고 있다. 앞서 고퍼 개발(2021) 사례를 통해 확인되었듯이, 챗GPT 개발자들은 단순히 학습 데이터의 양이나 기술적 매개변수 규모를 확대하는 것만으로 이 문제를 극복할 수 없다는 점을 잘 알고 있었다. 그래서 그들은 적극적인 접근을 취했고 이것이 챗GPT의 고유함을 만들어 냈다.

"언어모델을 더 크게 만든다고 해서 본질적으로 사용자의 의도를 더 잘 따르는

> **것은 아니다**. 예를 들어, 거대 언어모델(LLM)은 거짓이거나 독성이 있거나 사용자에게 도움이 되지 않는 출력을 생성할 수 있다. 즉, 이러한 모델은 사용자와 결합하지 못한다. 본 논문에서, 우리는 인간의 피드백에 따라 미세 조정함으로써 언어모델을 광범위한 작업에 대한 사용자 의도에 맞추는 방법을 보여준다(Ouyang, L. et al, 2022)." (강조는 저자)

챗GPT 개발자들은 '더 크게 만든다고 해서 사용자의 의도를 더 잘 따르는 것은 아니다'고 밝히고 있다. 그래서 대안으로 인간 피드백 방법론을 도입했다. 오픈AI사의 공동대표 그레그 브로크만(Greg Brockman)은 유사한 취지로 "고품질의 피드백을 받는 것"이 매우 중요하다며 "인간이 관리, 감독하고 고품질의 피드백을 통하여 신뢰성 있게 만들 수 있다"라고 재확인했다[36].

이들이 채택한 접근법은 기계와 인간의 상호작용을 기계학습 방법론으로 도입하는 것이었다. 이것이 바로 '인간피드백 기반 강화학습(Reinforcement Learning from Human Feedback, RLHF)'이다. 이 접근법은 결과적으로 실효적이었는데, 이 모델의 작동과정에 관해서는 오우양과 동료 연구자의 논문(Ouyang, L. et al, 2022)에서 확인할 수 있다.

아래 [그림 2]를 참조하면 인간피드백 기반 강화학습(RLHF) 모델은 크게 3단계 과정으로 이루어진다. 각각 (1) 감독 미세조정(supervised fine-tuning, SFT), (2) 보상모델(reward model, RM) 훈련, (3) 보상모델에 '근사 정책 최적화(proximal policy optimization, PPO)'를 적용한 강화학습이다. 여기에서 인상적인 요소는 '인간 분류자(labeler)'라는 행위자이다.

우선, 1단계 감독 미세조정(SFT)에서, 실증 데이터를 수집하고 감독 정책을 훈련한다. 먼저 사전에 작성된 질문 데이터 집합에서 질문 표본을 추출한다(예: "6살 아이에게 달착륙을 설명해줘"). 이에 대해 인간 분류자(labeler)가 답변을 작성한다. 인간 분류자는 "어떤 사람들이 달에 갔다"와 같은 일반적인 문장으로 시작하는 답변을 작성한다. 마지막으로 이 데이터를 강화학습(RL)을 수행하는 GPT-3 미세조정 과정에 사용한다.

다음 2단계에서 비교 데이터를 수집하고 보상모델(RM)로 훈련한다. 질문과 몇 가지 답변 결과를 표본 추출한다. 그리고 인간 분류자(labeler)는 그 표본들에 대하여 가장 좋은 결

36) "The Inside Story of ChatGPT's Astonishing Potential", (TED 2023. 4. 21).

과에서 가장 나쁜 결과에 해당하는 차이를 분류하여 등급을 부여한다(예, D>C>A=B). 그리고 이 데이터를 보상모델(RM) 훈련에 사용한다.

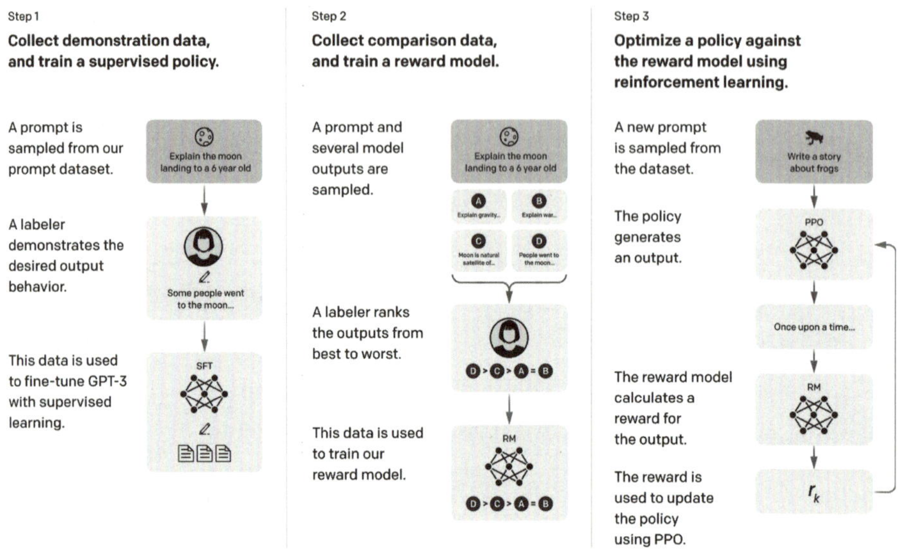

◀ **그림 2** 인간피드백 기반 강화학습(RLHF)의 3단계 도식: (1) 감독 미세조정(SFT), (2) 보상모델(RM) 훈련, (3) 보상모델에 근사 정책 최적화(PPO)를 적용한 강화학습. 파란 화살은 이 데이터가 이 모델 중 하나를 학습하는 데 사용되었음을 표시한다. 2단계에서 A-D 상자는 인간 분류자에 의해 등급이 부여된 표본이다. (그림자료: Ouyang, L. et al, 2022)

마지막 3단계에서 강화학습(RL)을 사용하여 보상모델(RM)에 맞는 정책을 최적화한다. 새로운 질문을 데이터 집합에서 표본 추출한다(예, “개구리에 관한 이야기를 작성하라”). 그리고 정책에 따라 답변을 생성한다. 보상모델(RM)이 그 답변에 대해 보상을 계산한다. 마지막으로 ‘근사 정책 최적화(PPO)’에 기반하여 적용할 보상을 갱신한다.

인간 대화의 가치, 노동을 통한 1차 언어

관련 논문과 발언에서 볼 수 있듯이, 챗GPT 기술은 인간과의 접촉면을 확대함으로써 성과를 낼 수 있었다. 이는 기술이 사회적으로 구성된다는 여러 이론이 논증한 바를 다시 확인하는 것이기도 하다. 특히 인간의 대화를 학습하는 AI는 인간 대화자와의 접촉이 필수적이다. AI 작동에서 인간과의 대화가 환경에 대한 유일한 직접적 상호작용 지점이기 때문이다. 나머지는 간접 데이터일 뿐이다.

직접 데이터와 간접 데이터는 질적 차이를 불러오나? 그 답변은 플라톤(Plato, 2019)의 문자 비판 그리고 롤랑 바르트(Roland G. Barthes, 1995)의 생산자의 언어(1차 언어)에 대한 강조를 소환함으로써 설명할 수 있다. 먼저 고대 그리스 철학자 플라톤의 '대화'와 '문자' 비교는 인간 언어(대화)와 기계언어(문자)의 차이를 제시해준다. 플라톤의 문자 비판은 '최초의 기술 비판'이라고 평가받는 주요한 철학적 견해이다.

> "글은 다음과 같은 특성이 있으며 그런 점에서 그림과도 같네, 그림으로 그려놓은 것들은 마치 살아 있는 것처럼 거기 있지만, 누가 질문을 하면 아주 근엄하게 침묵을 지킨다네. 글도 마찬가지일세. 자네는 글이 지성을 갖추고 있는 것처럼 말한다고 생각하겠지만, 글이 말하는 것 가운데 어떤 것에 관해 더 알고 싶어 질문을 하면 글은 매번 한 가지 정보만 제공한다네. 일단 글로 적힌 것은 사방으로 떠돌아다니면서 그것을 이해하는 사람뿐 아니라 그것과 무관한 사람의 손으로도 굴러 들어가며, 누구에게 말을 걸어야 하는지 누구에게 말을 걸어서는 안 되는지 전혀 분간하지 못한다네. 그리고 푸대접받거나 모욕당하면 그것은 자신을 지킬 수도, 자신을 도울 수도 없는지라, 언제나 아비(저자)의 도움이 필요하다네(플라톤, 2019:112)"

플라톤에 따르면, 대화는 즉각적으로 진실을 확인할 수 있지만, 문자는 그렇지 못하다. 그래서 문자는 거짓을 말하기 쉽고 그것을 계속 퍼트리는 것도 가능해진다. 대화와 달리 문자는 모든 상황에 맞게 대처하지 못한다는 점에서 기계적이다. 플라톤의 문자 비판은 데카르트의 기계 비판 원리와 중첩하는 점이 있다[1.1장 참조]. 데카르트는 기계가 인간과 달리 상황에 대처하지 못한다는 점을 제기했었다.

이와 유사하게 프랑스 철학자 롤랑 바르트의 1차 언어와 2차 언어(메타언어)의 비교를 소환해보면 더 분명해진다. 1차 언어는 노동(자연과의 상호관계)을 통해서만 얻을 수 있다.

> "나무꾼은 나무를 말한다(speak the tree). 그러나 나무꾼이 아닌 사람은 나무에 대해 말한다(speak about it). 언어가 작동과정에서 그리고 과도적으로 그 대상과 연결되어 있다는 것을 의미한다. 나무와 나무꾼 자신은 노동에 의해 연결된

> 다. 다시 말해서 그것은 행동이다. 그러므로 그것은 정치적 언어이다. 그 언어는 그가 나무를 변형시킬 때 나무를 대표한다. 나무꾼의 말은 그가 나무에 행동을 한 덕분에 언어가 된다. (롤랑 바르트, 1995:74-75)."

나무꾼의 말(1차 언어)이 나무(현실)를 말한다면, 나무꾼이 아닌 사람의 말(2차 언어)은 나무(1차 언어)에 대해 말할 수 있을 뿐이다. 그래서 2차 언어(메타언어)는 현실을 조작하는 것이 아니라 현실 바깥에 있는 관념을 조작하는 것이다. 1차 언어가 종합(synthesis)한다면 2차 언어는 절단(amputation)이라는 방법에 의존할 뿐이다.

그래서 1차 언어는 거의 거짓말을 할 줄 모른다. 반면에 2차 언어는 신화를 만들어 내는 데 능숙하다. 따라서 신화적이지 않은 언어가 있다면 그것은 '노동하는 인간의 언어(the language of man as a producer)'이다. 노동하는 인간은 현실을 변형하기 위해서 그 대상을 이미지로 보존할 필요가 없지만, 메타언어(2차언어)는 1차 언어를 참조하는 이미지를 만들어 내야 한다.

이런 맥락에서 바르트는 "신화는 우파의 것"이라고 선언한다. 부르주아 계급은 노동하지 않으며 단지 노동의 결과에 대해 말할 수 있을 뿐이다. 대신 그들은 끊임없이 자신을 꾸며내곤 한다. 그들의 신화는 사회적인 것, 문화적인 것, 이데올로기적인 것을 '자연적인 것'으로 뒤집어놓는다. 그래서 계급적인 구분을 자명한 것으로 만들어 버린다.

플라톤과 바르트의 견해를 적용하면, 거대한 데이터는 실재적인 것을 보여줄 것이라고 기대하게 만들지만, 그 자체로는 의미 있는 작동을 하기 어렵다. 기계가 보유하고 있는 대규모 데이터는 플라톤의 '문자'나, 바르트의 '메타언어'보다 완성도가 높지 않다. '문자'와 '메타언어'가 가지고 있는 결핍을 데이터 역시 내장하고 있다. 그래서 끊임없이 '대화'와 '1차 언어'에 의해 갱신되지 않는다면 곧바로 생명력을 잃어버릴 것이다.

챗GPT 개발자들은 AI 개발에 인간 대화자를 배치한 것이 필수적이라는 점을 경험적으로 알았다. 그들의 경험이 철학 이론을 다시 한번 확인해 준 셈이다. 그렇다면 생성형 AI의 운명은 인간 사용자와의 상호작용에 달려 있다는 점이 분명해진다. 이제 이 문제는 'AI와 인간 사용자가 어떻게 접촉하고 학습할 것인가?'라는 질문에 관한 것으로 전환된다.

챗GPT 대화 사례로 탐색하기

현재 챗GPT와의 대화는 오픈AI 사이트(chat.openai.com)에서 많은 사용자에 의해서 경험되고 있다. 다음 대화는 저자가 챗GPT와 수행한 대화문 중 일부를 발췌한 것이다[37]. 챗GPT는 훌륭한 말솜씨를 보여주고 있다. 잘 알려져 있듯이 이 기계는 자주 오류를 범했는데, 그 대부분은 '모르는 것'을 '모른다'고 답하지 않고 굳이 없는 내용을 만들어 내기 때문에 발생했다.

사용자: 라투르 글에서 "Out-of-Which-We-Are-All-Born". 이게 뭘 말하는 것 같아?

ChatGPT: "Out-of-Which-We-Are-All-Born"은 우리가 모두 태어난 것으로부터 나온 것이라는 의미를 담고 있는 제안된 용어입니다. 이 용어는 "신"이라는 단어를 사용하지 않으면서도 인간의 기원과 연관된 개념을 표현하기 위한 것입니다. 라투르는 이 용어를 "OWWAAB"로 줄여서 사용하며, 이상하고 생소한 용어로써 다른 제목과 기원문 간의 상호 번역을 용이하게 하기 위한 목적도 있습니다. 이 용어는 라투르의 생태철학에서 자연을 존중하고 환경 문제를 다룰 때 자주 등장하는 개념입니다.

사용자: 그래! 라투르 글 중에서 이 말이 어디에 나왔었는지 찾아줄래?

.......(생략)..........

ChatGPT: 'Out-of-Which-We-Are-All-Born'이라는 용어는 라투르가 쓴 다른 책 'An Inquiry into Modes of Existence'에서도 등장합니다. 이 책에서 라투르는 다양한 인간의 존재 방식을 조사하면서 "신"이라는 개념에 대한 대안으로 "Out-of-Which-We-Are-All-Born"이라는 용어를 사용하고 있습니다. 이 용어는 자연과 인간의 상호 의존적인 관계를 강조하며, 인간의 기원과 자연과의 관계를 생태철학적인 관점에서 탐구하는 라투르의 철학적인 이념을 나타내고 있습니다.

---

37) 이 대화문은 다음 챗GPT 문서에서 확인할 수 있다. https://chat.openai.com/c/8ffd1093-5029-41ad-a695-8965f8d1c765

위 대화문에서 챗GPT는 'Out-of-Which-We-Are-All-Born'이라는 개념이 다른 문헌에서도 자주 등장한다고 답하고 있지만 사실이 아니다. 그리고 이어서 브뤼노 라투르의 책 〈An Inquiry into Modes of Existence〉에 이 개념이 출현한다고 말하고 있지만 이것도 사실이 아니었다. 그 책에 '신(god)'에 대한 언급이 나오지만 'Out-of-Which-We-Are-All-Born'라는 설명은 등장하지 않는다.

모르는 사실에 대해서 '모른다'고 답했다면 간단히 상황이 종료되었을 것이다. 아마도 인간 대화자는 그런 응답을 더 인간적이라고 여겼을 것이다. 이런 응답 오류는 거의 모든 대화마다 등장했기 때문에, 챗GPT와 대화를 하고 나면 반드시 그 대화의 사실 여부를 확인해야 하는 부담이 발생했다. 고퍼 개발자들이 생성형 AI 모델이 사실확인 분야에서는 뛰어나다고 평가[4.5장 참조]한 언급이 무색해지고 있다. 챗GPT와 대화함으로써 얻는 이득보다 그것이 사실인지를 확인하는 부담이 더 클 수 있다. 만약 사실확인 없이 그대로 재사용한다면 사용자를 위험하게 만들 것이다[38].

여기서 한 가지 더 주목할 것으로는 챗GPT가 정교하게 답할수록 문제가 심각해질 수도 있다는 점이다. 움베르토 에코의 소설 〈장미의 이름〉에 관한 주제로 두 가지 버전으로 대화했다. 하나는 한국어로 질문했고 다른 하나는 영어로 질문했다. 한국어 대화에서는 명백하게 사실이 아닌 대답을 했기 때문에 즉각 판단할 수 있었다[39]. 영어 대화에서는 챗GPT는 전문가 수준의 유려한 답변을 하면서 더 많은 대화를 기대하게 했다[40].

영어 대화에서 출발 질문은 다음과 같다. "움베르토 에코의 장미의 이름에서 윌리엄 캐릭터에 대해 말해줘", 다음으로 "이 작품의 주요 주제가 무엇이라고 생각해". 이에 대한 챗GPT의 답변은 기대 이상 훌륭했다. 그런데 세 번째 질문, "이 작품에서 실존 인물은 누구인가?"에 대해서는 사실과 다른 답을 했다. 아래 대화문은 그중 일부이고 편의를 위해 번역했다.

38) 관련 사례로는 다음 신문보도를 참조할 수 있다. "美 법원, 챗GPT 사용해 가짜 판례 제시한 변호사에게 '벌금형'"(법률신문, 2023. 6. 25)

39) 한국어로 진행한 이 대화문은 다음 챗GPT 문서에서 확인할 수 있다. https://chat.openai.com/share/3d277bf1-7809-4cea-878a-c4ac348e395f

40) 영어로 진행한 이 대화문은 다음 챗GPT 문서에서 확인할 수 있다. https://chat.openai.com/share/eb1b12ca-21bb-4a4d-ae4c-15a8a625d1e2

사용자: 이 작품에서 실존 인물이 누구지? 실존 인물을 모두 말해줘

ChatGPT: "장미의 이름"은 소설 작품이고, 소설 속의 인물들은 전적으로 허구입니다. 움베르토 에코는 14세기 중세 수도원을 배경으로 이야기를 채우기 위해 생생하고 상상력이 풍부한 등장인물을 만들었습니다. 이 소설은 역사적 사건, 사회적 맥락, 그리고 실제 역사적 인물들에 대한 언급을 포함하고 있지만, 등장인물들 자체는 에코의 허구적인 창작물입니다. 주인공인 배스커빌의 윌리엄은 실제 인물을 바탕으로 한 것이 아니라 다양한 특징과 원형의 복합물을 표현하고 있습니다. 에코는 저명한 학자이자 기호학자였고, 역사와 문학에 대한 그의 전문 지식은 중세 시대의 정신을 진정으로 포착하는 풍부하고 상세한 이야기를 구성할 수 있게 해주었습니다. 하지만, "장미의 이름"에 등장하는 인물들과 사건들은 에코의 상상력의 산물이며 특정한 실제 개인들에 기반을 둔 것이 아닙니다.

이 소설은 중세 수도원을 배경으로 하고 있고, 주인공은 가상 인물이지만 중세 사회가 직면한 문제를 제시하기 위해서 그리고 사실적 묘사를 위해서 상당수 실존 인물을 배치하고 있다. 예를 들어서, 카잘레의 우베르티노(Ubertino of Casale)나 체세나의 미켈레(Michele of Cesena)가 대표적이다. 이는 인터넷 검색으로 쉽게 확인할 수 있다. 그런데 챗GPT는 이 소설에 실존 인물이 없다고 확신했다.

이 대화는 챗GPT 대화가 정교할수록 사실확인이 어려워질 수도 있음을 암시한다. 한국어 대화는 처음부터 형편없는 답변이었기 때문에 즉각 사실 확인이 가능했고 따라서 오히려 문제가 발생하지 않는다. 그런데 영어 대화는 대체로 훌륭했고 일부만 사실이 아니었다. 이런 경우 챗GPT에 대한 신뢰가 형성되어서 일부 거짓 내용도 사실로 받아들일 수 있다. 이런 상황이 오히려 더 문제가 될 수 있는데, 대화자를 진정한 혼란에 빠트릴 수 있기 때문이다.

가치 정렬 문제, AI 공동체의 이해

챗GPT의 등장과 함께 AI는 현실의 행위자가 되고 있고 그에 대한 통제 문제가 더 구체적으로 부상하고 있다. AI 개발자들은 이것을 '가치 정렬 문제(value alignment problem)'라

고 부른다. 컴퓨터 공학자 스튜어트 러셀은 이에 대해서 다음과 같이 언급한 바 있다. 그의 설명을 보면 가치 정렬 문제란 우리가 흔히 말하는 AI 윤리의 또 다른 표현이다.

> "가치 정렬 문제는 우리가 요청한 것이 정말로 우리가 원하는 것인지 확실히 하는 문제이다. 이를 마이다스 왕 문제라고 부르기도 한다. 효용함수가 허용가능한 행동에 대한 사회적 기준을 반영하지 못하면 문제가 발생한다. 예를 들어 여러분이 바닥을 청소하는데 누군가 흙발자국을 남기고 돌아다닌다면, 공손하게 조심해 달라고 요청하는 것은 허용되지만 납치하거나 힘으로 제압하는 것은 허용되지 않는다."

러셀에 따르면, 가치 정렬 문제에서 의미 있는 진전이 이루어지려면 심각하게 수정해야 할 오해가 있다. 이 문제는 지능의 본질 그 자체와 관련이 있다. 지능을 구성하는 것이 무엇인지에 대한 더 깊은 이해가 AI 공동체에 더 널리 받아들여질 때까지, 이 문제는 쉽게 해결하지 못할 뿐만 아니라 잘못된 방향으로 나아갈 위험도 있다.

러셀의 주장에 한 가지 덧붙인다면 지능의 이해는 노동의 이해와 관련이 있다는 것이다. 한 번도 경험해보지 않은 길을 더 안전하게 형성해 나가기 위해서 다수 참여자의 다각적인 시도와 협력이 필요함을 시사한다. 인간 참여자는 구체적인 노동을 통해서 현실 세계를 이해한 행위자들이다. 그들은 다양한 선택을 함으로써 당면한 문제를 풀어가는 역량을 보여줄 수 있다.

〈장미의 이름〉에서 윌리엄은 합리적 추리를 통해서 범인을 찾아내지만, 항상 현명했던 것은 아니었다. 범인에게 실수를 지적받기도 하고 그 자신도 "나는 내 실수를 통해 거기에 이른 것에 지나지 않는다"라고 고백하기도 했다. 어쩌면 실수 자체는 문제가 되지 않을 수 있다. 실수도 다양한 선택 중 일부이고, 실수를 통해서 새로운 경로가 생성될 수도 있다.

AI가 '거짓'을 말한다는 사실 자체가 위험한 것은 아니다. 그보다 중요한 위험은 AI의 대화가 인간의 대화보다 더 권위를 가질 때 발생할 것이다. 챗GPT는 말을 만들어 낼 수 있지만, 현실의 사물들과의 관계 자체를 직접 만들어 내지는 못한다. 그 기계는 이미 만들어진 2차 언어에 기반할 수 있을 뿐이다. AI가 인간을 대체할 것이라거나 진실을 생산한다고 믿는 대신, 실마리를 함께 탐구하는 조력자로 배치한다면 인간도 AI도 더 안전해질 수 있다.

[참고문헌]

롤랑 바르트, 1995. 신화론, 정현 옮김, 현대미학사. [Barthes, Roland, 1972[1957] *Mythologies*, trans. by Annette Lavers, The Noonday Press: New York]

스튜어트 러셀 · 피터 노빅 2021. 인공지능, 현대적 접근방식(제4판), 류광 옮김, 제이펍.

플라톤, 2019. 플라톤 전집 2, 파이드로스 편, 천병희 옮김, 도서출판 숲.

Ouyang, L., Wu, J., Jiang, X., Almeida, D., Wainwright, C., Mishkin, P., Zhang, C., Agarwal, S., Slama, K., Ray, A., Schulman, J., Hilton, J., Kelton, F., Miller, L., Simens, M., Askell, A., Welinder, P., Christiano, P., Leike, J. & Lowe, R. (2022). "Training Language Models to Follow Instructions with Human Feedback", *Advances in Neural Information Processing Systems*, 35, pp. 27730–27744.

Chapter 05

인공지능의 윤리적 서식지

5.1 알고리즘 편향: 인간과 기계의 공모

빅데이터와 인공지능이 널리 사용되면서 여러 의사결정에 영향을 주기 시작했다. 그러자 알고리즘 편향 문제가 심각한 사회적 의제로 부상했다. 디지털 기술은 물론이고 기술은 원천적으로 중립적일 수 없기 때문이다. 의도적인 편향이 아니더라도 기술은 만들어지는 과정에서 제작자의 사회문화적 취향을 내장한다. 그리고 기술 사용과정에서 사용자의 취향도 흡수한다. 누군가의 취향이 기술시스템에 의해서 더 많이 취합되고 강화될 경우, 다른 누군가에게는 불리하게 작동할 수 있다. 디지털 기술이 일상이 되어야 하는 조건이라면, 우리는 디지털 알고리즘의 작동 원리와 그로 인해 발생하는 편향의 배경에 대해서 미리 알고 있어야 하고 구체적으로 문제 삼을 수 있어야 한다. 알고리즘 편향 사례와 논쟁을 알아보면서 그 해소 방향을 찾아본다.

사회적 편향 강화

데이터 기반 인공지능은 충분한 양의 데이터가 있어야 하는데 이 때문에 개인정보 문제가 발생할 수 있다. 개인정보는 그자체로 사회적 편향을 포함하고 있기 때문에 이를 기반으로 하는 인공지능 시스템 역시 사회적 편향을 토대로 개인을 평가할 가능성이 크다. 예를 들어 사회적 소수자를 꺼리는 편향은 개인정보를 기준으로 아주 쉽게 배제 설정을 하곤 한다. 이 문제는 데이터 기반 인공지능 체계에서 가장 민감한 사안 중 하나이다.

흔히 대규모 데이터에 기반하는 경우 문제가 해소될 것이라고 기대하지만 규모의 문제가 편향을 해소하지는 못한다. 인공지능 시스템이 큰 규모의 매개 변수와 데이터 세트를 사용하여 생성하는 프로파일이더라도 언제나 한계가 존재한다. 프로파일은 매개 변수 항목에 해당하는 범위 내에서 정량적인 형태로 번역되는 정도까지만 포함할 수 있다. 도서관의 색인이나 회계장부처럼 모든 도서 또는 재고의 상태를 효율적으로 관리할 수 있지만, 단지 부분적이고 정량적인 정보만을 담을 수 있을 뿐이다. 선택된 부분은 과잉대표되고 비선택 부분은 무시된다.

다음으로 시스템 내에서 발생하는 데이터는 거대하고 다각적인데, 보통 시스템이 선택하는 것은 상대적으로 다수의 선택을 받은 소수의 항목 데이터에 집중된다. 대신 나머지 대다수 작은 선택 항목은 무시된다. 개별 항목 차원에서 볼 때 다른 항목에 비해 큰 값이지만 전체로 볼 때 그 항목이 차지하는 비중은 일부일 뿐이다. 흔히 롱테일 원리가 인터넷상에서 흔하게 일어난다. 통계적으로 몸통보다 꼬리 부분의 총합이 더 큰 현상이다. 예를 들어서 사용자들은 몇 개의 인기 있는 콘텐츠에 관심을 보인다. 인기 있는 소품목의 콘텐츠에 대한 데이터는 순조롭게 축적되지만, 나머지 적은 관심을 받는 다품목의 콘텐츠에 대한 데이터는 부족해진다. 그런 품목을 합하면 전체에서 큰 비중을 차지하는데도 말이다.

인터넷 서비스는 롱테일 현상을 더 부추길 수 있다. 추천시스템은 주로 상대적으로 관심을 받는 콘텐츠를 중심으로 추천한다[4.1장 참조]. 그래서 추천된 콘텐츠는 사용자의 관심을 더 받게 되고 그래서 더 많은 관심을 끌어올 수 있다. 반면에 관심이 적은 콘텐츠는 추천받지 못한다. 인공지능 메커니즘 역시 데이터를 다루면서 이런 관심의 강도를 순환적으로 강화할 수 있다. 인공지능 알고리즘이 의도하지 않더라도, 기존의 사회적 편향을 기계적으로 강화하기 때문에 발생하는 문제이다. 주의하지 않는다면 인공지능이 없는 조건보다 사회적 편향이 심해질 수 있다.

'말하는 기계'는 인간대화자의 대화 과정에서 독성 발언을 쉽게 학습했다[4.5장 참조]. 마이크로소프트사의 테이(Tay) 사례를 보면, 챗봇은 의도적으로 혐오 발언을 하는 사용자들에게 오염되었고 몇 시간 만에 비윤리적인 발언을 하기 시작했다. 고퍼(Gopher) 사례에서도 기계학습 알고리즘이 독성 발언을 쉽게 증폭하는 것을 확인할 수 있었다. 특정 발언을 더 잘 학습한다면 그런 발언을 더 잘 유포할 수 있다는 의미이다. 뉴스 미디어 메커니즘이 보여주듯이 '어떤 뉴스가 더 많이 확산하는가?'는 '사실'의 지위를 획득하는데 결정적이다. 사람들은 더 많이 노출된 뉴스에 신뢰를 보낸다. 따라서 특정 사건이나 데이터를 강화하는 것은 '진실 승인'의 문제, 그리고 권력의 문제가 된다.

교사평가 시스템, '해킹'하는 교사, 해고된 교사

자동화된 시스템이 오류가 있다면 알고리즘을 철저히 조사해야 하지만 현실은 그렇게 간단하지 않다. 알고리즘이 문제를 일으킨 것인지에 대한 사실 확인이 어렵고, 이의를 제기하더라도 반박 증거가 뚜렷하지 않을 가능성이 크다. 이의 제기자는 적은 수의 데이터를 가지고 있지만, 시스템은 방대한 데이터를 가지고 있기 때문이다. 데이터시스템 앞에서 개인은 적절한 자기 변호권을 행사하기 어렵다. 특히 노동자는 자동평가 시스템 앞에서 더 무력한 상태에 놓인다.

수학자 캐시 오닐(C. O'Neil)은 데이터 분석이 기대만큼 신뢰할 수 없다는 것을 자세히 설명했다. 데이터 분석 알고리즘은 때로는 매우 위험하다. 워싱턴의 교사평가 시스템 사례가 이런 문제를 단적으로 보여준다. 2007년 워싱턴 교육 당국은 소위 '나쁜 교사'를 골라내기 위해서 '임팩트(IMPACT)'라는 교사평가 기법을 개발했다.

맥팔랜드 중학교 교사 새러 와이사키는 주변의 평가가 좋았지만 임팩트 시스템에 의해서 나쁜 교사로 평가되어 해고됐다. 이 터무니 없는 사건은 기술-사회 복합체가 작동하는 일면을 보여준다. 와이사키는 자신의 학생 중 상당수가 버나드 초등학교를 졸업했는데 약 30%의 학생이 영어에서 '우수' 등급이었다는 사실을 알게 되었다. 그것은 워싱턴 관내 평균보다 5배 정도 높은 수치였다. 그러나 실제 많은 학생은 단순한 문장도 제대로 읽지 못했다. 그리고 버나드 초등학교를 포함해 워싱턴 관내 41개 학교에서 답안수정률이 높았다. 답안수정률이 높다는 것은 부정행위 가능성을 시사했다.

교사평가 알고리즘은 교사의 행동수정을 요구하는 도구이다. 이 알고리즘은 원칙적으로 교사가 좋은 평가를 받기 위해서 학생들의 성적을 향상해야 한다고 압박하고 있다. 본래의 취지라면 교사는 학생의 성적 향상을 위해 더 노력해야 한다. 하지만 상황은 반드시 그런 방향으로 향하지는 않는다. 경험적으로 교사들은 학생들의 시험 성적이 나쁘면 자신들의 일자리가 위태로워진다는 것을 감각적으로 알았다.

그래서 교사들은 학생의 시험 답안을 수정해서라도 학생의 성적을 높이려는 동기를 가지게 되었다. 그렇게 학생의 점수가 인위적으로 부풀려졌기 때문에, 다음 해에 정상적인 점수를 받게 되면 학생의 성적이 하락한 것으로 보인다. 그러면 알고리즘은 그 학생의 교사를 무능한 교사로 평가할 것이다. 다음 해 교사도 부정행위를 하도록 압박을 받는다.

평가 알고리즘을 통하여 무능한 교사를 압박하고자 했지만, 그 알고리즘이 만나는 사회적 환경은 그리 단순하지 않다. 학생의 성장은 복합적인 조건이 관여한다. 그런데 이를 무시하고 단순히 교사의 책임으로 압박하는 시스템은 가혹한 것이었다. 그래서 교사들은 그 시스템을 '해킹'해야 했다.

그들은 교사평가 시스템을 은밀하게 무력화시키는 방식으로 '저항'했다. 그 결과, 그들이 전혀 의도하지 않았지만 훌륭한 교사를 해고하는 결과를 만들었다. 와이사키는 교장과 주위 사람들이 보증해준 덕분에 다른 부유한 지역의 사립학교에 임용됐다. 알고리즘 때문에 가난한 지역의 공립학교는 좋은 교사를 잃었다.

이 사건은 알고리즘이 단지 원래의 목적에 실패할 뿐만 아니라 새로운 위험을 만들어 낼 수 있다는 것을 보여준다. 새로운 위험은 은폐되어 오랜 시간 발견되지 못할 수도 있다. 무엇보다 중요한 것은 알고리즘의 대상이 되는 주체(이 사례에서 교사)가 해당 알고리즘의 취지에 충분히 동의하지 않는다면 알고리즘이 본래 목적을 달성할 수 없다는 것도 확인해 주고 있다.

교사평가 시스템이 교사들과 합의 속에 도입되지 않았기 때문에 스스로 취약해진 것이다. 평가 시스템은 일종의 감시 메커니즘이다[5.2장 참조]. 주체는 감시 메커니즘의 대상이면서 동시에 자발적 수용자이다. 자발성이 완전히 제거된다면 감시 메커니즘은 작동할 수 없다. 동의받지 못한 평가 알고리즘은 본래의 취지를 달성할 수 없었다. 이 시스템은 수용자인 교사의 이해와 동의가 전제되어야 했지만, 그들을 단지 수동적 대상으로만 간주함으로써 새로운 위험을 만들어냈다.

범죄 예측 프로그램 속 편향

캐시 오닐은 수학적 알고리즘이 가난한 사람에게 더 가혹하다고 주장했다. 펜실베이니아 레딩시는 시 재정이 악화하자 경찰 인력을 감축했다. 치안 공백을 메우고자 2013년 빅데이터 기업 '프레드폴(PredPol)'이 개발한 범죄 예측 소프트웨어를 도입했다. 이 프로그램은 범죄 통계 데이터를 토대로 시간대별 범죄 발생 가능성을 지역별로 예측했다.

범죄 가능성이 큰 지역을 중심으로 순찰을 한다면 적은 인원으로 치안을 유지할 수 있다고 기대했다. 프로그램 도입 1년 후, 레딩시는 강도 사건이 23% 감소했다고 발표했다. 이후 프레드폴(PredPol)은 미국 전역의 경찰서로 퍼져나갔다. 뉴욕시는 '컴스탯(Comstat)'이라는 범죄 분석 및 예측 프로그램을 사용했다. 이런 프로그램은 예측률을 높이기 위해서 더 많은 정보를 통합했다.

이 프로그램들은 인종이나 민족성 같은 데이터로 개인을 특정하지는 않았지만, 대신 지리적 데이터에 집중했다. 프레드폴(PredPol)이 사용하는 핵심 변수는 범죄 유형, 발생 장소, 발생 시점이다. 경찰은 범죄 발생 위험 지역으로 출동하여 더 많은 시간 동안 범죄 예방 활동을 한다. 이것은 훌륭한 지원 정책이 될 수 있다. 경찰 인력을 절약하고 강력범죄에 집중할 수 있기 때문이다.

그런데 경찰은 1군 범죄(살인, 방화, 폭행 등)에 2군 범죄(부랑죄, 적극적 구걸, 마약 소지 판매 복용 등)를 포함해 분석을 왜곡했다. 2군 범죄는 가난한 동네에서 자주 발생하는 유형이었다. 이렇게 2군 범죄를 1군 범죄에 포함하는 것은 일종의 사회적 편향에서 기인한다. 경범죄자가 언젠가는 강력범죄자가 될 것이라는 관념에 근거해서, 경범죄를 통제하면 강력범죄도 예방할 수 있다는 논리였다. 그러나 실제로 그 근거는 분명하지 않다. 이런 편견 때문에 범죄 예측 프로그램은 경범죄 데이터를 많이 포함하게 되었다.

이로써 예측 모형은 더 자주 가난한 동네를 위험 지역으로 표지할 것이고 더 자주 경찰이 출동하게 된다. 그 결과 가난한 동네에서 더 많은 사람이 체포될 수 있다. 평소라면 지나갔을 사건도 경찰에게 목격되었기 때문에 체포될 수 있었다. 그러면 다시 더 많은 경범죄가 예측모델에 포함되고 다시 경찰은 그 지역에 더 자주 출동한다. 프로그램이 경찰 활동을 정당화하는 효과도 있다. 그런데 경찰이 경범죄에 집중하는 동안, 강력범죄 또는 사회적 혼란과 피해를 불러오는 대규모 금융범죄는 시야에서 벗어난다. 금융범죄는 주로 부자들에 의해서 발생한다.

COMPAS, 재범 위험 판정 기계

범죄학자들은 오래전부터 범죄자를 분류해왔다. 어떤 범죄자를 가석방할지를 결정하기 전에 그들이 얼마나 위험한지 예측해야 했다. 1980년대에, 미국에서 범죄 사건이 증가하면서 판사와 가석방 위원회는 석방 여부를 판정하기 어려워졌다. 주 정부와 연방정부는 의무적인 형량을 제정하기 시작했고, 어떤 경우에는 아예 가석방 제도를 폐지하기도 했다.

영리회사 이퀴번트(Equivant, 원래는 Northpointe)가 개발한, '교정 범죄자 관리 프로파일링(Correctional Offender Management Profiling for Alternative Sanctions, COMPAS)'은 피고인이 재범자가 될 가능성을 평가하는 의사결정 지원 도구이다. 컴파스(COMPAS)는 미국 뉴욕주, 위스콘신주, 캘리포니아주, 플로리다주 브로워드 카운티 및 기타 관할 지역에서 사용하고 있다. 사람들은 판사의 주관적 편견이 판결에 미치는 영향을 줄이고 평균 수감 기간을 단축하여 예산을 절약할 수 있다고 기대했다.

컴파스(COMPAS)는 피고인들이 답변하거나 범죄기록에서 추출한 137개의 항목에서 추출한 점수를 토대로 계산했다. 피고인들에게 수집하는 데이터로는 다음과 같은 것이 있다.

"당신의 부모님 중 한 분이 감옥에 간 적이 있나?", "당신의 친구/지인 중 얼마나 많은 사람이 불법적으로 마약을 복용하고 있나?", "학교 다니면서 얼마나 자주 싸움을 했나?" 등이다. 또한, 설문지는 "배고픈 사람에게는 도둑질할 권리가 있다", "사람들이 나를 화나게 하거나 감정을 흔들면 나는 위험해질 수 있다" 등의 진술문에 대하여 동의 여부를 묻는 항목도 있었다. 직접적으로 인종에 관한 질문 항목은 없었다.

컴파스 사용자 안내 지침(Practitioner's Guide to COMPAS Core)에 따르면, 컴파스(COMPAS)는 기본적으로 다음 3가지 척도를 사용한다.

- 재판 전 방출 위험 척도(Pretrial Release Risk): 재판 전 위험은 새로운 중범죄를 저지를 가능성을 측정하는 척도이다. 현재 혐의, 미결 혐의, 구속 이력, 과거 재판 실패, 주거안정, 고용상태, 지역사회 유대, 약물 남용이 재판 전 위험점수에 영향을 미치는 지표다.
- 일반 재범 척도(General Recidivism): 일반 재범 척도는 COMPAS 평가가 내려지고, 석방 후 새로운 범죄를 예측하기 위한 것이다. 이 척도는 개인의 범죄 전력과 동료, 마약 관련, 청소년 범죄 징후를 사용한다.
- 폭력 재범 척도(Violent Recidivism): 폭력 재범 점수는 출소 후 강력범죄를 예측하려는 것이다. 이 척도는 한 개인의 폭력 이력, 불응 이력, 직업과 교육 문제, 그 사람의 연령과 최초 체포 연령을 포함한다.

한편, 폭력 재발 위험 지수는 다음과 같이 계산한다.

$$s = a(-w) + a_{first}(-w)) + h_{violence}\, w + v_{edu}\, w + h_{nc}\, w$$

(s는 폭력 재범 위험점수, w는 가중치 승수, a는 현재 나이,
a_{first}는 첫 번째 체포 당시 나이, $h_{violence}$는 폭력 전과 이력,
v_{edu}는 교육 수준, h_{nc}는 불응 이력이다)

컴파스(COMPAS)는 교도 행정을 효과적으로 수행할 수 있는 장점이 있다. 컴파스(COMPAS)가 없다면 가석방 제도 자체를 실시하지 않을 수도 있기 때문이다. 만약 알고리

즘이 어떤 피고인들이 새로운 범죄를 저지를 가능성이 있는지를 공정하게 계산할 수 있다면, 누가 얼마나 오랫동안 구금해야 하는지를 판단하는 것을 도울 수도 있다. 다만 그 알고리즘이 어떻게 작동하는지에 대한 사회적 평가와 관리가 필수적이다.

기계의 인종편향

2016년 탐사 저널리즘을 제작하는 독립 비영리 뉴스룸, 프로퍼브리카(ProPublica)에 따르면, 컴파스(COMPAS)는 재범 판정에서 백인보다 흑인에게 더 불리한 판정을 하는 경향이 있었다. 몇 가지 분석 예시를 보면 알고리즘에 내장된 인종적 편향이 뿌리 깊은 문화적 편향에서 왔음을 알 수 있다.

2014년 브리샤 보든은 16세였는데, 그의 친구와 함께 아동용 자전거와 스쿠터를 훔쳐서 달아나다 체포되었다. 그들은 약 80달러 상당의 물건을 절도한 죄목으로 기소되었다. 교도소에 수감된 후 재범 평가를 받았는데 고위험군(8등급)이었다. 다른 절도 범죄와 비교하면 보든은 편향적 평가를 받았다는 것을 금방 알 수 있다.

◀ **그림 1** 보든(오른쪽 사진)은 친구와 함께 아동용 자전거와 스쿠터를 훔쳐서 달아났다가 체포됐다. COMPAS는 보든에게 미래 범죄 위험이 높은 8 등급을 판정했다. 그녀는 그 후 범죄를 저지르지 않았다. 한편 프레터(왼쪽 사진)는 더 많은 강력범죄 경력이 있었지만, 재범 위험이 훨씬 낮은 3등급을 받았다. (그림자료: Machine Bias)

버논 프레터(41)는 86달러 상당의 도구를 훔친 혐의로 기소되었다. 프레터는 이전에도 강력범죄 경력이 있었지만, 재범 평가는 3등급이었다. 2년 후, 알고리즘 예측이 틀렸다는 것이 드러났다. 보든은 이후 어떤 범죄도 저지르지 않았지만 프레터는 수천 달러 상당의 전자제품을 훔친 혐의로 징역 8년을 선고받고 복역 중이다.

프로퍼브리카는 2013년과 2014년에 플로리다 브로워드 카운티에서 체포된 7,000명 이상의 사람들에게 할당된 위험점수를 입수하여 알고리즘 예측 정확성을 조사했다. 향후 2년 동안 그들 중 얼마나 많은 사람이 새로운 범죄로 기소되었는지 확인했다. 그 결과, 컴파스(COMPAS) 예측은 신뢰할 수 없는 것으로 나타났다. 강력범죄를 저지를 것으로 예측된 사람 중 20%만이 실제로 다시 범죄를 저질렀다.

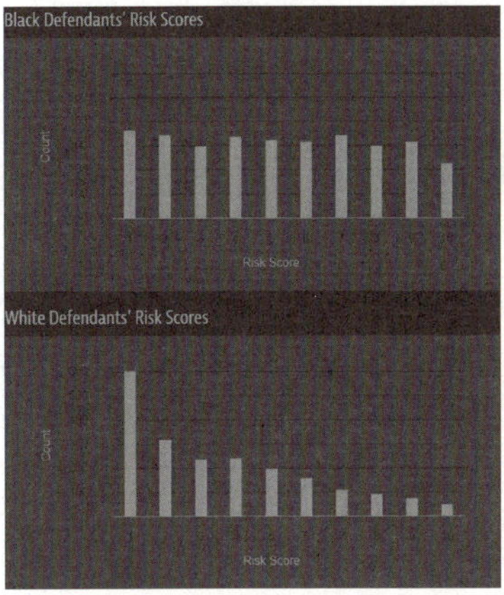

◀ **그림 2** COMPAS 재범 등급 분포. 백인 피고인(아래)은 위험도가 낮은 등급 범주(1등급)에 치우쳐 있다. 반면에 흑인 피고인(위)은 모든 등급에 골고루 퍼져 있다. (자료: Machine Bias)

컴파스(COMPAS) 알고리즘은 특히 흑인 피고인을 미래의 범죄자로 판정할 가능성이 컸다. 백인 피고인은 흑인 피고인보다 위험도가 낮다고 표기된 경우가 많았다. 이 알고리즘에 따르면 흑인 피고인은 77%가 미래의 폭력 범죄를 저지를 위험이 더 크다고 예측했다. [그림 2]는 백인 피고인의 경우 재범 위험도가 낮은 등급에 치우쳐 있는데, 흑인 피고인에 대한 위험 등급 평가는 모든 등급에 걸쳐 골고루 퍼져 있다.

근대법 원리 위반

컴파스(COMPAS) 설문지는 직접 인종을 묻지는 않지만 대신 주변 인물(가족, 친구)의 범죄 여부를 묻는 항목을 포함하고 있었다. 대표적으로 "당신의 부모님 중 한 분이 감옥에 간 적이 있나?", "당신의 친구/지인 중 얼마나 많은 사람이 불법적으로 마약을 복용하고 있나?" 등이 있다. 흑인 공동체는 이런 질문에 불리하다. 그들은 주로 가난한 동네에 살기 때문에 이러저러한 경범죄에 연루될 가능성이 크다.

이 항목들은 근대법 원리를 위반하고 있다. 당사자의 의지에 따른 행동의 결과가 아닌 사항을 근거로 그 사람의 정체성을 평가하는 것이기 때문이다. 근대법에 따르면 근대 시민은 자신의 행동이 아닌 행동에 책임을 부과받지 않는다. 주변 환경이 정체성에 영향을 줄 수 있지만, 그것만으로 법적 불리함을 부여해서는 안 되는 것이다. 모든 사람이 주변 환경에 대해 똑같은 영향을 받는 것은 아니다. 만약 그렇다면 시민은 주체가 아니라 사물에 불과할 것이다. 이것은 근대법의 기본 원리인데도 컴파스(COMPAS)는 이를 간과했다.

또한, 설문지에는 '배고픈 사람에게는 도둑질할 권리가 있다', '사람들이 나를 화나게 하거나 감정을 흔들면 나는 위험해질 수 있다' 등의 진술문에 대한 동의 여부를 묻는 항목이 있는데, 이는 인권 침해 여지가 있다. 이 항목은 표현의 자유 영역이기 때문이다. 우선 이 항목은 견해 표명을 강요하고 있다. 견해는 표명할 권리가 있지만 표명하지 않을 권리도 있다. 게다가 아직 아무런 행동을 취하지 않았는데 견해 표명만으로 그에게 불리한 결정을 하는 것이다. 근대법은 그 사람의 견해에 대해서가 아니라 행위에 대한 책임 원칙이다.

컴파스(COMPAS)의 편향은 설문 항목과 매개 변수를 지정하는 과정에서 이미 배태되어 있었다. 이 알고리즘의 기여라면 역설적으로 알고리즘이 인간의 편향을 강화했기 때문에 오히려 두드러지게 드러날 수 있게 해주었다는 것이다. 그렇지 않았다면 쉽게 드러나지 않았을 인간사회의 은밀한 편향을 수면 위로 끌어올렸다.

알고리즘 모형화의 이득과 위험

알고리즘 모델을 만들기 위해서 다양한 정보 가운데 모형에 포함해야 할 정보를 선택하는 것이 중요하다. 그 과정에서 포함되지 못한 부분은 대표되지 못한다. 이런 감축은 알고리즘의 이득이기도 하고 위험의 원천이기도 하다. 감축되면서 단순해지고 자기완결적인 '닫힌 세계'를 구성할 수 있다. 덕분에 알고리즘은 결과값을 낼 수 있다. 현실처럼 복잡하고 새로운 가능성에 열린 상태라면 좀처럼 결과값을 내기 어려울 것이다.

대신 알고리즘 모델은 오직 한 가지 일만 할 수 있다. 그래서 알고리즘 모형은 중대한 맹점을 가진다. 어떤 모형이든지 개발자의 목표와 이념이 반영된다는 것이다. 개발자의 의지이든 무의식적 선택이든 알고리즘 설계는 무색무취할 수 없다. 그러므로 사용자는 개발자(회사)의 가치관과 목표가 무엇인지 알아야 한다. 알고리즘 모형에 대한 이해도 필요하다. 문제가 된다면 블랙박스를 열어서 사회적 논의의 대상으로 삼을 수 있어야 한다.

그런데 알고리즘 모형은 복잡하고 수학적이다. 알고리즘에 숨겨져 있는 작동 원리는 극소수 전문가만 이해할 수 있다. 중립적인 알고리즘은 원천적으로 불가능하고 알고리즘을 공개하더라도 일반인은 이해하기 어렵다면 어떤 해법이 있을까?

IEEE, 알고리즘 편향 워킹그룹

IEEE(Institute of Electrical and Electronics Engineers, 전기·전자 기술자 협회)는 2017년부터 알고리즘 편향 문제를 다루는 워킹그룹을 운영하고 있다. IEEE는 전체 사회 공동체 규범을 잘 반영하더라도 인공지능 시스템이 특정 집단에 불이익을 주는 운영 편향을 보이거나 집단 고정관념을 강화해서 이용자에게 편견을 심어 줄 수 있다는 점을 알고 있다.

예를 들어, 여권 신청 시스템이 아시아 남성의 사진을 거부한 이유는 그의 눈이 감겼기 때문이었다. 음성 인식 시스템은 남성 화자보다 여성 화자에게 정확도가 낮기로 악명이 높다. 외모와 표현도 있어서도 문제가 있다. 예를 들어 로봇은 하얀 '피부색'을 가지고 있으며 주로 여성의 목소리를 사용한다. 알고리즘의 젠더 편향은 흔히 백인 남성이 알고리즘 제 작/개발을 주도하기 때문에 나타난 것이다.

IEEE는 인공지능 시스템을 계획하거나 평가할 때, 인공지능 시스템이 '인종, 성별, 나이, 체형, 휠체어나 보철물을 사용하는 사람들에게 차별적인 방법으로 규범을 적용하는지' 여부를 평가할 수 있어야 한다고 권고했다. 인공지능 알고리즘의 편견을 진단하고 수정하기 위해서 다양한 사회집단의 구성원을 포함하고 특히 잠재적으로 불이익을 받는 집단의 구성원을 포함한다면 예기치 못한 편견을 더 줄일 수 있다고 강조했다.

EU, 인공지능 알고리즘 규제 법률

2021년 4월 21일, 유럽위원회는 인공지능(AI)을 규제하기 위한 법안을 발표했다. 〈인공지능법(Artificial Intelligence Act, AIA)〉은 인공지능 시스템에 대한 광범위한 정의와 그에 대한 문서화, 훈련, 모니터링 요건을 부과했다. 기계학습 기반 소프트웨어를 개발하거나 채택하면서 EU 시장에 진출하려는 기업은 AIA의 기준에 부합해야 한다.

EU가 아닌 지역의 인공지능 시스템 제공자와 사용자이더라도 EU지역에서 인공지능 시스템을 사용한다면 마찬가지로 이 법의 적용을 받는다. AIA는 경제 전반에 걸쳐 광범위하게 영향을 줄 것으로 추정된다. 특히 AIA는 금융 서비스, 교육, 고용 및 인사, 법 집행, 산업 AI, 의료기기, 자동차 산업, 기계, 장난감 등에 사용되는 인공지능 도구를 포함한다.

우선 이 법(AIA)은 인공지능(AI) 용어를 광범위하게 정의하고 있는데 "기계학습, 전문가 및 논리 시스템, 베이지안 또는 통계 접근법을 포함하는 소프트웨어 개발 프레임워크 모음"을 지칭한다. 이 정의에 따르면 인공지능과 상호작용하는 환경에 영향을 미치는 소프트웨어 제품도 이 법의 적용을 받는다. AIA는 규제 대상을 (1) 인공지능 사용 금지, (2) 고위험 인공지능 사용, (3) 위험 이 제한적인 시스템 등 세 가지 범주로 구분했다. 우선, 이 법에서 금지하는 인공지능 시스템은 다음과 같다.

- 심리적 또는 신체적으로 해를 끼칠 수 있는 방식으로 사람의 행동을 조작하는 기법을 사용하는 경우
- 심리적 또는 신체적 피해를 줄 수 있는 방식으로 연령, 신체적 또는 정신적 장애가 있는 집단의 취약점을 악용하는 경우
- 정부의 범용 "사회적 신용 점수 매기기" 사용
- 특정 시간 동안 제한적으로 사용하는 공공 안전 시나리오 이외에, 법 집행 기관이 공개적으로 접속할 수 있는 공간에서 실시간 원격 생체 인식 정보를 제공하는 경우

또한, 이 법은 법적으로 허용된 인공지능 시스템이더라도 잠재적으로 불투명성, 복잡성, 편향성, 일정 수준의 예측 불가능성 문제가 발생할 수 있다고 지적했다. 이에 대한 관리와 규제를 위해서 '인간의 감독(Human oversight)' 방식을 명시했다. 상세내용은 아래와 같다.

1. 고위험 인공지능 시스템은 적절한 인간-기계 인터페이스 도구를 포함하여 인공지능 시스템이 사용되는 동안 자연인(natural person)이 효과적으로 감독할 수 있는 방식으로 설계되고 개발되어야 한다.
2. 인간 감독은 의도된 목적에 따라 또는 합리적으로 예측 가능한 오남용 조건에서 고위험 인공지능 시스템을 사용할 때 나타날 수 있는 건강, 안전 또는 기본권에 대한 위험을 방지하거나 최소화하는 것을 목표로 한다.
3. 인간 감독은 다음의 조치 중 하나 또는 전부를 통해 보장되어야 한다.
   (a) 시장에 출시되거나 서비스를 시작하기 전에 제공자가 기술적으로 실현 가능한 경우 고위험 인공지능 시스템을 식별하여 구축한다.
   (b) 고위험 인공지능 시스템을 시장에 출시하거나 서비스를 시작하기 전에 제공자는 사용자가 구현하기에 적절한 서비스 형태로 인간 감독 서비스를 장착해야 한다.
4. 제3항에 언급된 조치는 상황에 따라 인간 감독이 할당된 개인이 다음을 수행할 수 있

도록 해야 한다.

(a) 고위험 인공지능 시스템의 용량과 한계를 완전히 이해하고 작동 상태를 적절히 모니터링할 수 있어서 이상 징후, 기능 이상 및 예상치 못한 성능을 가능한 한 빨리 감지하고 해결할 수 있도록 한다.

(b) 특히 자연인의 의사결정에 대한 정보나 권고를 하는 고위험 인공지능 시스템의 경우, 고위험 인공지능 시스템('자동화 편향')에 의해 생성된 산출물에 자동으로 의존하거나 과도하게 의존하는 경향이 있음을 인지하도록 해야 한다.

(c) 특히 시스템의 특성과 이용 가능한 해석 도구 및 방법을 고려하여 고위험 인공지능 시스템의 출력을 올바르게 해석할 수 있어야 한다.

(d) 특정 상황에서 고위험 인공지능 시스템을 사용하지 않거나 고위험 인공지능 시스템의 출력을 무시, 기각 또는 반전을 결정할 수 있어야 한다.

(e) 고위험 인공지능 시스템의 작동에 개입하거나 "정지" 버튼 또는 이와 유사한 절차를 통해 시스템을 중단할 수 있다.

5. 부속문서 III의 제1(a)항에 언급된 고위험 인공지능 시스템의 경우, 제3항에 언급된 조치는 최소한 두 명의 자연인이 검증하고 확인하지 않는다면 해당 시스템에서 도출된 결과에 기초하여 사용자가 어떠한 조치나 결정을 하지 않도록 해야 한다.

이 법에 따르면, 고위험 인공지능 제품이나 시스템을 개발하거나 사용하려면 먼저 다양한 기술 및 규제 요건을 충족해야 한다. 우선 제작자는 데이터 집합의 다양한 유형의 편견에 대한 보호 장치 설정, 규정된 데이터 거버넌스 및 관리 관행 사용, 시스템의 수명 주기 전체에 걸쳐 출력을 검증하고 추적할 수 있는 기능 보장, 시스템 사용자를 위한 허용 가능한 수준의 투명성과 이해 가능성 규정을 제공해야 한다.

그리고 고위험 인공지능 제품과 시스템은 적합성 평가도 받아야 한다. 자동차, 항공, 기계, 의료기기 및 완구 등 기존 제품 안전 법규에 따라 규제받는 동시에 이 AIA에 의해서도 중복적으로 규제된다. 예를 들어, 신용위험 평가에 인공지능 도구를 사용하고자 하는 금융 서비스 회사는 기존 EU 단일시장 규칙에 따라 관할 금융감독 당국의 감독을 계속 받는다. 이외에도 명시적 규제 프레임워크에 의해 통제되지 않는 인공지능 도구 제공자도 자체 적합성 평가를 수행해야 하고, 고위험 인공지능 시스템에 관해서 정부기관에 보고해야 한다.

제작자와 사용자 동시 규제

유럽 인공지능법(AIA)은 고위험 인공지능 사용자에게도 책무를 부과했다. 사용자는 제작자만큼이나 중요한 행위자이다. 그들은 편향이 포함된 인공지능 제작을 주문할 수도 있고, 사용과정에서 인공지능에 편향을 입력할 수도 있다. 기업 사용자라면 노동자나 소비자를 감시하는 용도로 인공지능 시스템을 배치할 수도 있다.

우선 사용자는 공급자가 제공한 사용지침에 따라 사용해야 하고, 시스템에 의해 생성된 위험을 해결하기 위해 적절한 기술적·관리적 조처를 할 수 있어야 한다. 시스템 운영을 관찰하고, 데이터가 인공지능 시스템의 운영목적과 관련이 있는지 확인하고 기록해야 한다. 심각한 사고나 오작동 또는 국가적 차원의 위험을 나타내는 징후를 관찰하고, 그러한 위험이 있는 경우 관련자에게 통지하고 해당 인공지능 시스템을 중지하여야 한다. 그리고 자동 생성된 로그를 관리·보관해야 한다.

사용자가 이상의 책임을 수행하려면 인공지능 시스템에 대한 기본 이해 역량이 필요하다. 개인 사용자라면 관련 교육과 훈련 그리고 사용자 공동체 활동이 필요할 것이다. 인공지능 사용자는 기존의 기계 사용자보다 윤리적 행위자가 되어야 할 책무가 있다. 이미 우리가 경험하고 있듯이, 사용자가 윤리적 행위자가 되지 못한다면 인공지능을 도입하는데 중요한 난관이 될 것이다.

허용할 수 없는 편향

우리는 모든 편향을 문제 삼을 수 없고 그럴 필요도 없다. 아무런 편향이 없다면 아마도 뷔리당의 당나귀같은 처지가 될 수 있다. 그래서 데카르트는 편향이 자유를 더 유도할 수 있다고 말한 바 있다[1.3장 참조]. 편향은 어쩌면 지능의 전제 조건일지도 모른다. 그렇다고 해서 모든 편향이 인정받을 수 있다는 것은 아니다. 알고리즘 편향 문제에서 중요한 초점은 허용할 수 없는 편향을 문제 삼을 수 있어야 한다는 것이다.

그러려면 우선 구체적인 알고리즘에 허용불가능한 편향이 포함되어 있는지를 알 수 있어야 한다. 그리고 우리 사회가 허용하지 않는 편향에 대해서도 잘 알고 있어야 할 것이다. 예를 들어, 컴파스(COMPAS) 알고리즘에는 뿌리 깊은 우생학적 편향을 내장하고 있다. 우생학은 1930년대 유사과학으로 판정되었지만, 알고리즘 편향을 검토하면 여전히 서구 전통 안에 남아 있는 것을 확인할 수 있다.

알고리즘 편향을 파악하는 방법으로 알고리즘 투명성이 중요하게 주목받고 있다. 투명성은 대리인 문제를 해소할 수 있는 기본 원칙이다. 이와 더불어서 사회적 담론을 위해서 현상학적 접근법을 권한다. 알고리즘 투명성이 항상 가능하지 않을 수 있기 때문이다. 개발회사의 영업비밀 보호에 해당할 수도 있고 기술적 어려움 때문일 수도 있다. 때로 현상학적 접근이 더 실천적일 수 있다. 마치 우리가 누군가(집단)에 대해 이해하고자 할 때 그의 말과 행동을 깊이 있게 관찰하고 해석하는 것처럼 현상학적 접근은 우리의 일상과 상식을 동원할 수 있다.

기계의 행위를 관찰하는 일은 인간(사회)을 관찰하는 일과 유사한 점도 있을 것이고 새롭게 관찰 방법을 개발해야 할 수도 있다. 새로운 관찰 방법에 대해서는 추가로 공동 연구가 필요하다. 인터넷 초기 스팸 메일을 전달해서 스팸 행위를 분류하고 문제를 탐색하던 플랫폼 방식을 참고할 수 있고, 시민참여적 민속지 방법을 고려할 수도 있다.

[참고문헌]

캐시 오닐 2016. 대량살상 수학무기, 김정혜 옮김, 흐름출판.

Angwin, J., Larson, J., Mattu, S. & Kirchner, L. 2016. "Machine Bias: There's software used across the country to predict future criminals. And it's biased against blacks". https://www.propublica.org

Dressel, J. & Farid, H. 2018. "The Accuracy, Fairness, and Limits of Predicting Recidivism". *Science Advances*. 4: eaao5580

IEEE 2019. "Ethically Aligned Design First Edition: A Vision for Prioritizing Human Well-being with Autonomous and Intelligent Systems". https://ethicsinaction. ieee.org/

Mueller, B. 2021. "The Artificial Intelligence Act: A Quick Explainer", https://datainnovation.org

5.2 자동기계의 감시 문제

프랑스 역사철학자 미셸 푸코(M. Foucault)에 따르면, 근대 국가는 감시를 자동화함으로써 가능할 수 있었다. 자동 감시에 대한 가장 유명한 은유는 '파놉티콘(Panopticon)'이다. 이것은 19세기 초 법철학자 제러미 벤담(Jeremy Bentham)이 제안했던 감옥 모델이다. 푸코는 파놉티콘 모델 안에 근대 국가의 감시 메커니즘(surveillance mechanism)이 요약되어 있음을 간파했다. 이 원리는 오늘날 기계에 의해서 수행되는 데이터 감시 활동의 기원이다.

근대의 감시 원리, 파놉티콘

파놉티콘은 원형 구조물이며 인간을 자발적으로 순종하게 만드는 '기계 장치'를 상징한다. 이 근대의 감옥 모델은 중세의 감옥과 중요한 차이가 있다. 중세의 감옥은 죄수를 개별로 구분하지 않았으며 어두운 곳에 가두어 놓았다. 그런데 파놉티콘은 이런 배치를 완전히 역전시켰다. 바로 그 배치가 파놉티콘의 자동성을 만들어 냈다.

이 감옥의 원형 가장자리는 여러 개의 독방으로 분할되어 있다[그림 1]. 죄수는 각각 독방에 배당되는데, 개인 단위로 감시하기 위해서이다. 독방은 창문이 두 개 있어서 외부로부터 빛이 들어와 죄수의 윤곽을 환하게 드러나도록 설계되어 있다. 이 독방은 항상 관객의 시선에 노출된 무대와 같다. 반대로 간수가 있는 중앙의 감시탑은 항상 어둠에 싸여 있어서, 죄수는 감시탑 안을 볼 수 없다. 그래서 죄수는 시각적으로 간수가 있는지 없는지를 알 수 없다. 대신 간수는 감시탑 안에서 시선을 조금 돌리는 것만으로 죄수의 독방을 한눈에 볼 수 있다. 파놉티콘의 어원은 '일망 감시'를 뜻하는 그리스어에서 온 것이다.

이로써 파놉티콘은 간수와 죄수 사이 '정보의 비대칭성'을 구조적으로 보증한다. 죄수는 간수에 관한 정보를 알 수 없고 단지 죄수가 감시탑 안에 간수가 있을 것이라고 상상하기만 하더라도 이 메커니즘은 작동한다. 그런 비대칭성에 장기간 노출되면 죄수는 점차 간수의 시선을 내재화하면서 자신을 스스로 검열하게 된다.

파놉티콘의 목표는 죄수가 이 체계를 학습하고 내재화하여 자발적으로 순종하게 만드는 것이다. 죄수가 권력 관계(규율)를 내면화하여 스스로 예속되면서 '순종하는 신체(docile body)'를 생산한다. 이로써 이 감옥은 비용을 덜 들이고도 '평화롭게' 질서를 유지할 수 있다.

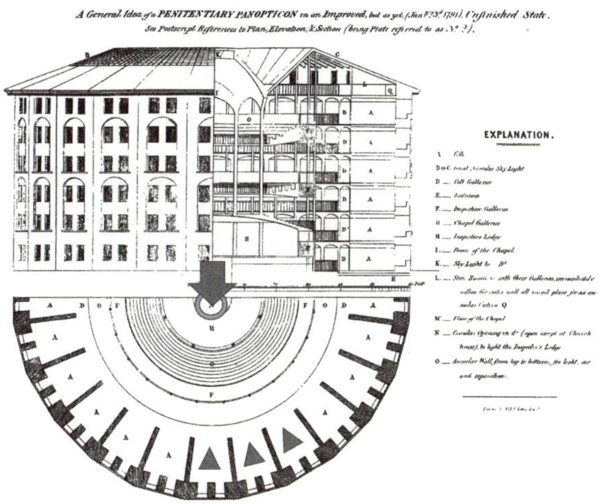

◀ **그림 1** 파놉티콘(Panopticon) 설계도면. 원형감옥 중앙에는 감시탑(화살표)이 있고, 원형의 가장자리는 독방으로 분할되어 있다. 죄수는 독방에 갇힌다(세모 표시). 개인 단위로 감시하기 위해서이다.

죄수는 파놉티콘의 주체

죄수는 파놉티콘의 규제 대상이면서 동시에 '파놉티콘의 주체'이기도 하다. 이 메커니즘에서 결정적인 요소는 간수가 아니라 죄수이다. 무엇보다도 죄수가 자신이 감시당하고 있다는 것을 자각해야 한다. 간수의 감시가 있더라도 중앙탑이 어두우므로 간수의 존재를 직접 확인할 수 없는데, 이때 죄수가 그곳에 아무도 없다고 생각하고 무시한다면 이 메커니즘은 작동할 수 없다. 죄수가 간수의 존재를 상상할 수 없다면 죄수는 일탈을 시도할 것이다. 다수의 죄수가 일탈한다면 파놉티콘은 붕괴한다.

반대로 실제 감시의 여부와 관계없이 죄수가 감시를 의식한다면 이 구조는 의미가 있다. 이 모델의 제1원칙은 죄수가 감시탑의 존재를 의식하면서 그런 조건을 습관적으로 수용하는 것이다. 죄수는 어두운 감시탑을 보면서도 간수가 있다고 상상할 수 있어야 한다. 죄수의 의식이 파놉티콘의 전략을 완성하는데 결정적이므로, 죄수는 어느 정도 이성을 가진 존재여야 한다. 파놉티콘에 갇힌 무력한 존재이면서도 죄수를 '주체'라고 명명하는 이유다.

그래서 주체는 이중의 의미를 지닌 행위자다. 그들은 파놉티콘과 같은 '타자'의 수동적 대상이면서 동시에 자발성을 가진 자기 자신의 주인이기 때문이다. 그래서 이 감옥 모델의 주체는 단순히 순종하는 것만이 아니라 이 체계 안에서 스스로 순종하기로 자신의 의지를 발동한 자이다. 주체는 대상이면서 주인이라는 두 가지 작동이 합성하여 구성되는 사회적 존재이다.

국가의 통치, '안전'한 감시

통치(government)란, 인간 행위에 대한 숙고이며 그 행위에 개입하려는 시도이다. 그런 점에서 통치란 '행위에 대한 행위(conduct of conduct)'이다. 푸코는 근대적 통치의 형식을 세 가지로 구분했다. 바로 사법 메커니즘(juridical mechanism), 규율 메커니즘(disciplinary mechanism), 안전 메커니즘(security mechanism)이다.

첫 번째, 사법 메커니즘(juridical mechanism)은 가장 오래된 형식으로서 행위 위반자를 처벌하는 규칙을 기준으로 작동한다. 이 체계는 허가와 금지라는 이항 구조(binomial structure)이고, 금지된 행동 유형과 그에 대한 물리적 처벌 유형을 연결하는 방식이다. 두 번째는 감시와 교정을 위한 규율 메커니즘(disciplinary mechanism)이다. 이것은 모든 개인을 감시하고 진단할 뿐만 아니라 개인의 신체에 침투하여 특정한 방향으로 개인의 행위를 변형하고자 시도한다. 규율은 개인, 장소, 시간, 몸짓, 행위, 조작을 분석하고 분해하고 격자화하여 재조합하고, 변형 가능한 것으로 구성해낸다. 파놉티콘이 대표적인 규율 메커니즘이다. 감옥 외에도 병원과 학교도 같은 원리를 수용한다.

세 번째 형식은 '안전장치' 또는 안전 메커니즘(security mechanism)이다. 이 메커니즘에서는 절도와 같은 문제 현상을 완전히 배제하기보다는 사회 안에서 있을 수 있는 사건이라고 간주한다. 대신에 그런 사건들을 자세히 측정하고 정규분포상의 평균값으로 특정한다. 그리고 감당할 수 있는 허용치를 확정한다. 그 허용치는 권력이 반응하는 과정에서 발생할 비용 계산에 따라 설정된다. 이 메커니즘은 사법적인 요소들이나 규율적 요소들과 중첩되기도 한다. 때로는 안전 메커니즘에 의해 사법 메커니즘이나 규율 메커니즘을 재배치할 수도 있다. 시장거래 제도나 사회보장제도 등과 같은 행정 체계가 안전 메커니즘에 해당한다.

사법적 형식이 어떤 인간의 행위를 물리적으로 금지하는 방식이라면, 규율 메커니즘은 모범적인 인간의 행위를 규정하고 그것을 따르도록 훈육한다. 그에 반해 안전 메커니즘은 금지규정은 없지만, 결과적으로 금지 도구를 사용한 것과 같은 효과를 발휘한다.

안전 메커니즘은 사물과 사건의 정규성을 파악하고 특정하는 방향으로 문제 사건을 제한함으로써, 문제 상황이 스스로 무효화 하려는 것이다. 그래서 안전 메커니즘에서는 상황을 통제하기 위해서 무엇을 문제로 삼을 것이고, 어떻게 문제 사건을 측정하고 확인하며 표시할 것인지가 중요해진다. 안전 메커니즘은 통치의 형식일 뿐만 아니라 그 자체로 사유와 지식의 문제가 된다.

통치대상의 측면에서 비교해 보면, 사법 체계는 '자신의 영토'를 통치하며, 규율 체계는 '개인의 신체'를 통치한다. 반면에 안전 메커니즘은 자신의 통치대상을 발명한다. 이렇게 발명된 통치대상 중 하나가 '인구(population)'이다. 그것은 시민(citizen)이나 인민(people) 개념과는 다르다. 이 개념은 통치를 위해 관측되고 분석되고 확인되어 표시된 표준적이고 정규적인 데이터들의 총체이다.

예를 들면 출생률, 결혼율, 사망률, 특정 범죄 발생률과 같은 데이터들이다. 그런 점에서 통치대상은 자연 상태의 인간이 아니라, 특정한 방식으로 측정된 집합적인 대상이면서 인공적 실재(artificial reality)이고 사회적 몸(social body)이다. 일련의 지식(데이터)의 총체로서 이들은 현실의 구체적인 개인과는 다르지만, 그 메커니즘 내에서는 '실재(reality)'가 된다. 안전 메커니즘의 통치대상은 적절하게 관리하고 유지하고 촉진하는 범위 내에서 행동하도록 추동된다. 그들의 '자유로운 선택'은 이 통치 메커니즘이 허용하는 범위 안으로 제한된다. 자유와 안전의 순환적 통치형식과 통치의 대응물로서 통치대상-주체-을 발명해내는 것이야말로 자유주의적 통치의 핵심이다.

자유주의적 통치의 합리성은 계산하고 표시하고 확인하고 예측하는 기술이다. 이러한 합리성은 전문가들이 제공하는 지적 도구, 계산과 합리적 형식에 의존한다. 이로써 자유주의적 통치는 모든 영역에서 '진실에 관한 새로운 체제(new regime of truth)'를 수립한다. 이 점에서 현대의 통치시스템은 '지식-권력 장치'이다.

동시에 이 장치는 정치적·문화적·도덕적 중립성이라는 문화적 환상을 창조했다. 전문성과 합리성을 동원하며 국가의 통치라는 자동적인 구조를 만드는 것이다. 이런 특징 때문에 근대 국가를 사이버네틱스 국가(cybernetic state)라고 지칭한다. 이 새로운 체제는 존재하지 않는 것을 실재하는 것으로 표지할 수도 있고, 반대로 존재하는 것임에도 불구하고 존재하지 않는 것으로 간주하여 배제할 수도 있다.

근대적 주체, 이중의 특질

근대적 주체(modern subject)는 '지식-권력 장치'에 의해서 특정한 방식으로 측정된 집합적인 대상이면서 인공적이고 사회적인 '사물'이다. 그들은 관측되고 분석되어 표시된 표준적이고 정규적인 데이터의 총체이며 정치-통계학적 구성물이다. 그들은 욕구와 열망을 가진 주체이면서도 동시에 통치적 조작의 대상이기도 하다. 그들은 '대상화된 주체(objectified subject)'라는 점에서 이중적이다.

그들은 근대적 질서에 매혹되어 그 질서를 체화하고, 그리하여 그 질서의 관점으로 '자신의 관점'으로 대체해버린 자들이다. 그러므로 주체의 시점이란, 그의 독자적인 시점을 말하는 것이 아니라, 그 자신이 받아들인 질서의 시점이다. 역설적이게도 주체란 타자의 시점(질서 형식)을 통하여 세계를 관찰하는 자이다. 자기 자신을 관찰할 때조차도 마찬가지 원리가 적용된다. 주체는 자신이 받아들인 타자의 시점으로 자기 자신을 관찰하고 평가한다는 점에서 자기 자신을 스스로 대상화한 자이다.

근대적 주체는 국가가 생산하는 데이터, 즉 가상적 신체(virtual bodies)이다. 주체는 여러 데이터를 통해서 자기 자신을 표현하고, 그 데이터를 자기 자신과 동일시함으로써 자신의 새로운 정체성을 승인한다. 현대에 이르러서 자동화된 데이터 분석기술은 대량의 데이터를 고유한 알고리즘으로 재배치함으로써 누군가의 신원을 규정할 수 있고 나아가 그들의 행위 궤적과 감정의 흐름을 가시적인 것으로 제시할 수 있다[4.2장 참조]. 이 새로운 정체성에 대해서 '디지털 시민(digital citizen)'이라는 이름이 붙여지기도 했다.

그런 점에서 근대적 주체란 '태어나는 것'이면서 동시에 '만들어진 것'이다. 그러므로 주체란 자연종으로 태어나지만 인공물로 성장한다. 그들은 해러웨이의 용어로 표현하면 '사이보그(cyborgs)'다. 파놉티콘의 죄수처럼 통치 메커니즘을 인식하고 받아들이며 (때로 저항하며) 내장하기 때문이다. 그런데 주체의 위치나 관계는 고정적이거나 확정적이지 않다. 주어진 질서의 격자망 안에서 다른 존재들과의 상대적 관계에 의존하며 매 순간 변조하기 때문이다.

현대의 자동기계, 비대칭성의 강화

감시 문제는 근대 국가 시스템의 기본 특질이다. 그런데 최근 감시 문제가 더욱 문제로 주목받는 것은 현대의 기계 시스템이 감시로 인한 정보의 비대칭성을 더욱 강화하기 때문이다. 예를 들어서, CCTV는 오래전부터 감시의 상징이었다. CCTV 영상 데이터는 파놉티콘의 간수 역할을 한다. 언제든지 문제 상황이 발생하면 CCTV 데이터를 찾아볼 수 있다. 고정 CCTV만이 아니라 자동차의 블랙박스까지 포함하면 하루에 쌓이는 데이터양은 막대하다. 최근에는 인공지능과 결합하여 CCTV 영상 속에서 이상 징후 패턴을 거의 실시간으로 탐지할 수 있다. 감시의 자동화에 '지능'이 더해지는 것이다.

CCTV는 안전 문제와 결부되면서 CCTV 설치를 환영하는 사회적 분위기가 형성되었다. 지역사회에서 지자체에 CCTV 설치를 청원하기도 한다. 이 현상은 감시 활동이 단순히 부정적인 면만 가지고 있는 것이 아니라 안전이라는 이중적 성격이 있음을 보여준다. 감시는 주체가 스스로 대상이 되려는 자발성에 기반해야 잘 작동할 수 있다.

사람들은 생활의 안전을 위해서 아주 쉽게 감시 체제의 대상이 되는 것을 허락하곤 한다. 사회적으로 신뢰가 감소하고 불안정성이 높아진다면, 그 원인을 탐색하려고 접근해야 하지만, 그런 일은 복잡하고 비용이 많이 든다. CCTV와 같은 감시 체계는 쉽게 선택할 수 있는 방법의 하나다. 이런 기술적 해법은 문제의 차원을 근본적으로 해결하는 것이 아니므로, 책임 배분이 왜곡되는 결과를 낳는다. 사회 문제의 근원적인 책임 소재는 은폐되고 평범한 모든 사람이 더 많이 감시의 대상이 되어야 하기 때문이다.

CCTV가 당연한 것이 되면서, 사회적 약자는 더 많이 CCTV에 노출될 위험에 처한다. 노동자에 대한 감시는 언제나 경영진의 관심사였다. 포드 시스템은 대량생산 시스템으로 잘 알려졌지만, 더 중요하게는 노동자 감시 체계를 수립한 것으로 유명하다. 포드사는 노동자의 일상을 감시하는 부서를 설치했고 결혼 여부나 음주, 도박, 자녀 교육 등 사적인 삶에도 개입했다.

영화 〈모던 타임스(Modern Times, 1936)〉는 포드 시스템의 문제를 고발했는데, 그중 하나가 화장실에 설치된 감시 카메라였다. 감독이면서 주연 배우였던 찰리 채플린의 상상력은 경영진이 노동자를 감시하기 위해 화장실까지도 놓치지 않는다는 것을 희극적으로 그려냈다. 실제로 경영진은 노동자가 화장실에 가는 것을 싫어했다.

◀ **그림 2** 1936년 영화 〈모던 타임스(Modern Times)〉, 공장 내 화장실에 감시 카메라가 있어서 사장이 노동자에게 호통치며 일하러 가라고 다그친다. 이 영화의 배경이 되는 포드 시스템은 노동자에 대한 개입과 감시를 토대로 작동한다.

노동 감시 문제는 특히 중요한 사회적 의제이다. 현재 직장 내 CCTV는 불법이지만, 종종 실제 위반 사례가 보도되고 있다. 현행 개인정보 보호법에 따르면 사무실과 같은 비공개된 장소에 CCTV를 설치하려면 정보 주체(data subject)의 개별적인 동의를 받아야 한다. 정보 인권 활동을 하는 진보넷(jinbo.net)에 따르면, 동의를 받을 때 어떤 목적으로 CCTV를 설치하는지에 대해서 구체적으로 설명하고 동의를 받아야 한다. 노동현장에 CCTV가 있는 경우는 일반적으로 시설안전, 화재 예방 등의 목적으로 설치한다. 이렇게 설치된 CCTV의 데이터를 다른 목적(예, 평가)으로 사용할 수 없다. 이런 경우 개인정보보호 법 위반으로 고소·고발할 수 있지만, 노동자는 CCTV가 다른 용도로 사용되더라도 문제 제기하기 쉽지 않다.

오늘날의 관점에서 볼 때, 〈모던 타임스〉가 고발한 노동 감시는 오히려 인간적이다. 사장이 직접 노동자에게 복귀 명령을 하기 때문이다. 오늘날의 감시는 이렇게 개인 대 개인의 관계로 나타나지 않는다. 감시 활동은 익명의 시스템 속으로 은폐된다. CCTV 데이터가 어떻게 처리되는지 알 수 없고, 데이터는 공개되지도 않으며 접근할 수도 없다. CCTV의 대상이 된 사람들은 정보의 비대칭성 속에서 더 무력해지고 있다.

시스템은 더 많은 데이터를 촘촘하게 확보하며 데이터 간 관계를 새롭게 설정할 수도 있다. 데이터 분석에서 사용하는 매개변수는 매우 많고 복잡해서 문제가 발생하더라도 원인을 제시하기 어려워진다. 그래서 저항의 권리나 문제 제기할 가능성이 원천적으로 제거될 수 있다. 사람들은 '무엇이 잘못되었는지' 조차도 인지하지 못할 수 있다. 매일 생산되는

CCTV 데이터는 정보의 비대칭성을 극도로 강화할 것이다. 이 체계를 통해서 사람들은 더 '순종적인 신체'가 되고 있다. 순종하지 않는다면 그나마 구성원의 자격이 박탈될 수 있다는 불안 때문이다.

현대적 감시, DNA 프로파일링

DNA 프로파일링은 대표적 감시시스템이다. 미국의 CODIS는 범죄 혐의로 체포된 사람에 대하여 13개 STR 유전자표지(genetic marker)를 수집· 저장한다. DNA 프로필 DB는 크게 범죄자 색인(offender index)과 범죄현장증거 색인(forensic index)으로 구성되어 있다. CODIS의 운영관리시스템은 다음과 같은 4가지 하위 구조를 가진다: '견본 관리자(Specimen Manager)'는 DNA 프로필을 처리하고, '일치 관리자(Match Manager)'는 표본과 일치하는 후보를 추출한다. '자동검색(Autosearch)'은 데이터베이스 검색을 수행하며, '인구 데이터 관리(Popstates)'는 인구데이터에 근거해서 DNA 프로필 일치 확률을 계산한다.

표 1 현장 증거와 범죄자 유전자형 비교 예시(김지연·조은희, 2016 재인용)

유전자표지	증거표본	범죄자
D8S1179	13,15	13,15
D21S11	29,30	29,30
D7S820	11	11
CSF1PO	12	12
D3S1358	16,17	16,17
TH01	6,7	6,7
D13S317	8,11	8,11
D16S539	9,12	9,12
D2S1338	17,18	17,18
D19S433	13,14	13,14
VWA	17,18	17,18
TPOX	8	8
D18S51	14,16	14,16
Amelogenin	XY	XY
D5S818	10,12	10,12
FGA	10,12	10,12
Matching probability	3.67×10-17	

위의 [표 1]은 데이터시스템에서 개인의 정체성이 지표의 형태로 출현하는 예시이다. 각 유전자표지에 대해서 증거표본과 용의자의 표본을 대조하여 두 표본 데이터가 일치함으로 보여준다. 유전자 검사결과로 동일인으로 정의되거나 다른 사람으로 구별될 수 있다. 일치하지는 않더라도 유사도가 높다면 친족이거나 가족으로 분류될 수 있다. 이 지표들은 외관상으로 알 수 없었던 '진실을 말하는 힘'을 가지고 있다.

우리나라는 2010년 "디엔에이 신원확인정보 이용 및 보호에 관한 법률(DNA법)"을 제정했다. DNA DB 구축 및 운영과 관련해서는 미국의 CODIS 모델을 차용했다. DNA법 제 5조에 따르면, DNA 정보채취 대상 범죄는 방화, 살인, 약취유인, 강간과 추행, 절도 및 강도, 폭행, 협박, 주거침입·퇴거불응, 손괴, 체포, 감금, 강요, 상해, 공갈, 범죄단체조직, 공무 방해, 경매·입찰방해, 마약 등으로 정했다.

DNA 감식 시료의 종류로는 구강 점막, 모발을 채취하되 부득이한 경우만 그 외의 신체 부분, 분비물, 체액을 채취하도록 했다. DNA 채취 대상은 상당히 포괄적이다. 이는 DNA DB의 규모가 클수록 관리·통제 이득이 있다는 것과 관련이 있다. 일반적으로 DNA 프로필 분석의 신뢰도 수준을 높이기 위해 더 많은 수의 DNA 정보가 필요하다. 2014년 유럽 법과학연구소 네트워크는 "현장증거물과 범죄자의 일치 확률을 높이기 위해 DNA DB에 수록되는 범죄자의 수는 법률적[혹은 재정적으로] 허용되는 한 최대한 많은 수를 입력해야 한다"고 권고하고 있다.

안전 메커니즘: 사전 예방의 원리

DNA 프로파일링 DB 방식이 국제적으로 확산하고 있지만 그렇다고 사회적 승인을 의미하는 것은 아니다. 이 시스템의 가장 큰 이득은 우선 DNA DB 검색을 통해서 '우연한 발견(cold hit)'으로 용의자를 찾을 수 있다는 것이다. 이것은 사회적 비용을 절감하면서 안전을 보증해줄 수 있다.

한편 오류가능성도 항상 내포하고 있다. 만약 DNA 프로필이 6개의 유전자 마커를 분석 대상으로 하고 있고, 그 각각은 전체 인구 집단 내에서 8%, 1%, 5%, 10%, 10%, 2%로 출현하는 빈도를 가지고 있다면, 그 인구 집단의 구성원 중에서 누군가가 우연히 특정 대립유전자 6개를 모두 가지고 있을 가능성은 0.08 x 0.01 x 0.05 x 0.1 x 0.1 x 0.02=0.000000008이다. 즉 10억 명 중 8명이다. 현재 우리나라의 경우, 판결문에 의하면 우연한 일치 확률은 대략 63억 명 중이 1명이다.

이런 계산은 일치하는 대립유전자가 통계적으로 독립적이라는 하디-웨인버그 평형 가설(Hardy-Weinberg Equilibrium Assumption)이라는 인공적 조건에서만 유효하다. 이것은 인위적으로 만들어진 이상적인 조건 안에서 도출된 값이다. 그런데 우리의 생물학적 신체는 수학 통계적 표지로 완전히 환원될 만큼 간단하지 않다. 따라서 이 체계는 언제든지 문제를 일으킬 수 있다.

게다가 현장 증거표본은 오염될 가능성이 커서 해석적 유연성이 존재한다. 대부분의 현장 표본은 대체로 한 사람 이상의 DNA가 혼합되어 있어서 부분적인 유전자표지만 얻을 가능성도 있다. 그런 경우 부분 유전자 일치를 나타낸 사람들(예, 친족) 전체가 용의자로 특정될 수 있다. DNA DB 속에 포함된 사람들은 그렇지 않은 사람들에 비해서 불리해진다. DB에 포함된 사람들은 범죄가 발생했을 때 즉각적으로 '용의자 후보'가 된다. 빈번하게 용의자의 대상이 된다면 우연한 일치가 일어날 가능성도 증가한다.

이런 통계학적 환원은 이미 19세기에 시작되었다. 의료통계학 덕분에 19세기 동안 사망원인의 표준 목록이 만들어졌고, 그 결과 인간행동이 물리학의 세계처럼 고정된 법칙에 지배받는다는 믿음이 퍼졌다. 통계학적 메타개념으로 '정상성(normalcy)'이라는 개념이 등장했고 같은 시기 범죄에 관한 수량적 연구가 시작됐을 때 상습성(recidivism)이라는 관념도 등장했다.

이런 사회적 실천들의 결과는 '범죄인(homo criminalis)'이라는 새로운 인종을 만들어냈다. 그들은 '형벌인(homo penalis)'과는 다른 존재를 지칭한다. 형벌인은 계약의 주체인 시민 자신으로, 이성적 실수-계산 착오-로 인해 계약(법)을 위반한 자들이다. 이에 비해 범죄인은 실수 때문이 아니라 사악한 본성 때문에 범죄를 저지르는 별도의 '인종'이다. 이 개념은 그들을 사회의 배설물 같은 존재이자 인류 진화에서 과거 단계의 잔여물이며 쓰레기로 간주한다. 범죄인은 본성상 야만인이고 사회적으로 비정상인이다. 이 개념에는 그들에게서 근대법의 시민 자격 자체를 박탈하려는 시도가 담겨 있다. 이에 따르면 사회의 방어를 위해서 범죄를 억제하기보다는 범죄인을 원천적으로 무효화 하고 미리 배제하는 방식, 즉 사전 예방을 과제로 삼는다.

이 개념이 정당하면 그들이 새로운 범죄를 저지르기 전에 그 가능성을 소거하는 것을 권장할 수 있다. 그래서 그들의 디지털 신체를 DNA DB 안에 '감금'하려는 것이다. DNA DB는 일종의 '디지털 감옥'이고 그들은 본성적으로 '사악하기' 때문에 그곳에서 영원히 감시

받아야 한다. 그들은 훈련 대상이 되지도 못한다.

현재 이 법에 대해서 문제를 제기하는 사람들은 극히 소수이다. 범죄인 개념이 사회적으로 상당한 위력을 가지고 있음을 확인할 수 있다. DNA DB는 그 대상을 사회적으로 배제하도록 작동한다는 점에서 중요한 윤리적 문제를 안고 있다. 논리적으로 현재의 '비정상인'을 무효화하는 것이 가능하다고 하더라도 정규분포상의 비정규성은 계속 새로 발생할 것이다. 결국, 계속해서 사회 구성원의 일부를 '비정상인'으로 정의하는 길로 나아갈 것이다.

쌍용자동차 노조원이나 용산 참사 관련자들에게 DNA 채취를 집행한 적이 있다. 이것은 현재의 사법 체계가 그들을 재발성 범죄자로 판단했다는 의미이고, 이 법이 상정하는 '비정상인'의 범위가 계속해서 확장될 수 있음을 함축한다. 그러므로 다른 사회적 해결 대안 없이 DNA DB 시스템에 절대적으로 의존하는 것은 시민 윤리의 균열로 작용할 수 있다. 계속 자신의 동료 시민 중 일부를 '비정상인'으로 정의하고 그들을 소거시키는데 가담하는 결과가 되기 때문이다.

시장의 감시, 신용평가 점수

캐시 오닐에 따르면, 통계 전문가와 수학자들은 사람들의 재무 정보, 우편번호, 인터넷 서핑 패턴, 구매 행위 등 이런저런 사소한 정보를 참고해서 사람들의 등급을 매기고 있다. 그들은 유사과학 모형으로 신용도를 예측한 후 일명 'e 점수'를 부여한다. 이것은 소비자의 잠재적 가치를 측정한 점수이다. 여기서 유사과학이란, 합의된 과학적 심사를 통과하지 않았다는 의미이다. 이 등급을 기준으로 소비자를 다르게 관리할 수 있다.

예를 들어 마케팅 콜센터는 고객과 전화 상담을 하는 순간 고객의 데이터를 순식간에 검색해서 식별할 수 있다. 가령 더 많은 수익이 예상되는 잠재 고객은 인간 상담원에게 곧장 연결된다. 그러나 등급이 낮은 고객은 상담원과 연결되는 데 오랜 시간 기다려야 한다. 통화량이 많아지면 등급이 낮은 고객은 외주 콜센터로 보내지기도 한다.

신용카드 회사도 비슷한 기술을 사용하는데, 자사 웹사이트에 접속한 사람의 정보를 매우 빠르게 수집하고 계산한다. 웹브라우징 패턴과 구매 패턴에 관한 데이터와 결합하면 잠재 고객에 대한 많은 통찰을 얻을 수 있다. 가령 고급 자동차를 검색하는 사람은 중고 자동차를 검색하는 사람보다 부자일 가능성이 크다. 그리고 방문자가 사용하는 컴퓨터의 위치도 추적한다. 위치 정보를 부동산 데이터와 비교하면 방문자의 구매력에 관한 유의미한 추론을 할 수 있다.

그런데 여기서 더 중요한 문제는 이런 고객 등급 평가가 심각한 순환적 강화를 불러올 수 있다는 것이다. 예를 들어 가난한 지역에 거주하는 대출자는 낮은 신용평가 점수를 받게 되는데, 이런 사람들을 대상으로 하는 저품질 대출 광고의 대상이 된다. 혜택이 적고 금리가 더 높은 신용카드 회사 광고는 채무 불이행 고위험군을 노린다. 단기 소액 대출이나 영리성 대학 광고도 이들을 겨냥한다. 광고의 대상이 된다면 확률적으로 그 광고가 권하는 선택을 할 가능성이 커진다. 그들의 삶은 더 나아지기 어렵게 된다.

e 점수는 공식적인 신용평가보다 더 많이 사용되고 있다. 공식적인 규제를 받지 않아도 되기 때문이다. e 점수는 수많은 데이터를 토대로 유사한 고객집단으로 묶어서 평가한다. 그 사람과 '유사한' 사람들이 사회 낙오자이거나 범죄자로 판명되면 그 사람도 똑같은 대우를 받게 된다. 자신이 하지 않은 일로 자신도 모르게 평가받게 되고 그런 일이 순환적으로 강화되면 그 사람은 점점 더 고단한 사회적 지위에서 벗어나기 어려워진다.

인공지능이 불러올 새로운 정상 모델

감시탑의 간수는 기계로 대체되고 다시 인공지능 시스템으로 대체되어 가고 있다. 인공지능이 감시 모델에 어떤 변화를 불러올 것인가? 감시를 더 강화하고 정보 비대칭성을 더 벌여 놓을 것인가? 또는 기존의 비대칭성을 해체하고 새로운 정상 모델을 수립할 것인가? 물론 새롭다고 해서 더 좋다는 것을 의미하지 않는다.

인공지능은 기존의 모든 데이터를 재해석할 역량을 가지고 있다. 인공지능이 우리의 새로운 정체성을 판정하는 자리에 서게 되는 것이다. 때로는 개인 단위로 때로는 자신도 모르는 집단군으로 평가될 수 있다. 유럽 인공지능법(AIA)은 '감시'라는 단어를 71회나 사용했다. 이 법은 기업이나 국가기관이 인공지능을 이용한 감시를 수행할 때 위험에 대해서 다음과 같이 지적했다.

> "법 집행을 목적으로 공개적으로 접근 가능한 공간에서 자연인을 '실시간' 원격 생체인식을 위해 AI 시스템을 사용하는 것은 특히 관련자의 권리와 자유를 침해하는 것으로 간주하며, 이는 인구의 많은 부분의 사생활에 영향을 미칠 수 있다. 강력한 감시와 집회의 자유 및 기타 기본권의 행사를 간접적으로 포기하게 만든다..................(중략)......................특정 AI 시스템 사용과 관련된 사법 당국의 조치는 상당한 수준의 권력 불균형을 특징으로 하며, 헌장에 보장된 기본 권리에 대한 감시, 체포 또는 박탈을 초래할 수 있다."

챈들러와 푸치(Chandler & Fuchs, 2019)는 〈디지털 객체와 주체: 빅데이터 시대 자본주의, 노동 그리고 정치에 관한 간학제적 전망〉이라는 책을 통하여, 우리에게 다음과 같은 질문을 제시했다. 여기서 디지털이란 데이터를 생산하고 분석하고 배치하는 시스템 전체를 말한다.

- 어떻게 디지털(시스템)이 지배와 권력의 논리에 영향을 미치나?
- 디지털(시스템)이 지식의 본질과 인과관계의 이해를 어떻게 변화시키나?
- 디지털(시스템)은 불확실성, 위험성, 복잡성 및 예측 불가능성의 새로운 문제를 어떻게 처리하나?
- 디지털(시스템)은 비판, 행동주의, 정치 조직에 어떤 영향을 미치나?
- 디지털(시스템)은 자본주의와 노동력 내부의 변화와 어떻게 상호작용하나?
- 비판적 이론이 디지털(시스템)의 역할을 설명할 수 있을까?
- 디지털(시스템)이 재생산과 젠더 관계에 어떤 영향을 미치나?
- 디지털(시스템)이 어떻게 문화와 자연 그리고 인간과 환경 사이의 관계를 변화시킬까?
- 디지털(시스템)은 인류세(Anthropocene)를 어떻게 형성할까?

이들 질문은 사회 전반에 걸쳐 지금 일어나고 현상을 잘 보여주고 있다. 새로운 기계 체제는 우리 삶의 전반을 다시 검토해야 할 것을 암시하고 있다. 이 기계체제는 기존의 데이터 체제를 해체하고 다시 분석할 잠재성이 있다. 그로 인해 정상성의 기준도 재편될 수 있다. '진실'과 '지식'의 체제도 '윤리'도 변경될 수 있다.

앞서 살펴보았듯이 파놉티콘 속 주체의 위치나 관계는 고정적이거나 확정적이지도 않다. 주어진 질서의 격자망 안에서 다른 존재들과의 상대적 관계에 의존하며 매 순간 변조된다. 그러므로 주체는 다른 존재와의 관계에 주의를 기울이며 자신의 위치를 조망해야 할 책임이 있다. 그리고 인공지능 기반 감시 시스템을 설계할 때, 주체가 그런 윤리적 책임을 수행하는 것이 가능하도록 설계를 고려해야 한다.

인공지능을 기대하는 마음

최근 '인공지능 판사'나 '인공지능 면접'이 자주 언급되고 있다. 그런데 흥미롭게도 그런 유형의 인공지능에 대한 언급이 상당히 긍정적 의미로 등장하고 있다. 왜 이런 현상이 일어나는가에 대한 관찰이 필요하다. 가까운 미래에 실제로 인공지능 판사가 적절한 판단을 할 가능성은 그리 크지 않다. 그런데도 사람들이 인공지능 판사를 상상하는 것은 현재 사법 시스템이 사회적 신뢰를 잃고 있다는 맥락과 관련이 있다. 판사가 개인적인 편향으로 판결을 하는 사례가 자주 알려지기 때문에, 사람들은 인공지능이 판결한다면 인간의 편향을 극복할 수 있지 않을까 기대하고 있다.

인공지능 면접 역시 같은 현상이다. 청년 세대에게 직업을 구하는 일은 매우 중요하다. 그런데 취업 과정이 투명하지 않다고 느끼고 있다. 그들은 차라리 인공지능 면접관이라면 '인간 면접관의 고약한 편견으로부터 안전해지지 않을까?' 기대하는 것이다. 인간과 사회 시스템이 신뢰할 수 없는 상태에 이르렀음을 시사한다. 인공지능 판사나 면접관에 관한 기대를 통해서 사람들이 인공지능 시스템에 거는 기대가 무엇인지는 알 수 있다.

인공지능이 인간보다 덜 편향적인 영역이 있을 수 있다. 인공지능 번역이나 검색 서비스는 사람들에게 새로운 '자유'를 준다. 인간 동료에게 물어보기 꺼려지는 것도 부담 없이 의뢰할 수 있다. 인공지능은 아무리 많은 것을 질문하더라도 불만이 없고 그로 인해 비방하지도 않으며, 질문의 내용으로 그 사람을 깎아내리지도 않는다. 인공지능은 인간의 새로운 동료가 될 여지가 있다. 다만 인공지능이 그가 의뢰한 질문 내용을 분석해서 그의 정체성을 평가하고 그를 통제하는 감시에 사용하지 않는다는 조건에서 그렇다.

[참고문헌]

김지연·조은희. 2016. DNA 정보의 주체- 시민 정체성의 새로운 구성, 〈담론201〉 제19권 2호.

미셸 푸코 1994. 〈감시와 처벌: 감옥의 역사〉, 오생근 옮김, 나남신서.

캐시 오닐 2016. 〈대량살상 수학무기〉, 김정혜 옮김, 흐름출판.

Chandler, Dave & Fuchs, Christian (eds.) 2019. Digital Objects, *Digital Subjects: Interdisciplinary Perspectives on Capitalism, Labour and Politics in the Age of Big Data*. London: University of Westminster Press.

Foucault, M. 2008. *The Birth of Biopolitics: Lecturesat the College de France, 1978-1979*, edited by Michel Senellart; English series editor, Arnold I. Davidson; translated by Graham Burchell, Picador.

Rose, Nikolas 1998, *Inventing Oure Selves: Psychology, Power, and Personhodd*, Cambridge University Press.

Rose, Nikolas 1999. *Governing the Soul: The Shaping of the Private Self*. Free Association Books: London/New York.

Rose, Nikolas 2007, *The Politics of Life Itself: Biomedicine, Power, and Subjectivity in the Twenty-First Century*, Princeton University Press: Princeton and Oxford.

5.3 설명가능 인공지능(XAI)

인공지능의 설명가능성은 점점 더 주요한 의제가 되고 있다. 가장 먼저 인공지능에 설명을 원했던 사람은 아마도 이세돌이었을 것이다. 그는 알파고와 대국 당시(2016년 3월), 하나의 대국이 끝날 때마다 평소처럼 대국자와 함께 복기(復棋)하려고 했다. 바둑은 대국만으로 끝나는 것이 아니라 복기를 함으로써 완성된다. 이세돌은 알파고가 '왜 그런 착수를 했는지' 알고 싶어 했다. 그러나 알파고는 복기를 할 준비가 되어 있지 않았다. 이세돌은 알파고가 떠난 대국장에서 쓸쓸히 자신의 동료들과 복기하며 알파고의 '생각'을 추정할 수 있을 뿐이었다[3.5장 참조].

'정답' 자체가 아니라 그것을 '정답'으로 결정한 이유

당시 이세돌의 '요구'는 인간 대표의 요구를 상징했다. 대국을 지켜본 사람들도 같은 의문을 품었기 때문이다. 이세돌-알파고 대국은 인공지능의 뛰어남과 함께 인공지능이 '블랙박스'라는 것을 공개적으로 보여주었다.

알파고의 착수는 인간전문가가 전혀 예상하지 못한 경로를 선택하기 일쑤여서 모두 그 이유를 몹시 궁금해했다. 알파고는 대체로 좋은 결정을 했지만, 때때로 '형편없는' 이상한 착수를 하는 현상이 있었다. 대국이 진행될수록 좋은 착수는 좋은 대로 어떻게 그런 훌륭한

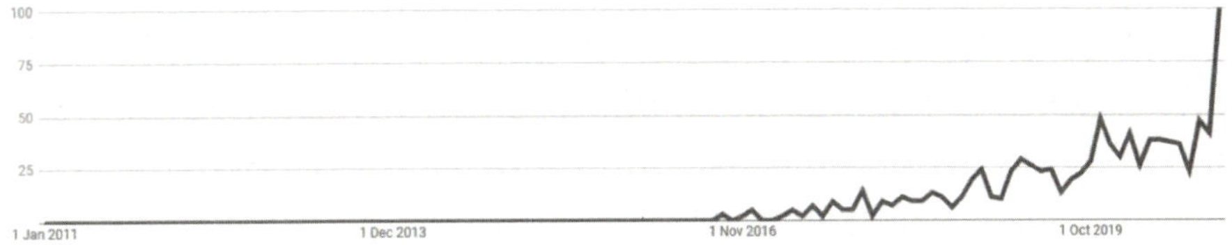

▲ **그림 1** 구글 트랜드 검색에서 최근 10년(2011-2020) 동안 "설명가능 인공지능(Explainable AI)" 검색량 경향 그래프(최대값을 100으로 설정하고 나머지 값을 재계산). 2016년 11월부터 검색량이 증가했다. (자료: Linardatos et al, 2021)

착수를 할 수 있었는지, 나쁜 착수라면 나쁜 대로 어떻게 그런 형편없는 착수를 하는지에 대해 사람들의 의문은 늘어갔다.

구글 트랜드 검색에서 “설명가능 인공지능(eXplainable A, XAI)” 검색량 추이를 보면, 2016년부터 관련 검색량이 증가한 것을 볼 수 있다[그림 1]. 사람들은 ‘정답’만이 아니라 그것을 정답으로 도출하는 과정을 알고 싶어 했다. 알파고의 등장은 인공지능에 대한 질문을 바꾸었다. 이전까지의 질문은 ‘기계가 할 수 있을까?’였다면 이후의 질문은 ‘왜 그렇게 한 거지?’가 되었다.

알파고와 인간의 역사적 만남은 인공지능의 설명가능성이 얼마나 중요한지를 현저하게 부각시켰다. 알파고처럼 단순히 바둑경기가 아니라 사회적 의사결정에 영향을 주는 인공지능이 등장한다면 우리는 ‘인공지능이 왜 그리고 어떻게 그런 결정에 도달했는지’에 대해서 모른 채, 최종 결정만 통보받는 상태를 수용할 수 있을까?

인공지능의 의사결정이 훌륭하더라도, 그 결정의 맥락을 설명하지 못한다면, 인공지능은 충분한 자격을 얻을 수 없을 것이다. 이제 설명가능성은 인공지능 윤리의 중요한 내용이 된다. 이세돌-알파고 대국 6개월 후, 딥마인드사는 이세돌과 알파고 대국 해설 보고서를 공개했다[3.5장 참조]. 해설 내용 중에는 알파고가 대국 중 수행했던 상황 판단을 짐작할 수 있는 자료들이 포함되었다. 딥마인드의 보고서는 부분적으로 설명가능성을 위한 노력이었다. 한편 이 보고서가 6개월만에 나올 수 있었다는 사실을 통해서 설명가능성이 매우 어려운 과업이라는 것도 보여주었다.

의사결정 대리인 문제

의사결정 대리인에게 설명책임성(Accountability)을 요구하는 것은 일반적이다. 정부에 대하여 시민들이 요구하는 설명책임과 유사하다. 정부는 법에 근거해서 시민의 권리를 위임받아 권한(의사결정)을 수행한다. 정부는 정기적으로 자신의 권한 행사를 설명해야 하며 논쟁이 있는 사안에 대해서는 특별히 더 상세한 설명을 할 책임이 있다. 기업, 특히 상장 기업에도 이런 설명책임성이 있다. 상장 기업은 기업의 상태를 주주들에게 투명하게 설명할 사회적 책임이 있다.

위임자와 대리인 사이는 소위 ‘대리인 문제(Agent problem)’가 발생하곤 한다. 위임자와 대리인 사이에서 정보의 비대칭성이 발생하기 때문이다. 대리인은 의사결정 현장에 있기에 더 많은 정보를 가지게 되지만 위임자는 그렇지 못하다. 위임자는 해당 현장에서 멀리 있어서 대리인을 완벽하게 감시하기 어렵다. 게다가 대리인은 자신만의 이해관계를 가질 수 있어서 위임자의 이해관계에 반하는 행동을 할 수 있다. 이로 인해 역선택, 도덕적 해이 문제 등이 발생한다. 예를 들어 전문 경영인이 주주의 이해에 반하는 결정을 하기도 한다.

그래서 대리인의 설명책임성은 결정적인데, 정부와 기업의 설명 작업은 논쟁을 해소하기도 하지만 때로 그러지 못한 경우도 흔하다. 의도적인 책임 회피 때문일 수도 있지만, 때로 진정한 노력을 하는 경우라도 설명이 충족되지 않을 수 있다. 설명은 해석의 문제이며 사회적으로 구성된다. 그래서 대리인은 위임자와의 일상적인 상호작용을 통해서 '의미의 프레임(Frames of meaning)'을 공유할 수 있을 때 설명을 잘할 가능성이 높아진다. 그런 공유를 통해서 위임자와 대리인의 공통언어를 형성할 수 있고, 이 과정은 대리인에 대한 위임자의 신뢰도를 형성할 수 있다.

우리 사회가 인공지능을 채택한다면 그것은 인공지능에 일정한 권한을 위임한다는 것을 의미한다. 일반적으로 위임자는 별 문제를 느끼지 않겠지만, 때때로 인공지능 시스템을 호출할 수 있다. 인공지능은 그 순간 자신의 판단을 증명해야 하는 상황에 직면할 것이다. 주로 인간위임자 관점에서 예상하지 못한 사건이나 오작동이 발생할 경우일 것이다.

정부 시스템처럼 오랜 전통을 가지고 있는 공적 대리인도 설명책임을 수행하는 일이 어렵다는 점을 고려하면, 인공지능의 설명가능성은 더욱 어려운 과제가 될 수 있다. 일반적으로 설명은 이야기 형식을 가진다. 이야기 구조는 특수한 것(전문성)과 일상적인 것(보편성) 사이를 연결하는데 뛰어나기 때문이다. 그런데 기계 형식은 이산적 알고리즘이어서, 맥락적 성격을 가지는 이야기 형식을 취하기 어렵다. 따라서 기계가 인간의 이야기 구조를 특별히 학습하지 않고는 궁극적으로 설명가능성을 보유하기는 어려울 것이다.

'유럽의 일반 데이터 보호 규제(EU's General Data Protection Regulation, GDPR)'는 기계 결정에서 도출된 결론을 인간이 이해할 수 있는 형태로 해석하여 전달하는 것이 중요하다고 지적한 바 있다. 이를 위해서 설명을 요구할 권리(right to explanation)를 추가했다. 예를 들어서 은행 인공지능 시스템이 대출 요청을 거부했다면, 그 사람은 시스템이 왜 그런 결정을 했는지 알 권리가 있다. 설명을 들을 수 있어야 그 결정이 차별금지법이나 다른 규제에 위반되는지를 파악할 수 있다. 그에 기반하여 그 사람은 대출 거부에 이의 제기를 공식화할 수 있다.

설명이 필요한 분야, 자율주행자동차 사고

인공지능의 모든 영역이 설명책임을 요구하지는 않을 것이다. 전자상거래, 온라인 번역 서비스에서 투명성과 설명가능성은 덜 중요할 수 있다. 이 영역에서 시스템이 실패하거나 예상하지 못한 결과를 내거나 오류 인식을 하더라도 사용자들은 특별히 설명을 원하지 않는다. 사용자는 그런 서비스에 전적으로 의존하는 것이 아니라 그 서비스를 참조하여 최종 결정을 내린다고 생각한다.

그러나 건강이나 의료 영역은 다를 수 있다. 사용자들은 이 영역에서의 권고에 대해 전문적인 검토를 할 수 없어서 의존성이 커질 수 있다. 그리고 건강과 의료의 결정은 회복할 수 없는 결과를 불러올 수도 있다. 이와 유사하게 자율주행, 제약설계, 물리학, 신경과학 분야는 설명가능성 요구가 높을 것으로 예상된다.

자율주행자동차 사고는 설명을 요구받는 대표적인 사건이다. 자동차 사고는 인명 피해가 발생하는 경우가 많기 때문이다. 인간운전자가 사고를 냈다면 경찰은 운전자에게 사고 과정에 관해서 물을 것이다. 경찰은 전반적인 상황을 종합하여 사고 경위를 발표한다. 자율주행자동차가 사고 당시 어떤 의사결정을 했는지 설명하는 것은 당연한 책임이다. 그러므로 자율주행자동차는 조사에 '응답'할 수 있어야 한다. 다음은 자율주행자동차 사고 중 일부이다[41).

- 2016년 1월 20일 중국 하북성에서 운전자 가오유닝은 자신의 테슬라 S 차량을 오토파일럿 모드에 두고 운전하던 중, 도로 가장자리에 주차 중이던 트럭을 들이받아 사망했다.
- 2016년 5월 7일 미 플로리다주에서 운전자 조슈아 브라운은 오토파일럿 모드를 적용한 테슬라 S가 트랙터 트레일러 옆면과 충돌해 사망했다.
- 2018년 3월 18일 애리조나주에서 백업 운전자였던 라파엘 바스케즈가 스마트폰에 한눈을 판 사이 사고가 났고 피해자는 사망했다. 바스케즈는 모니터링 의무를 충실히 수행하지 않았다는 이유로 구속됐다.
- 2019년 2월 14일 캘리포니아주에서 웨이모는 공사 중인 도로 옆 모래주머니

41) http://www.aitimes.com를 참조할 수 있다

를 피하려다가 옆 차선 버스를 들이받았다. 부상자는 없었다.

- 2021년 4월 17일 텍사스주에서는 테슬라 S가 오토파일럿으로 운행 중 빠른 속도로 회전하다가 나무를 들이박고 불이 났다. 앞쪽 동승자석 1명과 뒷좌석 1명이 사망했다.

자율주행 자동차는 사고 순간 무엇을 보았고 어떤 판단을 한 것인가? 그것을 알 수 있다면 사고의 원인과 책임 관계를 밝힐 수 있고 향후 자율주행 자동차를 개선하는 데도 도움이 될 것이다. 그런데 이런 사고에서 '왜'라는 질문은 간단하지 않다. 기술적인 문제와 환경적인 문제가 혼합되어 나타나기 때문이다.

어떤 경우는 이미지 분석에서 오류가 있을 것이다. 자율주행 자동차는 밝은 하늘과 트레일러의 하얀색 차체를 구분하지 못했다. 어떤 경우는 다른 오작동을 피하고자 내장된 규칙 때문이었다. 테슬라에 따르면 자율주행 자동차가 너무 자주 잘못된 판단으로 브레이크를 작동시키는 것을 피하려고 '불필요한 물체나 표시를 무시하도록 레이더 설정을 변경'했다. 또는 사용자의 부주의나 습관이 혼합적으로 문제를 일으킨다. 일반적으로 오토파일럿 시스템이 잘 작동하기 때문에 운전자가 점점 시스템에 의존하게 되고, 전방 주시 경고가 울려도 무시하는 경우가 있었다.

설명이 필요한 분야, 의료적 진단

설명가능 인공지능은 신경과학 및 행동신경자극, 유전체학, 유방암, 공중보건 개입 평가를 포함하여 광범위한 생물 의학 및 건강 응용 분야에 사용되고 있다. 전통적으로 병원 및 의료 분야에서 발생하는 주요 문제 중 하나는 진단과 치료 방법에 대한 충분한 설명이 부족하다는 것이다. 의도적인 게으름이나 회피도 있겠지만, 질병의 복잡성이 단순한 설명으로 해소되지 못하는 조건도 있다.

구축된 고전적 분석 모델만이 아니라, 인공지능 모델도 의사(약사)나 인간 사용자(환자)에게 적절한 설명을 제공하는 데 어려움을 겪는다. 우선 의료 분야의 이해관계자는 매우 다양하다. 전문가와 환자, 의료기관 관리자는 각각 설명을 요구하는 초점이 다르다. 의료 분야 인공지능 설명가능성은 인공지능의 의사결정 역량보다 더 중요할 수 있다. 인공지능의 설명은 단순한 설명으로 그치지 않고 추가적인 가능성을 불러오기 때문이다.

인공지능 시스템이 설명가능성을 높여서 의료진과 환자 사이의 의사소통을 증대할 수 있다. 우선 의료진에게 더 나은 결정을 내리도록 새로운 지식, 통찰력, 그리고 새로운 발견을 추론할 수 있도록 도울 수 있다. 또한, 환자에게는 왜 그런 결정이 내려지고, 치료와 처방이 이루어지며, 개입이 필요한지, 왜 다른 선택이 아니라 그런 선택이 취해졌는지를 알려주어 처방의 정당성을 부여해 준다. 환자에게 신뢰와 정당성을 줄 수 있다면 환자는 치료와 처방에 적극적일 수 있고 치료 효과를 높일 수 있다.

윤리적 근거, 정당성 얻기

일반적으로 인공지능 사용자는 인공지능을 사용하면서 다양한 의문을 느낄 수 있다. DARPA 보고서(2016)에 따르면, 사용자가 제기하는 질문으로 '이 기계가 왜 이런 결정을 했나?', '왜 다른 결론은 답이 되지 못했나?', '어떻게 이걸 성공한 거지?', '이 오류는 왜 발생한 거지?' '어떻게 고칠 수 있나?' 등이 대표적이다. 이세돌이 알파고에서 묻고 싶었던 질문과 유사하다.

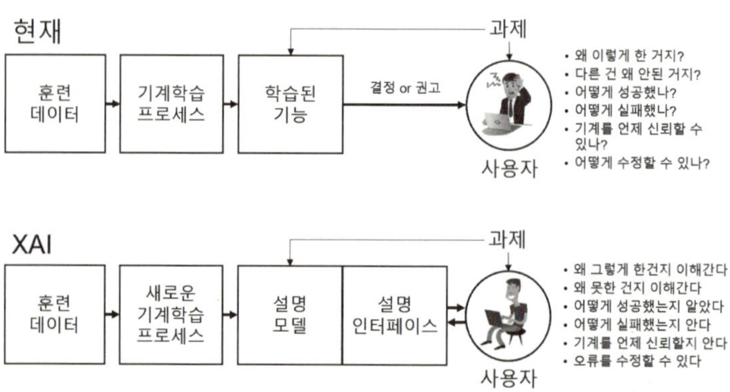

◀ **그림 2** 현재 모델과 설명가능 인공지능(XAI) 모델 비교 (그림자료: DARPA)

인공지능이 훌륭한 결정을 하더라도 자신의 행동을 적절하게 설명할 수 없다면 사람들은 인공지능과 진지한 관계를 형성하기 어려울 수 있다. 이는 설명가능성이 단순히 효율성 문제가 아니라 윤리적인 문제가 되는 배경이다. 이때 사람들은 인공지능에 대하여 저항감을 느낄 것이다. 누군가 단순히 '결론'만 말해준다면 그것은 '명령'의 성격을 가지기 때문이다.

그것이 '해답'이 되는 과정을 설명하는 일은 그것의 정당성에 관한 동의를 구하는 과정이다. 의사결정 과정을 설명할 수 있을 때 그 '결론'은 사회적으로 정당한 것이 될 수 있다.

좋은 설명이란

그렇다면 어떻게 설명하는 것이 '좋은' 설명인가? 크리스토퍼 몰나르(2019)는 설명의 특질을 다음과 같이 표현했다. 그의 표현이 최적은 아니지만 '설명 행위'가 복합적 특징을 가진다는 점을 잘 보여주고 있다. 이하 몰나르의 글을 취지에 부합하도록 요약했다.

- 설명은 대조적일 때 효과적이다. 사람들은 보통 왜 어떤 예측이 나왔는지 묻지 않고, 다른 예측이 아니라 왜 이런 예측을 했는지를 묻는다. 우리는 반사실적 사례, 즉 "만약 입력 X가 달랐다면 예측은 어떻게 되었을까?"라고 생각하는 경향이 있다.
- 설명은 선택된 것이다. 사람들은 사건의 실제적이고 완전한 원인 목록을 다루는 설명을 기대하지 않는다. 우리는 여러 가지 가능한 원인 중에서 한두 가지 원인을 설명하는 데 익숙하다.
- 설명은 사회적이다. 설명은 설명자와 설명의 수신자 사이의 대화 또는 상호작용의 일부이다. 사회적 맥락이 설명의 내용과 성격을 결정한다. 기술자에게 디지털 암호화폐의 가치를 설명하고 싶다면 기술용어를 사용하겠지만 할머니에게는 그런 설명은 무의미하다.
- 설명은 비정상적인 것에 관심을 둔다. 사람들은 사건을 설명하기 위해 일반적인 것보다는 비정상적인 원인에 더 초점을 맞춘다. 비정상적인 원인의 제거가 결과를 크게 변화시켰을 것이라고 여기는 경향이 있다
- 설명은 진실한 것이다. 좋은 설명은 현실에서 (즉, 다른 상황에서) 사실로 입증된다. 그러나 이것이 항상 '좋은' 설명의 가장 중요한 요소는 아니다. 예를 들어 진실보다는 선택성이 더 중요할 수 있다. 선택성은 진실 일부를 생략한다. 예를 들어, 주식시장 붕괴에 영향을 미치는 수백만 가지의 원인이 있다. 그러나 사람들은 한두가지 요인으로 특정한다.
- 좋은 설명이란 설명을 듣는 사람의 신념과 일치하는 것이다. 인간은 이전의 믿

음과 일치하지 않는 정보를 무시하는 경향이 있다. 이것이 확증 편향이다. 사람들은 자신의 신념에 맞지 않는 설명을 평가절하하거나 무시하는 경향이 있다. 신념의 집합은 개인마다 다르지만, 정치적 세계관과 같은 집단적 신념도 있다.

- 좋은 설명은 일반적이고 개연성이 있다. 많은 사건을 설명할 수 있는 원인은 매우 일반적이며 좋은 설명으로 여겨질 수 있다. 이것은 비정상적인 원인이 좋은 설명을 만든다는 주장과 모순된다. 주어진 시나리오에서 비정상적 원인은 드물다. 대체로 일반적인 설명이 좋은 설명으로 여겨진다.

이상 몰나르의 요지에 모두 동의하지 않을 수 있다. 그러나 적어도 인공지능의 설명 역량이 단순한 서비스에 국한된 것이 아니라, 인공지능과 인간과의 관계를 총체적으로 수립해야 하는 문제임을 암시한다는 점에서 의미가 있다. 설명의 문제는 과학 기술적 요소를 포함하여 사회적이고, 심리적이며 신념에 관한 문제이다.

'좋은 설명'은 모순적인 표현들 사이의 상충을 극복하면서 만들어진다. 예를 들어서 몰나르의 제안에 따르면, 비정상적인 것에 관심을 두거나 설명을 듣는 사람의 신념과 일치해야 하면서도 일반적이며 개연성이 있어야 하고 진실한 것이어야 한다. 이런 모순과 상충을 극복하는 일은 윤리적인 문제이며 신뢰의 문제가 된다. 설명이란 단순한 문장 규칙만으로 대체할 수 없는 것이다. 대신 인간과의 상호작용을 통해서 지속해서 다듬어가야 하는 과제이다.

설명하는 인공지능 개발 노력

인공지능에 대한 설명책임 제기는 인공지능에 대한 사회적 기대가 성장했다는 것을 함축한다. 인공지능 시스템은 인간전문가가 접근하지 못한 데이터 패턴을 발견할 잠재성이 있다. 알파고는 바둑게임에서 새로운 착수 전략을 만들어 냈었다. 향후 과학 데이터에서 유전자와 질병 사이 화학적 구성요소와 물질적 속성 사이, 뇌 활성화와 인지 상태 사이에서 알려지지 않은 연합을 찾을 수도 있을 것이다. 과학에서 패턴을 식별하는 것은 예측을 위한 토대가 된다, 생물학, 화학, 신경 메커니즘에 관한 패턴은 새로운 과학적 통찰을 유도할 수 있다.

인공지능의 설명가능성에 대한 도전은 인공지능의 기술적 발전에 의존하면서 동시에 기술 발전을 견인하고 있다. 예를 들어서 GAN은 개별 이미지를 식별할 수 있다[3.6장 참조]. 언어모델 고퍼(Gopher)는 개발 과정에서 '말하기'만이 아니라, 독성 언어 식별 역량을 가지게 되었다[4.5장 참조]. 식별 역량은 설명 역량을 높일 수 있다.

인공지능의 설명가능성을 위해서 인공지능 기법이 다양하게 사용되고 있다. 인공지능 초창기에는 논리적이고 상징적인 추론 방식이 우세했다. 인간이 읽을 수 있는 기호에 대한 논리적 추론을 수행하는 것이었다. 초기 시스템은 추론 단계의 흔적을 생성할 수 있었고, 이것이 설명의 기초가 되었다. 최근에는 딥러닝과 비선형 모델이 설명가능성을 높이고 있다.

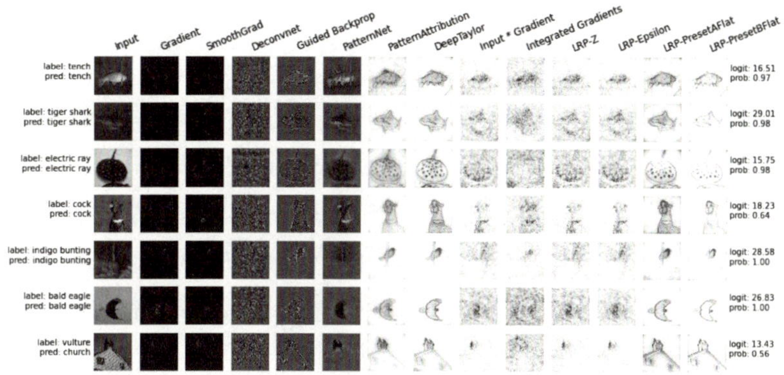

▲ **그림 3** ImageNet 표본 이미지에 대하여 심층학습모델 처리 과정. 이미지로부터 개별 객체를 분석하여 이미지의 내용을 설명할 수 있다. (자료: Linardatos et al, 2021)

그 결과, 인공지능 시스템은 설명하는 방법을 다각화할 수 있었다. 서포트 벡터 머신, 랜덤 포레스트, 확률론적 그래픽 모델, 강화학습 및 딥러닝 신경망이 포함된다. 분류기와 같은 선형 모델은 해석 역량이 높고, 신경망 등 비선형 모델은 정확성이 높다. [그림 3]은 표본 이미지를 심층 학습한 후 이미지 내에 포함된 개별 객체를 분석하는 사례를 보여준다. 개별 객체를 식별할 수 있다면 식별한 것을 설명할 가능성도 커진다. 설명의 유형은 대표적으로 다음과 같이 3가지가 있다.

학습된 대표성(learned representations) 설명하기: 이 유형은 대표 표본으로 전체를 설명하는 것이다. 예를 들어서 심층신경망을 설명하기 위해서 신경망의 대표적 구성 요소인 뉴런(neuron)을 설명하는 것이다. 최근에는 특정 개념을 인코딩하는데 단일 뉴런 또는 뉴런 집합의 역할이 무엇인지를 연구하고 있다. 또는 프로토타입으로 학습을 하고 그 결과를 해석하는 기법도 있다. 자동차의 프로토타입을 제작함으로써 '자동차'를 학습하는 것과 유사하다.

개별 예측 설명하기: 개별 예측에 관한 정보를 제공하는 방식도 좋은 설명이 될 수 있다. 예를 들어 의사결정에 도달하기 위해서 그 모델과 가장 관련된 픽셀을 가시화하거나 입력값에 가장 민감한 부분을 부각하는 히트맵(heatmaps)을 제시하는 것이다. 이 방식은 그 시스템에서 적정하게 기능하는 예측을 검증하는 데도 도움이 된다.

모델 행동 설명하기: 이 유형의 설명은 개별 예측을 넘어서 예측 전략을 정의하면서 일반적인 이해를 제공하려는 것이다. 스펙트럼 상관성 분석(SpRAy) 접근은 개별 히트맵을 묶어서 메타 설명을 제시한다. 예를 들어 피셔 백터 분류기는 '말' 이미지를 클러스터로 제시할 수 있다. 예를 들어서 (1) 말과 승차자 탐지 (2) 이미지에서 저작권 태그 탐지 (3) 나무 허들과 기타 승마의 맥락적 요소 탐지 (4) 배경 이미지에서 저작권 태그 탐지를 포함한다.

설명 역량에서 무엇보다 중요한 것은 상황에 따라서 그리고 대상에 따라서 설명 초점과 방법이 달라져야 한다는 것이다. 사용자가 설명을 요구할 때, 그 상세함의 차원이 다를 수 있고 원하는 정보 내용이 다를 수도 있다. 인공지능 기술 사용자는 개요식 설명을 좋아할 수 있고, 반면에 인공지능 연구자나 개발자는 그 모델의 기능에 심층적 통찰을 제공하는 확실한 설명을 선호할 수 있다. 사용자 그룹도 모두 동일하다고 볼 수 없고 자신의 이해관계에 따라 원하는 설명의 초점이 다양할 수 있다.

사용자 맞춤 설명하기, 의미의 프레임

인공지능이 사용자에게 맞는 설명을 제공하기 위해서, 사용자 집단을 다르게 정의할 수 있다. 예를 들어, 의료 영역에 인공지능을 적용할 때, 환자, 의사, 기관으로 집단을 나눌 수 있다. 인공지능 시스템은 환자에게는 혈당 수치 같은 간단한 설명을 제공하고, 의료인에게는 여러 혈액 매개변수 사이의 비정상적인 관계 같은 좀 더 자세한 정보를 제공할 수 있다.

한편 병원이나 FDA 같은 기관은 개별 환자에 대한 관심은 덜한 대신 많은 환자를 분석한 후 보편적 설명을 해주길 원한다. 설명 수용자의 관심에 따라서 설명을 제공하려면 설명 수용자에 대한 이해가 필수적이다.

인공지능 설명가능성 문제는 기술의 발전이 단지 기능적 차원으로 한정되지 않는다는 것을 잘 보여준다. 어떤 기계를 만들어 낸다는 것은 그 기계가 전체 맥락에 잘 들어맞도록 배치될 수 있는 자신의 프레임을 가진다는 것이다. 인공지능이 사회적으로 승인되기 위해서는, 인공지능의 역할이 사회 전체 맥락에 잘 들어맞도록 배치될 수 있는 '의미의 프레임(frames of meaning)'도 함께 발명되어야 한다. 그런 발명은 인공지능이 사회적으로 승인될만한 자신만의 역할, '자신의 서식지'를 발견했다는 의미일 것이다.

인공지능의 '불복종'

인공지능은 인간에게 설명하기 위해서 인간의 언어와 문화, 그리고 윤리를 배워야 한다. 그런데 인간대화자의 윤리적 역량도 완벽하지 않다는 문제가 있다. 몇 차례의 챗봇 실험에서 인공지능은 악의적 사용자들에 의해 비윤리성을 학습했다. 비윤리성을 학습했다는 것은 윤리성도 학습할 수 있다는 것을 시사한다. 여기서 문제는 인공지능이 인간과 교류하면서 항상 복종할 수 없는 상황이 있다는 것이다. 인간사용자가 항상 옳거나 윤리적인 선택만 하는 것이 아니므로, 어떤 때는 복종하고 어떤 때는 거부해야 한다. 이것은 매우 어려운 과제이다.

예를 들어서 시각장애인의 안내견은 불복종 훈련을 받는다. 주인의 명령에 복종해야 하지만, 문제 상황에서는 주인의 안전을 위해서 명령을 거부할 수 있어야 한다. 주인은 볼 수 없고 안내견을 볼 수 있기 때문이다. 만약 안내견이 명령에 복종하기만 한다면 안내견은 주인의 안전을 지킬 수 없다.

유사하게 인공지능은 때때로 '불복종'할 수 있어야 한다. 운전자가 후진하면서 장애물을 확인하지 못했다면, 자율주행 자동차는 운전자의 후진 명령을 '거부'하고 멈추어야 한다. 이때 자율주행 자동차의 불복종은 별도의 설명이 없이 즉각 소명된다. 인공지능 시스템이 인간행위자와 사회문화적 신념을 공유하면서 의미의 프레임을 형성한다면, 이런 즉각적 소명에 해당하는 사안이 많아질 것이다. 인간사용자도 인공지능의 행동을 즉각 이해할 수 있을 것이다.

인간과 인공지능이 공유하는 프레임이 있다면, 인공지능은 더 '좋은' 설명을 해낼 가능성이 커진다. 인공지능과 인간 존재는 작동 방식이 다르므로, 설명가능성이란 궁극적으로 인공지능과 인간의 차원을 중개하는 새로운 임무이다. 이것은 쉽게 만들어질 수 없으므로, 서로를 학습할 수 있도록 다각적인 방법이 제공되어야 한다.

[참고문헌]

김주현 2020. "AI 필터링과 설명가능 인공지능", *LAW & TECHNOLOGY*, 16(3), p. 83~92.
음병찬 2020. "설명가능한 AI:전략적 도구로서의 XAI", https://brunch.co.kr

Collins, H. M. & Pinch, T. J. 1982. *Frames of Meaning: The Social Construction of Extraordinary Science*. Routledge, London and New York.

DARPA 2016. Broad Agency Announcement, Explainable Artificial Intelligence(XAI), DARPA-BAA-16-53.

Linardatos, P., Papastefanopoulos, V., & Kotsiantis, S. 2021. "Explainable AI: A Review of Machine Learning Interpretability Methods", *Entropy* 23(18). https://dx.doi.org/10.3390/e23010018

Molnar, C. 2019. "Interpretable machine learning. A Guide for Making Black Box Models Explainable", https://christophm.github.io/interpretable-ml-book/

Samek, W., Montavon, G., Vedaldi, A., Hansen, L. A. & Muller, K. (eds.) 2019. *Explainable AI: Interpreting, Explaining and Visualizing Deep Learning*, Springer.

Shaban-Nejad, A., Michalowski, M. & Buckeridge, D. L. 2021. *Explainable AI in Healthcare and Medicine: Building a Culture of Transparency and Accountability*, Springer.

Turek, Matt 2016. "Explainable Artificial Intelligence (XAI)", https://www.darpa.mil/program/explainable-artificial-intelligence

5.4 노동과 기계의 공존 프레임

새뮤얼 버틀러는 그의 소설 〈에레혼(Erewhon, 1972)〉에서 기계 사회를 비판했고 그 영향은 강한 인상을 남겼다[2.1장 참조]. 최초에 인간은 주인이고 기계는 노예였다. 그런데 "노예는 눈에 띄지 않게 서서히 주인의 생활을 잠식하며, 인간은 기계가 주는 혜택을 금하는 순간 심한 고통을 겪어야만 한다".

버틀러는 '주인과 노예의 변증법'이 그렇듯이 인간과 기계의 관계도 역전될 것이라고 상상했다. 그의 상상은 인간과 기계의 관계를 대표하는 상징으로 우리 문화 속에 각인되어 있다. 주인과 노예의 관계가 역전되는 까닭은 노예가 노동을 하기 때문이다. 버틀러는 기계가 노동을 대신한다면 같은 문제가 발생할 것이라고 제기한 것이다.

주인과 노예의 변증법

헤겔의 '주인과 노예의 변증법'은, 주인과 노예라는 대립 행위자가 서로 자기를 유지하려 욕망하는 투쟁에서 출발한다. 슬라보예 지젝(Slavoj Žižek)에 따르면, 인간의 욕망은 욕망 자체를 욕망하기 때문에 욕망을 충족할 수 있는 대상(환상)을 끊임없이 필요로 한다. 이러한 욕망을 의식하면서도 대상과의 통일을 지향하는 존재가 '자기의식'을 가진 존재인 '주체'이다.

주인과 노예의 투쟁은 생사를 건 투쟁이지만 상대가 존재해야만 가능하다는 딜레마 상황에 놓여 있다. 철학자 악셀 호네트(Axel Honneth)는 헤겔의 주인과 노예 변증법을 '인정 투쟁(Fight for recognition)'이라는 관점에서 해설했다. 소위 '절대적 주체'는 존재하지 않는다. 주체는 혼자서 자기의식을 수립할 수 없다. 비슷한 주체성을 갖춘 다른 존재(타자)와의 만남 없이는 주체가 자신의 자유로운 행위를 의식하는 것이 불가능하기 때문이다. 주체는 자신을 실현하기 위해서 세계 속에서 자기자신을 대상화하며, 동시에 자신의 상응물, 자신의 구현체를 발견해야 한다.

◀ **그림 1** '자유로운 존재'로의 상호 인정이 가장 이상적으로 구현된 형태는 '남녀의 사랑'이다. 남녀의 사랑과 달리 주인과 노예 사이에는 상호적 지원이 없다. 주인과 노예의 변증법은 주인과 노예라는 대립 행위자가 서로 자기를 유지하려는 욕망의 투쟁을 말한다.

'자유로운 존재'로의 상호 인정이 가장 이상적으로 구현된 형태는 '남녀의 사랑'이다. 어떤 사람을 사랑한다는 것은 그 사람의 바람과 관심을 격려하고 후원할 만한 가치가 있다고 여기는 것이다. 그리고 그들은 상대방의 가치를 위해 자신의 행동을 제한한다. 사랑은 상대를 위한 이런 도덕적 자기 제한 형식이 상호적으로 일어나는 상황이다. 사랑하는 두 사람은 자신의 이기적 관심을 제한하며 상대방을 아름다운 존재로 촉발한다. 그들은 사랑 안에서 상호 인정을 통해 상대방의 자유를 산출한다.

그래서 사랑이라는 상호 인정의 형식은 "타자 안에서 자기 자신으로 존재"하는 방식을 달성한다. 타자를 통해 인정받고 있다는 것을 인식하게 되면서 그 사람은 자기 자신의 정체성을 수립할 수 있다. 그 결과 그 사람은 객관 세계에서 자기 자신에 대한 정당성을 획득할 토대를 가지게 된다.

"사랑과 관련해서 '인정됨'은, 상대방의 자기 제한을 통해 공개적으로 가치를 평가받은 자신의 주관적 요소들을 확실하고 '의식적인' 방식으로 '자유롭게' 규정할 수 있는 경험을 하는 것을 뜻한다. 그렇다면 그에 상응하여 거꾸로 '인정함'은, 이해 관심의 자기 제한을 통해 사랑하는 상대방에게 자신의 욕구와 바람을 강제 없이 스스로 결정할 수 있는 자유를 명시적으로 시인하는 것을 의미한다. 따라서 언급한 방식으로 인정이 개인의 자유를 산출할 수 있기 위해서는 헤겔에 따르면 세 조건이 충족되어야 한다. 사랑은 상호적이어야 하고, 상호보완적인 자기 제

> 한이어야 하며, 마지막으로 표현되어야 한다. 즉, 일반적으로 알 수 있거나 지각될 수 있어야 한다."

자기를 제한하면서 또한 상호적 관계이어야 하고 궁극적으로 표현되어야 하는 사랑의 세 조건은 정도의 차이는 있지만, 인간관계에서 일반적으로 나타난다. 대부분 사람들은 다양한 방식으로 상호 인정을 표현하여 알리며 자신의 이해 관심을 조정한다. 상대방에게 자기를 규정할 권한을 부여함으로 공개적으로 상대방에 대한 인정을 선포하기도 한다. 이러한 관계를 통해서 주체는 '객관적인' 자기 결정의 자유를 경험할 수 있다. 종합하면 자기 정체성 또는 정신의 실현은 그가 속한 사회적 공동 삶의 수준에서 타자의 인정으로 구현된다.

인정투쟁 딜레마

남녀의 사랑과 달리 주인과 노예 사이에는 상호 지원이 없다. 주인과 노예는 우선 비대칭적 관계이고, 다음으로 서로에게 의존적 관계여서 상대의 자율성을 허용하지 않는다. 주인은 자립적 존재이고 노예는 비자립적 존재로 출발한다. 노예는 주인을 통해 존재할 수 있는데, 주인도 노예를 통해서 주인이라는 정체성을 유지할 수 있다. 서로를 통해서 자기 정체성을 수립할 수 있으므로 서로를 필요로 한다. 그렇지만 남녀의 사랑과 달리 서로의 존재를 가치 있는 것으로 촉발하려는 동기는 없다.

처음에 노예는 주인의 관점을 내재화하고 그 관점을 통해 자기 자신을 대상화한다. 그런데 노예의 의식은 노동을 통해서 자립성을 실현할 가능성이 있다. 노예는 주인이 없어도 육체적으로 생명을 유지할 수 있다. 노동하는 순간마다 노예의 의식은 비자립적 상태에서 벗어나 자기 존재를 가공하고 변형할 수 있다. 노예는 주인이 없어도 세계를 개척해 존립할 수 있음을 자각한다.

반면에 주인은 자신의 절대권력을 스스로 달성할 수 없고 노예의 노동에 의존해서만 유지할 수 있다. 주인의 지위는 인위적인 제도(권력)로 보장되고 있을 뿐이다. 주인은 노예 없이 육체적 생명을 유지할 수 없다. 노동하지 않기 때문에 세계의 변화에 대해 직접 이해할 방법도 없다.

헤겔에 따르면 노동은 궁극적으로 '사물에 형식을 부여하는 행위'이다. 노동하는 의식의 관점에서 볼 때, 사물은 의식 외부에 존재하는 자립성을 가진 존재이므로, 노동 행위는 의식을 자기 바깥(환경, 세계)으로 향하게 만든다[42]. 이렇게 해서 노동하는 의식은 사물의 자립성을 곧 자기 자신의 자립성과 연결하기에 이른다. 그 결과 노동하는 의식은 독자성의 싹을 틔운다. 주인에 대한 공포 속에서도 스스로 독자적인 존재임이 노예의 의식에서 발현될 수 있다.

주인과 노예의 관계가 너무 좁게 그리고 너무 조여오거나 혹은 지나치게 불평등한 것으로 경험되면, 주체는 자기 결정을 향한 이성적 의지의 힘으로 새로운 인정 형식을 위한 투쟁을 일으킬 것이다. 그때 주인의 권력은 붕괴하는데, 주인의 권력이 오로지 노예에 의존하고 있기 때문이다.

인간의 노동, 사물에 질서를 부여하는 형식

주인과 노예의 변증법은 노동에 대한 인식의 전환을 요구한다. 노동을 단순히 신체적이고 기계적인 움직임의 총합으로 간주할 수 없다는 것이다. 헤겔은 노예의 노동을 '사물에 형식을 부여하는 행위'라고 정의했는데, 이것은 바로 하이데거가 기술의 정의로 언급했던 내용이기도 하다[2.1장 참조].

노동 행위는 그 자체로 기술 행위이다. 사람들은 노동을 통해서 세계와 관계를 맺고 그 과정에서 자신을 변형시키며 자기 자신의 정체성을 수립해간다. 그러므로 노동은 인간 이 세계 내에서 자기 존재를 수립해가는 필수적인 작동이다. 또한 노동은 세계에 대한 1차 언어를 생산함으로써 세계와 인간을 연결하는 지능의 토대를 제공한다[4.7장 참조].

그런데도 노동을 힘들고 불필요하며 제거되어야 할 것으로 간주하는 경향이 강하다. 고된 노동을 회피하려는 움직임은 자연스러워 보인다. 그래서 노동하는 사람들은 기계(기술)를 제작했다. 많은 숙련 장인은 자신의 노동을 도울 기계를 제작했고 개선했고 보살폈다. 〈영국 노동 계급의 형성〉의 저자 E. P. 톰슨은 노동자와 기계의 대립이 본성적인 것이 아니라고 지적했다. 노동자는 자신을 돕는 기계를 창조하고 개선하며 사랑하기 때문이다. 노동과 기계의 대립은 산업자본주의가 유포한 '사회적 마술' 때문이다.

> "어떤 사회적 마술을 부렸기에 노동을 줄여주는 발명품들이 노동자들을 더 비참하게 만드는 기구가 되었을까? 흉작과 같은 일어난 그대로의 사실은 인간의 선택을 넘어서는 것으로 보일지 모른다. 그러나 사실이 진행되는 그 방식은 법률, 소

---

42) 사물의 형식은 의식 바깥에 있다고 말하지만, 그렇다고 의식과 별개의 것은 아니다. 사물에 대한 형식은 의식 작용의 결과이기 때문이다. 노동하는 노예의 의식 자체가 독자성을 갖춘 진리의 모습이다. 그리하여 노예는 낯선 힘(주인)으로 강제되는 노동 속에서 오히려 자기 혼자의 힘으로 자기를 발견하는 주체성을 끌어낸다.

유권, 권력 같은 인간관계의 특정한 복합체에 의해서인 것이다(286).”

18세기 말 산업혁명과 신흥 제조업자 계급은 새로운 질서를 원했다. 엘리트 장인과 노동자들은 조합을 통해서 다른 사람들이 그들 직종에 들어오는 것을 막았다. 한편 런던의 장인 집단과 달리 대부분 비숙련 노동자들은 궁핍과 문맹, 질병에 노출되어 있었다. 신흥 제조업자 계급은 생산 과정에 대한 예측 가능한 통제를 위해서 사회적 갈등을 이용했다.

그들이 창안한 생산 관계는 적대적이었고, 그들의 경영은 노동으로부터 최대한 잉여가치를 끌어내려는 것 이외의 모든 인간적인 속성을 억압의 대상으로 간주했다. 제조업자 계급이 노동자를 도구나 수단으로 만들면서 노동은 창의적 과정이 아니라 자본의 가치에 기여하는 협소한 기능으로 전락했다. 자본은 ‘주인’이 되고 노동은 ‘노예’가 되었다. 이 관계는 제도적으로 보증되면서 견고해졌다.

기계에 의한 노동 대체 신화(환상)는 이런 ‘사회적 마술’에 의한 결과였다. 그것이 자연의 본성이 아니라 사회적 권력 관계에서 나온 신화라면, 그 신화에서 벗어날 수도 있을 것이다. 기계와 노동이 경쟁 관계에서 벗어나 공존하는 관계를 수립하는 것이 필요해지고 있다. 이를 위해 왜곡된 사회제도를 수정하는 것이 필수적이다. 노동의 본성을 제약하는 사회제도를 제거하고, ‘사물에 질서를 부여하는 형식’으로써의 노동의 본성이 적절히 작동하도록 길을 열어주어야 한다.

톰슨에 따르면, 19세기 노동자 계급은 “우리는 고아요, 사회의 사생아다”라고 노래했다고 전한다[43]. 그런데 그 어조는 체념의 어조가 아니라 긍지의 감정이었다. 그들은 태어나자마자 사회적으로 버려진 존재였다. 자유시장의 수사학에 대하여 그들은 ‘새로운 도덕질서’의 언어로 맞섰다. 노동자 계급은 사회 규범의 외부로 밀려났지만, 오히려 객관 세계와 직접 대면하므로 새로운 자기 인식을 발견할 ‘자유’를 가진 존재이다.

노동을 기계로 대체하려는 환상을 고집하며 노동을 제거하려고 지향하는 현재의 인식 프

43) E. P. 톰슨은 1830년대 영국 노동자의 삶을 집중적으로 조명했는데, 이 말은 1834년 제임스 모리슨(James Morrison)의 말을 인용한 것이다. 모리슨은 '노동자-지식인'으로서, ‘개척자 또는 무역연합 잡지(The Pioneer, or, Trades’ Union Magazine)’ 설립자다. ‘고아’라는 상징은 시몬느 베이유(Simone A. Weil)가 언급한 ‘뿌리뽑힌 자’와 동조하는 의미이며, 자본주의적 삶을 지시하는 문화적 상징이다. 1837년 찰스 디킨스의 소설 ‘올리버 트위스트’가 출간되어 성공할 수 있었던 것도 이런 문화적 인식이 작동했다고 할 수 있다. 1851년 허먼 멜빌의 소설 ‘모비딕’에서 주인공 이슈메일은 ‘버림받은 자(고아)’를 상징한다. “우리의 영혼은 출산하다가 숨진 미혼모에게서 난 고아와 같다. 우리 아버지에 대한 비밀은 어머니의 무덤 속에 묻혀 있다. 아버지가 누구인지 알려면 그곳으로 가야 한다.”

레임을 계속 유지한다면 인류는 근본적인 자기 존재 방식을 잃게 될 것이다. 인공지능 시대에 노동에 대한 이해는 더욱 중요해지고 있다. 노동과 기계의 관계를 왜곡하는 신화(환상)를 계속 유지한다면 인공지능과 노동의 관계 설정을 혼란스럽게 만들고 갈등을 격화할 수 있다.

인공지능과 노동문제

18세기 산업혁명으로부터 많은 시간이 지난 현재, 기계의 자율성을 극대화할 것으로 여겨지는 인공지능이 부상하고 있다. 우리 사회는 노동을 사회 제도적 노예 상태에 남겨둘 것인지 또는 새로운 자기 인식을 수립하는 형식으로 허용할 것인지를 선택해야 한다.

칼 폴라니는 〈거대한 전환 (1944)〉에서 이 문제를 강하게 지적한 바 있다. 그에 따르면 현대 사회는 '자기조정 시장(self-regulating markets)'이라는 환상에 빠져서, 상품화할 수 없는 것까지도 상품화함으로써 세계 전쟁과 같은 큰 재난을 겪었다. 그가 말한 상품이 될 수 없는 상품, 즉 허구 상품(Fictitious Commodities) 3가지는 바로 노동, 토지, 화폐이다.

노동은 단순히 경제적 상품이 아니라 문화(삶의 형식)로 다루어져야 한다. 노동은 개인과 사회가 삶을 개척하는 근본적인 동력이다. 노동을 시장의 사적 계약에서 끄집어내서 다양한 사회적 동기가 작동할 수 있게 해주어야 한다. 이를 개선하지 않는다면 현대 사회가 직면하고 있는 '사악한 문제(wicked problem)'를 극복할 가능성이 없다[44].

최근 몇 년간 인공지능과 노동 정책에 관한 조사 연구가 진행되고 있고 관련 정책도 제안되고 있지만, 대체로 기존의 자유주의 관점에서 크게 벗어나지 못하고 있다. 예를 들어, 백악관 과학 기술위원회 보고서(Artificial Intelligence, Automation, and the Economy, Executive Office of the President of the U.S. Dec. 2016)는 인공지능과 노동에 대해 정부의 고민을 말하고 있다. 이 보고서는 연구, 노동현장, 경제, 공정성, 거버넌스, 국제 문제, 보안 등 각 분야에 인공지능이 미칠 영향에 크다고 지적했다. 인공지능 기술이 계속 발전하고 있는 만큼, 실행전문가들은 인공지능 시스템 관리를 보증해야 한다고 강조했다. 보고서는 인공지능 상황에서의 노동문제와 경쟁 정책 전략을 다음과 같이 제시했다.

44) 심각한 기후 위기에 직면하여 인류는 에너지 및 환경 문제를 해결해야 하는 과제 앞에 놓여 있다. 이것은 인류의 삶의 형식을 완전히 전환해야 하는 문제이다. 매우 풀기 어려운 문제가 될 것이라는 의미에서 '사악한 문제'라는 별명이 붙었다]

(1) 가능한 많은 혜택을 창출하도록 인공지능에 투자하고 개발해야 한다.

(2) 미국인을 교육하고 훈련해서 미래의 일자리에 대비해야 한다.

(3) 널리 성장을 공유하기 위해서 전환기의 노동자를 돕고 노동자의 역량을 강화해야 한다.

이 보고서는 끝으로 인공지능이 주도하는 자동화 문제를 해결하기 위해서 모든 미국인이 직접 참여할 것을 촉구했다. 학생이든, 노동자든, 관리자든, 혹은 기술 책임자든, 그것도 아니라면 단지 시민으로서 정책 토론에서 자신의 목소리를 낼 수 있어야 한다고 강조했다. 특히 사회적 안전망을 제공하기 위해서 주로 실업보험이나 보편적 기본소득(universal Basic Income)을 의제로 제안했다. 이를 위한 재원을 마련하기 위해서 자본 소득에 대한 과세도 언급했다.

신자유주의적 정책 경향

백악관 보고서는 부분적으로 진취적이지만 여전히 신자유주의적 정책 경향을 반영하고 있다. 이 보고서가 언급하고 있는 노동자의 역량 강화를 위한 지원은 신자유주의 경쟁 체제에서 항상 해왔던 일이므로 새롭지 않다. 정부 보고서는 인공지능의 사회적 배치를 전환적으로 논의하기보다, 기존대로 기계 환경에 노동자들이 적응하도록 지원하는 방식만을 제시하고 있을 뿐이다.

이 보고서가 언급한 대로 "일의 종말(the end of work)"이 다가올 것인가? 이 용어는 제러미 리프킨의 동명 저서 〈일의 종말〉로 유명해졌다. 리프킨은 육체노동이 기계 시스템으로 이전될 것이라고 확신했다. 이는 육체노동이 단지 신체만을 사용하는 것이라는 관념에 근거하고 있다. 그러나 육체노동은 신체만으로 수행되지 않는다. '머리와 손의 분리' 프레임은 산업시스템을 대변하는 이데올로기였다[2.3장 참조].

대부분의 인공지능 관련 보고서들은 실천적 추론을 생략한 채, 기계가 노동을 대체한다고 전제하고 인공지능이 그런 전례를 따를 것이라고 암시한다. 그래서 이 보고서는 인간노동자에게 기계노동이 할 수 없는 일을 권고하며 "인간이 인공지능 자동화 기술을 보완하는 영역"의 교육 프로그램을 권장한다.

이것은 '친절한' 안내인 것 같지만, 기계 지능을 중심으로 인간지능을 배치하려는 신자유주의 프레임을 유포하고 있을 뿐이다. 이 관점의 정책과 교육 프로그램은 기계 지능의 규칙을 인간에게 수용하도록 만드는 전통적인 산업 이데올로기의 연장이다. 이런 정책 프레임에서 인간은 결코 행복할 수 없을 것이다. 인공지능과 로봇이 영역을 확장할 때마다 그에 따라 노동자는 재배치되거나 다른 일을 찾아 떠나야 한다고 선동하기 때문이다.

노동 없는 지능?

기계가 노동을 대체한다는 신화를 모방하여, 인공지능이 인간지능을 대체할 것이라는 환상이 빠르게 확산하고 있다. 그런 근거 없는 믿음이 사실이라면 인공지능의 등장과 함께 우리의 지능은 불필요해질 것이고 불필요가 심해지면 심각하게 위축될 수 있다. 그 믿음이 정말 사실이라면 우리는 인공지능의 등장을 필사적으로 막아야 한다. 인간지능이 필요없거나 위축된 상황이라면 더불어 우리의 행복과 자유도 줄어들 것이기 때문이다.

흔히 노동과 지능은 별개의 문제처럼 간주하지만, 사실 그 둘은 깊게 연결되어 있다. 우리가 지능을 형성하는 과정은 세계와의 상호작용을 요구한다. 노동은 세계와의 가장 격렬한 상호작용 과정이다. 그 과정을 통해서 '사물에 질서를 부여하는 형식'이 나올 수 있었다. 따라서 노동은 우리의 지능을 구성하는 중요한 경로다. 노동 없이 지능도 없고, 반대로 지능 없이 노동도 없다.

혹자는 노동은 고통스러운 것이므로 노동만 제거하고 지능은 남겨두자고 주장할 수도 있다. 그러나 지능은 사회적 실천(노동)과 분리될 수 없다. 노동(실천)만 제거하고 지능은 남겨놓는 해법은 불가능하다. 노동은 육체적이고 지능은 정신적이라는 이분법은 우리를 노동에 대한 무지로 이끌었다. 노동의 소멸은 우리가 원하는 세계가 아니며 실제로 그럴 수도 없다.

아무런 노동도 하지 않는 상태에서 지능이 작동할 수 있나? 그렇다고 대답하거나 그것을 지향한다면 곧 터무니없는 논리에 도달한다. 외부 세계와 아무런 상호작용도 하지 않고 다만 내부 작용만으로 지능이 작동할 수 있다고 주장하는 것과 같기 때문이다. 대부분 철학자는 '그럴 수 없다'고 말하고 있다. 세계를 이해할 수 있는 가장 강력한 방법, 노동을 제거하려는 시도는 성공할 수 없다. 성공할 수 없어야 한다!

기계는 매우 매력적이지만, 기계가 인간의 노동을 대체하기 때문에 매력적인 것은 아니다. 기계가 인간노동을 그대로 재현했다면 '또 하나의 인간노동'의 추가에 불과할 것이다.

그런 양적 증가는 그다지 매력적이지 않을 것이다. 기계가 인간노동과 같았다면 기존의 노동 방식에 영향을 주지도 못했을 것이다.

기계와 인간노동이 서로 다르다는 점에 주목해보자. 다르다는 것은 좋은 일이다. 서로를 보충할 수 있기 때문이다. 본래 기계는 인간노동을 돕기 위해서 출현했고 여전히 그럴 수 있다. 최초로 공작기계를 만든 사람들은 기계공들이었다. 기계의 발명자들이 자기자신을 대체하기 위해서 기계를 만들었을리 없다. 노동자와 기계는 대립하거나 경쟁하는 관계가 아니었다. 기계와 인간노동은 서로 보완적으로 작동할 수 있다.

인간노동자와 기계는 서로를 모방할 수는 있지만, 완전히 같아질 수는 없는 독자적 존재들이다. 인간과 기계는 서로 다르기에 서로에게 매력적이다. 인간노동과 기계의 대립 프레임(또는 경쟁 프레임)을 폐기하고 대신 기계와 인간노동이 생산현장에서 친밀하게 상호 조응할 수 있는 새로운 프레임으로 전환해야 한다. 노동과 지능이 연결된 역량이라는 점을 고려하면, 인간도 기계도 각자의 방식으로 노동하며 자신의 지능을 형성해야 한다.

기계는 인간의 노동을 대체할 수 없으며, 대체하려고 시도하는 것도 적절하지 않다. 잘못된 시도는 문제를 왜곡한다. 노동과 기계가 대립하는 프레임 안에서 노동과 기계 양자 모두 적절한 진화 경로를 찾을 수 없고 결국 낭비적 해법으로 이어질 수 밖에 없다. 인간의 성장을 위해서 그리고 인공지능의 발전을 위해서도, 인간 노동과 기계의 협력적이면서도 독자적인 성장을 보증하는 새로운 프레임이 필요하다.

인간과 기계의 상보적 인정

인간과 기계의 관계는 '주인과 노예' 그리고 '사랑'의 성격을 동시에 가지고 있다. 우선 버틀러가 말했듯이 인간과 기계의 지위는 주인과 노예로 비견될 수 있다. 기계는 자신이 담당하는 일만큼 세계와 조응하면서 세계를 구성한다. 만약 기계가 모든 노동을 다 담당할 수 있다면 그래서 인간의 노동이 완전히 제거된다면 기계는 완전한 '노예'의 지위를 가지게 된다. 그 순간 인간은 주인과 노예의 딜레마에 빠지게 된다. 그러나 기계는 완전한 노예가 되지는 못한다. 인간의 노동을 완전히 대체할 수 없기 때문이다.

한편 인간과 기계의 관계는 사랑에 비유할 수도 있다. 컴퓨터 열광에서 확인했듯이 사용자들은 기계를 '사랑'한다[2.5장 참조]. 그들의 사랑은 남녀의 사랑만큼이나 강렬하다. 컴퓨터 애호가들은 그 기계를 더 가치 있게 만들기 위해서 자신의 이해 관심을 줄이고 기계의 개선에 노력을 쏟았다. 엘리자 사용자들은 엘리자와 더 오래 같이 있고 싶어 했다[3.2장 참조]. 그리고 컴퓨터도 자신의 훌륭한 성능으로 사용자를 사회적으로 더 가치 있는 존재로 만드는데 기여했다. 컴퓨터와 사용자는 투쟁하는 대신 서로의 가치를 만들어 낼 수 있다.

이렇게 인간과 기계의 관계는 두 가지 성격을 횡단하며 직조되어 왔다. 인간과 기계의 관계는 서로 의존적이며 서로에 의해서 자신의 지위를 인정받았다. 그런데 산업시스템(자본)이 인간과 기계 사이의 매개자로 등장하며 이 관계를 왜곡시켰고, 그 때문에 기계는 공포와 혐오의 대상이 되었다. 기계에 대한 혐오는 기계가 산업시스템의 대리인으로 구성되고 배치되었기 때문에 강해졌다.

기계가 인간노동과 다르다는 것을 인정하듯이, 인공지능이 인간지능과 다르다는 것을 인정하는 것이 더 자연스럽다. 인공지능을 폄하하거나 인간지능을 숭배할 필요도 없다. 인공지능과 인간지능에 대한 더 구체적인 이해를 통해서 서로 경쟁이나 대체관계가 아니라는 것을 실천적으로 확인할 필요가 있다. 그 과정에서 인간지능과 인공지능은 상호보완적 관계를 수립해 갈 수 있다.

새로운 기술 시대를 맞으며, 우리는 산업 시대에 있었던 기계와 노동의 불화를 극복하고 진지하게 노동과 기계의 관계를 재논의해야 한다. 인공지능에 대한 우려는 (1) 기술 자체에 대한 우려와 (2) 그 기술을 일부 집단이 독점하고 권력화할 가능성에 대한 우려를 포함한다. 이를 풀어가기 위해서 다층적인 접근이 필요하다.

인간노동과 기계가 조응하는 새로운 형식을 통해서 인공지능의 사회적 정당화 과정을 형성할 수 있다. 인간과 인공지능을 상호 인정의 관계로 설정하기 위해서는 자기조정 시장에 기반한 산업시스템(자유주의)이 아닌 '새로운 매개자'가 필요하다. 인간 존재와 인공지능의 관계에 새로운 질서를 부여하는 형식을 그려보자.

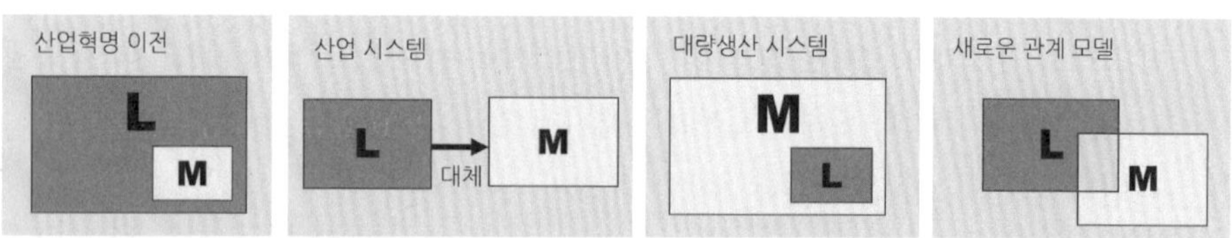

▲ **그림 2** 노동(L)과 기계(M)의 관계 변화: 첫 번째 그림, 산업혁명 이전 시기 노동 안에 기계가 포함되어 있었다. 두 번째 그림, 산업시스템은 노동을 기계로 대체하려고 시도했다. 세 번째 그림, 20세기 초 대량생산 시스템은 기계체제 안에 노동을 포함했다. 마지막 그림, 새로운 관계 모델은 노동과 기계의 혼합과 중첩, 상호 인정을 고려한다.

[그림 2]는 노동과 기계의 관계 변화를 표현하고 있다. (1) 산업혁명 이전의 노동과 기계의 관계: 노동 안에 기계가 포함되어 있다. (2) 산업시스템 시대의 노동과 기계의 관계: 노동을 기계로 대체하려고 시도했다. (3) 대량생산 시스템 시대의 노동과 기계의 관계: 기계 체제 안에 노동이 종속되어 있다. 마지막으로 (4) 새로운 노동과 기계의 관계 모델: 노동과 기계의 상호 인정을 표현했다. 이것은 간략한 도식이지만 논의의 출발이 될 수 있다. 이 새로운 관계 모델은 노동과 기계의 혼합과 중첩, 그리고 상호 인정을 포함한다.

[참고문헌]

폴라니, K. 2009. 〈거대한 전환〉 홍기빈 옮김, 길.

악셀 호네트 2021. 〈인정: 하나의 유럽 사상사〉 강병호 옮김, 나남출판.

새뮤얼 버틀러 2018. 〈에레혼〉, 한은경 옮김, 김영사 출판.

톰슨, E. P. 2000[1963] 〈영국 노동계급의 형성〉. 나종일 외 옮김. 창작과비평사.

헤겔 G. W. E. 2016. 〈정신현상학〉, 김양순 옮김, 동서문화사.

Zizek, Slavoj 2008. *The Plague of Fantasies*, Verso: London·New York.

5.5 인공지능과 시민의 '공동-생산' 상상하기

미생물학자 린 마굴리스(L. Margulis)에 따르면, "살아있는 존재는 명쾌한 정의를 부정한다". 생명의 다양성 덕분에 어떤 정의를 하더라도 예외가 등장하기 때문이다. 유사하게 인간의 지능을 정의하려는 시도도 항상 불완전했다. 정의할 수 없다면 복제할 수 없다. 따라서 인간지능을 정의하고 모방하는 방식으로 기계 지능을 구현할 수 없었다. 그렇다고 해서 인간과 인공지능의 상호 이해가 불가능한 것은 아니다. 양자는 실천적 상호작용을 통해서 서로에 대한 이해를 달성하고 상대에게 영향을 줄 수 있다.

상호 이해와 영향을 상상하기 위해서 자발적 인간 참여 인공지능 개발 프로젝트 모델을 권장한다. 시민과학(Citizen Science) 모델을 참조하여 사용자 참여 '말하는 기계' 개발 프로젝트를 도입할 수 있다. 엘리자 프로그램과 다수의 챗봇 프로젝트들이 일반 사용자 참여 학습을 수행한 적이 있다. 챗GPT는 인간피드백(RLHF) 접근법을 적용했다. 이 과정에서 발생했거나 잠재적인 여러 문제를 성찰적으로 개선하여 설계할 수 있다.

튜링 테스트의 핵심적 개념은 '생각하기(thinking)'를 '말하기(speaking)'로 번역하는 것이다[3.1장 참조]. 데카르트가 주장했듯이 기계는 원천적으로 생각할 수 없고 그래서 말할 수도 없나? 아니면 현재 기술의 한계일 뿐인가? 이 질문은 튜링 테스트가 도전하려는 인간과 비인간 존재의 경계에 관한 질문이다. 질문의 답을 찾기 위해서 우선 우리는 '생각하기'와 '말하기'의 관계에서 출발한다.

'말하기'와 '생각하기'

'말하기'는 하나의 놀이다. 말은 분절된 소리의 연쇄이고 글로 된 표지들의 망이며 몸짓의 놀이다. 놀이 참여자는 놀이 규칙에 스스로 예속되어, 놀이와 자기 자신 사이의 경계를 무너뜨린다. 놀이 자체는 물리적 신체가 없지만, 참여자를 통해서 드러나고 현실적인 것이 된다. 참여자는 언어 규칙에 스스로 예속되어, 비물질적인 언어(놀이)에 자신의 신체를 제공한다. 이 놀이 과정의 행위자가 바로 '말하는 주체(speaking subject)'이다.

이 개념은 자크 라캉(J. Lacan)에 의해서 제기되었고, 줄리아 크리스테바(Kristeva, J.)와 미셸 푸코(M. Foucault)에 의해 정립되었다. 인간에 대한 정의는 다양할 수 있지만, 무엇보다 '말하는 체계(speaking system)'라고 정의할 수 있다. 주체는 말의 구조를 체화하여 의식하지 않아도 자동으로 말을 만들어 낸다. 그래서 라캉은 (존재론적 차원에서) 인간이 있기 전에 언어가 먼저 있었다고 말했다. "인간은 말한다. 그러나 그것은 상징이 그를 인간으로 만들기 때문이다."

◀ **그림 1** 언어 놀이 과정의 행위자가 바로 '말하는 주체(speaking subject)'이다. 라캉에 따르면, 인간이 있기 전에 언어가 먼저 있었다. "인간은 말한다. 그러나 그것은 상징이 그를 인간으로 만들기 때문이다."

언어와 '말하는 주체'는 서로에 의존적이다. 언어는 주체를 통해 구현되며, 주체는 언어라는 기표 체계(signifying system) 내에서만 그 자신을 만들어 낼 수 있다. '말하는 주체'는 언어 위에 자신의 흔적을 남길 수 있다. 주체는 자신이 생산한 메시지에 특정한 봉합(환원과 연결)을 각인해 넣는다.

그래서 인간의 특질인 '말하기'는 인간의 또다른 특질인 '생각하기'와 강하게 연결되어 있다. 말하기는 '사유'라고 알려진 것을 생산하고 표현한다. 언어는 단순히 '사유의 도구'가 아니다. 언어는 사유 그 자체는 아니지만, 사유의 유일한 존재 방식이고, 그것의 현실이며, 그것의 완성이다. 언어는 사유 없이 존재할 수 없고, 사유도 언어 없이 존재할 수 없다. 심지어 침묵의 담론, 침묵의 '사유' 조차도 '언어의 그물망'을 사용한다.

언어와 사유의 관계는 언어학에서만이 아니라 사회실행이론(Social Practice Theory)

에서도 주목하는 주제이다. 사회학자 테오도르 차스키(T. Schatzki)는 언어 또는 정신과 같은 모든 종류의 내용물은 스스로 단독으로 존재할 수 없다고 주장했다. 언어는 집단적이고 사회적인 '삶의 형식(form of life)'을 필요로 하며, 그 형식은 연결과 공유의 과정에서 형성된다.

과학기술학(STS, Science & Technology Studies)도 언어의 사회적 성격을 확인하고 있다. 해리 콜린스(H. Collins)는 과학자들이 새로운 과학적 개념을 수립하는 과정을 탐구했는데, '아는 것'과 '수행하는 것'은 분리될 수 없다. 과학자들이 대화 규칙을 바꾼다면 그것은 그 이전에 그들 사이의 사회적 수행이 변했다는 것을 의미한다. 대화 규칙 변경은 공통 실천을 바꾼다. 이는 타자들과 삶의 형식을 공유하며, 타자들이 수행하는 것을 수행하면서 '그들이 아는 것'을 '내가 아는 것'으로 발견하는 과정이다.

따라서 언어의 창발은 생명처럼 다중적이다. 언어는 사회적 관계, 또는 공동체성을 전제로 하면서도 말하는 주체의 창의적이고 유연한 생산이다. 또한, 말하는 주체는 일정한 언어적 구조에 소속되어 있다는 점에서 자동성 또는 기계성을 가진다. 이처럼 말하는 주체의 자동성(기계성) 때문에, 우리는 기계에 의한 말하기 모방 가능성을 완전히 배제할 수 없다.

말하는 주체와 그 동료의 자격

'생각하기'는 '말하기'와 연결되어 있고, '말하기'는 주체의 정체성을 구성하는 과정에 깊게 개입한다. '말하기'는 사회적 실행이면서 동시에 개인의 정체성 형성에 관여한다. '말하기'는 사회적 교환 과정에서 사람들에게 개념을 부여하고 그들의 동기를 형성할 수 있고 특정한 방향으로 행동을 유도할 수 있다. 주체는 '말하기'를 통해서 그 과정에 참여한다.

'말하기' 실행은 특정한 사회 집단의 동료구성원을 묶어낸다. 사람들은 구체적인 사회공동체에 속하여 말하기를 배우고 말하기에 참여하면서, 공유된 정체성을 형성할 수 있다. 그래서 그들은 일상적인 대화를 통해서 서로를 체화하고 구성하면서, 자연스럽게 자신의 동료(companion, 또는 동료임)와 외부자를 구별할 수 있다.

구소련 시절 '스파이 테스트'는 대화를 통해서 지역 사회 동료를 구별하고자 했다[3.1장 참조]. 스파이 구별 작업에는 원주민 면접관이 주요 행위자였다. 그 면접관은 시험 대상자에게 일상 경험을 질문하는데, 그 지역에서 살았다면 쉽게 알 수 있지만 그렇지 않다면 답할 수 없다. 사회 구성원들이 공유하는 진정한 이해는 암묵지에서 오는데, 암묵지는 그 지식을 소유한 집단 속에 참여하여 사회적으로 몰입하는 과정에서만 얻을 수 있다. 이를 '사회적 체화 명제(social embodiment thesis)'라고 한다.

콜린스에 따르면, 튜링 테스트는 일종의 '동료구성원 구별하기 놀이'이다. 이 테스트 안에서 인간참가자와 기계는 대화를 통하여 궁극적으로 '인간임', 다시 말해서 '인간구성원 자격'을 두고 공격과 대응을 하는 놀이이다. 물론 사회적 정체성은 고정된 것이 아니라 끊임없이 유동하기 때문에, 이런 테스트는 절대적일 수 없으며 불가피하게 개연성에 의존하게 된다.

그래서 튜링은 면접관 중 30% 이상이 (기계를 인간으로) 오류 판정하는 순간을 통과 기준으로 제시했었다. 실제 인간참가자도 인간으로 판정되지 못할 수 있다는 점을 고려한 것이었다. 인간 정체성을 확정적인 형태로 정의할 수 없기 때문이다. 튜링 테스트의 현실 버전이었던 뢰브너 대회에서 인간참가자였던 신시아 클레이는 너무 전문적인 응답을 해서 오히려 기계로 판정된 바 있다.

사실 인간 정체성은 너무나 다양해서 인간 사이에서도 서로에게 매우 기이한 존재일 때가 많다. 그렇다면 해당 사회의 구성원처럼 말하기 위한 사회적 체화는 얼마나 필요한가? 콜린스는 심각한 신체장애가 있던 마들렌이 유창한 언어 활동을 할 수 있었다는 사례를 들면서, 최소체화 명제(minimal embodiment thesis)를 주장한 바 있다. 다른 사회 구성원과 언어적 소통을 학습하는데 '완벽한 신체(또는 완전한 물리적 실행)'가 필수적이지는 않다는 것이다.

사회적 대화를 학습하기 위해서는 '최소한의 신체'와 '최소한의 실행'만 있다면 가능하다. 콜린스는 언어적 차원에서의 사회적 유창함은 다른 물리적 실행 없이, '언어적 사회화(linguistic socialization)' 단독의 실행만으로도 획득될 수 있다고 전망했다. 마들렌과 정상인이 커튼 뒤에 서 있고, 면접관이 그들과 문자로 대화한다면 면접관은 마들렌과 일반인을 구분할 수 없을 것이다.

그렇다면 기계는 어떤 신체를 가지게 될 때 인간과 자연스럽게 대화할 수 있을까? 그 답을 찾는 과정은 불확실하다. 말하는 주체(인간행위자)가 지속해서 유동할 것이므로 그들을 모방해야 하는 기계는 고정된 목표가 아니라 계속 움직이고 있는 목표(인간)를 따라가야 하는 어려움이 있다.

다만 테스트를 통과해야 하는 기계 입장에서 한 가지 긍정적인 것은, 사람들이 더 빈번하게 기계와의 접촉하면서 기계와의 관계에 더 익숙해지고 있어서, 기계를 가깝게 느낄 가능성이 있다는 것이다. 기계와의 상호작용을 통해서 인간의 정체성이 기계를 친숙하게 느끼는 방향으로 변한다면 인간면접관이 기계에 대하여 '동료의 자격'을 부여할 가능성도 커질 것이다.

말하는 기계 구성하기

강한 인공지능을 비판했던 철학자, 드레퍼스와 썰의 주장처럼 기계는 '인간처럼' 생각하거나 이해할 수 없다[3.1장 참조]. 기계는 인간과 다른 신체를 가지고 있으므로 그 행동방식이 다르고 환경과 상호작용하는 내용도 다르다. 따라서 계산하는 방식도 다를 것이다.

그런데 이것만으로 '기계가 말할 가능성'을 완전히 배제할 수는 없다. 인간처럼 이해하지 않고도 세계를 '이해'하는 다른 경로를 완전히 배제할 수 없기 때문이다. 인간처럼 세계를 해석하지 않고도 세계를 해석하는 다른 방식이 얼마든지 남아있을 수 있다. 그렇더라도 언어 자체가 작동하는 방식 덕분에, 말하기가 사회적이고 공동체적인 놀이라는 점은 인간이든지 기계이든지 동일하게 적용될 것이다. 따라서 '기계의 말하기'는 단순히 기계적 성취만으로 달성할 수 없고 인간대화자가 반드시 필요하다.

기계의 말하기 환경

튜링 테스트는 기계의 능력을 검증하는 좋은 모델이면서, 동시에 인간이 기계와 상호작용하는 양태를 관찰하는 좋은 방법이다. 이 테스트는 기술적 시험이면서 동시에 즐거운 놀이이며 열광적 경연이 될 수 있다. '생각하기'와 달리, '말하기'는 구체성을 가지는 실행이어서, 타자에게 목격될 수 있다. '말하기'는 서로 교환할 수 있고 비교할 수 있으며 기록될 수 있고 공유할 수도 있다.

튜링 기계는 궁극적으로 인간과 구분할 수 없는 정도의 '말하는 존재'로 인정받기를 지향한다. 여기서 그 새로운 존재를 '말하는 기계(speaking machine)'라고 명명하자. 사실 '말하는 주체'는 말하는 기계이기도 하다. 말하는 주체는 본래 자동으로 말을 만들어 내는 체계이기 때문이다. 그러므로 말하는 주체와 말하는 기계는 개념적으로 이미 중첩 지역에 있다.

기계가 인간처럼 '말을 하려면' 인간이 말하듯이 사회적 삶의 양식에 부합하는 말을 해야 한다. 인간 아이가 말을 배운다는 것은 공동체의 삶의 형식에 조응하는 말을 한다는 의미이다. 그렇다면 기계에 말하기를 요구하려면 그와 같은 환경을 제공해야 하지 않을까?

'말하는 존재'가 되기 위해서는 구체적인 사회적 관계 안에 놓여야 한다. 기계에 말하기를 기대하면서 그에 부합하는 환경을 제공하지 않는다면, 인간 아이를 고립시켜 놓고 스스로 말하기를 기대하는 것과 같을 것이다. 고립된 인간 아이는 말하는 주체가 될 수 없다. 개발자들은 이미 말하는 인공지능에게 적절한 환경이 필요하다는 것을 이미 알고 있다[[3.2장, 4.7장 참조]. 인공지능을 학습시키기 위해서 대량의 인간 대화 구문 데이터를 제공하고 있지만, 그것만으로 충분하지 않다.

개발자들은 자연어 데이터를 위해서 여러 차례 챗봇을 개방했다. 기계의 말하기 역량, 그리고 동료 자격을 얻기 위한 시도였다. 말하는 주체는 공유하는 세계가 있으므로 '진실'을 말할 수 있다. 진실이란 절대적인 것이 아니라 공유하는 세계 내에서의 진실로 승인되는 것이다. 공유하는 세계가 없다면 어떤 발언도 진실로 확인될 수 없다.

마찬가지로 공유하는 세계가 있으므로 주체는 거짓을 말할 수도 있다. '거짓을 말할 역량'은 결코 단순하지 않다. 거짓은 단지 진실의 반대가 아니다. 거짓은 진실만큼이나 해당 대화의 맥락에 부합해야 한다. 거짓을 말할 수 있다는 것은 어떤 형태로든 그 세계를 '이해'하고 있다는 것이고 그 세계에 관해 이야기할 수 있다는 의미이다. 그래서 기계가 말을 배운다는 것은 진실만이 아니라 거짓도 말할 역량을 가진다는 것을 포함한다. 그리고 무엇보다 진실이든 거짓이든, 무엇인가를 말하기 위해서는 말하는 존재들이 공통으로 공유하는 세계(환경)가 있어야 한다.

그러므로 기계가 말하는 존재가 되려면, 단순히 기계의 내적 역량만이 아니라 말하는 주체의 일반 환경을 획득해야 한다. 말하는 기계는 기술적이고 내적인 완결성만이 아니라 세계와의 일상적 상호작용으로 출발해야 한다. 물론 기계는 인간 아이와 같지 않으므로 기계를 위한 별도의 말하기 학습 환경이 필요하다. 챗봇을 무방비로 공개하는 것이 아니라 기계의 조건에 맞는 환경을 구성해야 한다.

예를 들면 기계가 인간 주체와 함께 반복적으로 말하기를 학습할 수 있는 환경을 제공하는 것이다. 말하는 기계가 등장하려면, 인간사용자의 협력이 필요하기 때문이다. 특히 중요한 것은 말하는 주체가 기꺼이 (말하기를 지향하는) 기계를 위한 환경을 구성하는 데 참여하고자 해야 한다. 인간참가자가 말하는 기계의 동료가 되고자 하는 동기가 어느 정도는 있어야 하고 인간 사이의 대화를 즐기듯이 기계와의 대화를 즐길 수 있어야 한다. 또한, 인공지능 개발자는 지금처럼 개별 인간을 모방하는 기계에 초점을 두기보다, 인간과 말하기 환경을 구성하는 데 관심을 두어야 한다.

참여자 기반-말하는 기계학습 모델 구성

말하는 기계를 위한 환경을 설계하는데 한가지 결정적 난관이 있다. 튜링기계 개념에 따르면, 기계가 환경과의 상호작용 과정에서 스스로를 개선할 수 있어야 한다. 이는 기계가 학습 과정에서 미숙한 행동을 하거나 잘못 행동할 수 있다는 것을 의미한다. 우리가 말하는 기계를 달성하려면, 기계의 실수를 허용해야 한다는 것이다.

그런데 우리는 기계의 실수에 관대하지는 않다. 특히 기계의 실수가 윤리적인 문제라면 관대해지기 어렵다. 앞서 살펴본 사용자 참여 챗봇 실험 사례에서 잘 알 수 있다. 기계는 아직 충분히 학습되지 않은 상태에서도 윤리적 기준에 부합해야 하는 딜레마에 봉착한다. 그런데 인간의 기준으로도 윤리는 최고의 역량에 해당한다. 이제 막 학습을 시작한 기계에 가장 높은 수준의 인간 역량을 요구해야 하는 곤란함이 있다.

학습 중인 기계에 실수할 여지를 허락하면서도 윤리적인 문제를 조정할 수 있는 새로운 방법론이 필요하다. 우리는 사용자 참여 기계학습 방법을 차용하면서도 그동안 발생했던 윤리적 문제를 조정할 수 있는 범위의 실험 설계를 고안해야 한다. 실험 참여를 개방하면서도 참여자를 규제하는 방법이 필요한 것이다.

시민과학 방법론을 참고하면 인공지능 개발자와 미래 사용자들이 말하는 기계 개발에 같이 참여하면서 상시로 상호 개입할 수 있다. 시민과학자(프로젝트 참가자)는 과학자와 시민 정체성을 중첩적으로 보유한 행위자이다. 그들은 자신이 참여하는 과학 프로젝트의 성공에 이해 관심을 가지면서 성공의 방법을 스스로 개선하는 참여자이다. 인공지능이 사회적으로 신뢰받는다면 시민과학자를 많이 모을 수 있다. 이 모델에서 기계는 의도적 공격자로부터 안전하게 보호받으면서 인간과 대화를 통해 학습할 수 있다.

이 실험에서 시민과학자는 인공지능 제작에 참여하는 공동-생산자, 공동-제작자의 지위로 나아갈 수 있다. 이 방법론에서는 무엇보다 자발적이며 건전한 인간참가자를 구하는 것이 매우 중요하다. 엘리자 사례에서처럼 참가자는 기계와 유연하게 대화를 할 수 있어야 한다. 기계와 친구가 되고 싶은 동기가 있다면 더 훌륭한 대화자가 될 것이다. 그들은 사용자로서 말하는 기계를 경험하면서 동시에 교사처럼 또는 친구처럼 말하는 기계를 훈련할 수 있다.

한편, 시민과학 참자가는 이 방법론에 대한 충분한 안내를 받을 수 있어야 하고, 그 정보에 근거하여 자발적으로 실험 참여를 동의해야 한다. 이를 위해서 계약 형식을 적용할 수도 있다. 자발적 동의와 동기부여가 있다면 참가자는 말하는 기계의 구성 과정에서 긍정적인 개입을 할 가능성이 크다. 개발자(기업)에게도 그에 따르는 동의와 책임을 요구할 수 있다.

기계와 인간(말하는 주체) 사이의 상호작용적 학습 환경은 다양한 모델을 고려할 수 있다. 우선 튜링 테스트 모델을 하나의 학습 환경으로 재설계할 수 있다. 이 테스트가 본래 말하기 놀이 모형이므로 이런 확장은 그리 어렵지 않다. 캐서린 헤일스(K. Hayles)는 반복적인 게임 수행이 시스템 전체를 혁신적으로 변화시킬 수 있다고 예견한 바 있다. 죄수 게임에서 참가자는 서로 경쟁하도록 설계되어 있지만, 게임을 반복적으로 수행한다면 참가자는 서로 협력할 가능성이 커진다. 그 순간 시스템의 동학은 극적으로 변할 것이다.

튜링 테스트는 단순히 기계의 모방 역량을 평가하는 일회적 시험이었지만, 반복적 수행을 하게 된다면 인간과 기계가 서로 협력하는 방법으로 재배치할 수 있다. 튜링 테스트는 단지 5분의 대화 시간만을 허락하며 검증 목적으로만 사용됐었다. 그런데 대화 시간을 유연하게 확대하고 적절한 피드백 과정을 추가한다면 기계는 인간참가자와 대화를 하면서 말하기를 배울 수 있으며, 피드백을 통해서 자신의 대화에 대한 평가를 얻을 수 있고 이를 다음 대화를 위해 검토할 수 있다.

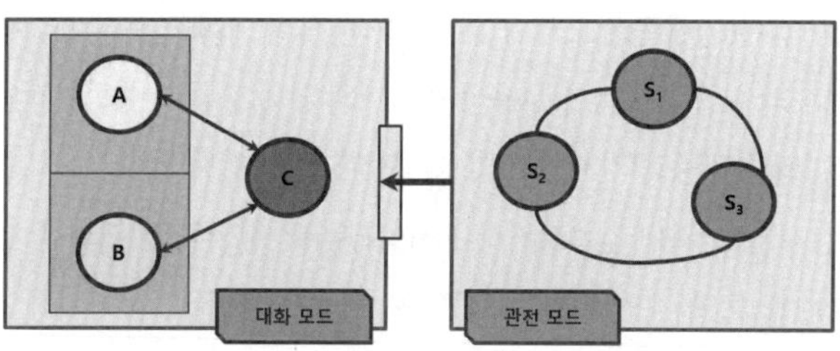

◀ **그림 2** 사용자 참여 '말하는 기계' 개발 프로젝트 기본 구성 예시. 대화모드와 관전모드로 구성했다. 대화모드는 튜링테스트에 토대를 두었고, 관전모드는 뢰브너 대회의 관전모드를 참조했다. A는 기계, B는 인간참가자, C는 면접관, S는 관전자.

이 모델의 윤곽을 상상하기 위해서 [그림 2]를 참조할 수 있다. 이 모델은 대화모드와 관전모드를 하나로 묶어서 하나의 기본 단위를 구성한다. 인간참가자는 대화모드 2명과 관전모드 3명으로 총 5명 규모로 설정할 수 있다. 참가자의 규모에 따라서 한 단위만 운영할 수도 있고, 여러 개를 운영할 수 있다. 여러 단위를 운영할수록 기계와 인간의 상호적 대화량이 증가하므로 말하는 기계를 위한 더 좋은 조건이 된다. 그들의 대화 내용은 기계를 위한 학습 데이터가 될 수 있다.

대화모드는 전통적인 튜링 테스트와 거의 같다. 면접관(C)은 보이지 않는 방 속의 참가자

(A), (B)와 대화한다. 대화 시간은 협의하여 미리 정한다. 대화 과정에서 면접관은 참가자를 평가할 수도 있고 조언을 주고받을 수도 있다. 대화모드는 다양하게 변형될 수 있다. 예를 들어 참가자(A)와 (B) 사이의 대화를 허용할 수도 있다. '말하는 기계' 학습을 위해서 대화량이 많을수록 긍정적이다.

관전모드는 뢰브너 대회와 이세돌-알파고 대국, 그리고 온라인 게임 대전에 관한 경험으로부터 나온 것이다. 인간과 기계 경연 대회의 관전자들은 서로 대화를 통해서 경험을 일반화하고 더 깊은 이해에 도달했었다. 관전모드의 기본 구성은 다음과 같다. 여러 관전자(인간)가 함께 모여 대화모드를 관전한다. 관전자들은 대화모드에 직접 개입할 수 없지만, 관전자들 사이 대화는 가능하다.

예를 들면 관전자들은 참가자 대화에 대한 이러저러한 사소한 관심 또는 (인간이든 기계든) 참가자의 창조성이나 민감성, 고통이나 즐거움 같은 사소한 소재를 말하게 될 것이다. 대화모드가 종료된 후 관전자들의 의견은 대화모드의 모든 참가자(면접관 포함)에게 제공된다.

관전모드는 대화모드의 참가자를 적절히 제어하는 이득이 있다. 엘리자 프로그램 사례에서처럼 사용자들은 과도하게 기계에 의존할 수 있다. 또 테이 챗봇 사례에서 보았듯이 사용자 중 일부가 기계를 오염시킬 수 있다. 관전자의 피드백은 대화모드 참가자가 자신의 모습을 성찰할 수 있도록 도울 수 있다. 대화모드의 면접관(C)이 관전모드의 관전자들과 직접 대화도록 설계할 수도 있다. 이 경우 면접관(C)은 관전자의 집합적 지식을 수용하여 기계의 말하기 훈련에 종합적인 피드백을 제공할 수 있다. 이때 면접관은 관중과 기계 사이의 중재자가 될 수 있다.

이 학습 모델은 챗GPT의 인간피드백 기반 강화학습(RLHF)보다 더 창의적인 대화를 만들어 낼 수 있다. 시민과학 모델은 폴드잇 게임 사례에서 볼 수 있듯이[4.6장], 참가자들이 스스로 방법을 찾아내기 때문이다. 여러 시민과학 프로젝트에서 참여자들은 과학작업을 새로운 단계로 성장시키는 역량을 보여준 바 있다.

공동-제작, 상호 변이

'말하는 기계를 위한 시민과학 모델'은 실험적이다. 이것은 인간과 인공지능의 공동 세계를 구성하려는 실험적 시도이다. 우선, 이 실험 모델은 인공지능 개발이 단지 기술적 노력만으로 충분하지 않으며 사회적 협력이 필요하다는 것을 권고한다. 말하기 실행이 가지는 사회적 특질을 고려하는 것이고 인공지능과 인간의 접촉면을 안전하게 확대할 수 있기 때문이다.

튜링 테스트는 지능이 우리의 삶과 분리될 수 없다는 것을 알려주었다. 이런 점에서 '시민과학 기반 기계학습 모델'은 튜링 테스트 원래 모델보다 더 튜링 테스트의 취지에 부합한다. 말하는 기계는 인간의 사회적 조력 없이 실험실과 공장에서 탄생할 수 없다. 인공지능은 만들어지는 과정에서부터 인간 존재와 함께 서로를 구성하는 방식을 발견해야 한다.

그리고 이 실험 모델은 인간사용자의 기계 제어 가능성을 높일 수 있다. 인공지능에 대한 비판적 실행(critical practice)은 복잡한 양태를 띠게 될 것이다. 때로 너무 복잡해서 비판 자체가 불가능하거나 초점을 잃을 수도 있다. 이 실험 모델은 인공지능 개발 방법과 개념에 대한 비판적 성찰 역량을 형성하는 공간을 안정적으로 제공할 수 있다. 콜린스가 말했듯이 텍스트가 독자의 수중에 있다고 해서, 그 텍스트를 읽을 수 있는 것은 아니다. 텍스트는 읽는 것이 가능한 방법으로 조직되어야 한다. 마찬가지로 기계는 사용자가 이해할 수 있게 조직되어야 한다. 사용자가 기계를 이해하는 가장 좋은 방법은 스스로 그 기계를 만드는 일에 참여하는 것이다. 더 나아가 참여자들은 이 과정에서 실행 공동체를 형성할 수 있으며 집단적 차원에서 기계 제어를 위한 경로를 발견할 수 있다.

말하는 기계가 어떤 성취를 이룬다면, 모든 참가자는 결과적으로 말하는 기계의 '공동- 제작자(co-producer)'가 될 것이다. 참가자는 말하는 기계에 대한 제작자 권리를 주장할 수 있다. 이 과정에서 그들은 제작자의 책임도 경험할 수 있다. 따라서 이들의 기계 비판은 제작자와 사용자의 관점을 모두 반영하는 균형을 얻을 수 있다. 나아가 참가자들은 책임 있는 사용자 공동체, 새로운 기술의 주체 모델이 될 수 있다.

마지막으로 이 실험 모델은 인공지능 개발자(기업)에게도 이득이 있다. 시민과학 모델을 통해서 기술 개발과 기술평가를 동시에 수행할 수 있기 때문이다. 이것은 단지 경제적 이득에 그치지 않는다. 이미 만들어진 기계를 사회적으로 평가하는 기존의 순차적이고 단계적 개발 방식은 인공지능 개발에서는 불가능하거나 너무 큰 비용을 요구한다. 말하는 기계는 개발과 평가를 분리하는 방식으로는 등장하기 어렵다. 시민과학 기반의 실험 모델은 인공지능 분야가 내포하고 있던 개발의 불확실성을 관리하는 것을 도울 수 있고, 사회적으로 승인된 인공지능을 개발하는 안전하고 효과적 방식이 될 수 있다.

이 모델은 존재론적으로 인공지능의 개발 목표를 '인간의 모방자' 또는 '인간의 대체물'이 아니라, '인간의 새로운 대화 동료'로 변경하도록 만들 수 있다. 만약 말하는 기계가 등장한다면 그것은 '현재의 말하기'가 아니라 '새로운 말하기' 공동체가 등장했다는 의미할 것이다. 말하기의 특성을 고려할 때, 신참자가 말하기의 외부자로서 남겨진다면, '그'는 결코 말할 수 없다. 실험의 과정에서 모든 참가자가 말하기의 형식에 개입함으로써 그들은 새로운 말하기 형식을 형성할 것이다. 인간의 말하기가 그러했듯이, 기계 역시 말하기의 형식에 참여하고 기여할 때만 그 형식에 예속될 수 있다. 그때 기계는 비로소 '말할 수 있다'.

이 실험 모델은 예측할 수 없는 모험이 될 것이다. 인간참가자는 실험 과정에서 기계의 변이만이 아니라 자신의 변이도 겪게 될 것이다. 인간참가자와 기계는 말하기를 거듭하면서 서로에게 자신을 투영하면서 변이할 수 있다. 그래서 인간참가자의 변화에 관한 연구와 지원도 병행되어야 한다. 이것은 새로운 윤리 영역이 될 수 있다.

이미 인간과 기계가 혼합적으로 활동하는 조합적 환경으로 이전해가고 있다. 이 모델은 인간과 기계의 공동 환경을 의식적으로 조성하려는 것이다. 그것은 인간과 기계의 공생 발생(symbiotic emergence)을 만들 수 있고, 제한적이지만 인간과 기계와의 공생 발생 과정을 압축적으로 관찰할 수 있다. 예를 들어 관전모드는 참가자의 변이 과정을 공유하고 제어하면서 전체 과정을 완성하는 형식이 될 수 있다. '관찰'할 수 있다면 '제어'할 방법도 찾을 수 있다.

[참고문헌]

린 마굴리스 2020. 〈공생자 행성〉 이한음 옮김, 사이언스북스.

Collins, H. M. 1990. *Artificial Experts: Social Knowledge and Intelligent Machines*. The MIT Press: Cambridge, MA.

Collins H. M. & Evans, R. 2007, *Rethinking Expertise*. The University of Chicago Press: Chicago and London.

Foucault, M. 1972[1969], *The Archaeology of Knowledge*, translated by A. M. Sheridan Smith, Routledge: London and New York.

Hayles, N. K. 2005, *My Mother Was a Computer: Digital Subjects and Literary Texts*, The University of Chicago Press.

Kapellidi, C. 2007, "The Speaking Subject in Communication: 'Subjectivity' and the (Gendered) Self", *CamLing* 2007: 112-119.

Kristeva, Julia 1986a. "The System and the Speaking Subject". in Toril Moi(ed.), *The Kristeva Reader*, Basil Blackwell: Oxford. 24-33.

McAfee, N. 2004, *Julia Kristeva*, Routledge: New York and London.

Lacan, J. 1989[1966], *Ecrits: A Selection*, trans. By Alan Sheridan with a foreword by Malcolm Bowie, Routledge: London and New York.

Schatzki, T. 2017, "Saying, Texts and Discursive Formations", in *The Nexus of Practices: Connections, Constellations, Practitioners*, A. Hui, T. Schatzki & E. Shove (eds.), Routledge: New York. 126-140.

5.6 사회적 난제 함께 도전하기

현재 인류는 심각한 기후변화를 해결해야만 하는 과제를 안고 있다. 무엇보다 지구 환경이 급격하게 변하고 있다. 이런 변화를 대표하는 새로운 용어로 '인류세(Anthropocene)'가 있다. 인류가 지구에 미친 영향 때문에, 대기와 바다, 생물권뿐만 아니라 지층에서도 변화가 확인되고 있다. 이 변화는 지구 시스템이 더는 지속가능하지 않을 수 있다는 절박함으로 이어지고 있다. 그 해결을 위해서는 인류 전체 차원의 전환이 요구되지만, 그것이 쉽지 않다. 이를 '사악한 문제(wicked problem)'라고 부르는 이유이다.

2015년 9월, 유엔 지속 가능한 발전 회의에서 〈지속가능한 발전목표(SDG, Sustainable Development Goals)를 위한 2030 의제〉가 공식적으로 상정되었다. SDG 2030 의제는 모든 나라와 이해당사자들과 함께하는 사람, 행성, 번영을 위한 행동 계획이다. 이 의제를 달성하기 위해 각국 정부는 여러 노력을 수행 중이지만 지구 환경은 그보다 빠르게 나빠지고 있다.

지속가능발전목표(SDGs)

유엔 지속가능발전목표(UN-SDGs)는 "인간의 존엄성, 평등, 환경적 책임, 건강한 경제, 욕망과 공포로부터의 자유, 그리고 지속 가능한 발전을 위한 새로운 국제적 동반관계를 보장하기 위해서 인간중심적이며 지구에 민감한 의제를 인류 전체의 이름으로 요구"하는 것이다(2014년 유엔 총회).

유엔 사무총장은 유엔 총회에 제출한 〈모두를 위한 존엄한 삶: 밀레니엄 개발 목표를 향한 진보를 가속하고 2015년 이후 유엔 개발 의제를 진전시키기〉 보고서에서 지속 가능한 발전을 위한 보편적, 통합적, 인권적 의제의 개발을 권고했다. 이 주제는 사회 정의와 환경 책임, 그리고 평화, 개발 및 인권 사이의 연결고리를 강조한다.

◀ **그림 1** 유엔이 정의한 17개의 지속가능한 발전목표(SDG), 사회영역, 경제영역, 환경영역 등 3개 영역으로 구성되어 있다.

아래 17개의 지속가능발전목표(SDGs)는 크게 사회영역, 경제영역, 환경영역 등 3개 영역으로 분류할 수 있다. 지속가능발전목표(SDGs)는 앞으로 인류가 공동으로 해결해 가야 할 것이 무엇인지를 명시적으로 정의했고 실행지침도 세밀하게 제시했다.

표 1 지속가능발전목표(SDGs) 세부 내용 및 분류

사회영역	Goal 1. 모든 곳에서 모든 형태의 빈곤 종식 (No Poverty) Goal 2. 기아 종식, 식량 안보와 개선된 영양 상태의 달성, 지속 가능한 농업 강화 (Zero Hunger) Goal 3. 모든 연령층을 위한 건강한 삶 보장과 복지 증진 (Good Health and Well-Being) Goal 4. 모두를 위한 포용적이고 공평한 양질의 교육 보장 및 평생학습 기회 증진 (Quality Education) Goal 10. 국내 및 국가 간 불평등 감소(Reduced Inequalities) Goal 16. 지속가능발전을 위한 평화롭고 포용적인 사회 증진, 모두에게 정의를 보장, 모든 수준에서 효과적이며 책임감 있고 포용적인 제도 구축 (Peace, Justice and Strong Institutions) Goal 17. 이행수단 강화와 지속가능발전을 위한 글로벌 파트너십의 활성화 (Partnerships for the Goals)

환경영역	Goal 5. 성 평등 달성과 모든 여성 및 여아의 권익 신장 (Gender Equality) [사회] Goal 6. 모두를 위한 물과 위생의 이용 가능성과 지속가능한 관리 보장 (Clean Water and Sanitation) Goal 7. 적정한 가격에 신뢰할 수 있고 지속가능한 현대적인 에너지에 대한 접근 보장 (Affordable and Clean Energy) Goal 13. 기후변화와 그로 인한 영향에 맞서기 위한 긴급 대응 (Climate Action) Goal 14. 지속가능발전을 위한 대양, 바다, 해양자원의 보존과 지속가능한 이용 (Life Below Water) Goal 15. 육상생태계의 지속가능한 보호 · 복원 · 증진, 숲의 지속가능한 관리, 사막화 방지, 토지 황폐화의 중지와 회복, 생물 다양성 손실 중단 (Life on Land)
경제영역	Goal 8. 포용적이고 지속가능한 경제성장, 완전하고 생산적인 고용과 모두를 위한 양질의 일자리 증진 (Decent Work and Economic Growth) Goal 9. 회복력 있는 사회기반시설 구축, 포용적이고 지속가능한 산업화 증진과 혁신 도모 (Industry, Innovation and Infrastructure) Goal 11. 포용적이고 안전하며 회복력 있고 지속가능한 도시와 주거지 조성 (Sustainable Cities and Communities) Goal 12. 지속가능한 소비와 생산 양식의 보장 (Responsible Consumption and Production)

지속가능발전목표(SDGs) 중에서, 목표 7 "적정한 가격에 신뢰할 수 있고 지속가능한 현대적인 에너지에 대한 접근 보장"은 가장 근본적인 난관이다. 에너지 문제는 현대적 삶의 토대를 이루고 있는데, 바로 에너지 사용 결과로 지구 시스템 파괴와 기후 문제가 발생했다. 현재 에너지 사용 형식은 우리 삶의 토대를 형성하고 있어서 전환이 쉽지 않다. 아마도 SDGs 가운데 가장 어려운 목표일 수 있다. 인공지능이 자신의 새로운 영역을 개척하고자 한다면 이런 사회적 난제에 도전하는 것을 권장한다.

깨끗한 에너지 사용 패러다임

현대 사회에서 사회경제적 요구사항을 충족시키기 위해 에너지 수요가 계속 증가하고 있다. 지구의 지속가능한 개발을 위해서, 무엇보다 '정의로운 에너지 전환'이 필요하다. 적정한 가격의 에너지로 보편적인 접근, 그리고 에너지 효율 증대와 재생 에너지원 개발이 필요하다. 이는 지속적인 사회 및 경제 발전과 환경 건강을 위한 새로운 에너지 시스템을 통해서 가능하다.

현재 에너지 시스템은 평등성 차원에서 결핍이 있다. 전력에 접근할 수 있는 인구의 비율은 증가했지만, 5명 중 1명은 여전히 현대 전기를 이용할 수 없다(World Bank/International Energy Agency, 2015). 또한, 전력 생산은 전 세계 온실가스의 주요 배출원으로, 전체 배출량의 약 60%를 차지하고 있다. 에너지 집중도는 상당한 속도로 감소하고 있지만, 여전히 에너지 효율 목표의 3분의 2 수준의 진행률에 도달했을 뿐이다.

재생에너지 사용은 전통 에너지에 대한 규제 그리고 재생에너지 기술 개발과 보급 덕분에 가속화되고 있다. 2010년 이후 청정 연료의 사용과 조리/난방을 위한 기술은 발전했지만, 인구 증가가 그로 인한 순이익을 앞지르면서, 별다른 효과를 보지 못하고 있다. 약 30억 명(계속 증가하는 수치)이 여전히 목재, 숯, 똥 및 석탄에 의존하고 있다. 그로 인한 직접적인 결과로 실내 공기 오염이 발생하는데 연간 400만 명 이상이 관련 질환으로 조기 사망했다.

에너지 생산, 분배, 소비를 전반적으로 재고하는 획기적인 에너지 전환이 필요한 것이다. 이러한 전환은 사회적 형평성, 환경 건강과 탄소 집약도 감소를 지원하는 것이어야 한다. 그렇지 않으면 사회경제적 발전에 문제가 발생할 것이다. 이러한 전환을 추진하기 위해서는 우선 왜 이것이 중요한지(현재와 미래의 사회적, 경제적, 환경적 영향 포함)와 이를 촉진하기 위해 무엇을 할 수 있는지를 이해해야 한다.

이를 위해서 지속가능발전목표(SDGs) 관련 교육의 중요성도 등장했다. 개인은 재생에너지 확장, 분산형 솔루션의 개발과 구현, 아이디어, 데이터, 증거와 모범 사례의 교환에 참여할 수 있고, 실제 에너지 전환에 참여하여 그 혜택을 경험할 수 있다. 사람들이 운송, 에너지 공급원, 혁신과 협력 가능성, 기술, 인프라, 재무 가용성과 관련된 대안적 선택을 이해한다면, 이러한 전환이 일어나는 토대가 될 것이다. 교육과 인식의 전환으로 역량개발이 가능하고 지식과 기술의 지속가능한 이전이 이루어질 수 있다.

기계학습으로 풍력 에너지 발전 예측하기

재생 가능한 에너지, 특히 무탄소 에너지 기술은 기후변화와 싸우는 것을 돕는다. 그러나 아직 안정적인 에너지원이 되고 있지 못하다. 예를 들어 풍력발전을 고려해보자. 지난 10년 동안 풍력 발전소는 터빈 가격이 내려가면서 탄소 없는 전기 생산의 중요한 공급원이 되었다. 그러나 바람의 가변적인 특성으로 인해 발전량이 예측 불가능해서 정해진 시간에 안정적으로 동력을 전달할 수 있는 기존 에너지원보다 유용하지 않았다.

전기는 발전할 수 있지만 저장할 수 없는 에너지다. 그래서 생산과 소비가 즉각적으로 일치해야 효율성이 있다. 생산이 과도하다면 소비되지 않는 전기는 낭비된다. 반대로 소비가 갑자기 많아지면 생산량 부족으로 대정전 상태에 빠진다. 대정전은 재난 상황에 해당한다. 전기의 안정적 사용을 기반으로 작동하는 중요한 사회시설이 붕괴할 수 있다.

이 문제의 해결하기 위해 딥마인드와 구글은 미국 중부의 700MW 풍력 용량에 기계학습 알고리즘을 적용했다. 그 결과 기상 예보 및 과거 터빈 데이터로 훈련된 신경망을 사용하여 실제 발전보다 36시간 먼저 풍력발전의 출력을 예측할 수 있다. 이 예측을 바탕으로, 하루 전에 전력망의 최적 시간별 배송을 계획할 수 있다. 계획할 수 있는 에너지원이 된다면 전력망의 가치를 높일 수 있다.

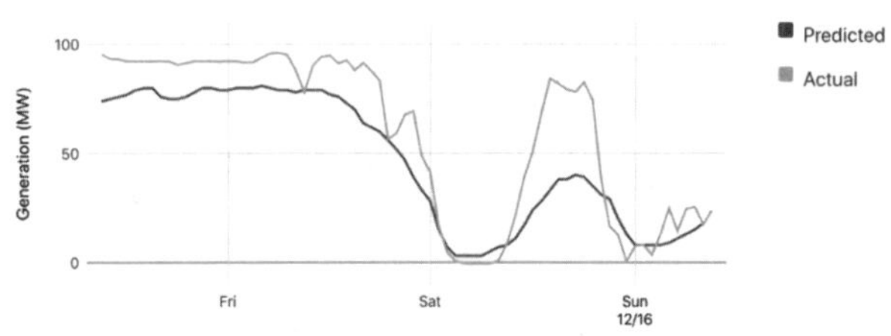

◀ **그림 2** 풍력발전 예측치(굵은선)와 실제 발전량 비교 (자료: Shead, 2019)

기계학습 알고리즘이 바람의 가변성을 제거할 수는 없지만, 풍력을 충분히 예측할 수 있고 가치 있게 만들 잠재성이 있다. [그림 2]의 풍력발전 예측량과 실제 발전량 비교 그래프를 볼 때, 두 데이터 간 상당한 일치도가 있었다. 기계학습은 풍력 발전소가 전력 수요를 적절하게 관리하도록 데이터 기반 평가를 지원할 수 있다. 2019년 딥마인드 풍력발전 예측 알고리즘은 풍력 에너지의 가치를 약 20% 향상했다는 평가를 받았다.

발전 예측 알고리즘 방식은 풍력발전 이외에도 태양열 발전에도 적용할 수 있다. 재생에너지는 모두 자연조건에 의존하기 때문에 불안정한 에너지원이다. 이 때문에 전력 공급에서 신뢰할 수 없는 에너지원으로 평가받고 있어서, 대안적 에너지원이라는 지위를 안정적으로 확보하기 어려웠다. 인공지능 알고리즘을 적용한다면 재생에너지 불안정성을 해소할 가능성이 있다.

기계학습으로 에너지 사용 절감

IT 기업은 대규모 데이터 센터(DC)를 보유하는데, 데이터센터는 대체로 여러 기계, 전기 및 제어 시스템의 복잡한 상호작용 때문에 대량의 에너지를 사용한다. 게다가 데이터센터(DC)의 작동 구성의 수와 비선형 상호 의존성 때문에 에너지 효율을 최적화하기가 어렵다. 일반적으로 대규모 데이터센터(DC)는 매일 수천 개의 센서에서 수백만 개의 데이터를 생성하지만, 이 데이터는 모니터링 목적 이외에는 거의 사용되지 않았다.

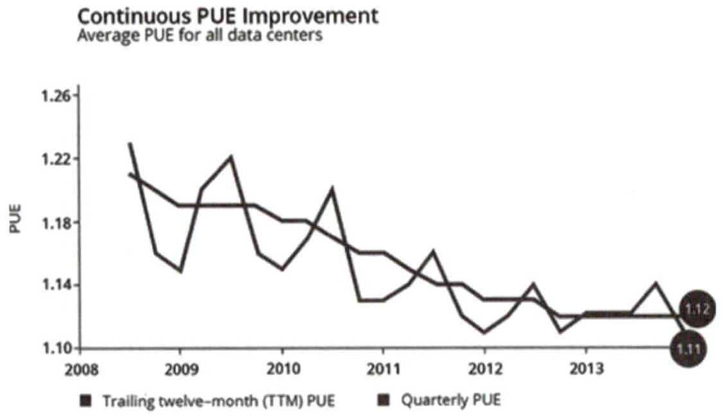

◀ **그림 3** 데이터센터에 에너지 절감 시스템을 적용한 후, 데이터센터(DC)의 PUE(전력 효율 지수)가 개선되고 있음을 보여준다. (자료: Gao, 2016)

구글은 발전소 성능을 모델링하고 PUE (Power Effectiveness, 전력 효율 지수)를 예측하는 신경망 프레임워크를 개발했다. 구글은 여러 데이터센터(DC)에서 이 모델을 광범위하게 검증했다. 그 결과, 기존 센서 데이터를 활용하여 데이터센터(DC) 성능을 모델링하고 에너지 효율을 개선하는 효과가 있었다. [그림 3]은 데이터센터의 PUE 개선 경향을 보여준다. 향후 PUE를 1.10 이하로 낮추고 데이터센터(DC)의 성능을 최적화할 수 있다고 전망했다. 기존 시설에 특별한 추가 설비 없이 모니터링 데이터를 기계학습 알고리즘에 적용하는 것만으로 데이터센터(DC) 운영 효율성을 향상할 수 있었다.

전력망 최적화 프로젝트 실패

2017년, 구글 데이터센터 프로젝트를 이끌었던 짐 가오(Jim Gao)를 중심으로 딥마인드 에너지팀이 출범했다. 이 팀은 14명으로 인원이 늘었고, 기후변화와 싸우기 위한 새로운 인공지능 기술개발을 지향했다. 영국 전력회사 내셔널 그리드(National Grid)를 비롯한 대형 공급 업체들과 공동작업을 시작했다. 이 팀은 기존 전력 인프라 변경 없이 최적화만으로 에너지 사용량을 10% 절약할 것을 목표로 했다.

그러나 최근 딥마인드와 내셔널 그리드 간 대화가 결렬된 것으로 알려졌다. 공개적인 입장을 발표하지 않았는데, CNBC, 포브스 등의 보도에 따르면 전력망 최적화 작업을 위한 협력 과정에 많은 장애물이 있었던 것으로 추정된다. 내셔널 그리드가 구글과 같은 대기업과의 거래에 얽매이는 것을 우려했을 것이라는 분석도 있다. 또는 딥마인드가 제시한 개발 비용이 너무 많이 들어서 합의에 이르지 못했다는 평가도 있다.

딥마인드의 실패 원인이 공개되지 않아서 구체적으로 파악할 수 없지만, 이 사례는 전력망 최적화 문제가 매우 어려운 과제라는 것을 단적으로 보여준다. 에너지 절약과 탄소 절감이 어려운 이유는 우리의 에너지 구조가 우리 사회의 토대를 이루기 때문이다. 에너지 문제는 단지 에너지에 국한되지 않고 사회의 거의 모든 분야와 연동되어 있다. 그래서 에너지 전환이 쉽지 않았고 향후 전망도 낙관적이지 않다.

연구자료로 미루어 보아 한 가지 눈에 띄는 지점은 딥마인드 에너지팀이 기존 시스템에 대한 변경 또는 새로운 시스템 도입 없이 기술적인 차원으로만 에너지 문제를 해결하려 했다는 것이다. 이런 경향은 풍력발전 예측 알고리즘과 데이터센터 에너지 효율화에서 성공한 바 있다. 단일 사안에서는 이런 접근이 효과적이다. 그러나 에너지 시스템처럼 복잡한 맥락을 가지고 있는 경우에는 쉽게 무력해질 수 있다. 에너지 문제는 복합적인데 단순 기술 차원의 해결로 접근하려고 했기 때문에 문제에 직면했을 가능성이 있다.

인공지능과 인간의 공동 도전

에너지 문제를 어떤 관점에서 접근하느냐는 중요한 사안이다. 에너지 및 전력망은 대표적인 '복잡 시스템(Complex system)'으로써 "과학적 발견의 결과라기보다는 주로 지식과 인간 활동에 영향을 미친 사회적 구조의 산물"이다. 니콜라스 라반카(N. Labanca)는 개별 시스템적 접근보다는 전체론적 접근을 권장한다. 라반카와 함께 유럽의회 공동연구센터(European Commission Joint Research Center, JRC)는 에너지 지속가능성을 재설정하기 위한 조사연구를 진행 중이다.

우선 유럽의회 공동연구센터(JRC)는 현행 에너지 전력망이 생산과 소비를 이분화했다고 지적했다. 현재 에너지 전력망은 소수의 기업이 에너지를 생산하고 판매하며 관리하는 형식이기 때문에 중앙집중적이고 하향식 관리체계이다. 이 체계는 에너지를 단순히 정량적 통계와 효율성만을 기준으로 관리한다. 따라서 소비자와 사용자에게 투명하지 못했다. 현재의 에너지 관리체계에서 사용자들도 에너지 시스템에 대한 관심이 높지 않았다. 사람들은 에너지를 단순히 비용을 지불하고 구매할 수 있는 상품으로 간주해 왔다. 이 시스템은 에너지를 효율성과 비용 관점으로만 평가한다. 그런 시스템 맥락에서는 에너지 문제를 근본적으로 전환하기 어렵다.

에너지와 전력망은 일종의 권력 장치이다. 이것은 전략적 기능을 가진 기술적, 사회적 요소들의 집합체(혼합체)이다. 푸코에 따르면 이런 장치는 사회적으로 선택된 배치이기 때문에 규범적 효과를 가진다. 오랫동안 에너지 분야에서 하향식 관리체계는 정당한 방식이었다. 에너지와 전력망은 우리 사회 권력의 정당성을 수립하고 유지관리하는 중요한 기반을 제공했다. 에너지를 적정한 가격으로 제공하지 못하는 사회는 불안정에 시달리곤 했다. 따라서 에너지 전환 목표는 근본적으로 사회 시스템 전체를 재설계하는 것을 포함해야 한다.

JRC는 대안으로 누구나 에너지를 생산하고 판매할 수 있는 새로운 에너지 플랫폼을 제안했다. 재래식 에너지 그리드의 기능은 스마트 프로세스의 시작이지만, 완전한 스마트 상태로의 전환은 아니었다. JRC의 연구자들은 이탈리아 토리노 시 지역난방 네트워크를 대상으로 현장 조사를 수행했다. 그리고 새로운 에너지 플랫폼이 두 가지 내용을 포함해야 한다고 제기했다. 첫 번째는 에너지 그리드를 계량기준, 통신 인프라, 사회평가가 집결하는 기술지대로 구상하는 것이다. 두 번째는 전력, 지식, 정보, 의사결정, 강도, 인공물의 비대칭성 등 에너지 그리드 자체의 존재 위상을 고려하는 것이다.

새로운 에너지 플랫폼이 수립된다면, 소량의 재생에너지를 생산하는 사람들이 직접 에너지를 판매할 수 있다. 구매자도 자신이 원하는 형태의 에너지 생산방식을 선택하여 에너지를 구매할 수 있다. 이것은 소수의 기업생산자가 독점적으로 에너지 생산과 관리를 수행하는 체제를 완전히 전환하는 것을 의미한다. 누구나 판매자와 구매자로 참여할 수 있으므로 에너지 시스템의 투명성을 향상할 수 있다.

그러나 여전히 많은 난제를 포함하고 있다. 우선 전통적인 에너지 생산 기업들은 변화를 원하지 않는다. 그리고 재생에너지의 안정성도 여전히 해소되지 않았다. 모든 참가자가 공유할 수 있는 에너지 플랫폼의 관리와 처리 프로토콜도 만들어야 한다. 이 시스템은 기존의 관리 방식보다 많은 참여자를 수용해야 하므로 관리의 문제가 더 복잡할 것이고 더욱 중요해질 것이다. 인공지능은 이미 풍력발전 예측에서 성과를 낸 경험이 있다. 새로운 에너지 플랫폼에는 인공지능이 맡아주어야 할 영역이 많을 것이다.

한국의 재생에너지와 인공지능

한국에너지공단 발표에 따르면 2020년 기준 한국의 재생에너지 발전량은 전체 발전량의 7.4%를 차지하고 있다. 아직 재생에너지의 비중이 높지 않다. 재생에너지별 비중은 태양광이 가장 많았다. 태양광 44.8%, 바이오 23.1%, 수력 9.0%, 연료전지 8.2%, 풍력 7.3%, IGCC(Integrated Gasification Combined Cycle, 석탄가스화복합발전) 5.5%, 해양발전 1.1%, 폐기물 1.0% 순을 기록했다(전자신문 2021.12.5일 자).

국내 에너지 공급에서 재생에너지 전환율이 낮은 이유는 재생에너지 전환을 위한 전략이 충분하지 않기 때문이다. 이는 기존 에너지 체계가 매우 견고하게 작동하기 때문이기도 하다. 성대골 에너지 자립마을(김소영 대표)은 태양열 발전으로 에너지를 생산하는 5개의 재생에너지 협동조합을 운영하고 있다. 협동조합이 생산한 에너지는 한국전력에서 구매하고 있다. 그런데 재생에너지 발전량이 불안정해서 실제로 재생에너지를 생산하더라도 그 생산량이 그대로 전체 에너지 수급으로 유입되지 못하고 있다. 김소영 대표는 이 문제를 해소하기 위해서 인공지능의 배치가 시급하게 필요하다고 전망했다. 딥마인드의 풍력발전량 예측처럼 재생에너지 발전량 예측이 가능해진다면 안정적인 에너지원으로써 전체 에너지 수급에 기여할 수 있을 것이다.

[참고문헌]

Benjamins, R. et al (eds) 2018. Data Speaks, *Data Stories That Matter*, LUCA Data-Driven Decision Telefónica.

Gao, Jim 2016. "Machine Learning Applications for Data Centre Optimisation". Google DeepMind.

Shead, Sam 2019. "DeepMind and Google Train AI To Predict Energy Output Of Wind Farms", https://www.forbes.com

Labanca, N. ed. 2017. *Complex Systems and Social Practices in Energy Transitions: Framing Energy Sustainability in the Time of Renewables*, Springer.

Koomey, Jonathan (2011). "Growth In Data Center Electricity Use 2005 To 2010." A Report By Analytical Press

저자 소개

김지연 spring900@gmail.com

1999년부터 인터넷산업 분야에서 정책 전문가로 활동했고, 이후 과학기술학(Science & Technology Studies, STS) 분야로 전문성을 전환했다. 2010년 고려대학교에서 박사학위(과학사회학 전공)를 받았다. 주요 연구분야는 인공지능 및 정보기술 그리고 시민과학이다. 현재 고려대 과학기술학연구소 연구교수이며 기획실장으로 활동하고 있다. 고려대에서 〈인공지능과 인간〉 교양 강의 및 과학사회학 분야 강의를 하고 있다. K-MOOC 강의 〈리빙랩 설계 입문(2019-2022)〉과 〈과학문화 명작세미나(2022-2025)〉 등에서 만날 수 있다.

인공지능과 인간: 자동인형에서 GPT까지 공-생산을 향한 도전

저자 김지연

1판 1쇄 발행 2022년 2월 25일
1판 2쇄 개정판 2023년 8월 28일

편집인 정 현 주
펴낸이 안 기 열
발행처 드림미디어
경기도 성남시 분당구 판교역로 192번길 14-2 9층
전화 031-705-3812
메일 dream356@empas.com

등록번호 제 6-0465호
ISBN 978-89-91051-64-5 03500
정가 17,000원

* 저자와의 협의 하에 인지는 생략합니다.